广播电视工程专业"十二五"规划教材

数字视频测量技术

章文辉 许江波 编著

中国传媒大学出版社
·北京·

中国传媒大学"十二五"规划教材编委会

主任： 苏志武　胡正荣

编委：（以姓氏笔画为序）
　　　王永滨　刘剑波　关　玲　许一新　李　伟
　　　李怀亮　张树庭　姜秀华　高晓虹　黄升民
　　　黄心渊　鲁景超　廖祥忠

广播电视工程专业"十二五"规划教材编委会

主编： 姜秀华　史　萍

编委： 章文辉　许江波　杨盈昀　王彩虹　杨　宇
　　　张亚娜

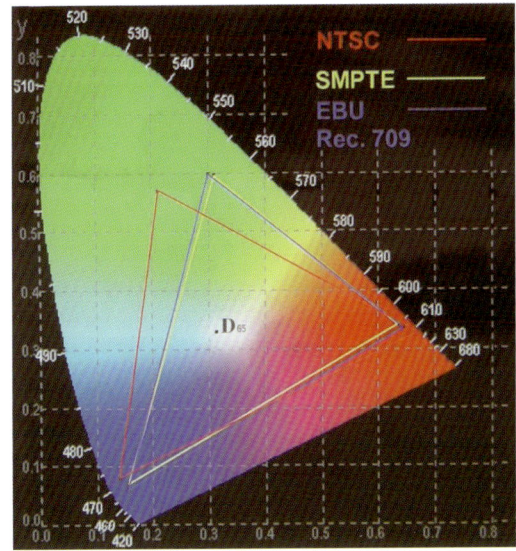

彩图 1　彩色色域图

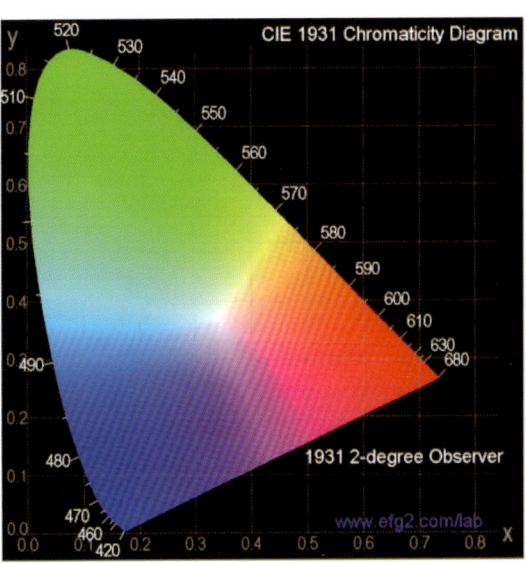

彩图 2　CIE 规定的色域图

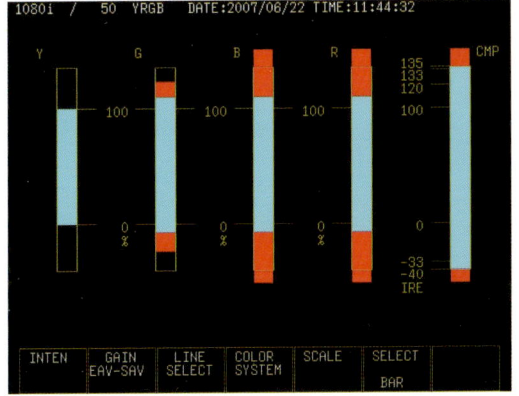

彩图 3　LV5000 波形监视器的"五条"显示

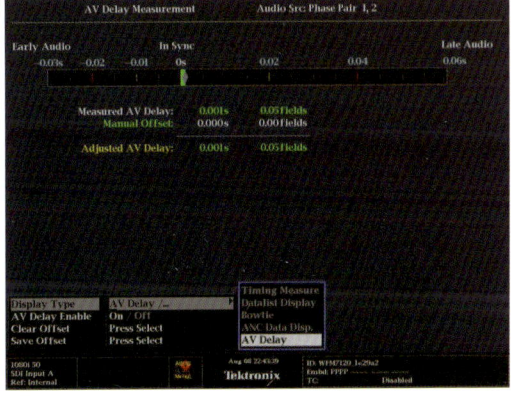

彩图 4　WFM7120"AVD"选件对音视频相对延时的测量结果

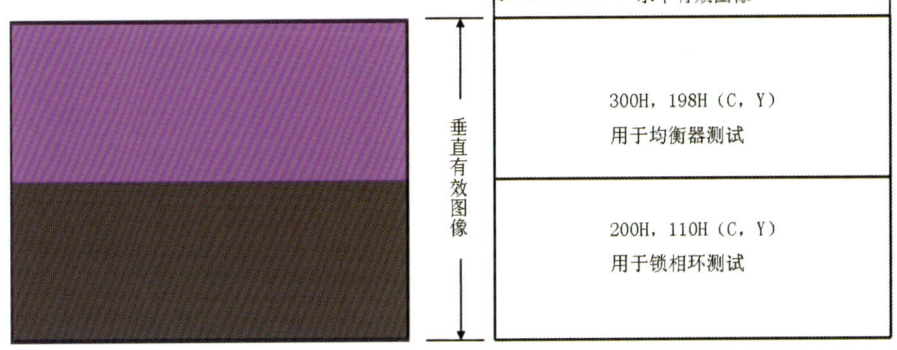

彩图 5　监视器显示的 SDI 检测场信号

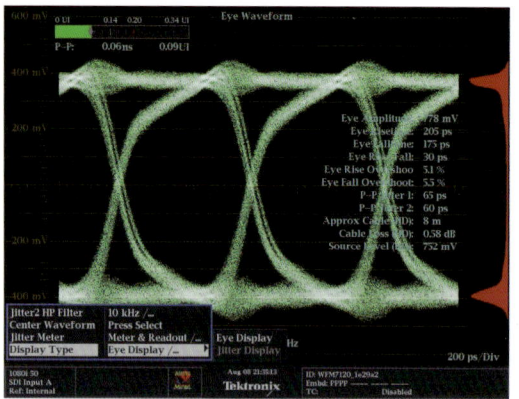
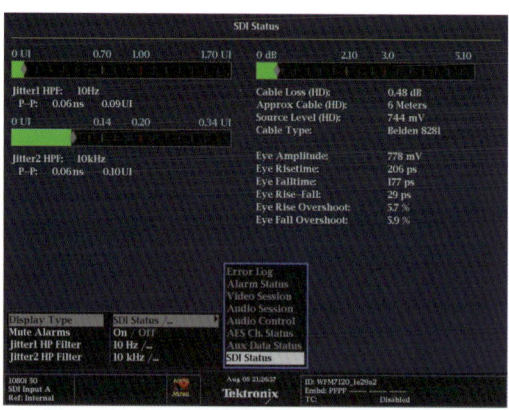

彩图 6　WFM7120 显示的眼图和物理层特性参数　　　彩图 7　WFM7120 的 SDI 状态显示给出的物理层特性参数

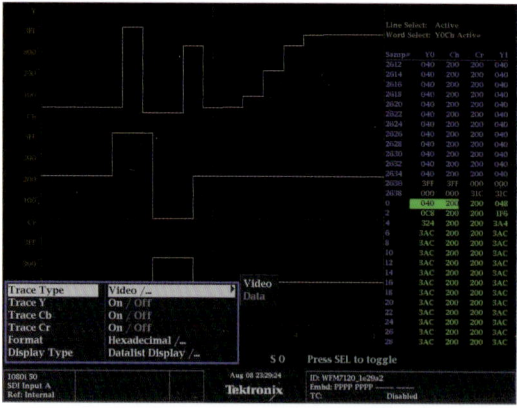
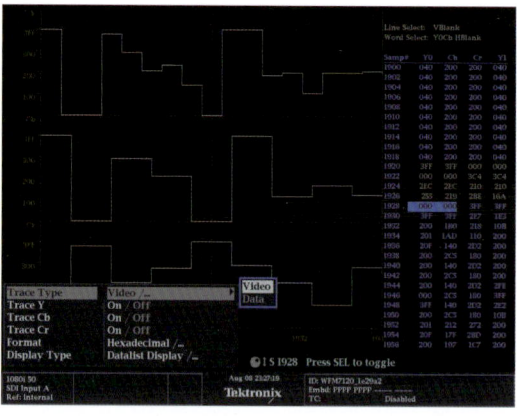

彩图 8　一行高清数字视频的 SAV 附近的数据显示　　　彩图 9　一行高清数字视频的 EAV 附近的数据显示

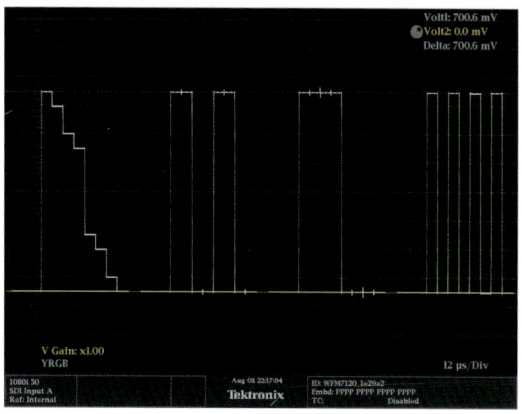
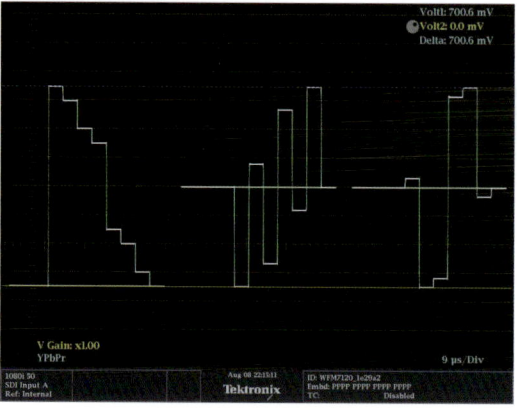

彩图 10　亮度和三基色信号的模拟波形　　　彩图 11　亮度和色差信号的模拟波形

彩图 12　高清数字视频信号的图像监测

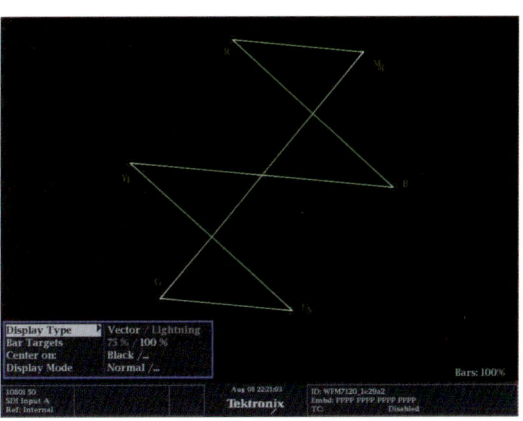
彩图 13　高清数字视频信号的矢量监测

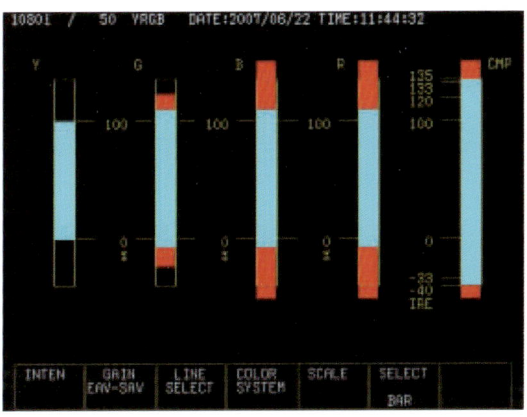
彩图 14　5 条色域误差的告警信息

彩图 15　全面监测状态

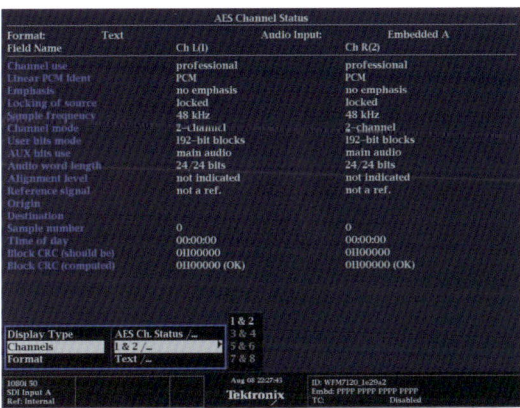
彩图 16　WFM7120 显示的嵌入音频状态分析

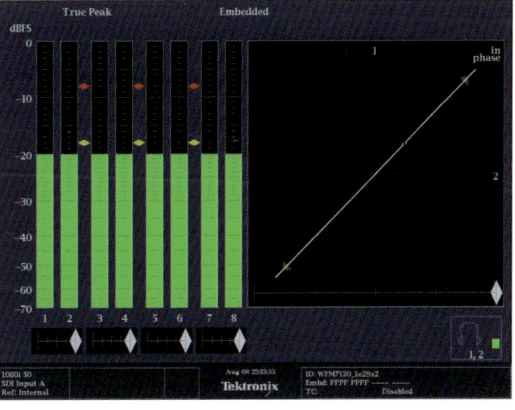
彩图 17　音频电平和李沙育波形

彩图 18　AFD 附属数据包的观察　　　　　彩图 19　我国标准彩色测试图

彩图 20　SDTV 综合测试图

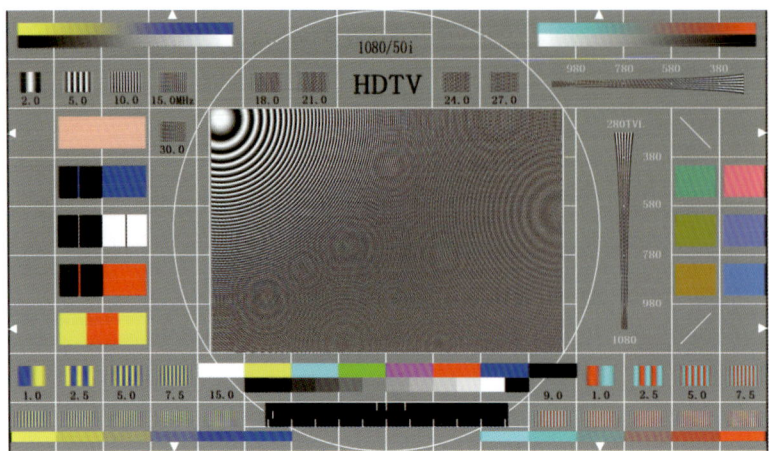

彩图 21　HDTV 综合测试图

4

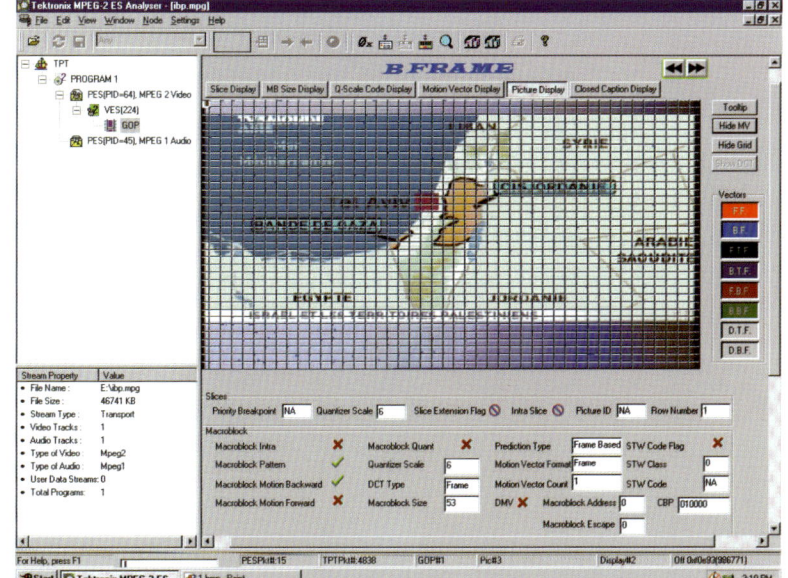

彩图 22　像条和宏块分析

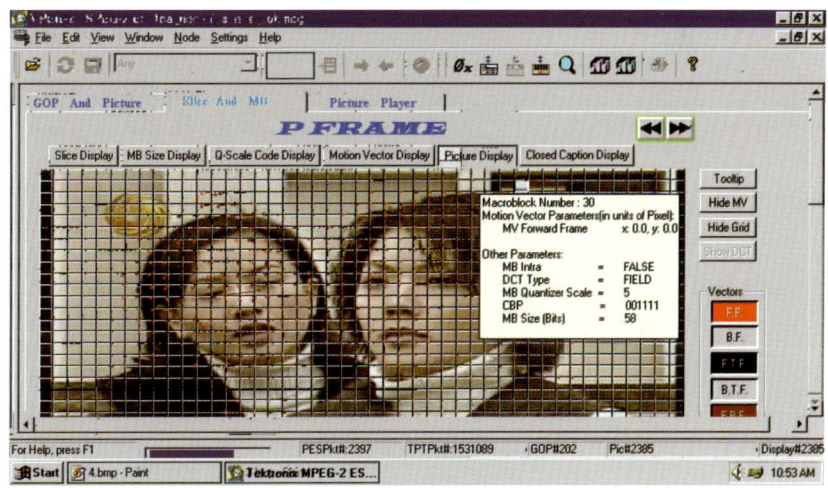

彩图 23　宏块简单分析

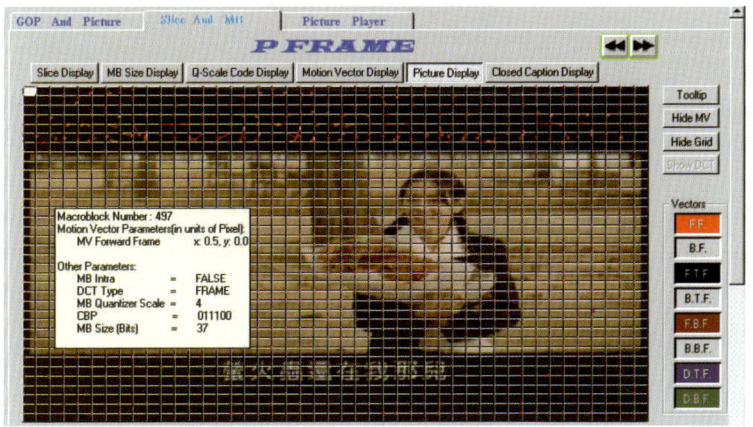

彩图 24　宏块运动矢量分析与显示

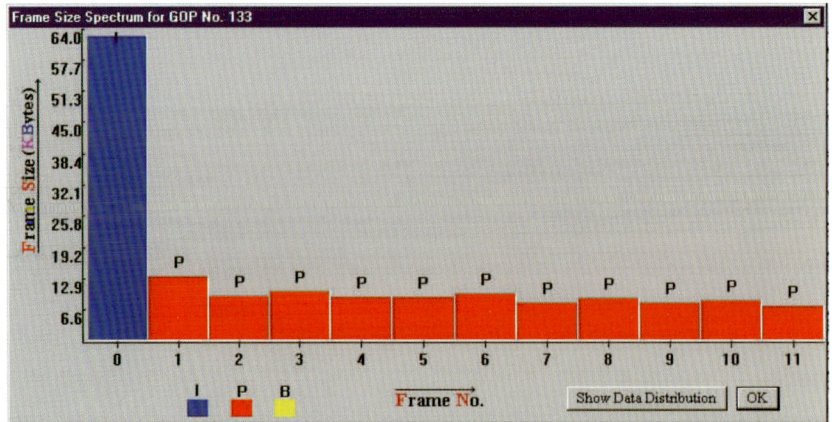

彩图 25　比特利用图显示

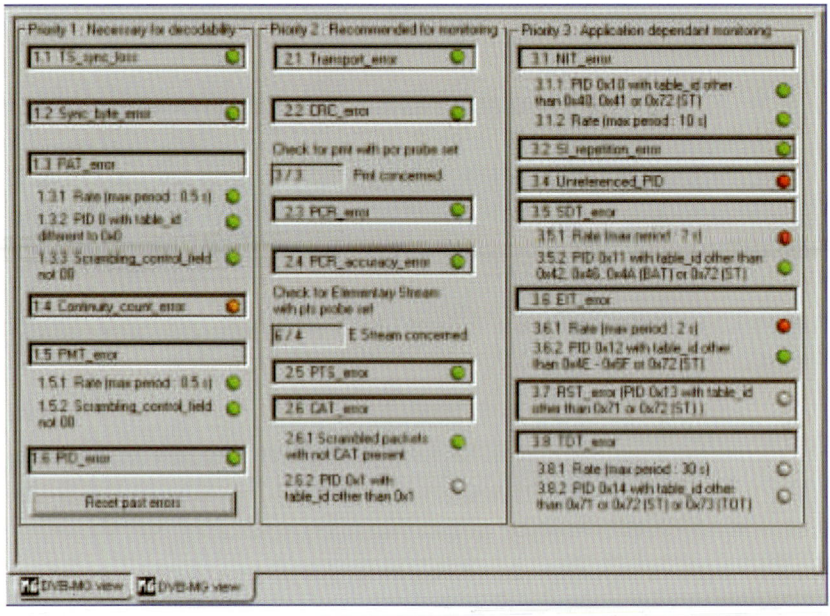

彩图 26　DVB 三个优先级参数的监测显示

彩图 27　JND 映射图显示两幅输入图像的差异

目 录

第1章 视频测量概论述 /1
1.1 数字视频测量功能层次 /1
1.2 视频质量测量基本概念 /14

第2章 视频信号的运行质量监测 /20
2.1 彩条信号 /20
2.2 视频信号的波形、矢量和图像监测 /24

第3章 复合模拟视频技术指标测量 /31
3.1 反射损耗 /31
3.2 介入增益及其稳定度 /33
3.3 视频杂波及信杂比 /35
3.4 视频线性失真 /38
3.5 视频非线性失真 /48

第4章 模拟分量视频信号测量 /54
4.1 模拟分量视频信号 /54
4.2 分量视频通道联合测量 /58
4.3 色域误差测量 /61

第 5 章 标准清晰度电视演播室数字分量视频信号测量 /72

5.1 串行数字分量视频信号的物理层技术指标测量 /72

5.2 抖动及其测量 /83

5.3 标准清晰度数字分量视频信号格式分析与监测 /90

5.4 嵌入辅助数据和 AES/EBU 数字音频的监测 /104

5.5 音视频相对延时测量 /122

5.6 误码秒及增强测试 /126

5.7 SDI 检测场 /132

第 6 章 高清晰度电视数字分量视频信号测量与监测 /136

6.1 高清晰度电视数字分量视频信号串行接口物理层特性参数测量 /136

6.2 高清晰度电视数字分量视频格式分析与监测 /139

6.3 3Gb/s 串行数字视频接口 /150

6.4 HD-SDI 嵌入的 AES/EBU 数字音频格式分析及监测 /163

6.5 有效幅型描述 AFD 的格式分析及监测 /170

第 7 章 电视测试卡与测试图 /179

7.1 电视测试卡 /179

7.2 插入测试行信号 /180

7.3 电视综合测试图 /182

7.4 SDTV 综合测试图 /187

7.5 HDTV 综合测试图 /194

7.6 摄像机电性能技术指标测量 /202

第 8 章 MPEG-2 压缩视频码流分析 /210

8.1 MPEG-2 视频压缩 /210

8.2 MPEG-2 系统层 /213

8.3 MPEG-2 码流协议分析 /225

第9章 数字电视图像质量主观评价 /255

9.1 主观评价的一般要求 /255

9.2 图像质量主观评价方法 /261

第10章 压缩数字电视图像主观评价质量的客观化测试 /266

10.1 数字电视图像质量客观评价方法 /266

10.2 数字电视图像主观评价质量的客观测量方法 /270

10.3 数字电视图像主观质量客观评价化测量系统及应用 /288

参考文献 /295

第 1 章 视频测量概述

数字化使电视系统发生了根本性的变化，原先相对封闭的视频开始融入数字信息技术领域，视频系统开始借鉴并遵循数字信息系统的结构、层次、流程、规律以及其他特性。信号波形的改变，引起了其他各方面的巨大变化。

1.1 数字视频测量功能层次

1.1.1 视频测量功能分层

在传统电视系统中，用于分析复合模拟视频系统的模型相对简单。图 1-1-1 显示了复合模拟视频系统的基本方框图、功能层和测量方法。测量通常在复合模拟电视系统通道的某处完成。一台测试仪能够对视频信号的亮度、色度以及同步等运行技术指标进行测试和分析。这种使用一套测试信号、通过传输通道测量信号质量的方法基本上可以描述传统电视系统的图像质量，如果再加上专家分析以及主观视觉检查，就可以完全描述电视系统的特性。

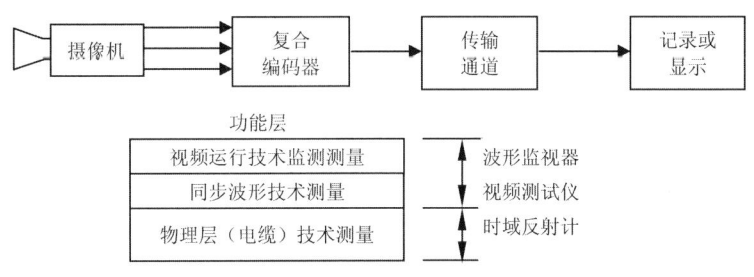

图 1-1-1　模拟视频系统的测试功能层

随着数字电视的出现，电视系统的方框图和功能层变得更加复杂（如图 1-1-2 所示）。模拟视频信号被转换成符合 ITU-R BT 601 标准的数字视频信号，演播室互连的数字视频信号遵循 ITU-R BT 656 标准，这样就导致了测量功能层的扩展以及测量方法的多样性。就系统运行而言,模拟视频信号的特性测量仍然是测量的重点内容,但是信号必须从数字信号转换成模拟信号。模拟信号测量只需要在单个波形上测出几种不同的参数,而数字信号则要分析数字波形、数字数据格式和数字信号编码再加上模拟信号测量结果。与模拟视频信号测量一样,串行数字视频信号的测量也需要一组测试信号,这组测试信号比只用于模拟系统的测试信号有所扩展。

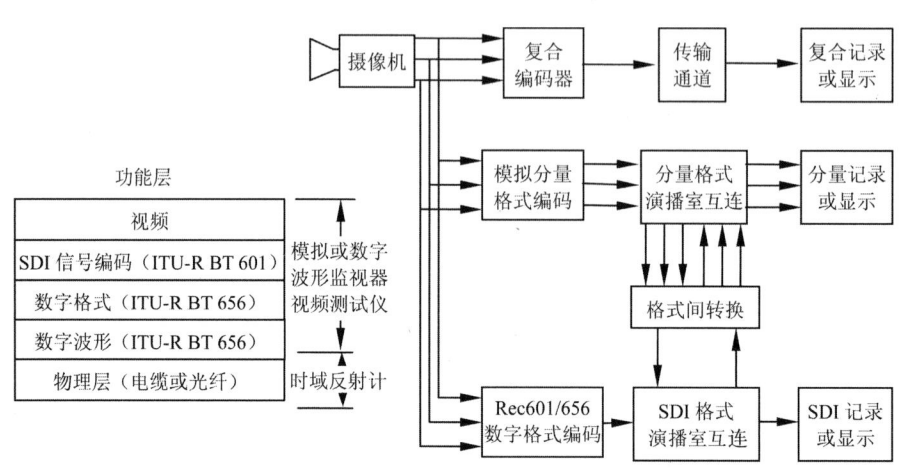

图 1-1-2　模拟/数字混合视频系统的测试功能层

全部指标测量可以通过一台测试仪器如 WFM601 或 WM700T 来完成。由于信号在功能层之间进行了不同的处理,因此,对于不同功能层需要使用不同的分析方法。在数字压缩技术应用于传输领域之前,由于传输技术的限制,高质量的数字信号又被转换到模拟域进行传输。数/模转换和模/数转换带来的某些图像质量劣化会超过模拟信号本身的劣化。

随着电视和通信的融合,视频测量不仅需要考虑日益增多的功能层,还需要考虑多种不同功能层的传输通道。图 1-1-3 是现代电视系统的通道和测试功能层。

现代电视系统可以分为三个主要的测试层(物理层和传输层、格式和协议层以及视频内容层),如图 1-1-3 所示,每个测试功能层都有详细的测试层子集。压缩电视系统的视频质量测量比非压缩电视系统使用的测量方法更为复杂。当图像信号被压缩后,压缩的数据被格式化为便于连接的形式。这种连接的应用有:在视频硬盘服务器之间交换节目或几个视音频编码器发送节目传送流到节目复用器,产生用于卫星广播的复用节目传输流。在这一层采用协议分析比较合适。对于大多数电视传送系统来说,MPEG-2 传输码流是压缩数据级的共同特性。压缩数据传输流的句法和语义在 ISO13818 中都已详细定义,可以使用典型的 MPEG 协议分析工具来检查传输流的合法性,分析确定误码发生的位置。

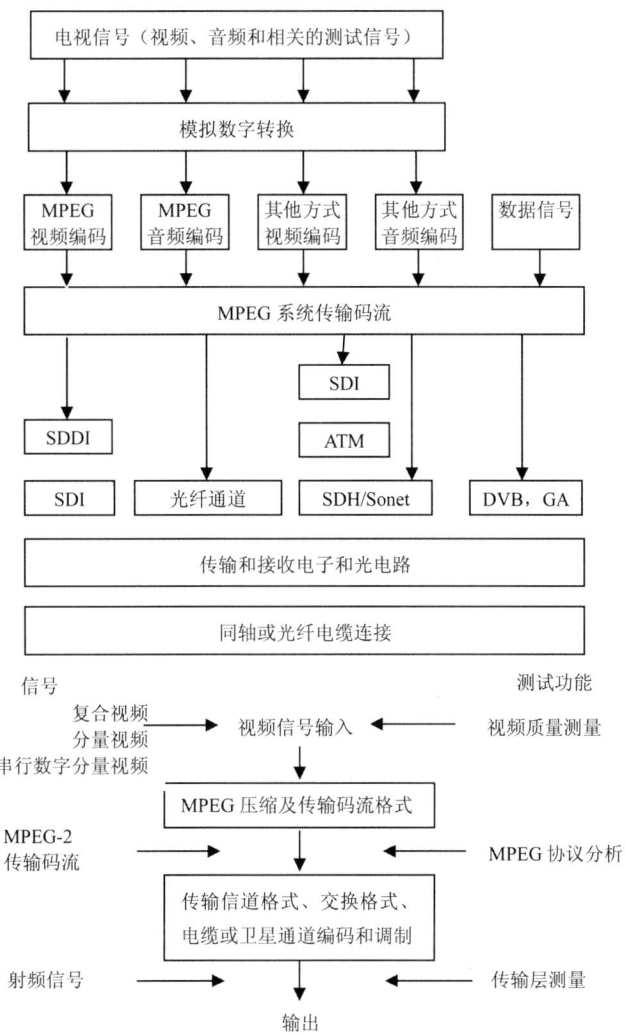

图 1-1-3　现代电视系统的通道和测试功能层

1.1.2　数字视频测量功能层次

要想全面地认识数字视频系统测量，就需要利用前面介绍的现代电视系统的三个主要测试层次结合国内和国际标准对其进行分析，参见本章结尾处的附表1。下面分别对这三个主要测试层次进行说明。

1. 物理层和传输层

主要对应硬件和介质，包括机械的连接器和线缆指标，以及跟电压电流有关的接口特性。

(1) SDI 和 HD-SDI 接口

对于 SDI 和 HD-SDI 接口应测试的有：眼图幅度、上升时间、下降时间、上冲、下冲、直流电平偏移、抖动、反射损耗、最小接收灵敏度、最大输入电压等。

(2) ASI 接口

对于 ASI 接口应测试的有：最小输入灵敏度、最大输入电压、输出幅度、上升时间、下降时间、确定性抖动、传送包模式、反射损耗等。需要特别提醒的是：标准规定 ASI 输入接口最小灵敏度为 200mV，确定性抖动小于等于 370ps，输出接口的幅度大于等于 720mV。这三项指标在实际测试中常发现不合格，且出现概率较高。

(3) 线缆

对于数字视频电缆的测量，GY/T 224—2007 标准要求有 11 项指标，重点要关注的指标有：特性阻抗、衰减常数、回波损耗、屏蔽衰减等。标准对 RG11、RG6、RG59、MiniRG59、RG179 这五种规格的数字视频同轴电缆提出了技术要求。其中，特性阻抗统一规定为 $75\pm5.0\Omega$；衰减常数根据不同的电缆规格以及 I 类和 II 类进行划分，在 9 个重要频点上进行了规定。如：RG11 的 I 类在 270MHz 的 100 米衰减要小于等于 7.4dB，在 1.5GHz 的 100 米衰减要小于等于 18.5dB。完整的数值列表请参见该标准。

(4) 眼图问题

眼图很好只能证明物理层合格，并不能说明其他层的指标合格，所以图像质量差可能是其他层有问题。而"眼图差，图像好"也需要仔细分析。

2. 数据格式层和协议层

在数字视频中用数据格式层和协议层的概念是为了理解数据通道和收发两端约定的协议。具体到数字视频就是与成帧、同步、差错控制相关的标准和协议。

(1) SDI 信号格式

GB/T 14857—1993 标准和 GB/T 17953—2000 标准对 SDI 信号格式进行了规定，包括：编码特性、数据格式、信号结构、定时基准码。

对于定时基准码，在实际测试中，国际标准和国家标准的表达方式都不适合于数值比对。为了工程使用方便，在测试中可以使用表 1-1-1 的测试标准，与仪器的显示方式相吻合，非常便于对照（10 比特系统）。

SAV 和 EAV 看似简单，但串接在系统中的某些设备上可能会引入错误，所以也是必测项目之一。

(2) HD-SDI 信号格式

GY/T 155—2000 标准和 GY/T 157—2000 标准对 HD-SDI 信号格式进行了规定。

HD-SDI 的比特串行数据由图像数据、图像定时基准码、行号数数据、误码检测码、辅助数据和消隐数据组成。其中行号数数据由指明行号数的两个字组成，紧接在 EAV 之后。误码检测码为循环冗余校验码（CRCC），用以检测有效数字行、EAV 和行号数数据中的误码，它由两个字组成，决定于生成多项式：$EDC(x) = x^{18} + x^5 + x^4 + 1$。误码检测码的位置应紧接在行号数数据之后。

表 1-1-1 SDI 定时参考信号测试使用表格

行号＼样点号	第 1440 到 1443 样点	第 1724 到 1727 样点
L1＝1 到 L2＝22 行	3FF 000 000 2D8	3FF 000 000 2AC
L3＝23 到 L4＝310 行	3FF 000 000 274	3FF 000 000 200
L5＝311 到 L6＝312 行	3FF 000 000 2D8	3FF 000 000 2AC
L7＝313 到 L8＝335 行	3FF 000 000 3C4	3FF 000 000 3B0
L9＝336 到 L10＝623 行	3FF 000 000 368	3FF 000 000 31C
L11＝624 到 L12＝625 行	3FF 000 000 3C4	3FF 000 000 3B0
TRS 属性	EAV	SAV

新的 HD-SDI 标准 BT.1120—6 补充规定了双链路接口,使接口的标称时钟频率为两种,即 1.485GHz 和 2.97GHz(或 2.97/1.001GHz)。其中 2.97GHz 用于双链路操作,2.97/1.001GHz 用于单链路操作。新的 2.97GHz 时钟允许通过链路 A 和链路 B 两个数据流传输。每个链路的串行数据流又包含两个信道,第 1 信道(Y 信道)和第 2 信道(CB/CR 信道)。信源图像的每一行交替地在双链路接口的链路 A 和链路 B 之间映射。

HD-SDI 信号格式的其他内容与 SDI 的情况基本相似,包括测试信号的赋值也适用。

高清标准对定时参考信号的表达方式同样不适合于数值比对。为了工程使用方便,常使用表 1-1-2 的测试标准,与仪器的显示方式相吻合,可用于测试对照。

表 1-1-2 HD-SDI 定时参考信号测试使用表格

行号＼样点号	1920 到 1921	1922 到 1923	2636 到 2637	2638 到 2639
L1＝1 到 L2＝20 行	3FF 3FF 000 000	000 000 2D8 2D8	3FF 3FF 000 000	000 000 2AC 2AC
L3＝21 到 L4＝560 行	3FF 3FF 000 000	000 000 274 274	3FF 3FF 000 000	000 000 200 200
L5＝561 到 L6＝563 行	3FF 3FF 000 000	000 000 2D8 2D8	3FF 3FF 000 000	000 000 2AC 2AC
L7＝564 到 L8＝583 行	3FF 3FF 000 000	000 000 3C4 3C4	3FF 3FF 000 000	000 000 3B0 3B0
L9＝584 到 L10＝1123 行	3FF 3FF 000 000	000 000 368 368	3FF 3FF 000 000	000 000 31C 31C
L11＝112 到 L12＝1125 行	3FF 3FF 000 000	000 000 3C4 3C4	3FF 3FF 000 000	000 000 3B0 3B0
TRS 属性	EAV		SAV	

(3)附属数据格式所有要求

① GY/T 160—2000 标准规定了附属数据包的格式和应用附属数据空间的协议。格式包括:附属数据包类型(分为类型 1 和类型 2,其中类型 1 只使用一个字作为数据标识,而类型 2 使用两个字作为数据标识)、附属数据标志(ADF)、数据标识(DID)、数据块序号

(DBN)、补充数据标识(SDID)、数据计数(DC)、用户数据字(UDW)、校验和(CS)。

附属数据包必须紧随在指明附属数据空间开始的 EAV 或 SAV 定时基准信号之后。标准规定:如果该空间中的前三个字不是 ADF（00.0h FF.Ch FF.Ch），则可以认为不存在附属数据包,整个区域即可以用于插入附属数据包。

但是,目前有一些设备采用了非标的私有协议,既要传递私有数据又不使用 ADF 标志,如果使用了这样的设备将会在系统中埋下隐患,且此种问题较为常见,应该在测试中认真检查。

② GY/T 161—2000 标准规定了嵌入附属数据空间内的数字音频、辅助数据及其有关控制信息的传输协议。包括:可用的附属空间、放置位置、音频数据包的格式化(通道对的定义、传输顺序、无效通道定义、取样频率、包长度)、音频控制包、扩展数据包的格式化、音频数据结构、扩展数据结构、音频数据包、扩展数据包、音频控制包结构及数据。

其中,音频数据结构包含了 AES/EBU 子帧映射到连续附属数据字的映射关系,以及 Z 比特的定义。音频控制包规定了音频组的关系、音频帧号、音频帧字比特位、取样频率指示、延时指示等重要信息。

比较常见的问题出在 Z 比特和控制包,一些设备输出的取样频率指示、比特位信息等存在错误。在系统连接和信号输出时会导致有用比特损耗、频率转换,使音频质量下降,甚至无法使用。

③ GY/T 162—2000 标准更进一步规定了在 HD-SDI 的附属数据信号空间中 24 比特数字音频的传输协议。除了规定映射关系、各音频帧中音频样值的排列等,它增加了对音频数据的纠错能力,其使用的 ECC 纠错码针对从 ADF 第 1 个字到 UDW17 的 24 个字进行校验,纠错编码为 BCH(31,25)码,降低了音频数据误码的概率。

④ GY/T 163—2000 标准主要规定的是附属数据空间内时间码和控制码的传输格式。此部分并未作为实际测试的重点,也少有见到出错的设备。对开发人员来说,应特别注意附属数据空间内时间码和控制码在 SDI 和 HD-SDI 中的不同,可具体参看该标准。

(4)同步要求

与同步要求相关的是行业标准 GY/T 167—2000《数字分量演播室的同步基准信号》和国家标准 GB/T 20562—2006《演播室串行数字信号抖动技术参数与测量方法》。

GY/T 167—2000 标准规定了数字分量演播室及设备视频信号的同步方法。它保证了信号切换时画面不出现滚动、跳动和彩色失真等现象。GY/T 167—2000 标准还规定了输入同步和输出同步。

输入同步是指数字分量演播室或设备按输入信号的指示实现同步。当同步到输入信号时,设备必须从输入视频信号中获取时钟和定时基准信息。输出同步是指两个或更多信号源的同步。

对于全数字环境,可以采用符合 GB/T 17953 标准的数字信号作为同步基准。对于模拟、数字混合环境,可以采用对建立时间和抖动容限稍加改进的模拟黑场来保证系统的同步。

对模拟黑场同步信号的指标要求,除原有的幅度、频差等指标外(此处略,可见标准 GB 3174—1995),主要应重点测量两项:

行同步脉冲前沿的建立时间,不应超过 210ns。测量时应读取幅度值在 10% 至 90% 之间的时间。这与普通模拟黑场行同步前沿建立时间的 200±100ns 要求略有不同。

抖动,行同步脉冲各个前沿的定时应在前沿平均定时的±2.5ns 范围之内,测量至少一场时间。这是 GY/T 167—2000 标准和 ITU-R BT.711 标准的规定。SMPTE 318M 的规定更为严格,为峰-峰 2ns。在实际测试中我们发现,如果针对同步机输出信号,使用 SMPTE 的峰-峰 2ns 更为合适一些。

GB/T 20562—2006《演播室串行数字信号抖动技术参数与测量方法》修改采用了 ITU-R BT.1363 标准,它规定了固有抖动、输出抖动、输入抖动容限、抖动传递以及各自的测量方法。

高清系统推荐采用双极性三电平的同步信号,具体参数见 GY/T 155—2000 标准。

在实际测试中发现,抖动对数字系统的影响很大。在一些"疑难杂症"的测试中,曾发现低频抖动超标、图像闪烁等现象,由于属于间歇性问题,所以给测试带来很大困难。在多次测试后,才查出是由于下级设备的输入抖动容限较小,而前级输出抖动较大,才产生了系统信号时有时无的问题。所以对数字系统的测试,前级和后级的抖动的相关指标非常重要。在选购设备时,也应考虑选择输入容限较大、输出抖动较小的设备,至少应符合标准的指标要求。

(5)ASI 信号格式和协议的所有要求

数字压缩视频由 MPEG-2 分为 ES 层、PS 层、TS 层,其中 TS 层的作用应属于数据链路协议层的范畴。具体内容由 GB/T 17975.1—2000《信息技术 运动图像及其伴音信息的通用编码 第 1 部分:系统》规定。

有关的测试项目和技术要求在 GY/T 221—2006《有线数字电视系统技术要求和测量方法》中进行了规定,其大部分内容与 DVB 的 ETR 101 209 相近,另外还根据我国的使用实际情况和 DVB 后来的一些相关文件,补充规定了部分表的间隔等其他内容。主要也分为三级测量:

第一优先级测量项目包括:TS 同步丢失、同步字节错误、连续计数错误、PID 错误等共 6 项;

第二优先级测量项目包括:传输错误、CRC 错误、PCR 间隔错误、PCR 不连续错误、PCR 精确度错误等共 7 项;

第三优先级测量项目包括：SI 表间隔错误、缓冲器错误、未引用 PID 错误、数据延时错误等共 14 项。

ITU-T J.133 *Transport of MPEG-2 Signals on Packetised Networks-Measurement of MPEG-2 Transport Streams in Networks* 主要提供了通过网络传输 MPEG-2 压缩视频信号时，对系统时钟和 PCR 的测量方法，并附带了大量的技术参考资料。相信每一个做过 PCR 测试的人都体会到它的复杂性，ITU-T J.133 含有以下 PCR 相关参数的限值及推导过程，与 ETR 101 209 的附录 I 相似：

PCR 频率偏移(PCR_FO)，限值±810 Hz；

PCR 漂移速率(PCR_DR)，限值 75MHz，也可用近似值 10ppm/hour；

PCR 总体抖动(PCR_OJ)，限值 25μs；

PCR 精确度(PCR_AC)，也可称相位误差、误差，限值±500 ns。

大多数测试人员对 TS 的三级测试都比较熟悉，但在测试配置上往往容易忽略。对 PCR 相关指标进行测试时，最关键的是选择正确的测试滤波器，标准规定了四种滤波器，各自的特性总结如表 1-1-3。从实际使用看，对 MPEG-2 的 TS 流应优先选择 MGF1。但遗憾的是，目前不少的码流分析仪内部采用的都是 MGF3。

表 1-1-3 测试滤波器的选择

类型	划分频率	特性
MGF1	10MHz	用于测量涵盖所有频率分量的定时损伤。 提供了 MPEG-2 系统(ITU-T H.222.0 和 ISO/IEC 13818—1)最准确的测试结果。如果使用其他类型的滤波器，发现抖动或漂移存在问题，建议用 MGF1 获得更精确的结果。
MGF2	100MHz	本类型介于 MGF1 和 MGF3 之间，相对 MGF1 可以提高测试速度，相对 MGF3 可以提高测试精度，它考虑了高频和一部分的低频定时损伤。
MGF3	1Hz	本类型提供快速的测量，因为只考虑定时损伤的高频分量。 对一些应用来说，可以用它进行测量。
MGF4	自定义	提供测试的灵活性。例如测量 ISO/IEC 13818—9 要求的±25ms 抖动限值时，需要的划分频率为 2MHz，则可使用 MGF4 类型。

1.1.3 视频内容层

视频内容层包括代码的处理，如转码、压缩、加密等。具体到数字视频系统就是与无压缩视频和压缩视频表示相关的内容。

1. 表达内容的格式协议

(1) 无压缩数字视频

可以把 GB/T 14857—1993 标准和 GY/T 155—2000 标准中有关的语义部分归入内容层(并非严格意义上的),包括有效样点数、总样点数、有效行数、取样结构、量化级、PCM 编码方式、码字用法等。

在与这部分相关的测试中,出现不合格频率最高的项目是有效行缺失和有效样点缺失。不少厂家的编码器、解码器、转码软件、播出服务器等设备或软件输出的有效样点变成了 704 或 640 个,有效行缺失了 16 行、24 行或更多,这样会导致台标、字幕、画面内容不完整或清晰度下降,并且这些不符合标准的设备可能会引起下游系统的潜在问题。

(2) 压缩数字视频

对于压缩数字视频,我们把与传输有关的传输流 TS 层划到数据格式协议层,把基本流 ES 层归到视频内容层。这部分的相关标准有:

GB/T 17975.2—2000《信息技术 运动图像及其伴音信号的通用编码 第 2 部分:视频》(MPEG-2);

GB/T 20090.2—2006《信息技术 先进音视频编码 第 2 部分:视频》(AVS);

ITU-T H.264 *Advanced Video Coding for Generic Audiovisual Services*;

SMPTE 421M *VC-1 Compressed Video Bitstream Format and Decoding Process*;

对这部分应进行的测试项目有:Profile/Level 语法符合性、句法符合性、有效样点、GOP/VOP 分析(VOP 是视频对象层面即 Video Object Plane,与 MPEG-2 中的 GOP 原理相似)、VBV/HRD 等各种缓存测试、量化值分析、运动矢量分析、宏块分析等。

由于数字视频自身包含的巨大数据量和分析所需的庞大计算量,这些项目的测试以及数据解读也相当复杂,目前较好的测试设备有泰克公司的 MTS 4EA、罗德与施瓦茨公司的 DVM 400 等,都需要购买相应的选件。

有关测试结果的统计表明,除语法符合性、句法符合性出现错误之外,常见的不合格项目是解码缓存错误,尤其是与 H.264、MPEG-4 有关的设备。MPEG-2 采用的是视频缓存校验器 VBV 模型(Video Buffer Verifier),由 GB/T 17975.2 的附录 C 规定;而 H.264 使用了 HRD 模型(Hypothetical Reference Decoder),由 ITU-T H.264 的附录 C 规定。

2. 视频内容层测试

对于数字视频来说,视频内容层的测试内容可以分为:纯客观测试、图像质量主观评价的客观化测试和主观评价这三类。一些具体的应用系统由相对应的标准另行规定它们专用的测试项目和方法。

(1) 纯客观测试

① 传统指标测试的意义和作用

如果把数字视频看作通道，承载的图像内容看作应用的话，那么可以把经过数字通道以后的以下模拟指标归入此类，例如：视频幅度、幅频特性、非线性失真、信杂比、K 系数、时延、矢量幅度/相位误差等。

同时，测试者应该注意到如果此数字通道仅仅是个无任何处理的 SDI 简单通道，只要进行误码性能测试即可。另一方面，在实际的系统中往往存在着一些处理和变换，其中间环节可能包括比特变换、数模/模数转换、压缩编解码、色域变换等各种各样的信号处理过程。这些处理是完全可能带来图像质量下降的，采用传统指标测试的方法可以方便、准确地发现问题。

② 视频通道的 AB 分类

为了全面地考察和评价，按照通道特性和测试要求的不同，可以将数字视频通道分为以下 A、B 两种类型：

A 类为不带复杂视频信号处理（如压缩编解码等）的通道，通常为演播室视频通道、不含视频服务器的播出通道等。这种类型的通道由于不经过压缩编解码等复杂视频信号处理过程，通常图像质量损伤微小或者无损伤。

B 类为带复杂视频信号处理（如压缩编解码、色域变换等）的通道，通常为网络制作通道、硬盘播出通道、网络制播通道等。这种类型的通道由于经过了压缩编解码或色域变换等处理，图像质量损伤相对较大。

对于 A 类，我们认为只要测试传输特性，确保没有误码即可；而对于 B 类，应该测试视频幅度、幅频特性、非线性失真、信杂比等重要传统指标。

③ 测试信号

在对数字视频通道的通道视频特性进行测试时，特别是存在色域变换的系统，有一点是必须注意的，即测试使用的测试信号应该是"合法""有效"的信号。

(2) 图像质量主观评价的客观化测试

关于对数字压缩图像质量的评价，严格条件下的主观评价是最准确和最有价值的方法。但是一般单位往往不具备实施主观评价的环境、设备和人员。这样，图像质量主观评价的客观化测试就成为一种便捷、快速、低成本的图像质量评估手段，在很多地方得到了应用。

① 评估的算法和指标

目前在世界范围内广为使用的图像质量主观评价的客观化测试算法和指标共有 5 种，其中 4 种已成为国际电联 ITU-R BT.1683 的模型，另一种是泰克公司的模型。

说到图像质量的客观测量，就不能不提 ITU-R BT.1683，它是整个 ITU 以及 MPEG 组织进行图像质量客观评价的基础。它的名称是《全参考条件下标准清晰度数字电视广播客观可感知视频质量测量技术》(*Objective Perceptual Video Quality Measurement Tech-*

niques for Standard Definition Digital Broadcast Television in the Presence of a Full Reference）。在其之后，电联又制定了若干建议书，包括简化参考模型、无参考模型、客观质量的用户要求等，均是以 BT.1683 为基础而制定的。在整个标准架构中，BT.1683 是图像质量客观评价的一个里程碑，它的作用就类似于 BT.601 对于数字电视、BT.500 对于主观评价的作用。与此相关的一些重要建议书整理如下，供使用中参考，另有 2 个 BT 系列的建议书还在制定当中。

- *BT.1721 Objective Measurement of Perceptual Image Quality of Large Screen Digital Imagery Applications for Theatrical Presentation*
- *J.188 A Framework for an Efficient Parallel Video Transmission System Including Codecs with Functions of Failure Detection and Picture Quality Evaluation*
- *J.149 Method for Specifying Accuracy and Cross Calibration of Video Quality Metrics*（VQM）
- *J.148 Requirements for an Objective Perceptual Multimedia Quality Model*
- *J.147 Objective Picture Quality Measurement Method by Use of In-service Test Signals*
- *J.144 Objective Perceptual Video Quality Measurement Techniques for Digital Cable Television in the Presence of a Full Reference*
- *J.143 User Requirements for Objective Perceptual Video Quality Measurements in Digital Cable Television*

在 BT.1683 中共规定了 4 种模型和相应的评价指标，如表 1-1-4 所示。

其中，VQM 是应用较广的客观评价体系，它是描述整体图像质量的综合指标，其值在 0 到 1 之间，0 表示不能感知到图像质量损伤，1 表示最严重的图像质量损伤，VQM 的值乘以 100 可与双刺激连续质量标度法 DSCQS 的主观评价质量下降分相对应。

这 4 种模型在 MPEG 和 VQEG 测试评价 H.264（AVC、MPEG-4）、H.263、H.262（MPEG-2）的过程中大量使用，BT.1683 中提供了部分主客观的测试结果，详细的测试数据可以在 VQEG 的 *Final Report from the Video Quality Experts Group on the Validation of Objective Models of Video Quality Assessment* 报告中获得。

第 5 种是泰克公司的 PQR 指标，PQR 是 Picture Quality Rating 的缩写。PQA 仪器通过测量 5 秒视频测试序列中的 2 秒，根据 Sarnoff 公司开发的视觉模型 JNDmetrix，计算输出 PQR 值和 PSNR 值。PQR 值反映了损伤程度，一般可认为：PQR 值=1，图像质量基本没有损伤；PQR 值=3，图像质量损伤可察觉但不明显；PQR 值=10，图像质量损伤明显。大量测试结果表明，PQR 值与主观评价的相关性总体较好，但使用不同的测试运动图像时相关性稍有差异。

表 1-1-4　BT.1683 中规定的 4 种模型和评价指标

序号	提出者	VQEG* 的推荐	主要评价指标	评价的意义	复杂程度
模型 1	英国	D	PDMOS	总体质量评价,所有考察参数的综合	复杂
			— TextureDeg	纹理分析	
			— PySNR	空间频率分析(迭代 SNR)	
			— Edif	边缘差异	
			— fXPerCent	水平匹配程度	
			— MPSNR	最小误差	
			— SegVPSNR	分段 PSNR	
模型 2	韩国	E	VQM	Video Quality Metric,总体质量评价	简单
			— EPSNR	边缘峰值信噪比	
			— MEPSNR	修正的 EPSNR	
模型 3	巴西	F	VQR	Video Quality Rating,总体质量评价	较复杂
			— ΔT	时间偏移	
			— ΔS	空间偏移	
			— Gain	幅度偏移(增益)	
			— Wi	损伤权重	
			— Li	损伤级别	
模型 4	美国	H	VQM	Video Quality Metric,总体质量评价。其他参数和过程较复杂,此处略,可查阅 BT.1683。	很复杂

* VQEG 是指 Video Quality Experts Group。

②客观评估的局限性

在 BT.1683 的开篇即有说明:这些客观评估模型都不能够替代主观评价测试;使用者应认真比较主客观的结果,以理解客观评估的误差。

其实,在使用一种评价方法时,应首先了解其测试原理和适用范围。对基于 DCT 变换的可以测试其对非 DCT 的算法是否适用;对 8×8 的可以测试其对非 8×8 的是否适用;对一般压缩处理的可以测试其对同时带有其他处理的是否依然适用,例如数字降噪、轮廓增强、锯齿消除、自适应量化步长等,所以一定要慎重选择使用评价方法。

H.264、MPEG-4 和 VC-1 的出现引入了大量的处理工具集,不少处理在主观上的损伤并不明显,甚至有的图像质量在主观感觉上还有所改善,而以往 MPEG-2 所使用的大多数编码工具都倾向于同时提高主观和客观指标的性能。这样一来,如果不对新的系统加以研究,盲目使用 PQA 之类的设备往往会导致错误的结论。

因此,对于 PQA 的使用一定要弄清原理、分清对象、查清配置,最终还应以主观评价为准。

(3) 主观评价

主观评价是评价图像质量的可靠手段,尤其是在数字电视系统中,原有的模拟 5 大指标已不能全面反映图像质量,原有的模拟 10 大测试信号已无法对数字编码等处理构成压力。因此主观评价是考察数字电视图像质量的最终手段。与主观评价相关的标准体系可分为测试方法、测试素材和质量要求。

① 测试方法

数字电视主观评价的测试方法由 GY/T 134—1998《数字电视图像质量主观评价方法》规定,包括对观看条件、评价系统、测试素材的选择、观看员、测试阶段、结果表达等的一般要求,以及双刺激连续质量标度法和双刺激损伤标度法两种评价方法。

其中,观看条件和显示设备对于察觉和评价图像损伤的难易程度影响很大。各种环境参数应符合 GY/T 134 的要求,能够比较容易地看出图像损伤。

在这两种评价方法中,双刺激连续质量标度法具有灵敏度高、稳定性好的优点,一直在世界范围内广泛使用。

对于多媒体环境下的图像质量评价,例如 IPTV、掌上电视、网络视频等,主要依据 ITU-R BT.1788 *Methodology for the Subjective Assessment of Video Quality in Multimedia Applications* 进行评价。

② 测试素材

测试素材是进行主观评价的基础,测试素材的内容和质量对评价结果的有效性具有至关重要的影响。开展主观评价,以及模仿主观评价的客观化测试,首先都需要一套能满足主观评价要求的测试图像素材库。

国外的测试图像素材库为 ITU-R BT.1210 *Test Materials to be Used in Subjective Assessment*。但是由于画面内容、节目种类、色彩喜好及发行格式等与我国的实际需求有所不同,并且存在版权等问题,所以在我国的应用受到限制。

在业界的急迫需求下,2007 年,由中央电视台和国家广播电影电视总局广播电视规划院制定的行业标准《标准清晰度数字电视主观评价用测试图像》正式发布,其中包含四十多个测试图像,可用于压缩设备、抠像设备、非编、录像机、视频服务器、显示设备,以及综合系统的图像质量评价。这些测试图像已在若干个项目中进行了试用,效果非常好,正等待审查发布。同期制作的高清素材数量较少,不足以形成测试素材库,目前相关机构正在申请为高清测试图像库立项。

③质量要求

ITU-R BT.1203 *User Requirements for Generic Video Bit-Rate Reduction Coding of Digital TV Signals for an End-to-End Television System* 规定了端到端数字电视系统的图像质量要求。其中包括了对以下环节的质量要求：新闻采集 SNG/ENG、节目传送 Contribution、演播室和后期 Studio production、一次分配 Primary distribution、二次分配 Secondary distribution（含有线）、地面发射 Terrestrial emission、卫星发射 Satellite emission。

其中，有一项普遍的要求是规定到户图像质量的下降值不能够超过 18%。但在 2006 年 10 月的国际电联会议中，各国普遍反映当时的数字电视图像质量并不理想，没有达到电视工作者原来期望的数字电视质量水平。因此对标准进行了修订，允许的图像质量最大下降值从 18% 改为 12%，实际上对图像质量的要求大为提高。由于各国意见非常一致，没有任何反对意见，所以新的标准已经于 2007 年 3 月正式批准实施。

由于同样的原因，各国专家和广播者希望对标清节目传送质量要求的标准 ITU-R BT.800 和高清节目传送质量要求的标准 ITU-R BT.1121 进行修订，以提高图像质量的要求。

(4) 一些特定的应用

在数字视频系统中，应用层还包括一些特定的应用。例如，转播车应遵照 GY/T 222—2006《数字电视转播车技术要求和测量方法》进行测试；播出通道应遵照 GY/T 165—2000《电视中心播控系统数字播出通路技术指标和测量方法》进行测试；磁带录制应遵照 GY/T223—2007《标准清晰度数字电视节目录像磁带录制规范》进行测试；编、解码器应遵照 GY/T 212—2005《标准清晰度数字电视编码器、解码器技术要求和测量方法》进行测试；复用器应遵照 GY/T226—2007《数字电视复用器技术要求和测量方法》进行测试。

数字视频系统实际涉及相当复杂的内容，对其进行了解和观测应该把握分层次的原则。数字视频包含的标准数目众多，这里仅对与数字视频测试相关的标准进行了简单的介绍，并根据一般测试应用的情况对相关标准群进行了粗略的划分和归类。要真正了解和掌握详细的技术细节需要认真研读这些文本，并结合实际测试进行总结，以获得对被测对象的全面认识，不要把某个或几个层次的性能指标当作系统的全部。

1.2 视频质量测量基本概念

首先，我们定义几个有关视频质量测量方面的基本概念，并将这几个方面的定义归纳后在表 1-2-1 中列出。

(1) 主观测量是根据观看者提供的图像质量意见得出的测量结果。

(2) 客观测量是指借助仪器，使用人工手段读取测量结果或者利用数学算法自动得出测量结果。

表 1-2-1　视频质量测量的基本概念

基本概念	不停播测量	停播测量
直接主观评量（图像质量）	节目素材	测试序列
直接客观测量（图像质量）	节目素材	测试序列
间接客观测量（信号质量）	消隐期测试信号	全场测试信号

（3）直接测量是指使用有一定意义的图像素材进行测试，通常也称为图像质量测试。

（4）间接测量是使用专门设计与图像具有相同格式的测试信号进行测试，也称为信号质量测试。

（5）不停播测量是通过直接评价节目素材或间接测量节目素材中插入的测试信号进行测量。

（6）停播测量是使用适当的测试序列进行直接测试，或使用全场测试信号进行非直接测试。

实际上模拟电视系统对色度信号进行了压缩处理，但是为了区别数字视频压缩系统，通常人们将模拟电视系统当作无压缩系统看待。客观间接的信号质量测量是测量无压缩系统质量的常用方法。因为使用图像对电视系统进行的主观测量得到的结果与用一组测试信号对同一系统进行客观测量得到的结果之间存在很强的数学相关性，如图 1-2-1 所示。这种相关性高达 95% 以上，但也存在一部分不相关的因素，比如在复合模拟电视系统中存在高频亮度信号引起的色度失真，使用客观测量方法不易测出此类失真，而主观测量时人眼对这类失真却很敏感。还有一些客观测量指标具有很高的灵敏度，与主观测量结果看似没有直接的关联，但是，用同样的方法对图像进行多次处理，比如使用模拟录像带进行多代复制，人们就会看到图像失真的主观效果，这些客观测量结果也是很有实际价值的。

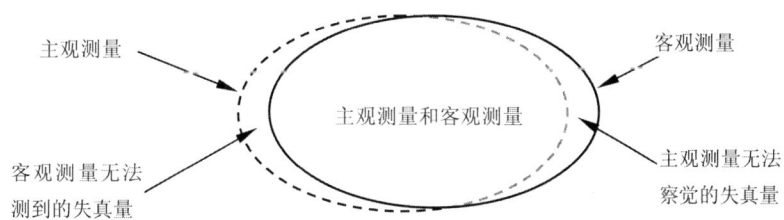

图 1-2-1　传统电视系统的主观测量和客观测量的相关性

信号质量测试方法适用于模拟和全带宽系统的原因是由于这些系统是线性的。就是说，系统的特性是线性时不变的，信号质量测试是使用一组测试信号进行测量，其测量结果将确定系统的传送通道或视频处理部分的特性。这些测试信号的持续时间可以只占场消隐期的一行。

在压缩数字视频系统中进行视频信号质量测量仍然很重要，这是由于以下原因：

（1）输入视频压缩编码器的信号要遵循适当的标准，并尽可能地为有效的编码提供高质量的信号；

（2）字幕和特技效果等视频处理不能在压缩域中完成；

（3）由于压缩编解码的成本和质量原因，制作设备不能采用全压缩的处理方式；

（4）不同压缩方式之间进行转换的唯一途径是通过无压缩状态。

这就导致除了测试压缩数字视频系统之外，还需要对模拟和全带宽数字域进行测试。

随着压缩数字视频系统的出现，情况变得越来越复杂，信号质量测试已经无法适应系统编解码部分的测试。与自然场景相比，传统的测试信号要相对简单得多，传统测试信号容易被编码器无失真地压缩处理，所以无法使用这些测试信号来评估编解码过程。因此，压缩数字视频系统的图像质量测试要采用直接测量的方法，使用比传统测试信号复杂得多的自然场景或等同于自然场景的测试序列，这些复杂的测试序列能够强迫编解码器工作在极限状态，从而引起系统的非线性失真，这种非线性失真通常是图像内容的函数。

使用数字压缩技术会增加现代电视系统中发生的失真类型，新出现的失真类型有：

（1）量化噪声。它是在视频信号数字化过程中引入的，会随着压缩系统降低比特率处理而增大。

（2）块效应。它是出现在 DCT 压缩系统的一种方块效应。

（3）分解力下降。它是由压缩系统利用人类视觉系统的有限分辨力去除图像中的冗余信息引起的。虽然人眼对色度的分辨力更低，但是无压缩图像已经利用这一点进行了压缩，压缩系统会对色度进行更大的压缩。

（4）边缘忙乱。它是图像量化的另一种效果，失真主要集中在物体的边缘，表现为时域中变化的尖峰或空域的不同噪声，主要由从图像的高分解力部分去除更多的信息所导致。

（5）蚊子噪声。它是产生于相邻像素之间的量化错误，是由压缩引起的。由于场景内容不同，量化间隔的尺度会有变化，从而产生像蚊子那样闪现在物体周围的现象。

（6）块误码。它是出现在使用基于精确的运动补偿或因码率限制而采取丢帧处理的时间压缩系统中，产生与运动相关的图像缺陷如抖动或像素块错误等。

随着需要测量的失真类型的增加，压缩视频系统的主观测量范围进一步扩展，如图 1-2-2 所示。主观测量包含有节目质量因素和图像质量因素。信号质量测量不能直接测量节目质量，因而信号质量测量的扩展类型无法涵盖新的主观测量范围，传统的信号质量测量与新的主观测量不再具有很强的相关性。这就需要开发新的客观图像质量测量方法，这些客观图像质量测量方法必须与主观测量有很强的相关性，并覆盖一定范围的主观测量。同时，还需要能够测出人眼无法辨别的图像质量失真，并给出电视系统的性能指标。

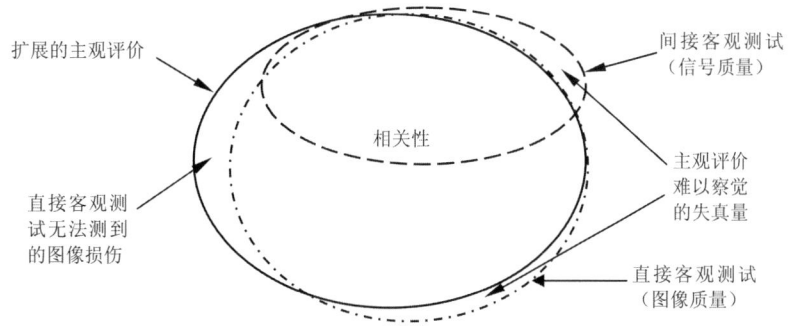

图 1-2-2　现代电视系统主观评价和客观测试的相关性

本章重点小结

1. 介绍视频测量的功能和层次结构。
2. 结合国内外标准详细介绍数字视频系统的三个测试层次。
3. 介绍有关视频测量的三个方面的基本概念。
4. 介绍电视系统主观测试和客观测试的相关性。

习题与思考

1. 为什么要对数字视频系统进行分层测试？
2. 解释主观测试和客观测量、停播测试和不停播测试、直接测试和间接测试的具体内容。
3. 为什么信号质量测量无法适应压缩数字视频系统的测试？

附表 1

层次	应关注的测量参数和指标	对其进行规范的标准		
		标准代号	名称	国际标准
物理层和传输层	线缆特性 11 项指标	GY/T 224—2007	《数字视频、数字音频电缆技术要求和测量方法》	
	SDI（无压缩标清）接口 10 项指标	GB/T 17953—2000	《4:2:2数字分量图像信号的接口》	等效于 ITU-R BT. 656
		GY/T159—2000	《4:4:4数字分量视频信号接口》	等效于 ITU-R BT. 799
	HD-SDI（无压缩高清）接口 10 项指标	GY/T 157—2000	《演播室高清晰度电视数字视频信号接口》	修改于 ITU-R BT. 1120
	ASI（压缩视频）接口 8 项指标	GY/T 170—2001	《有线数字电视广播信道编码与调制规范》的附录 A	等效于 IEC 60728-9

续表

层次	应关注的测量参数和指标	对其进行规范的标准		
		标准代号	名称	国际标准
格式层和协议层	SDI信号格式的所有要求	GB/T 14857—1993	《演播室数字电视编码参数规范》（语法部分）	等效于ITU-R BT.601
		GB/T 17953—2000	《4:2:2数字分量图像信号的接口》	等效于ITU-R BT.656
	HD-SDI信号格式的所有要求	GY/T 155—2000	《高清晰度电视节目制作及交换用视频参数值》（语法部分）	修改于ITU-R BT.709
		GY/T 157—2000	《演播室高清晰度电视数字视频信号接口》	修改于ITU-R BT.1120
	附属数据格式的所有要求	GY/T 160—2000	《数字分量演播室接口中的附属数据信号格式》	等效于ITU-R BT.1364
		GY/T 161—2000	《数字电视附属数据空间内数字音频和辅助数据的传输规范》	等效于ITU-R BT.1305
		GY/T 162—2000	《高清晰度电视串行接口中作为附属数据信号的24比特数字音频格式》	等效于ITU-R BT.1365
		GY/T 163—2000	《数字电视附属数据空间内时间码和控制码的传输格式》	等效于ITU-R BT.1366
	同步要求	GY/T 167—2000	《数字分量演播室的同步基准信号》	等效于ITU-R BT.711
	ASI信号格式和协议的所有要求（TS层）	GB/T 17975.1—2000	《信息技术 运动图像及其伴音信息的通用编码 第1部分:系统》	等效于ISO/IEC 13818—1
		GY/T 221—2006	《有线数字电视系统技术要求和测量方法》	
		ITU-T J.133	*Transport of MPEG-2 Signals on Packetised Networks-Measurement of MPEG-2 Transport Streams in Networks*	
内容层	无压缩视频的相关参数	GB/T 14857—1993	《演播室数字电视编码参数规范》（语义部分）	等效于ITU-R BT.601
		GY/T 155—2000	《高清晰度电视节目制作及交换用视频参数值》（语义部分）	修改于ITU-R BT.709
	压缩视频的相关参数（ES层）	GB/T 17975.2—2000	《信息技术 运动图像及其伴音信号的通用编码 第2部分:视频》（MPEG-2）	等效于ISO/IEC 13818—2
		GB/T 20090.2—2006	《信息技术 先进音视频编码 第2部分:视频》（AVS）	
		ITU-T H.264	*Advanced Video Coding for Generic Audiovisual Services*	

续表

层次	应关注的测量参数和指标		对其进行规范的标准		
			标准代号	名称	国际标准
内容层	客观指标	通道技术指标	GY/T 243—2010	《标准清晰度串行数字视频通道技术要求和测量方法》	
		标清综合测试图	GY/T 249—2011	《标准清晰度电视测试图》	
		高清综合测试图	GY/T 254—2011	《高清晰度电视测试图》	
		音视频同步	GB/T 22150—2008	《电视广播声音和图像相对定时》	
	图像质量主观评价的客观化测试	PQR指标	泰克公司的 PQA 仪器，PQR 是 Picture Quality Rating 的缩写		
		PDMOS指标	ITU-R BT.1683 *Objective Perceptual Video Quality Measurement Techniques for Standard Definition Digital Broadcast Television in the Presence of a Full Reference* 的模型 1(英国)		
		VQM指标(EPSNR)	ITU-R BT.1683 的模型 2(韩国)		
		VQR指标	ITU-R BT.1683 的模型 3(巴西)		
		VQM指标	ITU-R BT.1683 的模型 4(美国 NTIA)，VQM 是 Video Quality Metric 的缩写		
	主观评价	测试方法	GY/T 134—1998	《数字电视图像质量主观评价方法》	修改于 ITU-R BT.500
		测试素材	GY/T 228—2007	《标准清晰度数字电视主观评价用测试图像》	
		质量要求 端到端	ITU-R BT.1203	*User Requirements for Generic Video Bit-Rate Reduction Coding of Digital TV Signals for an End-to-End Television System*(用于端到端电视系统的数字电视信号通用压缩编码的用户要求)	
		质量要求 标清(传送)	ITU-R BT.800	*User Requirements for the Transmission Through Contribution and Primary Distribution Networks of Digital Television Signals Defined According to the 4∶2∶2 Standard of Recommendation ITU-R BT.601*(通过传送网络和一次分配网络传输 ITU-R BT.601 定义的 422 数字电视信号的用户要求)	
		质量要求 高清(传送)	ITU-R BT.1121	*User Requirements for the Transmission Through Contribution and Primary Distribution Networks of Digital HDTV Signals*(通过传送网络和一次分配网络传输数字 HDTV 信号的用户要求)	
	特定应用		GY/T 165—2000	《电视中心播控系统数字播出通路技术指标和测量方法》	
			GY/T 222—2006	《数字电视转播车技术要求和测量方法》	
			GY/T 212—2005	《标准清晰度数字电视编码器、解码器技术要求和测量方法》	
			GY/T 226—2007	《非线性编辑系统技术要求和测量方法》	
			GY/T 253—2011	《数字切换矩阵技术要求和测量方法》	

第 2 章 视频信号的运行质量监测

电视系统或设备的日常运行监测,是在系统的关键点通过监测测量仪器检测进入视频通道的活动图像或标准的视频测试信号的参数,从而监测通道的传输性能及视频信号质量。这里所说的通道,不仅指传输信号的电缆,还包括信号所经过的各类设备。标准的测试信号是由视频测试信号发生器产生的,监测测量仪器包括波形监视器、矢量示波器、图像监视器等。

2.1 彩条信号

在电视节目的制作播出及设备的日常监测和运行维护中,彩条是检验视频通道传输质量最常用的信号。通过彩条信号可以正确反映出各种彩色的亮度、色调和色彩饱和度。彩条信号常用于以下几个方面:

• 电视台开播前的电子图像:可供全系统的初始调试,家庭电视接收机可用以判定是否有图像、色彩是否正常。

• 录像带带头录制 1 分钟彩条:可供调整录像机视频通道的增益、时延、副载波相位等参数,以便信号进入切换台时与其他信号保持一致。

• 摄像机内置彩条信号发生器:可录制在磁带开始处,也可输出供讯道调试用。

• 作为同步锁定信号:在没有黑场信号的情况下,彩条信号也可用作同步基准。

2.1.1 彩条信号形成原理

自然界中的彩色可用色域图来表示,见图 2-1-1。在国际照明委员会规定的色域图(即 CIE 色域图)中,自然界中人眼可见的所有彩色都包括在舌形区域内,而所有光谱色的点都在舌形曲线上(不包括舌形曲线下方的直线部分)。彩色电视机中的彩色重现是由显像管完成的,显像管荧光粉的显像三基色在色域图中形成三角区域,其所能显示的所有彩色都在三角区域中。当然我们希望这个三角区域越大越好,但显像管荧光粉在色彩浓重丰富和发光效率上存在矛盾。而彩色亮度高能使人感觉色彩更鲜艳,因此牺牲一些高饱和度和重现色域而换来较高的重现彩色亮度是较为合理的。图 2-1-1 中标出了 NTSC、EBU(PAL) 和 SMPTE 三种显色三角区域,各自的基色坐标见表 2-1-1。表 2-1-1 中,EBU 为欧洲广播联盟的缩写,SMPTE 为北美影视工程师协会的缩写。图 2-1-1 中 EBU(PAL) 的重现色域虽然比 NTSC 要小一些,但其荧光粉发光效率较高,显出的彩色就比较鲜艳。目前欧洲和亚洲地区使用 EBU 标准,而北美地区则使用 SMPTE 标准。

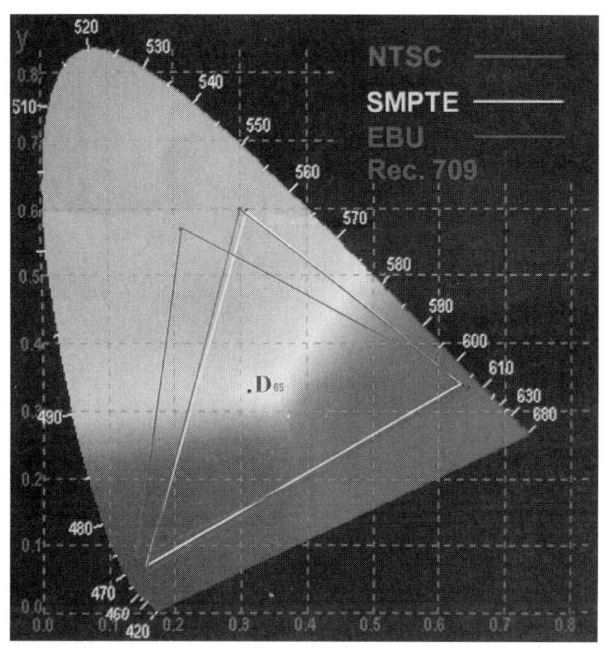

图 2-1-1 彩色色域图(见彩图 1)

表 2-1-1 基色与标准白坐标值

	NTSC			EBU(PAL)			SMPTE			标准白		
	R	G	B	R	G	B	R	G	B	$C_白$	D_{65}	D_{93}
X	0.670	0.210	0.140	0.640	0.290	0.150	0.630	0.310	0.155	0.310	0.313	0.283
Y	0.330	0.710	0.080	0.330	0.600	0.060	0.340	0.595	0.070	0.316	0.329	0.297

当加到显像管上的三路基色电压相等时,荧光屏应显现白色光,白色光的坐标在色域图的中心区域。NTSC 以 $C_白$ 作为标准白,其亮度方程为:

$$Y = 0.299R + 0.587G + 0.114B$$

当彩色显像管三基色荧光粉发出的亮度之比符合公式中的系数之比时,荧光屏呈现标准白光 $C_白$。PAL 则以 D_{65} 作为标准白,其亮度方程为:

$$Y = 0.222R + 0.707G + 0.071B$$

这是 PAL 的理论亮度方程。需要特别指出的是,实际上 PAL 使用的仍是 NTSC 的亮度方程。这是由于 NTSC 制比 PAL 制要早用了十几年,因而后出现的 PAL 就沿用了 NTSC 的亮度方程。实际使用时误差不大,完全能够满足视觉对亮度的要求。随着荧光粉研制工作的进展,目前美国、欧洲、亚洲地区都已使用 D_{65} 作为标准白,而日本则使用 D_{93} 作为标准白。三种标准白在色域图中的坐标见表 2-1-1。

彩条信号的图像显示为八条等宽的彩色竖条,从左至右依次为白、黄、青、绿、品、红、蓝、黑。其中红、绿、蓝三色的主波长即为显像管三基色荧光粉发光的主波长。青、紫、黄分别为红、绿、蓝三基色的补色。所谓补色,即等量的某色与原色混合后呈白色,该色则称为原色的补色。

常用的标准彩条有两种,即 100-0-100-0 和 100-0-75-0 彩条。这四组数的含义为:第一组为白条幅度值,第二组为黑条电平值,第三组为色条 R、G、B 的最大值,第四组为色条 R、G、B 的最小值,简称 100%彩条和 75%彩条,其形成的波形如图 2-1-2 所示。

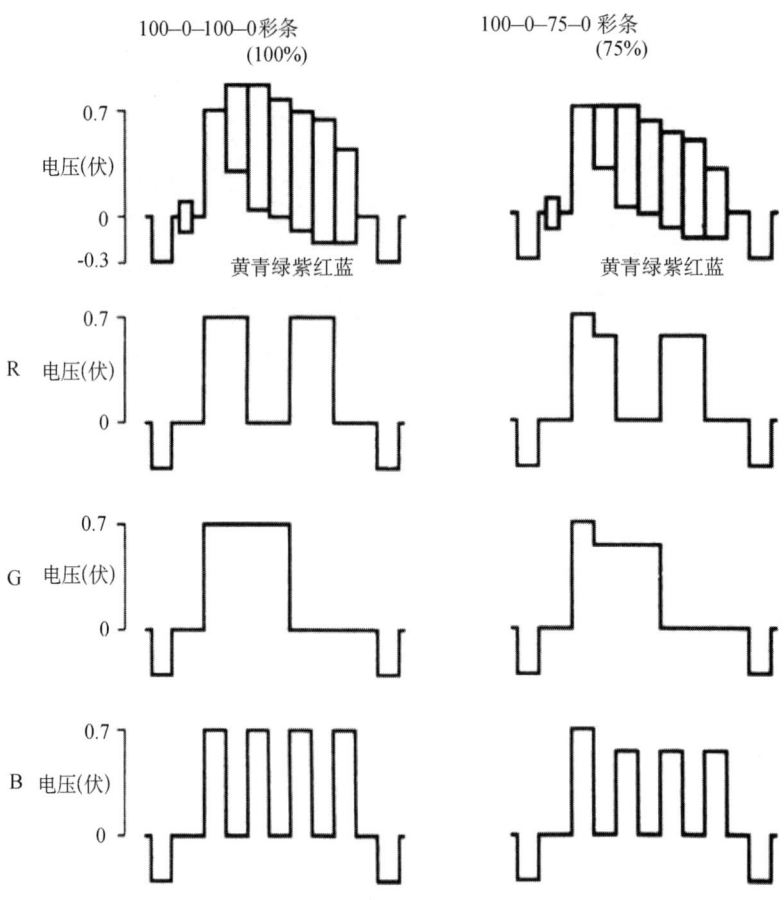

图 2-1-2　100%彩条和 75%彩条及其 RGB 波形

2.1.2 彩条信号的参数

我们知道复合全电视信号是由亮度信号 Y 和色度信号 C 叠加而成的,而色度信号 C 是由两色差信号 R－Y、B－Y 经副载波正交平衡调制而成的。调制前的色差信号要压缩为 U、V 信号,即:

$$U=0.493(B-Y) \quad V=0.877(R-Y)$$

若不进行压缩,对 100％彩条信号来说,其电平范围将大大超出允许范围。如 100％彩条的黄条电平的最大值超出白条电平 79％,而蓝条电平的最小值又低于黑色电平 79％。这样的信号在通过发射机进行负极调制时将产生过调制,引起严重失真,因此色差信号在正交平衡调制前一定要进行压缩。但压缩过多将使色度信号减弱,信噪比下降,对接收不利。实验证明,压缩后的 100％彩条信号最大和最小电平不超出峰白电平和黑电平 33％比较合适,这就是 U、V 各自的压缩系数的由来。

PAL 制色度信号 $EC=U\sin\omega_{sc}t+g(t)V\cos\omega_{sc}t$

色度信号 C 的振幅: $$A=\sqrt{U^2+V^2}$$

相角: $$\theta=g(t)arctg\frac{V}{U}$$

由此计算出 100％彩条和 75％彩条信号的各个参数值,见表 2-1-2。

表 2-1-2 彩条信号参数值

彩色	亮度幅度(mV)		色度幅度(mVp－p)		色度相位(deg)	
	100％	75％	100％	75％	100％	75％
白	700.0	700.0	0	0	0	0
黄	620.2	465.1	627.3	470.5	167.1	167.1
青	490.7	368.0	885.1	663.8	283.5	283.5
绿	410.9	308.2	826.8	620.1	240.7	240.7
品	289.1	216.8	826.8	620.1	60.7	60.7
红	209.3	157.0	885.1	663.8	103.5	103.5
蓝	79.8	59.9	627.3	470.5	347.1	347.1
黑	0	0	0	0	0	0

由于 100％彩条信号的高饱和度和大幅度,其对传输通道的动态范围要求较高,通常只在测试编解码器时采用。而一般传输通道的测量都使用 75％彩条。两个彩条的异同在于,白条的亮度电平相同,而对于 6 个色条的亮度和色度幅值(包括色差信号幅值),75％彩条均为 100％彩条的 75％。图 2-1-3 为一行 100％彩色和 75％彩条信号波形图及参数。

24　数字视频测量技术

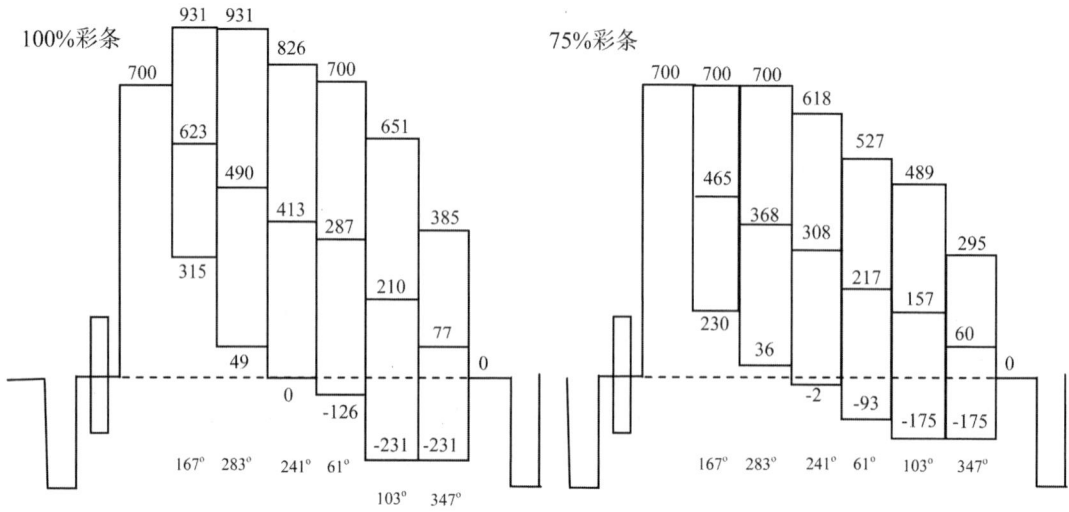

图 2-1-3　100%彩条和 75%彩条信号的波形及参数

2.2　视频信号的波形、矢量和图像监测

2.2.1　视频信号环通接口

为了保证对信号通道中各测试点信号进行监测而不影响视频信号的正常传输，视频测量监测仪器与普通示波器的高阻输入不同，所有的输入口均要求为低阻 75Ω，并且均为环通接口。即每一个输入通道都有两个接口，一个用于接入输入视频信号，另一个可同时输出至另一台测试仪器，称为环通连接，见图 2-2-1。

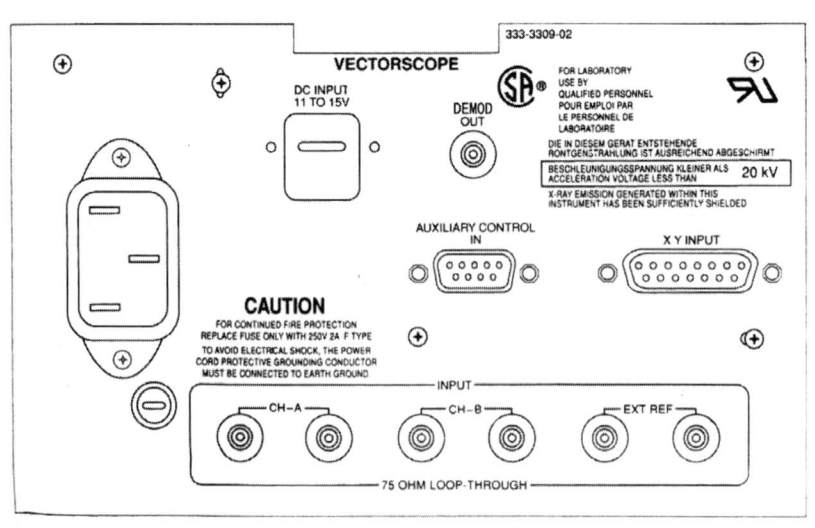

图 2-2-1　矢量示波器后面板上的环通接口

若只使用一个接口,另一个接口必须接入75Ω终端负载(也称75Ω终接器),如图 2-2-2 所示,矢量示波器、波形监视器及图像监视器等多个设备环通连接在测试口,最终必须接入一个75Ω终端负载。这

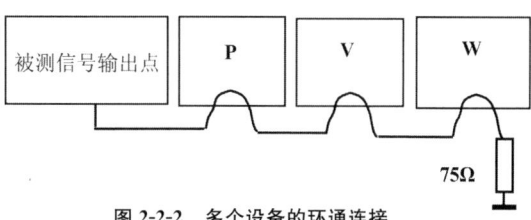

图 2-2-2　多个设备的环通连接

是由于视频设备的输出阻抗均为75Ω,且设计为75Ω负载时其输出为1V全电视信号。连接电缆的特性阻抗也为75Ω,而经过环通终接的测量仪器的输入阻抗也为75Ω,这样就使测量环路达到了阻抗匹配。若输入环通口不终接75Ω,将使输入信号幅度增大一倍,高频特性因产生反射也将变坏。因此在用普通示波器测量视频信号时,也要处理好输入阻抗。比如可通过一个一端接有75Ω终接器的三通接头将视频信号引入示波器,这样就能正常测量了。

2.2.2　视频信号波形监测

波形监视器与示波器工作原理相同,其不同点在于:
①功能专一。只适合观测标准幅度、周期的视频信号。
②测量范围窄。只能测1Vp-p左右的幅度和行、场周期的信号。
③低输入阻抗。在单独连接和环通连接时都要注意75Ω终接。
④设有专用滤波器。如低通可检出亮度信号,高通可检出色度信号,4.43MHz陷波可去除副载波等。
⑤可对信号进行箝位,以适应视频信号带有直流分量的特点。
⑥可选看奇、偶场或全场。
⑦可选行显示,以便观测场逆程中的插测行信号。
⑧屏幕上有专用标尺,方便测量。

在电视技术中,视频信号中某一点的电平值是相对于消隐电平而言的。消隐电平为0V,标称白电平为700mV。而白条信号经过设备后其水平的顶部可能发生倾斜,就要以其顶部的中心点处值为测量电平值。

在时间参数的测量上也有一些规定。如对脉冲宽度的测量为其幅度50%处的宽度,即所谓的"半幅宽"。而上升时间为其上升沿由10%的幅度处上升至90%幅度处所经过的时间。下降时间也是测量由90%至10%的幅度所经过的时间。如图 2-2-3 所示。

视频电平的测量可直接

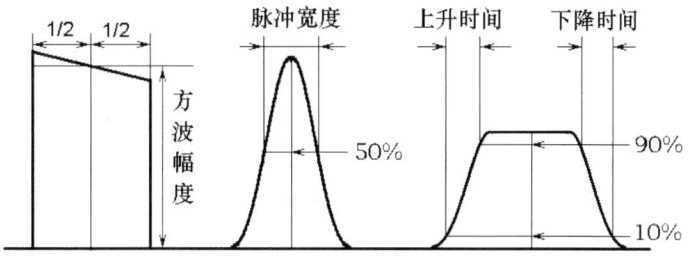

图 2-2-3　视频波形的时间参数测量

利用波形监视器屏幕上的刻度板读出数值,也可采用波形加校准(WFM+CAL)的方式,将被测信号叠加在经过校准的标准方波上,来提高测量精度。而在有电压光标的仪器上测量则更方便准确。只要将两个光标分别定位在消隐电平和待测信号电平处,屏幕上将自动显示出表示测量结果的△V 值来。

VM700 视频测试仪器操作与此类似。先将消隐电平调至水平基线上,按"压差复位"(RESET DIFFS)软键,再将待测波形点移至水平基线上,此时屏幕上的△V 读数就是测量值。时间参数的测量也一样,既可以利用屏幕刻度板直接读值,也可以利用时间光标定位后自动显示出△T 值来。VM700 视频测试仪还专门有一个"行定时"(H-Timing)测量项,可自动显示出行消隐期间所有的时间参数值。见图 2-2-4。

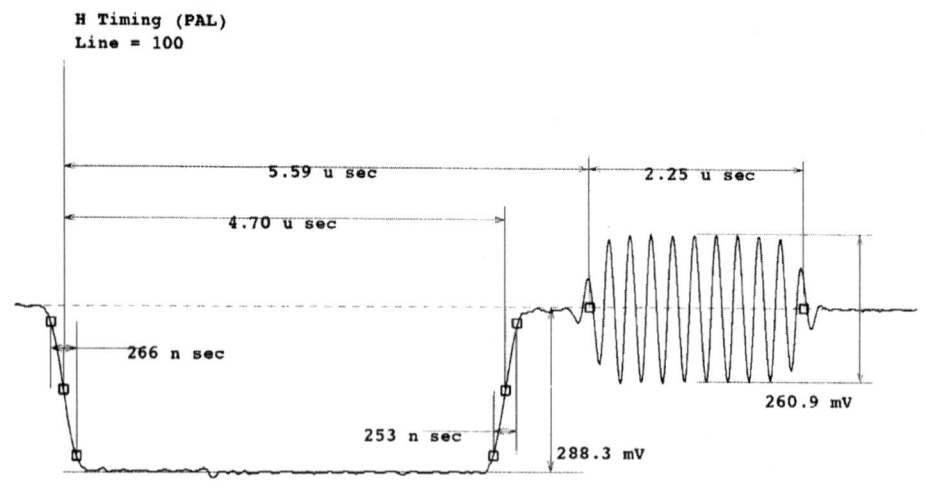

图 2-2-4 视频测量仪 VM700T 的行定时测量

2.2.3 视频信号矢量监测

矢量波器可显示复合视频信号中的色度信号矢量,用以监测和调整色度信号通道,这是波形监视器无法完成的,其工作原理如图 2-2-5 所示。

复合视频信号经中心频率为 4.43MHz 带通滤波器取出色度信号,放大后进行同步检波分离出 R－Y 和 B－Y 两个色差信号,分别加到示波管的垂直偏转板和水平偏转板上,显示出色度矢量波形。其中矢量点与原点连线的长短表示色度矢量幅度,其与水平轴夹角表示色度矢量的相位。具体彩条信号的矢量显示如图 2-2-6 所示。

由于彩条信号中的白条和黑条的色差信号为零,所以矢量光点在屏幕中心原点上。六个色条矢量光点分布在屏幕四周,连接它们的是扫描的迹线。扫描顺序为由原点(白)出发,分别经黄、青、绿、品、红、蓝后回到原点(黑)。对于 PAL 信号来说,由于其 R－Y 分量逐行

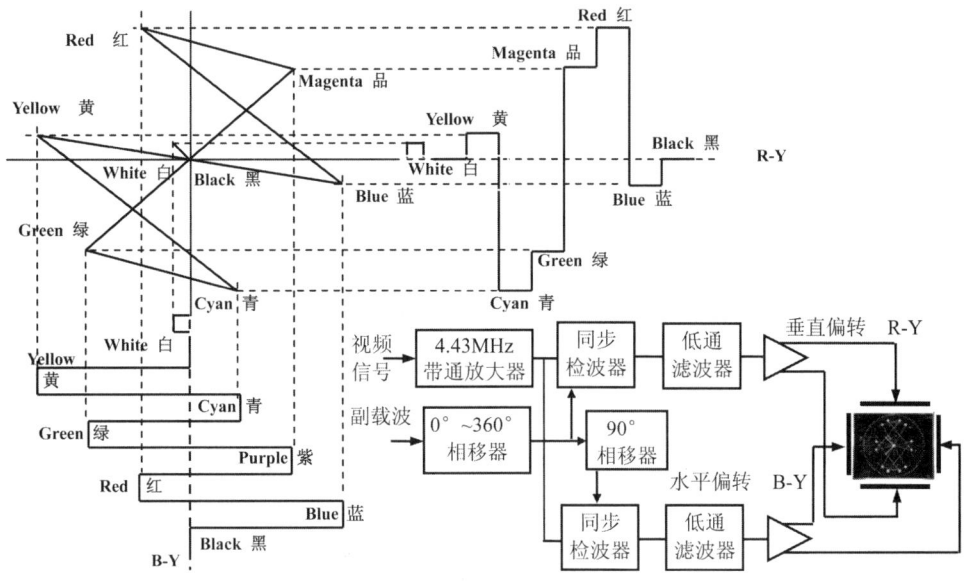

图 2-2-5 矢量示波器工作原理

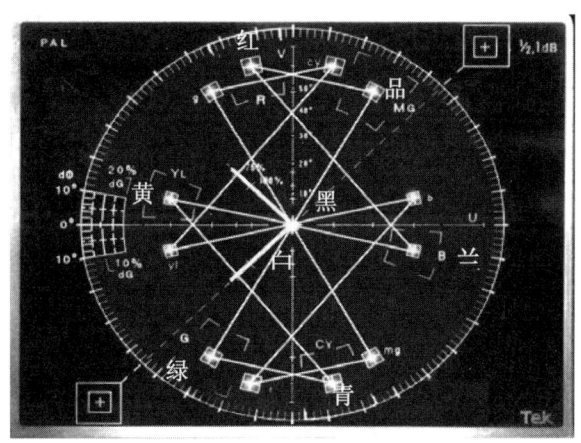

图 2-2-6 矢量示波器的矢量显示

倒相,在屏幕上显示为基于水平轴对称的 6 对共 12 个矢量光点。135°短线为色同步矢量迹线,225°短线为倒相的色同步矢量迹线。由此可见,各色条颜色的浓淡表现在屏幕上为矢量点与原点的距离(幅度),而不同的色调表现在屏幕上为矢量点与原点的连线相对于矢量示波器水平轴形成的角度(相位)。

2.2.4 视频信号图像监测

利用图像监视器可以对视频信号及系统进行最直接的监测,直观判断视频通路信号的有无,有效评判图像内容的优劣。如果结合电视综合测试图还可以粗略评价视频系统的一些技术质量,因此图像监测是日常运行维护不可缺少的技术手段。通常图像监视器的质量以及工作状态会对图像监测产生一定影响,因此,在使用图像监视器时应正确调整工作状态。

为了使监视器准确地重现出图像,通常需要对其进行适当的调整。图像监视器的调整可以分为两类:一类是对亮度、对比度和色度的调整;另一类是对色温的调整,也是对基色电路偏置和增益的调整。

1. 亮度调整

我们知道分别调整图像监视器的亮度和对比度,对重现图像效果的影响是不同的。亮度调整是进行黑电平调整,调整亮度电平时,视频信号是在垂直方向上整体移动。如图 2-2-7 所示。如果亮度电平调整不正确,整体上移过大的话,位于亮区的信号细节会由于非线性压缩而无法还原;整体下移过大的话,位于暗区的信号细节部分会由于低于黑电平而无法重现。

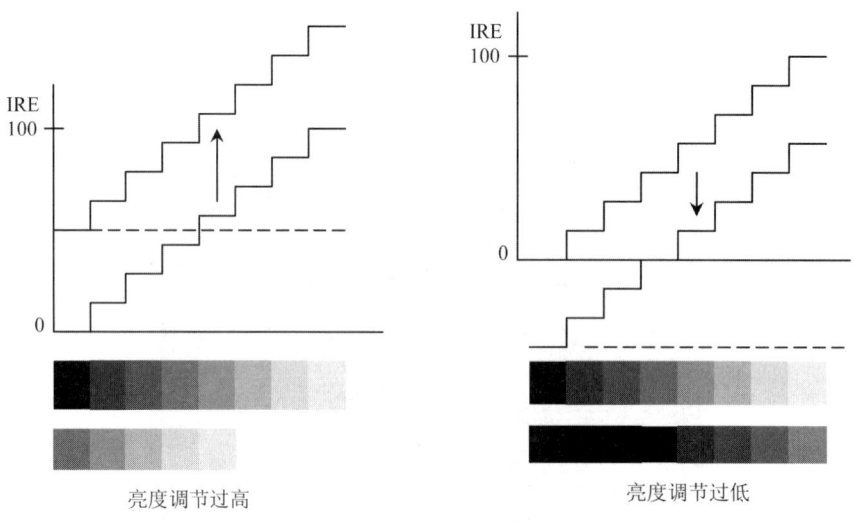

图 2-2-7 亮度电平调整

通常使用 PLUGE 信号中的三电平信号调整亮度,PLUGE 信号中的三电平信号包括 -2% 黑、0% 黑和 $+2\%$ 灰。将 PLUGE 信号输入监视器的输入端,如果我们从屏幕上能够看到 -2% 黑的电平条,说明信号的黑电平有些偏高;如果从屏幕上看不到 $+2\%$ 黑的电平条,表明信号的黑电平有些偏低。实际上,只要调整到从屏幕上看,-2% 黑和 0% 黑两个条相同,同时能够显示出 $+2\%$ 黑的电平条,此时,亮度电平已经调整到适当的程度,且误差不会超过 2%,如图 2-2-8 所示。通常测试信号发生器都能够提供 PLUGE 信号,有一些监视器本身内置有信号发生器和三电平亮度调整信号。

2. 对比度调整

对比度调整是调整信号的放大量,即将亮度的层次拉开,信号底部的基点是不动的。如

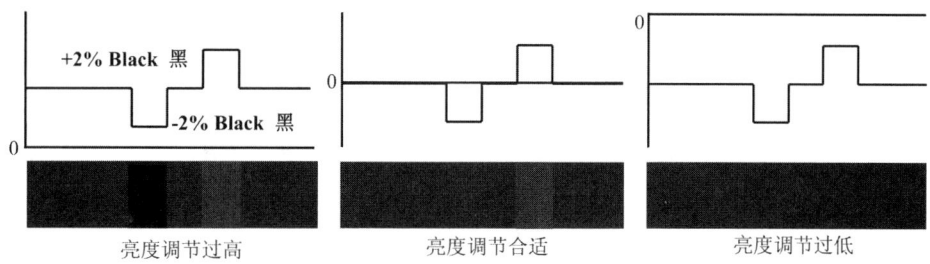

图 2-2-8 利用 PLUGE 信号调整亮度电平

图 2-2-9 所示。通常对比度调整并没有相应的标准，一般可以根据环境以及人眼的主观感觉调整到一个适当的值上。高亮度会使相应的清晰度下降，一般在专业的图像监视器中，厂家会有一个相应预置的对比度值。如 SONY 的监视器预置值为 20IRE 对应 2.7cd/m2，100IRE 对应 100cd/m^2。

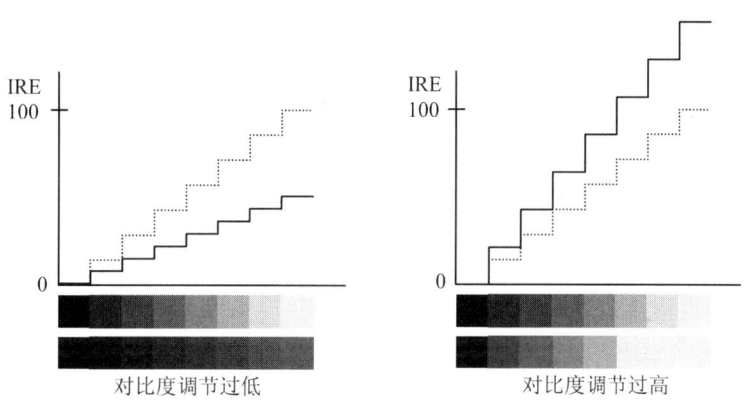

图 2-2-9 监视器对比度调整

3. 色度调整

色度的调整实际上是色度信号幅度的调整，表现在屏幕上就是色彩饱和度的调整。调整时要用到 100%彩条信号。在标准的 100%彩条信号中，蓝路信号 B 以相同的幅度分布在四个条中。监视器上一般都有一个只看蓝路信号的按键，按下去后，屏幕上只显示蓝路信号。如果监视器色度的调整符合标准的话，相应的蓝路信号在白、青、紫和蓝条的电平幅度则完全一致，否则幅度就会产生差异，如图 2-2-10 所示。此时，只需调整色度，使相应的四条区域亮度一致即可。这样监视器就能够比较准确地重放出原始的颜色了。

4. 色温调整

色温的调整实际上就是调整颜色转换矩阵的系数值，表现在屏幕上就是黑/白平衡的调整。基色电路的偏置调整是针对图像暗部区域的黑平衡调整，而增益调整则是针对图像亮部区域的白平衡调整。色温的调整需要在黑/白平衡调整间反复进行才能达到要求。使用

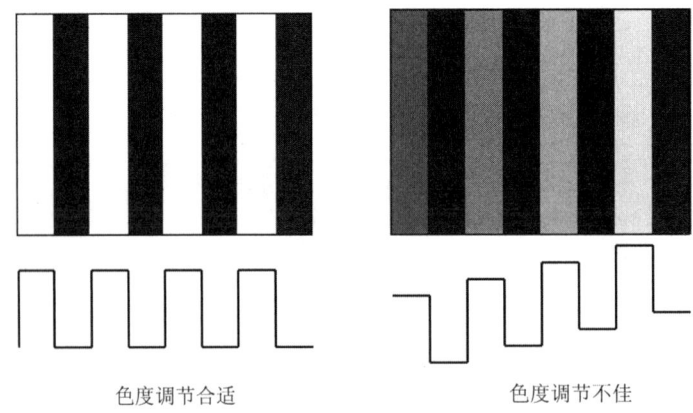

色度调节合适　　　　　　色度调节不佳

图 2-2-10　监视器色度调整

彩色分析仪(如 PHILIPS PM5639 等)可直接得到色域坐标 X、Y 值,能够精确调整到标准状态。专业监视器色温的调整是通过内置菜单进行的,厂家一般预置了两挡色温参数,6500K(图像偏黄)和 9300K(图像偏蓝)。也可进行手动调整,在菜单中分别调整 R、G、B 参数。在多台监视器同时使用的环境下,需要将各监视器的色温调整一致。

本章重点小结

1. 复合模拟彩条信号的形成、特性、波形参数以及作用。
2. 复合模拟视频监测设备的环通接口的特点、作用及使用注意事项。
3. 波形、矢量监视器的工作原理及使用方法。
4. 图像监视器的亮度、对比度和色度的调整方法。

习题与思考

1. 彩条信号有什么用途?100%彩条信号和 75%彩条信号分别代表什么意义?
2. 说明视频系统的环通接口的特点,环通接口有什么应用?使用时应注意什么?
3. 什么是 PVW?
4. 简述视频信号波形的幅度和周期的测量方法。
5. 说明矢量示波器的工作原理及作用。
6. 图像监视器有哪些作用?
7. 监视器的亮度和对比度是如何定义的?说明专业调整图像监视器的亮度、对比度和色度的方法?

第 3 章 复合模拟视频技术指标测量

为了有效利用电视通道的带宽,我国模拟彩色电视广播制式标准采用了 PAL-D 复合模拟电视制式,将色度信号正交调制后与亮度信号和复合同步信号经过频分复用得到复合视频信号。因此,本章主要结合 PAL-D 制式介绍复合模拟电视视频通道的测量。目前,复合模拟视频信号还存在于电视信号的传输和接收环节。

由于模拟视频系统是线性时不变系统,使用信号质量测试就可以很好地说明视频系统的质量。所谓的信号质量测试是指采用特定的测试信号对视频系统进行测试,用测量结果确定视频通道或视频处理系统的特性。目前我国主要使用国标 GB/T 3659《电视视频通道测试方法》规定的五大技术指标来定量描述复合模拟视频系统的质量特性。这五大技术指标分别采用十种测试波形进行信号质量测试。本章主要介绍五大技术指标的测量原理和测量方法。

3.1 反射损耗

反射损耗是衡量电视设备间阻抗匹配程度的一项重要指标。

3.1.1 反射损耗的定义

为度量由于阻抗不匹配而造成反射波对传输信号的影响,使用分贝表示的输入电压与反射电压之比称为反射损耗。用公式 3-1 中的 ρ 来描述。

$$\rho = 20 \lg \frac{A_1}{A_2} dB \qquad \text{(公式 3-1)}$$

公式 3-1 中,A_1 为输入信号幅度峰—峰值,A_2 为反射信号幅度峰—峰值。

在长线理论中,用反射系数来衡量反射波,即反射波幅度 A_2 与入射波幅度 A_1 之比,也可用传输电缆的特性阻抗 Z_0 和电缆终接阻抗 Z_L 的比值来表示:

$$\alpha = \frac{A_2}{A_1} = \frac{Z_L - Z_0}{Z_L + Z_0}$$

由于反射系数与反射损耗呈倒数关系,所以:

$$\rho = 20\lg\left|\frac{Z_L + Z_0}{Z_L - Z_0}\right|$$

这里不计反射波极性,只取绝对值。

由此可见,当阻抗匹配($Z_L=Z_0$)时,$\rho=\infty$,反射损耗最大。当终接阻抗短路($Z_L=0$)或开路($Z_L=\infty$)时,$\rho=0$,反射损耗最小,产生全反射。

对于视频通道所需的终接阻抗数值,国标规定,视频通道相互连接的输入、输出点上对地不平衡阻抗的标称值应为75Ω,标准视频传输电缆的特性阻抗也为75Ω。

3.1.2 反射损耗的测量

1. 测量框图

反射损耗的测量有时域法和频域法两种,这里介绍常用的延时电缆法,延时电缆法属于时域法。其测量方法是在待测设备输入口上接一长电缆,电缆另一端送入一个标准测试信号(2T正弦平方脉冲),同时在此点利用波形监视器监测波形,根据反射波的幅度便可求出反射损耗值。测量仪器的连接如图3-1-1所示。

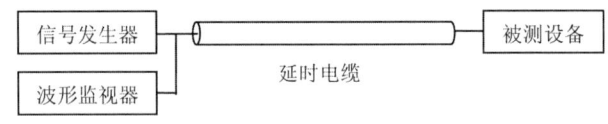

图 3-1-1 反射损耗测量设备连接框图

2. 测试信号

测试信号通常采用2T正弦平方和条脉冲中的2T正弦平方脉冲B_1作为测试信号,如图3-1-2所示。

3. 测量原理

利用视频电缆的延时特性,选择适当长度的延时电缆,使测量端的反射波与入射波分开。实践表明,每20cm模拟视频电缆的延时量约为1ns,这样当2T脉冲从始端到终端再反射回始端,要经过两倍电缆长度的延迟时间。因此,从始端测量每10cm的电缆长度会对反射波产生1ns的延时量。而PAL制的2T正弦平方脉冲的半幅度宽度为166ns。可见,电缆长度只要有10cm/ns × 166ns = 16.6m以上,便能分开入射波和反射波。考虑到电缆过长会增加对信号的衰耗,一般电缆长度取20m左右即可。

4. 测量步骤

测量时先将电缆终端与被测设备分离(开路),测出全反射波幅度A_1,再将电缆终端与被测接口连接,测出反射波幅度A_2,之后将A_1、A_2代入公式3-1即可。注意A_0本为入射波幅度,但由于信号在入射及反射过程中受到电缆电阻的损耗,这是与被测设备的反射损耗无关的,应予以排除。因此,要将终端开路的全反射波 A_1 作为入射波的幅度值,然后用终端不匹配产生的反射波 A_2 与它比较。见图 3-1-3。

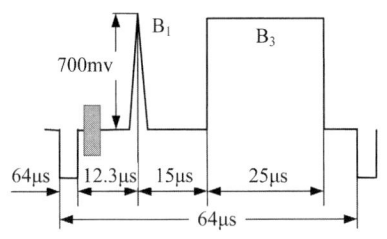

图 3-1-2　2T 正弦平方和条脉冲波形

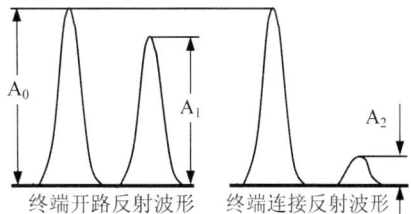

图 3-1-3　测量反射损耗的反射波形

3.1.3　反射波形成的原因及其对图像的影响

当视频设备、传输电缆等接口阻抗不匹配时,都会产生反射。反射波与主波同相时会使信号幅度大增,图像超亮;而反射波与主波反相时又会使信号幅度大减,图像暗淡。而无论相位如何,反射波与主波的时延量都会使图像产生镶边、重影,使图像失真、清晰度下降。

在视频设备间的连接中,当设备的输入环通接口之一与信号电缆相接,若另一个接口不连接其他设备时,一定要接入 75Ω 终接器。

3.2　介入增益及其稳定度

视频系统通常由多个设备级联而成,要求在系统中任意增加或减少设备时不影响系统总输出信号电平。这样,就要求每台设备的输出电平总是与输入电平相同,保持恒定不变。这是测量设备的介入增益的原因。

3.2.1　介入增益的定义

视频通道的介入增益:被测通道输出端信号幅度峰—峰值 L 与输入端该信号幅度的标称值 L_0(700mVp-p)之比为介入增益 G,用 dB 数来表示。

$$G = 20\lg \frac{L}{L_0}\mathrm{dB} \quad\quad (公式 3-2)$$

当输出信号电平与输入信号电平相等时,介入增益 G=0dB,也就是设备总增益为 1。这样,无论是在视频系统中加入该设备还是撤下该设备,都不会对系统的总输出电平产生影响。当然,其前提是满足设备与系统阻抗匹配、保证反射损耗足够大的条件。

3.2.2 介入增益的测量

可用任何一种含有700mV白条的信号进行测量,如彩条信号、2T脉冲和条信号等。在被测通道输出端,用波形监视器读取输出的条信号的条顶中部与消隐电平之间的幅值L,代入公式3-2计算。

3.2.3 动态介入增益变动

当视频信号的平均图像电平不同时,其介入增益的变化称为动态介入增益变动。该项指标用于评价在信号平均图像电平变化时介入增益的稳定度。

平均图像电平(APL)的定义为:图像信号在一帧内或几行间,有效扫描期间的平均值占白电平与消隐电平差值的百分数。以场正程中每行均为阶梯波的信号作为50%平均图像电平的测试信号,以场正程中每一行阶梯波加三行黑信号作为12.5%平均图像电平的测试信号,以场正程中每一行阶梯波加三行白信号作为87.5%平均图像电平的测试信号,见图3-2-1。

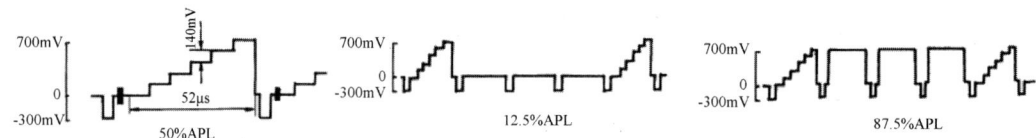

图 3-2-1　不同平均图像电平的测试信号

分别用50%APL、12.5%APL、87.5%APL的测试信号测得介入增益 G_{50}、$G_{12.5}$、$G_{87.5}$,以 G_{50} 为基准,计算下列变动值:

$$\Delta G_1 = | G_{12.5} - G_{50} |$$

$$\Delta G_2 = | G_{87.5} - G_{50} |$$

取 ΔG_1 和 ΔG_2 中的最大值为所测的动态介入增益变动。

注意:在介入增益计算公式(公式3-2)中,L的值为阶梯波最高台阶的中点幅值,而 L_0 仍为白条幅度标称值700mV。

3.2.4 介入增益稳定度

介入增益稳定度定义为:在规定时间(短周期为1秒,中周期为1小时)内,介入增益的最大偏离值表示介入增益稳定度。其指标要求一般为±0.1dB。

测量方法与介入增益相同,只不过要在定义的时间内连续测量以得到最大偏离值。

3.2.5 介入增益对图像的影响

介入增益若不为 0dB,经过介入增益不同的电视通道的同一节目就可能有不同的图像亮度。而当介入增益稳定度不足时,信号电平就会产生波动。由于显像管调制特性为高次函数,使得信号电平的微小变化会导致图像亮度的明显变化,而人眼对连续景物平均亮度的变化又极为敏感。因此要求介入增益既要为 0dB,又要能长时间保持稳定。

3.3 视频杂波及信杂比

杂波是除有用信号本身外的一切其他信号和各种电磁运动的总称。主要有连续随机杂波(简称随机杂波)和干扰两种。随机杂波是系统内部固有的,不能消除。而干扰具有外部性,如无线电干扰、电火花干扰等,是可以抑制甚至消除的。它们都影响视频信号正常传送和接收。一个系统产生的随机杂波的大小和抑制干扰的能力是系统重要的性能之一。

3.3.1 连续随机杂波信杂比的定义

随机杂波存在时间、相位、幅度的不确定性,我们关心的是它的电压有效值,即均方根值。随机杂波信杂比的定义为:亮度信号幅度的标称值与带宽限制后测得的随机杂波幅度有效值之比,用 dB 数来表示,其计算公式为:

$$S/N = 20\lg \frac{亮度信号幅度的标称值}{随机杂波幅度的有效值} dB \qquad (公式 3-3)$$

由此可见,与一般信杂比的定义不同,无论被测信号的幅度如何,我们都取亮度信号幅度的标称值 700mV 来与随机杂波幅度的有效值进行比较。

3.3.2 随机杂波的滤波

由于随机杂波的频带通常比视频信号的频带宽得多,必须对其加以限制,以免与测量无关的随机杂波影响测量结果。测量随机杂波时需设置下列几种滤波器。

1. 6MHz 低通滤波器

我国电视标准的视频带宽为 6MHz,为避免带外干扰,就需要一个截止频率为 6MHz 的低通滤波器以限制带外的随机杂波。

2. 10KHz(或 100KHz)高通滤波器

由于视频信号在传输过程中受到非随机性的低频干扰,如信号的直流电平飘移、电源及其谐波的干扰等。要排除这些非随机性杂波的干扰,就需要高通滤波器来限定随机杂波的下限。一般用 10KHz 高通滤波器,也有时为了消除行频干扰(15.625KHz)而采用 100KHz 高通滤波器,由于对测量结果影响不大,所以对使用哪一种高通滤波器,一般不作严格要求。

3. 4.43MHz 陷波器

为排除副载波对测量的干扰,可用此陷波器对副载波进行陷波。

4. 1KHz 低通滤波器

此滤波器专用于测量电源干扰。

5. 统一加权网络

实验证明,人眼的视觉特性对低频杂波干扰比高频杂波干扰要敏感得多。为使测量结果符合人眼的视觉特性,采用一个模拟人眼视觉特性的加权网络,对杂波的幅频特性进行加权。对于不同频率下的杂波成分,只要测出的加权杂波值相同,其对图像的损伤(视觉效果)就相同。亮度信号和色度信号的加权网络理论上应该不同,实践中为方便测量而采用了一种折中的统一加权网络。由此测得的信杂比称为加权随机杂波信杂比。

这些滤波器的具体频响曲线可看 GB 3660－83《测量视频连续随机杂波用的统一加权网络》。此外,测量结果中一定要注明测量过程中所采用的滤波器才有意义,否则就无从评价测量结果了。

3.3.3 连续随机杂波信杂比的测量

1. 测量仪器

测量连续随机杂波信杂比,一般采用 VM700 一类的视频测试仪。测试连接如图 3-3-1 所示。

2. 测试信号

采用如图 3-3-2 所示的 350mV 平场信号。

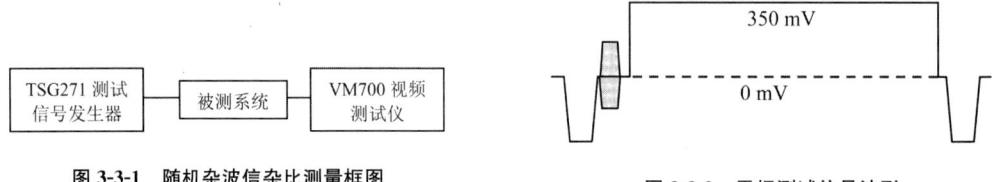

图 3-3-1　随机杂波信杂比测量框图　　　　图 3-3-2　平场测试信号波形

3. 测量方法

使用 VM700 视频测试仪器测量,操作非常简单。可根据测量需要加入不同类型的滤波器及加权网络,利用"倾斜补偿"功能来补偿平场信号可能产生的倾斜,以消除其对测量杂波值的影响。由于此类仪器已将 700mV 设定为 0dB,因此将读出的杂波值(负 dB 数)取正即为信杂比值。VM700 分为 VM700A 和 VM700T 两种型号,图 3-3-3 是 VM700T 测量的连续随机杂波信杂比的结果,下方是选择设置测量滤波器的菜单。该项测试中设置了 10KHz 高通、5MHz 低通和 4.43MHz 陷波,显示了 0～5.5MHz 频率范围内的杂波频谱波形,测量

杂波值为 $-82.6\mathrm{dB}$。应该注意的是，VM700 视频测试仪器默认的低通滤波器为 5MHz，我国电视标准规定视频带宽是 6MHz，测量时应将低通滤波器设置为 6MHz。

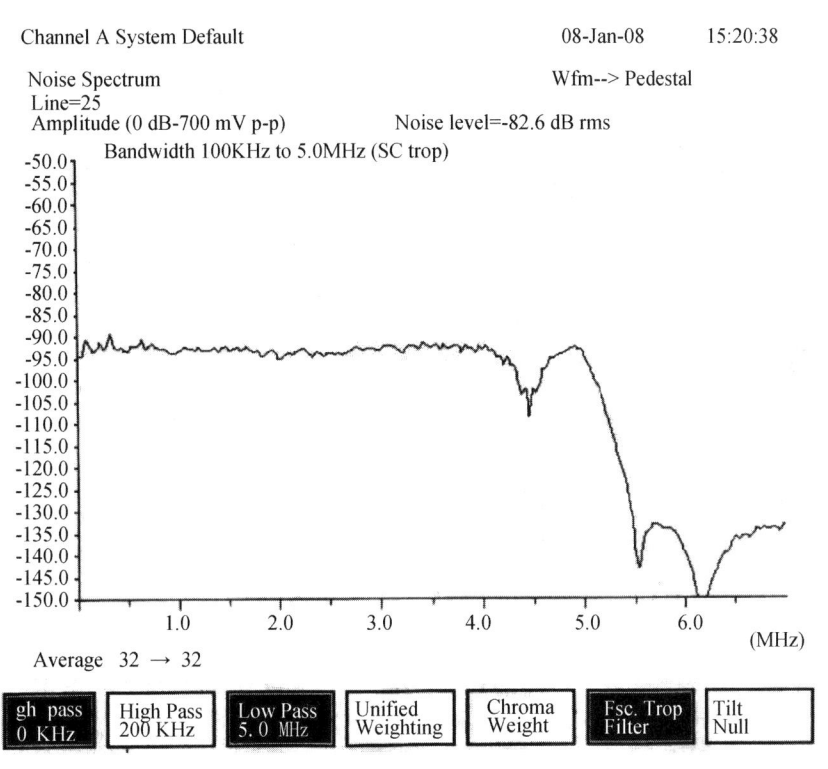

图 3-3-3　VM700T 测量的连续随机杂波

对于一些比较特殊的被测设备，如录像机，可分两步测量电－磁－电通道的特性。先用标准平场信号输入到被测录像机进行记录，再用该被测录像机重放记录下来的平场信号，之后，用视频测试仪测量信杂比，这时测量的结果为录像机的整个电－磁－电通道的信杂比。对于摄像机来说，比较科学的方法是使用摄像机在标准工作状态下拍摄一块反射率为 90% 且均匀照明的灰度卡，使摄像机输出 700mV 的平场信号，然后关闭光圈切断光路，用视频测试仪测量信杂比。具体做法可参见第七章第六节的内容。

在没有 350mV 平场信号的情况下，也可以利用视频信号场消隐期的消隐行替代 350mV 平场信号作为测试信号来测量随机杂波信杂比，但其测量结果没有使用 350mV 平场信号准确。

3.3.4　单频干扰

单频干扰也称周期性干扰，主要因正弦波一类的周期性杂波串入视频通道造成。电源干扰也属此类,在图像上表现为明暗相间的条纹。与场频相近的干扰在图像上表现为上下滚道,与行频相近的干扰在图像上表现为左右移动的斜纹。而干扰频率与副载波相近时,会串入色度通道,形成颜色随机变化的彩色干扰条纹。另外,因视频通道隔离度不高,也会造成通道间信号相互串扰。总之,单频干扰的主观效果是十分严重的。

单频干扰原则上应用选频方式针对不同频率的干扰分别进行测量,当存在多个不同的单频干扰时,取杂波幅度最大者进行计算。计算公式为:

$$S/N = 20\lg \frac{亮度信号幅度的标称值}{单频杂波幅度的峰-峰值}dB$$

根据图像上的干扰条纹运动情况可大致估算出干扰频率范围,以用于选频测量。而使用具有视频频谱分析功能的仪器(如 VM700),能很方便地读出不同单频干扰的频率和电平。

3.3.5 脉冲干扰

脉冲干扰是由一些脉冲电压引起的干扰,如各种电器、汽车火花塞、显像管高压打火,包括雷电等产生的电火花脉冲干扰。其特点是时间不定、干扰频谱宽、能量有时很大。在图像上表现为无规则的黑白点状或短横线状干扰,严重时还可能破坏图像的同步,使图像扭曲或翻滚。因此我们要使设备尽量远离干扰源,并做好设备的屏蔽以减轻干扰。

测量脉冲干扰最好使用存储示波器或工作频率较高的长余辉示波器,否则很难测准干扰脉冲幅度。其计算公式为:

$$S/N = 20\lg \frac{亮度信号幅度的标称值}{脉冲杂波幅度的峰-峰值}dB$$

需要指出的是,脉冲杂波的峰-峰值只是衡量图像损伤程度的一个方面,图像损伤程度还与脉冲的持续时间及系统受脉冲冲击而产生"振铃"的情况有关。

3.4 视频线性失真

在视频信号通过系统的过程中,由于系统的线性失真,系统对信号的各频率分量会产生不同的衰减,致使各种频率分量的相对幅度发生变化,造成幅频失真;系统还会对信号的各频率分量产生不同的相移,致使各种频率分量的相对相位发生变化,造成相频失真。这种与输入信号的幅度及平均图像电平无关,在传输过程中不产生新的频率分量,仅因电路系统的幅频特性和相频特性不佳而造成的失真叫作线性失真。

测量线性失真有频域法和时域法两种方法。频域法采用多波群或扫频信号,可以方便地进行幅频和相频特性测量。而时域法采用2T脉冲和条脉冲及方波信号,可直观地测量系统的瞬态响应及过渡过程,并能将对图像的损伤与人眼视觉特性联系起来。因此,在视频线性失真测量中常将二者结合起来进行。视频线性失真的分类如图 3-4-1 所示。

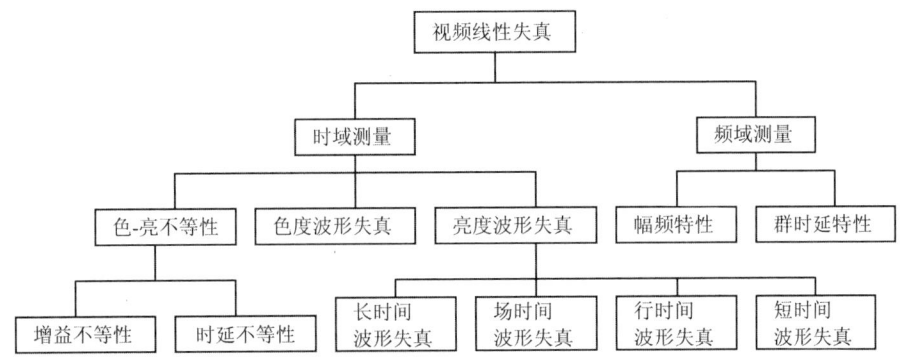

图 3-4-1　视频线性失真的分类

3.4.1　频域测量

3.4.1.1　幅频特性

1. 幅频特性的定义

视频通道的幅频特性的定义为：从场频(50Hz)至系统标称截止频率(6MHz)的频带范围内,通道输入与输出之间相对于基准频率(100～250KHz)的增益变化,按公式 3-4 计算。系统的幅频特性不良一般表现为高频的衰减,图像上表现为景物边缘的模糊及色彩变淡。

$$G = 20\lg \frac{\text{某一频率处的幅度峰}-\text{峰值}}{\text{基准频率处的幅度峰}-\text{峰值}}\text{dB} \qquad (公式\ 3\text{-}4)$$

2. 测试信号及测量方法

通常采用多波群信号进行测量,此信号可迅速了解视频频带的基本频率特性。以第一个行频方波作为幅度基准,取 6 个不同频率波群中幅度偏差最大的波群幅度来计算,如图 3-4-2 所示。

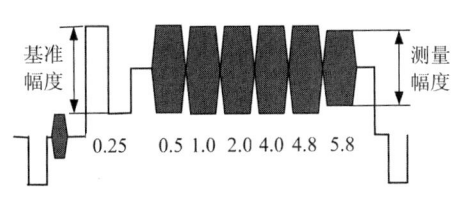

图 3-4-2　多波群测试信号

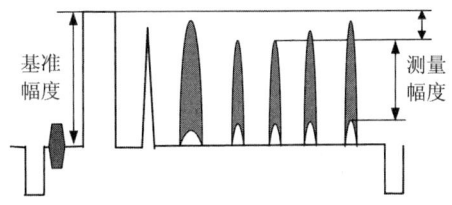

图 3-4-3　多脉冲测试信号

使用如图 3-4-3 所示的多脉冲信号也可进行幅频特性测量。此信号由基准方波和 6 个调制了不同频率正弦波的正弦平方脉冲组成,频率响应的失真表现为脉冲底线弯曲。测量时先将基准方波调定至 100%(700mV),然后使用波形监视器测量各脉冲底线的凹凸量,也可测量脉冲顶部与基准方波的幅度偏离量,在线性系统中这两个数值是相等的。注意此时的测量值只是峰值差,而脉冲与基准方波的峰-峰值差,实际是它们峰值差的两倍。这是由于当脉冲峰值高于或低于基准方波时,脉冲底部相对于底线也反向移动相同的大小,因此将测量值乘以2才是峰-峰值差。最后以基准方波作为幅度基准,取其中幅度偏差最大的脉冲幅度峰-峰值进行计算。需要注意的是,只有在系统的非线性失真(如微分增益、微分相位)很小的情况下,才能使用多脉冲信号进行测量。这是因为较大的非线性失真能使幅频特性和群时延的测量数值产生较大误差。

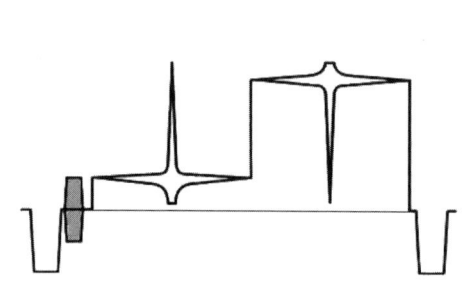

图 3-4-4 Sinx/x 测试信号波形

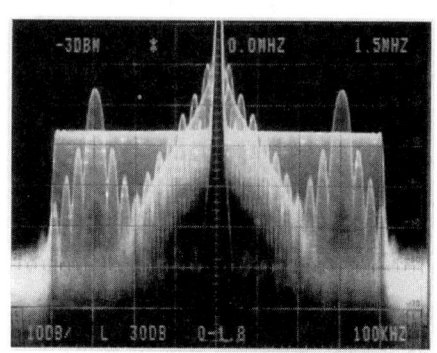

图 3-4-5 Sinx/x 测试信号的频谱

最后,介绍一下 Sinx/x 信号,如图 3-4-4 所示,此信号的特点是在视频频带内所有行频谱波上都具有相同的能量,在频谱分析仪上显示出一条平坦的频谱,如图 3-4-5 所示。它是专门为频谱分析仪或 VM700 一类的视频分析仪而设计的。只要在 VM 700 测量菜单中选"Group Delay SinX_X"选项(SinX_X 测群时延),就可同时得到如图 3-4-6 所示的连续的幅频特性和群时延特性曲线。

3.4.1.2 群时延特性测量

1. 群时延失真定义

群时延失真是指从场频(50Hz)至系统标称截止频率(6MHz)的频带范围内,通道输入与输出之间的群时延相对基准频率(100～250KHz)的时延变化。

群时延失真表示当信号通过一个系统时,不同频率的信号分量受到不同的时延,它将影响图像的正确重现,产生如清晰度变坏、彩色镶边等不良现象。在系统幅频特性曲线发生急剧变化的区域,其相频特性必然呈现非直线特性,从而同时存在群时延失真。其产生的主要原因有:电视信号传送的残留边带方式,发射机的调幅器及功放器的有限带宽以及接收机中的声表面陷波电路等。

2. 测试信号及测量方法

实际测量中我们测量的是调幅信号经过系统后产生的包络失真,即包络时延。而群时

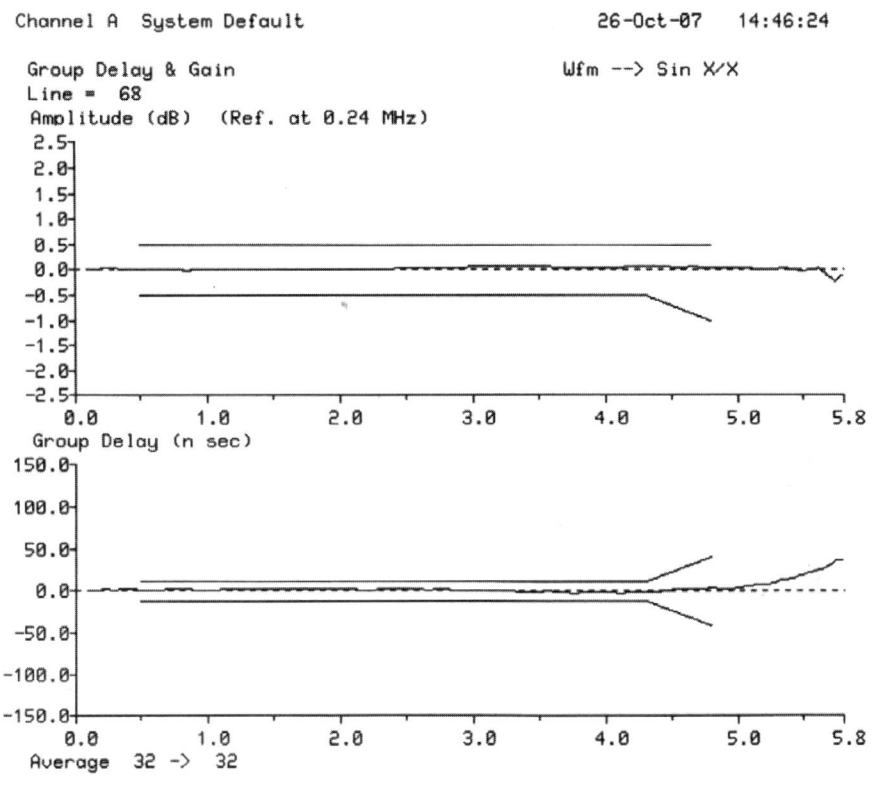

图 3-4-6 用 SinX_X 测得的连续幅频和相频特性

延则是直接观察信号本身相移量的。但由于这两种方法在实际测量中结果十分接近,因此可以通过对系统的包络时延测量来实现群时延测量。

在幅频特性的测量中我们介绍过,可利用 Sinx/x 及 VM700 测量仪直接得到连续的幅频特性和群时延特性曲线,如图 3-4-6 所示,这是最方便快捷的方法。

3.4.2 时域测量

在时域测量中,信号波形的失真与其对图像的主观损伤按时间尺度可分为 4 类:长时间波形失真、场时间波形失真、行时间波形失真、短时间波形失真。不同的波形失真对图像造成的损伤在人眼的视觉特性中又具有不同的敏感程度。为把客观测量的失真值与人眼的主观感觉联系起来,采取对不同的波形失真值用不同的系数加权,使得加权后的各种波形失真值只要相同,人眼对图像损伤程度的感觉就相同,这就是 K 系数评价法。下面分别加以介绍。

3.4.2.1 亮度信号的波形失真

1. 长时间波形失真

将一个平均图像电平在高、低电平间突变的视频信号输入系统,其输出信号的消隐电平不能保持稳定而随输入信号起伏,这就是长时间波形失真。这种暂态过程可能是指数型的,也可能是低频率的衰减振荡。轻者引起图像闪烁,重者会使图像在几场内失去同步,甚至延续数十场而使画面全部紊乱。通过改进箝位电路进而提高系统设备的箝位能力,可减轻长时间波形失真对图像的影响。

测试信号采用平场信号,其平均图像电平每 5 秒钟在 0 与 100% 间跳变一次。如图 3-4-7 所示,用长余辉或存储示波器来观察消隐电平变化的暂态过程。

2. 场时间波形失真(场倾斜)

将一个周期与场周期量级相同、幅度为亮度信号幅度标称值的方波信号加至被测通道的输入端,其输出端方波信号顶部形状的变化称为场时间波形失真。这反映的是电视信号中从场频到行频间的低频失真,表现在图像上为垂直方向上的亮度不均匀,严重时可能会破坏同步。其产生原因多因级间耦合电路或电源滤波电路的时间常数不合适,另外箝位电路的性能不良也是产生该项失真的原因。

采用场方波信号进行测量,如图 3-4-8 所示,在输出端用波形监视器测其顶部倾斜失真 b_1 或 b_2,取其中较大值者代入公式 3-5 计算。

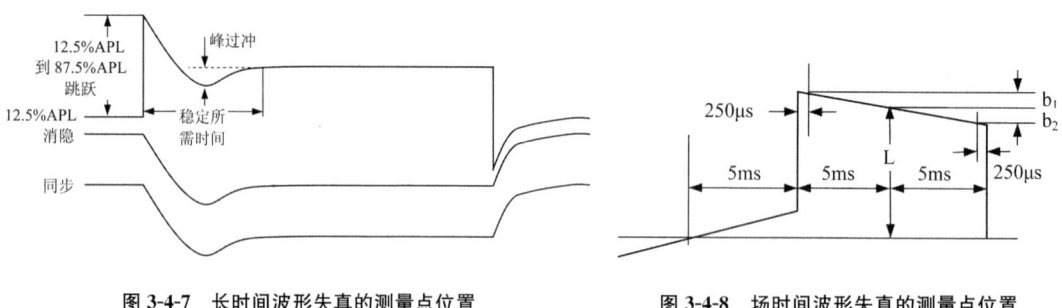

图 3-4-7　长时间波形失真的测量点位置　　图 3-4-8　场时间波形失真的测量点位置

$$场时间波形失真 = \frac{b_{1(2)}}{L} \times 100\% \qquad (公式\ 3\text{-}5)$$

公式 3-5 中的 L 为场方波中点的电平。为避免其他较短时间失真的影响,测量时注意在场方波前后沿各 $250\mu s$(大约 4 行)期间的变化应忽略不计。

3. 行时间波形失真(行倾斜)

将一个周期与行周期量级相同、幅度为亮度信号幅度标称值的方波信号加至被测通道的输入端,其输出端方波信号顶部形状的变化称为行时间波形失真。反映的是电视信号中从行频到 1MHz 间的中频失真,表现在图像上为水平方向的亮度变化,产生拖尾现象。

测试信号采用条脉冲信号,如图 3-4-9 所示,在输出端用波形监视器测其顶部倾斜失真 b_1 或 b_2,取其中较大值者代入公式 3-6 计算。

$$行时间波形失真 = \frac{b_{1(2)}}{L} \times 100\% \qquad (公式\ 3\text{-}6)$$

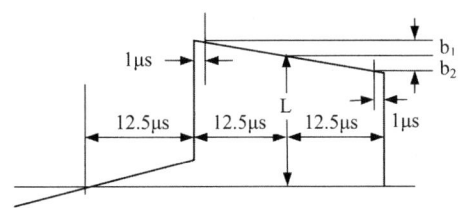

图 3-4-9　行时间波形失真的测量点位置

公式 3-6 中的 L 为条脉冲中点的电平,为避免短时间失真(前后沿过冲、振铃)的影响,测量时,条脉冲前后沿各 1μs 期间的变化忽略不计。

需要注意的是,条脉冲顶部的倾斜量与脉冲宽度有关。PAL 电视标准的条脉冲宽度为 25μs,若采用 10μs 的白条信号进行测量,结果要按比例增大 25/10,即 2.5 倍。实际测量时常以波形顶部电平变化的峰—峰值作为测量值。

4. 短时间波形失真

将一个幅度为亮度信号幅度标称值,并具有规定形状的窄脉冲加至被测通道的输入端,其输出端脉冲的幅度和相位相对原脉冲产生的偏移,称为短时间波形失真。它表示的是电视信号在 0.1μs～1μs 时间内的高频失真。脉冲幅度下降表现为图像细节变淡、边缘轮廓模糊。脉冲两侧的回波则使图像出现重影和镶边,而脉冲幅度超高会使图像彩色过重并引起非线性失真。其产生原因为电路频带宽度不足或高频补偿不当。

测试信号采用 2T 正弦平方脉冲和条信号。如图 3-4-10 所示,在输出端用波形监视器测量其幅度,代入公式 3-7 计算。

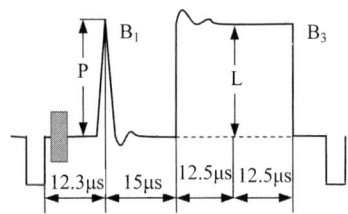

图 3-4-10　短时间波形失真的参数测量位置

$$短时间波形失真 = \frac{L-P}{L} \times 100\%$$ （公式 3-7）

公式 3-7 中,L 为输出端的条信号幅度,P 为输出端正弦平方脉冲幅度。

对于短时间波形相位失真(基线失真)的测量,见 K 系数评价法的有关内容。

5. 过冲失真

将一个宽度较窄的方波信号加到被测通道的输入端,其输出端方波信号的前后沿附近区域内所产生的最大暂态偏离与此方波稳态幅度的比值称为过冲失真。它会使图像产生镶边,影响清晰度。其主要原因是电路幅频特性不良。

测试信号采用 250KHz 方波信号,如图 3-4-11 所示,在输出端用波形监视器测量各幅度,代入公式 3-8 计算。

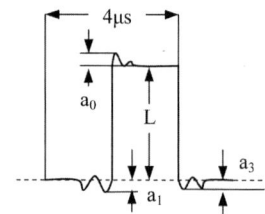

图 3-4-11 过冲失真的参数测量位置

$$过冲失真 = \frac{a}{L} \times 100\% \quad \text{(公式 3-8)}$$

公式 3-8 中,a 为 a_1(预冲)、a_2(上冲)、a_3(下冲)中的最大值,L 为 250KHz 方波的幅度。

3.4.2.2 亮度信号线性失真 K 系数评价法

人眼的视觉对不同波形的失真有不同的敏感程度。K 系数评价法就是将各种波形失真按人眼视觉特性给予不同的加权评价,以此来度量图像损伤的一套系统方法。其中共有 4 项指标:场时间波形失真 K_{50},行时间波形失真 K_b,2T 正弦平波与条脉冲幅度比 K_{pb},2T 正弦平方波失真(基线失真)K_P。

1. **场时间波形失真 K_{50}**

其测试信号与测量方法同场时间波形失真测量。根据其对图像质量的损伤程度,K 系数加权值为 2,即将场时间波形失真的测量结果除以 2 就是 K_{50} 的值。按公式 3-9 进行计算。

$$K_{50} = \frac{b_{1(2)}}{2L} \times 100\% \quad \text{(公式 3-9)}$$

2. **行时间波形失真 K_b**

其测试信号与测量方法同行时间波形失真测量。根据其对图像质量的损伤程度,K 系数加权值为 1,即行时间波形失真的测量结果就是 K_b 的值。按公式 3-6 计算。

3. **2T 正弦平方波与条脉冲幅度比 K_{pb}**

其测试信号与测量方法同短时间波形失真测量。根据对图像质量的损伤程度,K 系数加权值为 4,即将短时间波形失真的测量结果除以 4 就是 K_{pb} 的值。按公式 3-10 计算。

$$K_{pb} = \frac{L - P}{4L} \times 100\% \quad \text{(公式 3-10)}$$

4. **2T 正弦平方波失真(基线失真)K_P**

将一个 2T 正弦平方波输入系统,其输出端 2T 正弦平方波的基线将会产生起伏失真。

根据网络理论,由于网络的幅频特性失真,2T 弦平方波的前后出现同极性双回波,与主波相距为±nT。由于网络的相频特性失真,2T 正弦平方波的前后出现反极性双回波,与主波相距也是±nT。实际网络往往同时存在两种失真,这两种失真的综合作用造成 2T 正弦平方波基线失真。注意第一对双回波(n=1)是看不出来的,这是由于其距主波太近而与主波叠加在一起,表现为主波底部加宽。测量是从第二对双回波(n=2)开始,见图 3-4-12。K_P 失真引起的图像效果是在图像边界处产生一条或多条轮廓线,使得图像的水平细节重现不良。

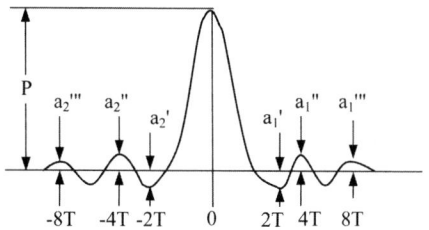

图 3-4-12　2T 正弦平方波基线失真

实践中根据人眼的视觉特性,同幅度的回波距主波越远,对图像的损伤越重。但距离大于 8T 后,其对图像的损伤就大致相同了。而在 8T 间隔内,回波越靠近主波,其对图像的损伤就越轻,在保证图像损伤程度相同的条件下,允许的回波幅度就越大,约为每倍时程增加 6dB。利用 K 系数对各种回波幅度的加权结果分别为:

(1) 距主波峰值 2T 处的回波幅度,K 系数加权值为 4,按公式 3-11 计算。

$$K_p(2T) = \frac{a'_{1(2)}}{4P} \times 100\% \quad \text{(公式 3-11)}$$

(2) 距主波峰值 4T 处的回波幅度,K 系数加权值为 2,按公式 3-12 计算。

$$K_p(4T) = \frac{a''_{1(2)}}{2P} \times 100\% \quad \text{(公式 3-12)}$$

(3) 距主波峰值 8T 及其以外的回波幅度,K 系数加权值为 1,按公式 3-13 计算。

$$K_p(8T) = \frac{a'''_{1(2)}}{1P} \times 100\% \quad \text{(公式 3-13)}$$

公式 3-11、3-12、3-13 中的 P 为 2T 脉冲幅度,$a_{1(2)}$ 为回波幅度 a_1 或 a_2(取其较大值者)。这三个公式计算的最大值为 K_P 的测量结果。

使用 VM700 视频测试仪测量 K 系数比较方便。只要在测量选项中选定"K Factor"就可直接得到 K_{2t} 和 K_{pb} 的数值,如图 3-4-13 所示。VM700 视频测试仪将 K_P 记为 K_{2t},是指 2T 正弦平方波失真的 K 系数值。

3.4.2.3　色度—亮度不等性的测量

在彩色全电视信号的传输过程中,由于色度信号是叠加在亮度信号上一起传送的,因此对于图像某一彩色区域的亮度和色度信号来说,传输过程中须保持两者原有的幅度比例和

46　数字视频测量技术

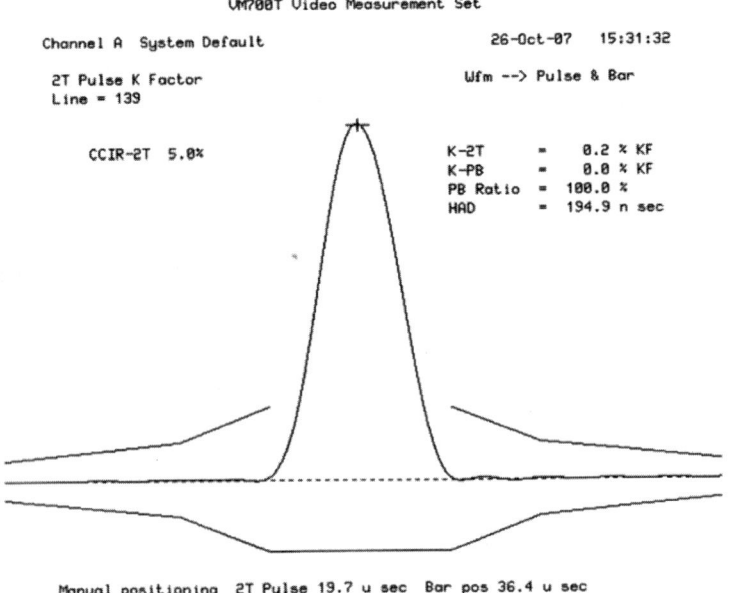

图 3-4-13　VM 700 测得的 K 系数结果

时间的一致。否则若幅度比例变化将引起图像色饱和度变化,若时间不一致将引起图像彩色镶边,对图像损伤极大。这就需要对系统进行色－亮增益差和色－亮时延差的测量。

1. 定义

将一个具有规定的亮度和色度分量幅度和时间的复合测试信号加入被测通道,其输出端色度分量对亮度分量幅度比的改变称为色－亮增益差,而色度分量对亮度分量在时间上的偏移称为色－亮时延差。注意两项测量均以亮度分量为基准,即色度信号增益大于亮度信号增益时,增益差为正,反之为负;色度信号时延大于亮度信号时延时,时延差为正,反之为负。

2. 测试信号及测量原理

实际测试信号采用如图 3-4-14 所示的副载波填充的 10T 脉冲和条信号。

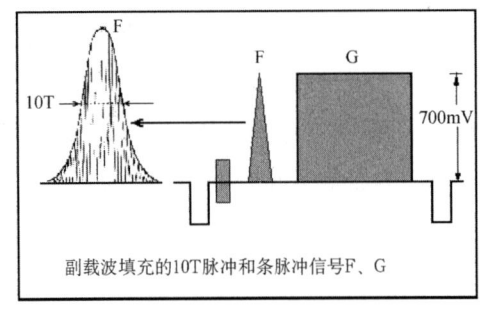

图 3-4-14　副载波填充的 10T 脉冲和条脉冲信号

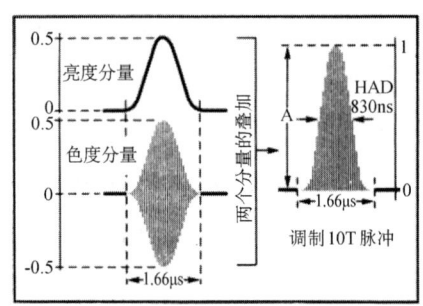

图 3-4-15　副载波填充的 10T 脉冲形成过程

测试信号中的亮度基准信号为正弦平方脉冲,如图3-4-15所示,其半幅宽由传送色度信号的带宽(1.3MHz)决定,半幅度 Tc＝1/1.3MHz＝769ns,实际选用830ns,即所谓10T脉冲。色度信号为该亮度信号100%调制副载波的调幅信号。然后将这两个波形线性叠加,若两者相对幅度和时间关系正确,则已调制波形的下半瓣恰好消失,10T脉冲底线将十分平滑整齐。

当该信号经过一个视频通道后,通道的色－亮不等性会使脉冲底线产生弯曲。如图3-4-16所示,底线为单峰表示只有增益差,底线为对称的正峰和负峰表示只有时延差,当增益差和时延差同时存在时,弯曲既不以基线为对称,过零点也不在基线中心了。

3. 色－亮不等性的测量

(1)公式法

将测试信号副载波填充10T(或20T)和条信号送入待测系统,输出端用波形监视器测量。如图3-4-17所示,将10T(或20T)脉冲基线置于消隐电平0%处,脉冲顶部调至100%电平处,读出 r_a 和 r_b 值。利用公式3-14和3-15计算。

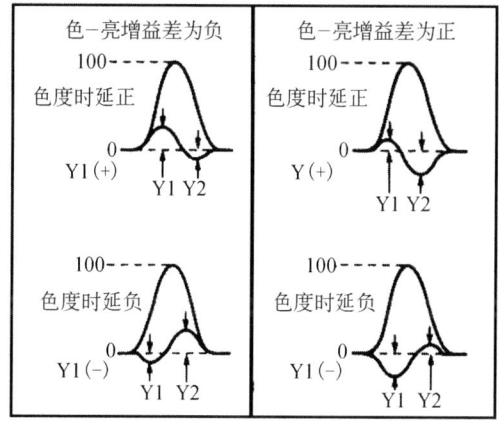

图3-4-16 色－亮不等的测试信号波形

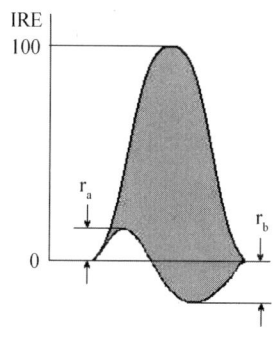

图3-4-17 色－亮不等的波形测试点位置

$$色－亮时延差 \quad \Delta\tau = \pm\frac{4nT}{\pi}\sqrt{r_a r_b}(\text{ns}) \quad （公式3-14）$$

$$色－亮增益差 \quad \Delta G = \frac{2(r_b - r_a)}{1-(r_b - r_a)}\times 100\% \quad （公式3-15）$$

其中 nT 为副载波填充的正弦平方脉冲的半幅宽,对于 PAL 制 6MHz 带宽,T＝83ns。

$\Delta\tau$ 取正值或负值要以亮度信号为基准,即色度信号时延大于亮度信号时延时取正,反之取负。

(2)使用 VM700 视频测试仪测量

在 VM700 的测量(MEASURE)方式下,选"Chrom Lum Cain Delay"(色－亮增益时延)即可显示出如图3-4-18所示的测量界面及测试结果。

图 3-4-18 中的"十"字符号表示测量值,按面板"Average(平均)"键稳定。其垂直坐标值为相对亮度增益的色度增益百分数,水平坐标为相对亮度时延的色度时延差。在测试界面的右上方可直接读取数值。若无数值显示,一般为测试信号定位不准,需要进行调整,调整方法可参看 VM700 的测量手册。具体调整方法为:

①按面板"Menu"键,显示出子菜单;
②在子菜单中选"Acquire(选取)";
③选"Special pos(特定位置)";
④选"Pulse Pos Default(脉冲位置预置)",显示出一条竖直的脉冲选线;
⑤旋转面板调节钮将选线移至 20T 脉冲正中,按"Exit"退出。此时就会显示出正常的测量数值。

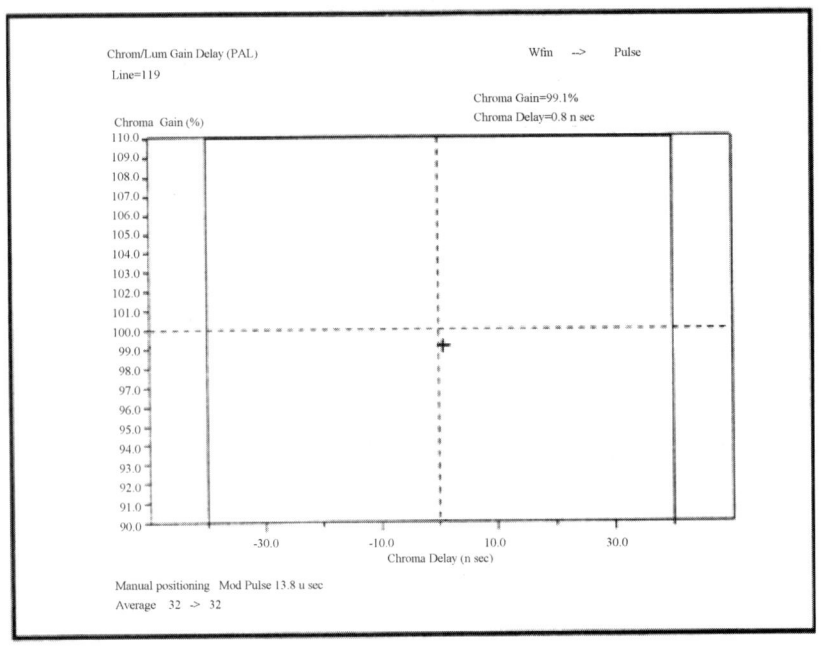

图 3-4-18　VM700 测得的亮色不等性结果

3.5　视频非线性失真

对于传送电视信号的通道或系统来说,我们总是希望它有线性的传输特性,即输出电压 e_o 与输入电压 e_i 的关系为:

$$e_o = ke_i,\text{其中 } k \text{ 为常数}$$

但实际上,通道特性的 k 值往往不是常数,而是输入信号电平的函数,见图 3-5-1。这就是通道的非线性特性,由此产生的失真叫非线性失真。它是由输入信号电平不同而引起的输出信号幅度或相位的失真。由于常用的彩色全电视信号是复合信号,即色度信号叠加在亮度信号上进行传送，系统非线性也会引起色-亮的相互影响。

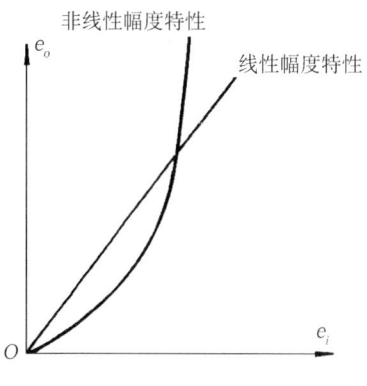

图 3-5-1 视频通道的非线性特性

非线性失真主要是由系统中的非线性元器件产生的。这些元器件的参数常随着作用于它的信号电平而改变，如自动增益控制电路和自动限幅电路等都能引起非线性失真。由于视频通道的线性传输范围有限，输入信号的平均图像电平变化对通道产生的非线性失真影响很大。事实证明，非线性失真不仅是信号电平的函数，也是信号平均图像电平的函数。因此测量非线性失真参数应在不同的平均图像电平（一般为 12.5%、50%、87.5%）中测量，取其最大失真值作为测量结果。以下的非线性失真测量均适用此原则。

视频非线性失真按图 3-5-2 进行分类，这里重点介绍亮度非线性失真、微分增益/微分相位失真等技术指标的测试方法。

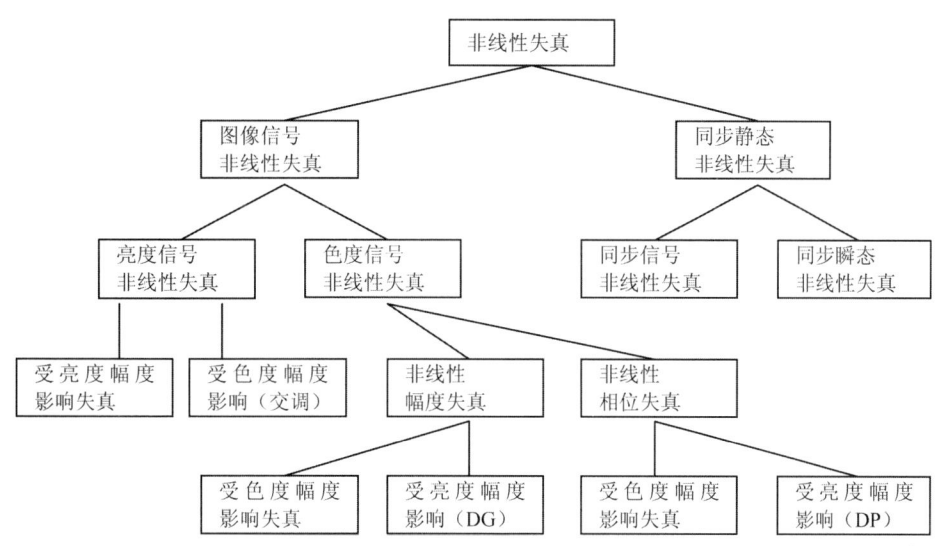

图 3-5-2 视频非线性失真分类

3.5.1 亮度非线性失真

1. 定义

亮度信号经通道传输后,因通道非线性而导致对信号不同的电平有不同的增益,由此所造成的失真为亮度非线性失真。

2. 测试信号

亮度非线性失真一般用五阶梯波信号进行测量,如图 3-5-3 所示。

3. 测试方法

输出端接波形监视器,使用微分网络将五阶梯波变为五个尖脉冲,测量脉冲幅度的最大值 A_{max} 和最小值 A_{min},见图 3-5-4,代入公式 3-16 计算。

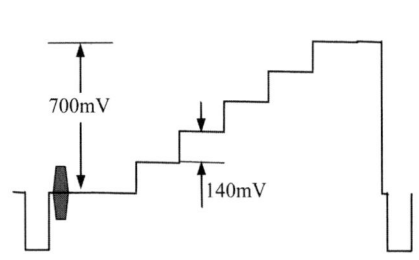

图 3-5-3 五阶梯测试信号

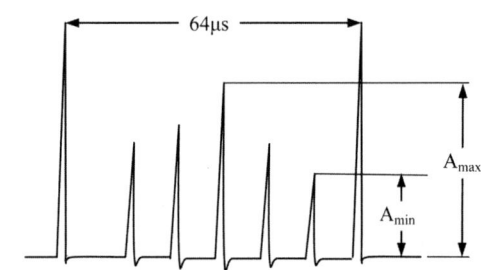

图 3-5-4 五阶梯测试信号经过微分网络后的波形

$$亮度非线性失真 \ D = \frac{A_{max} - A_{min}}{A_{max}} \times 100\% \quad (公式3\text{-}16)$$

使用 VM700 测量,在测量选项中选"Luminance Nonlinearity(亮度非线性)"就可直接得到测量结果。

3.5.2 微分增益和微分相位(DG/DP)

传输系统的非线性,会引起复合信号中的亮度信号与色度信号间产生互调作用。由于同一图像色度信号幅度往往小于亮度信号幅度,因而亮度信号对色度信号的幅度和相位影响较明显。

1. 微分增益和微分相位的定义

在彩色电视通道中,叠加在不同亮度信号电平上的色度副载波产生不同的增益变化,称为微分增益(DG),色度副载波产生不同的相位变化,称为微分相位(DP)。

2. 测试信号

测试信号采用图 3-5-5 所示的叠加小幅度副载波的五阶梯波信号(调制阶)。

3. 测量方法

DG 测量取阶梯上副载波的最大幅值和最小幅值。与消隐电平上的副载波幅值相比,大于消隐电平处值的 DG 为正,小于消隐电平处值的 DG 为负。DP 测量与 DG 相同,只不过测量的是副载波相位而已。

(1) DG 测量

将调制阶信号加入被测通道输入端,输出端接波形监视器,利用 4.43MHz 带通滤波器取出副载波幅度 A_0、A_{max}、A_{min},如图 3-5-6 所示,代入公式 3-17、3-18、3-19 计算。

$$正峰值:X = \left| \frac{A_{max}}{A_0} - 1 \right| \times 100\% \quad (公式\ 3\text{-}17)$$

$$负峰值:Y = \left| \frac{A_{min}}{A_0} - 1 \right| \times 100\% \quad (公式\ 3\text{-}18)$$

$$峰-峰值:X+Y = \left| \frac{A_{max} - A_{min}}{A_0} \right| \times 100\% \quad (公式\ 3\text{-}19)$$

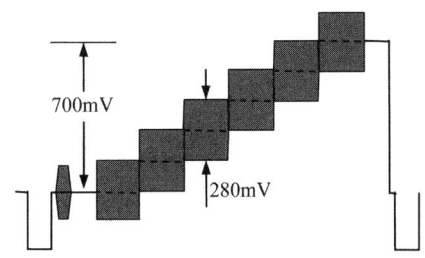

图 3-5-5 叠加副载波的五阶梯波

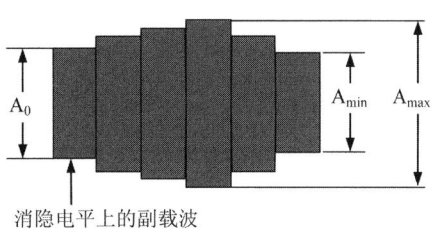

图 3-5-6 4.43MHz 带通滤波后的信号

给定设备的 DG 技术指标时应标明是上述哪一种峰值。

(2) DP 测量

将调制阶信号加入被测通道输入端,输出端接非线性失真分析仪等具有相位检测能力的仪器。测量各阶梯电平上的副载波相位最小值 Φ_{min},最大值 Φ_{max},消隐电平上副载波相位 Φ_0,代入公式 3-20、3-21、3-22 计算。

$$正峰值:X = |\Phi_{max} - \Phi_0| \quad (公式\ 3\text{-}20)$$

$$负峰值:Y = |\Phi_{min} - \Phi_0| \quad (公式\ 3\text{-}21)$$

$$峰-峰值:X+Y = |\Phi_{max} - \Phi_{min}| \quad (公式\ 3\text{-}22)$$

正值表示相对于消隐电平上副载波相位为相位超前,负值为相位滞后。对于 PAL 系统来说,由于采用色度 V 分量逐行倒相,将 DP 转为 DG,使微分相位失真很小,而微分增益对图像的影响相对要小些,这也就是为什么要采用 PAL 制的原因。

使用 VM700 测量,在测量选项中选"DG DP(微分增益相位)",可直接得到如图 3-5-7 所示的 DG、DP 测量结果。微分增益过大会引起图像彩色饱和度失真,微分相位过大会引起图像色调失真。

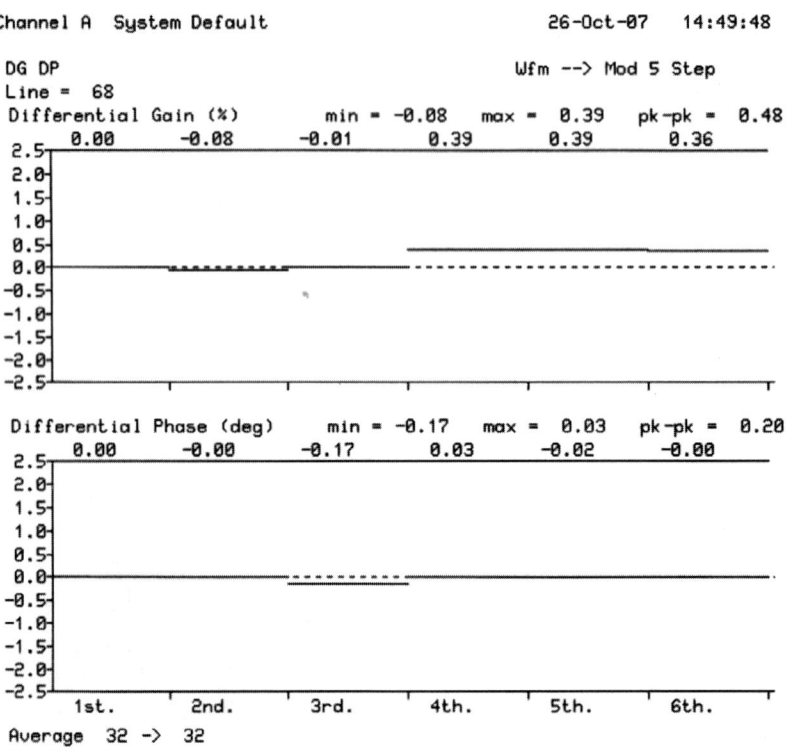

图 3-5-7　VM700 测量 DG、DP 的结果

3.5.3　色度非线性失真

系统的非线性也会引起色度信号的非线性失真。当系统输入的色度副载波在规定的最小值与最大值之间变化时，其输出的色度副载波幅度与相应的输入幅度间比例的偏离，即为色度信号的非线性幅度失真。而受色度幅度影响而引起的色度相位变化，为色度信号的非线性相位失真。

测试信号使用如图 3-5-8 所示的三电平色度信号，该信号在 350mV 的亮度电平上叠加了 3 个电平比例为 1∶3∶5 的色度信号，三个色度电平幅度分别为 140mV、420mV、700mV。

测量色度信号非线性幅度失真时，以第二个电平为基准，检测输出端色度电平比例的变化。利用公式 3-23 计算色度非线性幅度失真量。

$$D = \frac{A_i - K_i A_2}{K_i A_2} \times 100\% \quad \text{（公式 3-23）}$$

公式 3-23 中，$K_i = \frac{2i-1}{3}$，A_i 为色度副载波幅度，i 为不同副载波幅度所在的位置，幅度

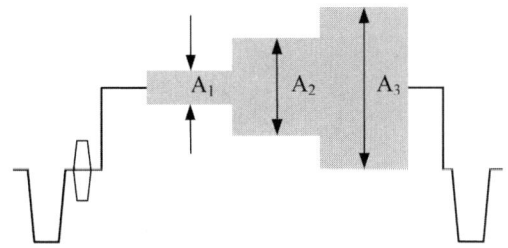

图 3-5-8　色度信号非线性幅度失真测试波形

最小处为 $i=1$，最大处为 $i=3$。

使用 VM700 测量，在测量选项中选"Chrom Nonline（色度非线性）"，即可直接得到色度非线性幅度和色度非线性相位的测量结果。

本章小结

1. 介绍测量模拟复合视频系统技术指标的十种测试波形。

2. 重点介绍了复合模拟视频的主要技术指标反射损耗、介入增益、随机杂波信杂比、视频线性失真和视频非线性失真的定义、测试信号、测量原理和测量方法。

习题与思考

1. 测量模拟复合视频系统技术指标的十大测试波形各有什么特点？

2. 画出一行的平场信号，平场信号有哪些测试用途？

3. 说明时域法测量反射损耗的具体方法和过程。如何判定电缆故障的类型和位置？

4. 什么是介入增益？为什么把视频系统中设备的介入增益定为 0dB？

5. 什么是视频随机信杂比？分别如何测量视频通道、摄像机以及录像机的随机信杂比？什么是加权随机信杂比？

6. 视频系统的信杂比、带宽和清晰度之间有什么关系？

7. 什么是视频线性失真？视频线性失真采用哪两种方法测量？这两种方法各有什么特点？

8. 什么是 K 系数？有什么特点？

9. 什么是色－亮延时差和增益差？简述各自的测量原理及测量方法。

10. 什么是视频非线性失真？有什么特点？

11. 什么是亮度非线性失真？如何进行测量？

12. 什么是色度非线性失真？如何进行测量？

13. 什么是微分增益和微分相位？简述它们的测量原理及测量方法。

第4章 模拟分量视频信号测量

4.1 模拟分量视频信号

为与已有的黑白电视制式兼容，现行的 NTSC、PAL 及 SECAM 三种彩色电视制式均采用复合全电视信号。由于复合信号固有的色度和亮度相互干扰，导致图像质量受损。而分量视频信号的亮度和色差信号分别用各自通道传送，也就不存在色度和亮度间的干扰，从而提高了图像质量。早期模拟分量视频信号主要用于电视演播室系统。

传输分量视频信号单独的通道测量与复合视频信号测量方法相同。但由于通道之间特性的差异会对所传输的信号产生影响，这是分量视频信号测量的特殊问题，因此带来与复合视频信号测量的不同方法。另外，分量视频信号在不同格式之间的转换中出现"合法""有效"等概念需要我们深入认识和理解，并在实际测量中加以关注。

4.1.1 分量视频信号的形成

我们先来了解亮度方程：

$$Y = 0.299R + 0.587G + 0.114B \approx 0.30R + 0.59G + 0.11B \quad \text{（公式 4-1）}$$

由亮度方程可知，亮度信号是由公式 4-1 中所示比例的三基色 R、G、B 信号组成。荧光屏显示出的色彩是由不同比例的 R、G、B 三基色信号经空间混色而形成的，这就是一种分量格式，即 RGB 分量格式。但由于传送 RGB 三个分量需三个独立的通道且要求通道带宽均为 6MHz，所以在实际中没有采用这种格式。目前，通用的分量视频系统采用三个通道分别传送亮度信号 Y、两个色差信号 B−Y(简记 P_b)和 R−Y(简记 P_r)，在接收端通过矩阵电路恢复为 RGB 分量信号，这种分量格式称为 YP_bP_r 分量视频信号，也叫色差分量视频信号。

在实际应用中，为使三个通道传输的信号最大幅度变化范围(700mV)保持一致，也称归一化，以利于信号处理，需将两个色差信号的幅度适当压缩。这一点在格式转换时要特别注意。其中：

$$P_b = 0.564(B-Y) \quad \text{(公式 4-2)}$$
$$P_r = 0.713(R-Y) \quad \text{(公式 4-3)}$$

与之相似的还有一种称为 YUV 的分量视频信号，其中的 U 与 V 信号，实际上就是复合信号中经副载波正交平衡调制前被压缩的两个色差信号。压缩信号的目的是为了使复合彩色信号的最大电平变化范围超出标称亮度电平范围(0~700mV)的部分小于 33%，以避免通过发射机进行负极性调制时产生过调制而引起信号失真。其压缩幅度为：

$$U = 0.493(B-Y) \qquad V = 0.877(R-Y)$$

此外，还有一种称为 Y/C 分量视频信号的分量格式，实际上就是将复合信号中的亮度信号 Y 和色度信号 C 分离，见图 4-1-1。其中 C 分量由色差信号 B−Y、R−Y 采用"正交平衡调制"编码后形成。Y/C 接口常称为"S 端子"，应用于 S-VHS 录像机、影碟机与电视机之间的相互连接。

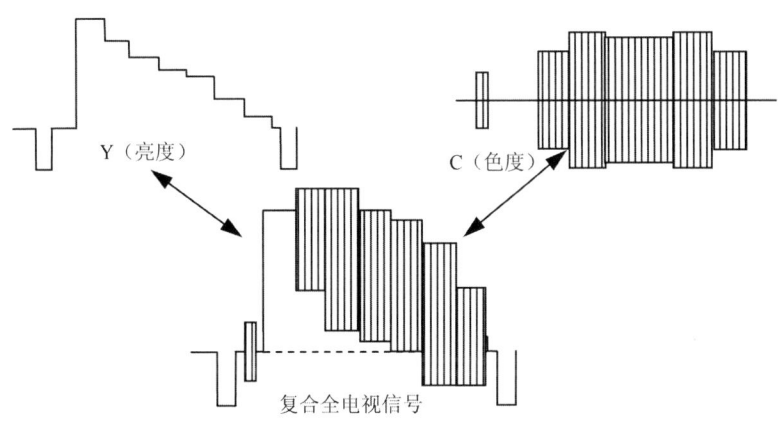

图 4-1-1　Y/C 分量视频信号

由于人眼对彩色图像的分辨力低，因而可将传输两个色差信号的通道带宽降至 1.5MHz。在分量录像机中，将两个色差信号经过时间压缩和时分复用，可共用一条磁迹记录及一条通道传输。

亮度信号 Y：带有同步脉冲的单极性信号。标准亮度峰值白电平为 0.7V(正极性)，同步幅度为 0.3V(负极性)，带宽 5.5MHz。

色差信号 B−Y、R−Y：不带同步脉冲的双极性信号。总幅度为 0.7Vp−p (±0.35V)，带宽 2.75MHz。

随着电视信号的数字化发展和应用，目前 YP_bP_r 模拟分量视频接口也已逐渐退出专业视频领域，主要应用于家庭消费类电子产品之间的互相连接。之所以要介绍 YP_bP_r 分量视频通道测量，主要是因为目前主流的数字分量视频格式是在模拟 YP_bP_r 分量视频的基础上发展起来，采用的是数字色差分量视频，一些困扰模拟色差分量视频领域的问题依然存在于数字色差分量视频领域。

4.1.2 分量视频测试信号

在分量视频通道中,亮度通道与复合视频通道特性相同,而色差通道带宽降低,并且色差分量信号又为双极性信号,这些差异导致了亮度通道测试信号与色差通道测试信号有所不同,见图 4-1-2。

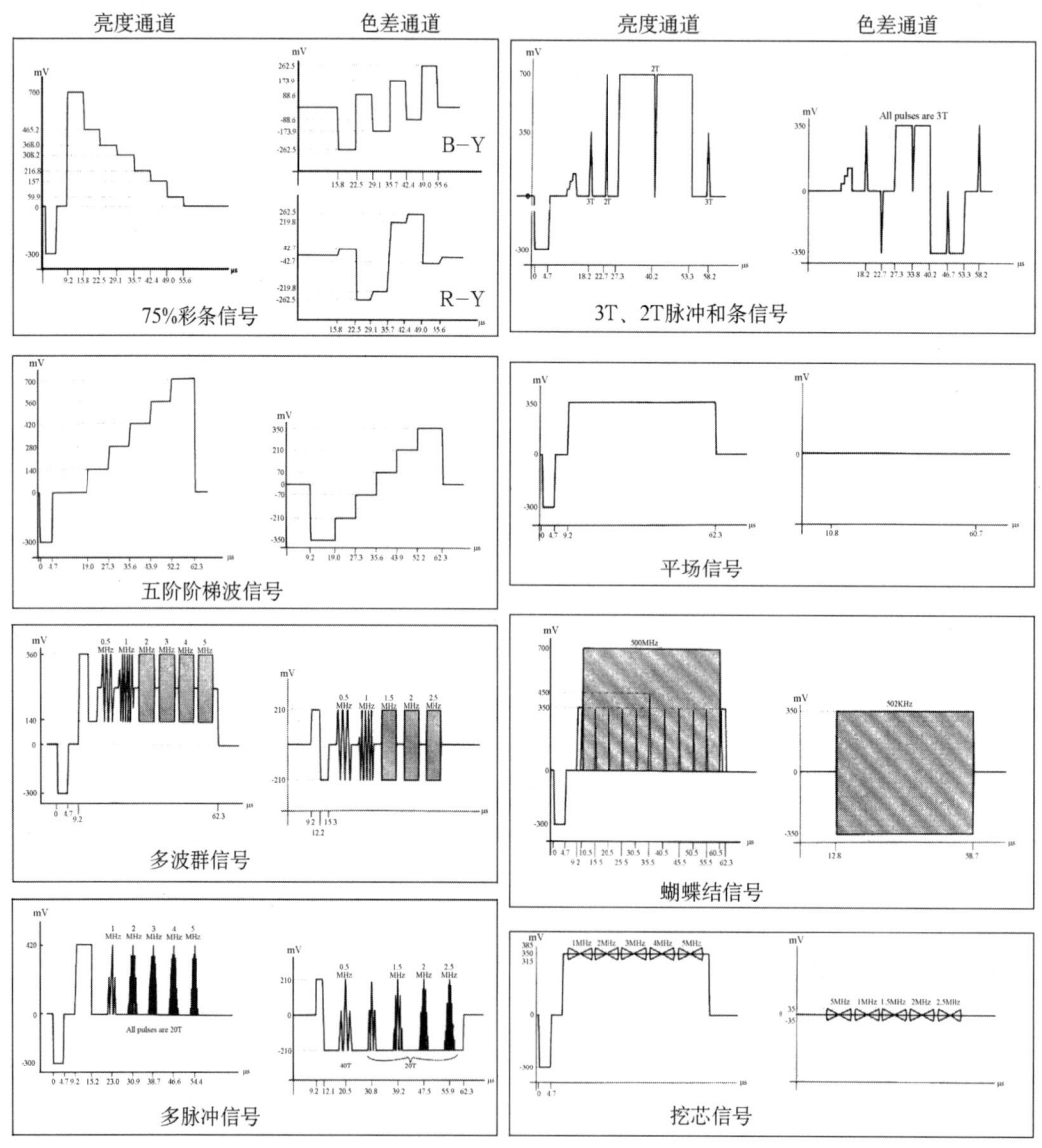

图 4-1-2 分量视频测试信号

1. 彩条信号

75%彩条信号波形中,注意 Y 信号为单极性、有同步脉冲,两色差信号为双极性、无同步脉冲。彩条信号用于通道间增益、时延差的"闪电"测量及色域误差测量。

2. 阶梯波信号

五阶阶梯波波形中,注意两色差信号为双极性阶梯波。阶梯波信号用于通道非线性失真的测量。

3. 多波群信号

多波群信号波形中,Y 信号由六个正弦波群组成,频率为 0.5～5MHz;两色差信号由五个正弦波群组成,频率为 0.5～2.5MHz。多波群信号用于通道幅频特性及通道间串扰的测量。

4. 多脉冲信号

多脉冲信号波形中,Y 信号由五个 20T 脉冲组成,填充频率为 1～5MHz;两色差信号的第一个脉冲为 40T,后四个脉冲为 20T,填充频率为 0.5～2.5MHz。多脉冲信号用于通道相频特性(群时延特性)的测量。

5. 正弦平方脉冲和条信号

正弦平方脉冲和条信号波形中,Y 信号中最窄脉冲为 2T,两色差信号中最窄脉冲为 3T 或 5T,以脉冲前的 3 阶或 5 阶小阶梯波帮助识别。正弦平方脉冲和条信号中不同方向的脉冲可观测各自的回波幅度,用于通道反射损耗及 K 系数的测量。

6. 平场信号

平场信号波形中,注意 Y 信号幅度为 350mV,而两色差信号幅度为 0mV。平场信号用于通道连续随机杂波的测量。

7. 蝴蝶结信号

蝴蝶结信号波形中,亮度 Y 信号是一个具有同步脉冲(−300mV)、在+350mV 直流台阶上叠加幅值 700mV、500KHz 的正弦波串,色差信号为双极性、零直流分量的 502KHz 正弦波串,幅值为±350 mV。蝴蝶结信号用于亮度通道和色差通道间增益和时延误差的"蝴蝶结"测量。

8. 挖芯信号

挖芯信号波形中,亮度和色差信号上都有 5 个小幅度(70mV)蝴蝶结状正弦波,其亮度信号频率为 1～5MHz,两色差信号频率为 0.5～2.5MHz。

一般为改善模拟分量录像机的通道信杂比,通常采用杂波挖芯的方法,其原理为将高频低幅度部分的信号(主要成分为杂波)挖掉,从而减小杂波成分,提高信杂比。这样做尽管会损失一些清晰度,但只要挖得合适,就能既提高信杂比又对清晰度损失最小。利用挖芯信号就可在调整挖芯电路的同时监测挖掉的信号频率成分及幅度大小,以找到最佳的工作点,取得挖芯降噪的最好效果。

分量视频通道的测量可分为两大类,即三通道独立测量和三通道联合测量。三通道独立测量与复合视频信号通道的测量方法相同,就分量信号的每一个通道的单独测量而言,分量视频信号测量与复合视频信号测量是一致的,可参阅复合视频信号测量部分,需要注意亮度通道与色差通道测试信号有所差别。以下主要介绍三通道联合测量。

4.2 分量视频通道联合测量

分量系统与复合视频系统的不同主要是要用三个通道分别同时传送 Y、P_b、P_r 分量,这样就会产生复合视频系统所没有出现的问题。

由于采用三个通道分别同时传送 Y、P_b、P_r 分量,会带来通道之间的相互串扰。另外,尽管采用 Y、P_b、P_r 分量可消除色－亮信号之间的干扰,不存在微分增益、微分相位及色度－亮度交调等失真,但由于实际中三个传输通道的特性不可能完全一致,这就导致各分量之间产生增益差、时延差,从而造成色调误差、彩色镶边等图像失真。为了测出相互间的误差而采用三个通道同时测量的方法,称联合测量,这样就需要同时将三个测试信号送至被测分量通道。

另外,为与模拟复合视频系统兼容,一般分量录像机都设置有复合信号输入输出接口。复合输入信号先经过时基校正器(TBC)送至解调器,解出分量信号再记录,重放时需将分量信号经过编码器合成为复合信号后再送至复合信号输出。在转换过程中 TBC 及解、编码器会产生复合域中的 DG、DP 失真。因此,此类分量设备也需要测量 DG、DP 失真值。

三通道联合测量是分量视频信号独特的测量方法,其目的是测定三通道相互间的增益及时延差,以便进行三通道增益和时延的一致性调整。三通道联合测量主要有"闪电"测量法及"蝴蝶结"测量法两种方式。

4.2.1 "闪电"测量法

我们知道,在矢量示波器上仅能显示出两个色差信号,而没有亮度信号。要同时显示出三个分量信号间的相互关系,则需要利用交替显示的方式将其在一个显示平面上显示出来。

亮度信号先经交替的行倒相再经低通滤波器后,加至示波器的垂直偏转板上,而两色差信号经低通滤波器后交替地加至示波器的水平偏转板上。保持 B－Y 行与正极性 Y 行信号同步,R－Y 行与负极性 Y 行信号同步。关键是要将三个信号箝位及箝位点保持在屏幕中心上,这样就形成了"闪电"状波形,如图 4-2-1 所示。

图 4-3 的中心箝位点是三个信号各自的消隐电平汇聚点。上半部是亮度信号 Y 与 B－Y 形成的图形,下半部是倒相的亮度信号 Y 与 R－Y 形成的图形。最上面是 Y 信号的白电平点,最下面是倒相的 Y 信号的白电平点。一条垂直线从上部白点经中心箝位点到下部

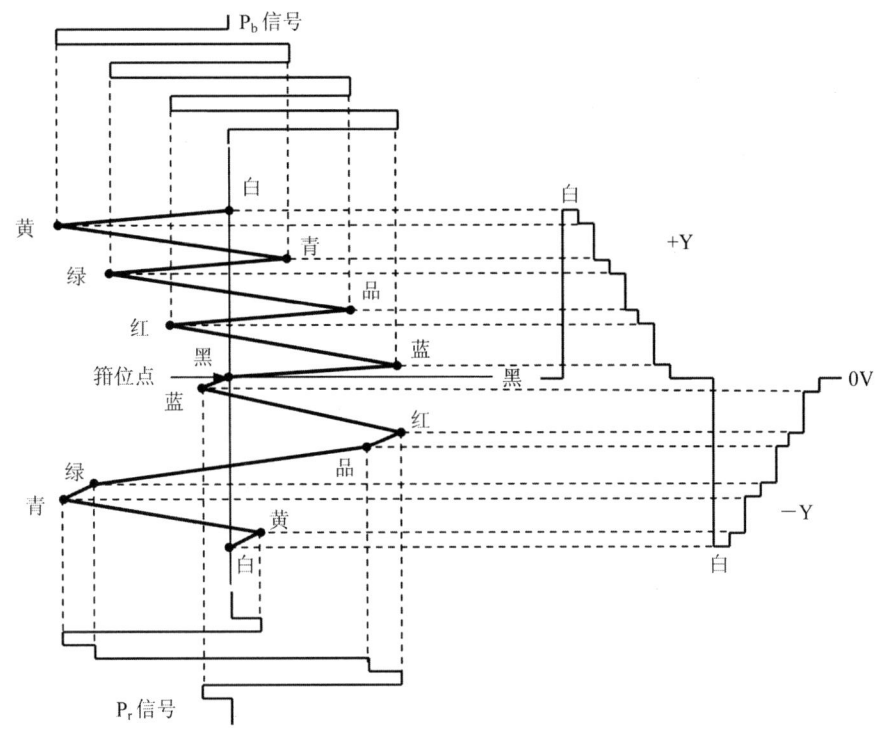

图 4-2-1 彩条信号的"闪电"波形的形成

白点为亮度垂直线,线两侧分布着一些电子刻度方框,标出了标准彩条信号各色条顶点应处的位置,用以观测幅度误差。其中垂直方向的位移表示亮度信号幅度误差,水平方向的位移表示色差信号幅度误差。

实际测量彩条信号的"闪电"图形如图 4-2-2 所示。"闪电"图形中的"绿"到"品"两点间的过渡线与亮度垂直线的交点两侧有一排电子刻度为时延刻度。当两色差信号相对亮度信号产生时延时,各色点间的过渡连线将产生弯曲。向外(白电平点)弯曲表示色差信号超前于亮度信号,向内(消隐电平点)弯曲表示色差信号滞后于亮度信号。其时延量可从由"绿"到"品"两点间的过渡线与时延刻度的交点读出,每两个时延刻度光点间的时延量为 20ns,如图 4-2-3 所示。

4.2.2 "蝴蝶结"测量法

测试信号为蝴蝶结。将亮度信号 Y 和其中一个色差信号分别接至双踪示波器 CH1 和 CH2 通道,并设定两个通道相减,使 500KHz 亮度信号与 502KHz 色差信号形成差拍,其结果在屏幕上显示出类似蝴蝶结的图案,故称为蝴蝶结测量。

"蝴蝶结"测量原理:

亮度通道的蝴蝶结测试信号频率 $f_1 = f = 500KHz$,色差通道的蝴蝶结测试信号频率 $f_2 =$

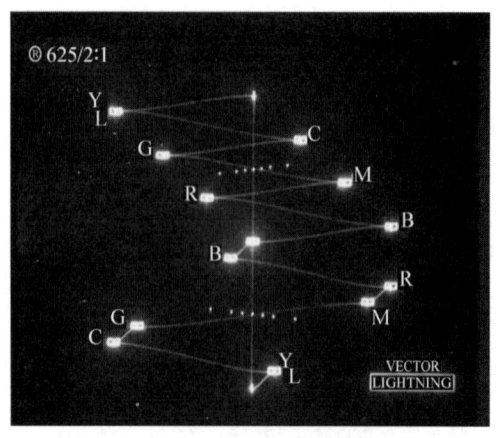 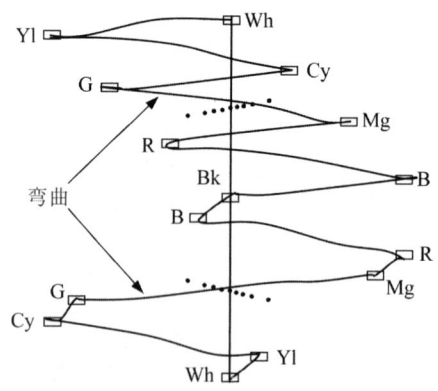

图 4-2-2　彩条信号的"闪电"图形　　　　图 4-2-3　通道延时差使"绿"到"品"过渡线产生弯曲

f+Δf=500KHz+2KHz,Δf=2KHz。假设亮度通道和色差通道分别为幅度相等、相位相同而频率分别为 f_1 和 f_2 的两个正弦波,如公式 4-4 和公式 4-5 所示。

$$Y = \sin 2\pi f_1 t = \sin 2\pi f t \qquad （公式 4\text{-}4）$$

$$(B-Y) = \sin 2\pi f_2 t = \sin 2\pi (f+\Delta f)t \qquad （公式 4\text{-}5）$$

将公式 4-5 与公式 4-4 相减后,可得到公式 4-6。

$$(B-Y)-Y = \sin 2\pi f_2 t - \sin 2\pi f_1 t = \sin 2\pi (f+\Delta f)t - \sin 2\pi f t \qquad （公式 4\text{-}6）$$

再对公式 4-6 进行和差化积三角函数变换,得到公式 4-7。

$$(B-Y)-Y = \sin 2\pi \frac{\Delta f}{2} t \cdot \cos 2\pi (f+\frac{\Delta f}{2})t \qquad （公式 4\text{-}7）$$

公式 4-7 是个载波频率为 501KHz、包络为 1KHz 的调制信号,该信号波形类似蝴蝶结信号。当两个分量信号不存在延时和增益失真时,波形的包络存在过零点,且过零点不存在时间位移。

当两个分量信号存在延时但无增益,并且假设亮度通道存在时间延时为 Δt 时,亮度通道信号将如公式 4-8 所示。

$$Y = \sin 2\pi f_1(t+\Delta t) = \sin(2\pi f t + 2\pi f \Delta t) \qquad （公式 4\text{-}8）$$

将公式 4-5 与公式 4-8 相减后,再进行和差化积三角函数变换,得到公式 4-9。

$$(B-Y)-Y = 2\sin 2\pi \frac{\Delta f}{2}(t+\frac{f}{\Delta f}\Delta t) \cdot \cos[2\pi (f+\frac{\Delta f}{2})t + 2\pi \frac{f}{2}\Delta t] \qquad （公式 4\text{-}9）$$

从公式 4-9 中不难发现,当两个分量信号之间存在延时差 Δt 时,其差拍信号的包络产生的延时量是 Δt 的 f/Δf 倍,即 250 倍。因此,蝴蝶结测试是通过测量差拍信号的包络延时量,将延时量除以 250 后,得到分量信号间的延时差 Δt。实际测量的"蝴蝶结"波形如图 4-2-4 所示。图 4-2-4 中实际的时间刻度为 2.5 个频率,为 500KHz 的余弦波周期,即 5μs。为方便测量,将包络测量时标换算成分量信号延时差的测量时标,只需将 5μs 除以 250,从而得到每个时标刻度为 20ns。

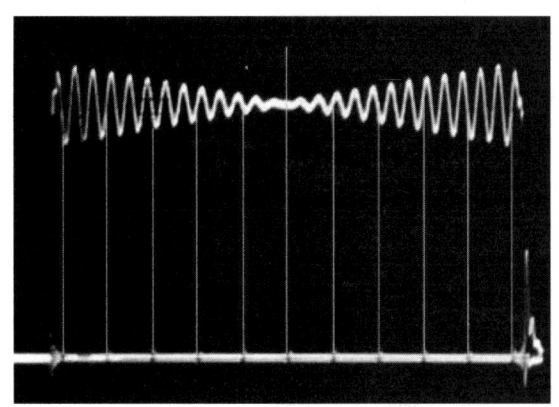
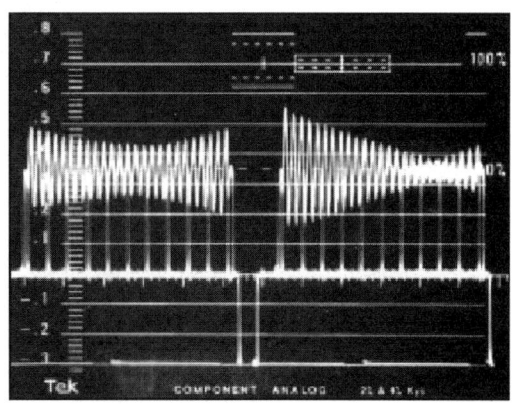

图 4-2-4 "蝴蝶结"测量波形　　　　图 4-2-5 "蝴蝶结"测量的通道增益差

亮度通道与色差通道间的相对时延量由蝴蝶结包络过零点(结点)的位移表示,利用屏幕上的时标刻度测量位移量,每一小格为 20ns。当两通道间存在增益差时,如图 4-2-5 所示,蝴蝶结结点处幅度不为零,测量其最小幅度(结点处幅度)即为增益差值,增益差的测量原理与延时差类似,这里不再介绍。

4.3 色域误差测量

所谓色域,是指各种彩色系统如电影、彩色印刷、电视等再现的彩色范围。在如图 4-3-1 所示的国际照明委员会(CIE)规定的色域图中,人眼可见的自然界中的所有彩色都包括在舌形区域内,所有光谱色的点都在舌形曲线上。各种不同的彩色系统色域都落在舌形区域内,但是各自范围大小有所不同,这就导致了不同的彩色系统进行信号转换后会出现彩色失真。通常人们在观看电影和观看电影转换成的电视节目时,会感受到不同的画面彩色效果,这是色域失真的一种直观表现。由于历史原因,不同制式的彩色电视系统所采用的色域范围也有所差异,同样,这两种电视系统的信号经过制式转换后也会引起彩色失真。本节主要讨论在同一彩色电视系统中,由于分量格式之间的转换、处理导致的色域失真问题。

4.3.1 色域误差的基本概念

1. 合法(Legal)与非法(Illegal)概念

各种分量格式中规定了幅度极限值:

RGB 分量格式规定,各通道电压范围为 0~700mV;

YP_bP_r 分量格式规定,Y 通道电压范围为 0~700mV(同步为 −300mV);两个色差通道为 ±350mV。

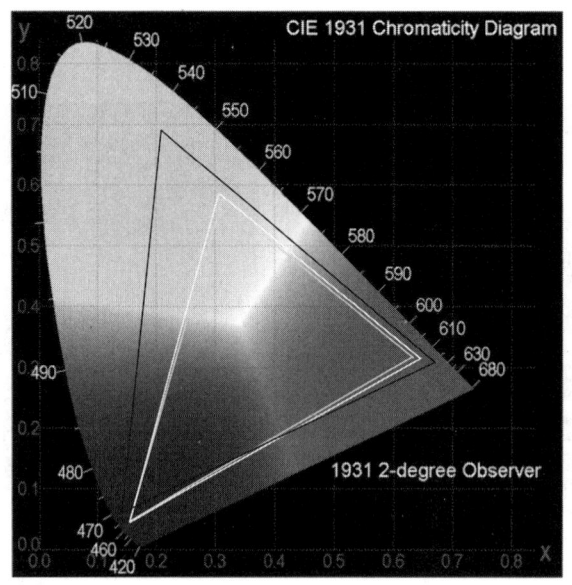

图 4-3-1　CIE 规定的色域图(见彩图 2)

只要幅度不超出限定范围,即为"合法"信号。分量信号幅度超出限定范围,即为"非法"信号。

2. 有效(Valid)和无效(Invalid)概念

能够正确重现显像三基色色域图内各色点的信号均为"有效"信号,不能正确重现显像三基色色域图内各色点的信号均为"无效"信号。

需要指出的是,有效信号在 RGB 和 YP_bP_r 分量格式中都是合法信号,但 YP_bP_r 分量格式的合法信号不一定在 RGB 分量格式中都有效。这是因为在 RGB 分量格式中,三个分量 RGB 之间是相互独立的。如图 4-3-2 所示,由 R、G、B 分量构成三维坐标的立方体色域空间里的各坐标点与舌形色域图中的三角形色域之间存在一一对应的关系;而在 YP_bP_r 分量格式中,三个分量 Y、$P_b=0.564(B-Y)$、$P_r=0.713(R-Y)$ 都包含有 Y 信号,三个分量之间互相关联。如图 4-3-3 所示,由 Y、P_b、P_r 分量构成三维坐标的立方体空间里的各坐标点与舌形色域图中的三角形色域之间并非一一对应,而在立方体空间内的小长方体空间里的各坐标点与舌形色域图中的三角形色域之间却存在一一对应的关系。

在电视系统中,除了摄像和显像端采用 RGB 分量格式,其他环节如记录、存储、压缩、传输等大多数处理环节则由于历史的原因一直沿用了 YP_bP_r 分量格式,如图 4-3-4 所示。这样,由于 Y、P_b、P_r 分量互相关联,而传输处理 Y、P_b、P_r 分量的三个通道性能参数可以分别独立进行处理和调整,有可能造成 YP_bP_r 分量格式的合法信号转换到 RGB 分量格式时变为不合法的无效信号。

此外,在当今电视节目制作的过程中,为了保证节目制作质量,通常会大量采用 RGB 信号

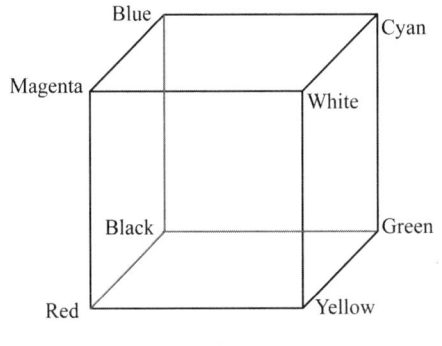
图 4-3-2 RGB 分量色域空间

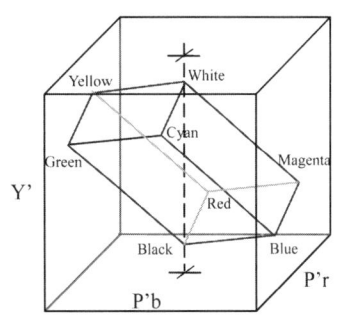
图 4-3-3 YP_bP_r 分量色域空间

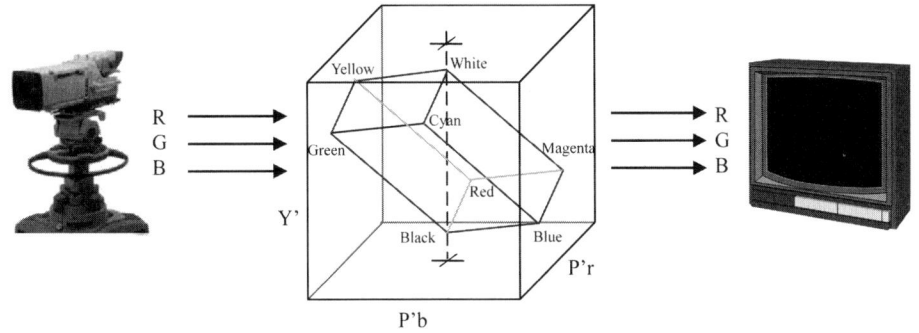
图 4-3-4 YP_bP_r 分量格式在电视系统的中间处理环节

进行计算机处理,如计算机图形工作站、非线编、摄像机控制器 CCU、彩色及伽马校正等。而电视设备系统的接口都是按照色差分量格式定义的,这就导致经常需要进行两种分量格式之间的转换处理。分量格式转换处理将导致一些信号可能落到显像管三基色的色域图之外,成为无效信号。

图 4-3-5 为 100% 彩条信号在不同分量格式中各通道的波形。在 YP_bP_r 分量格式中,若在 P_r 分量信号的黄色条位置上叠加一个较大的正值信号(见图 4-3-5 中虚线部分,P_r=275mV),接近但未超出极限值+350mV,因而为合法信号。但转换为 RGB 分量格式时,由于 Y=623mV,P_b=350mV,P_r=275mV,而 P_r=0.713(R-Y),则有 R-Y=386mV,从而得到 R=386mV+Y=386mV+623mV=1009mV。从图 4-3-5 中可以发现在 R 信号的黄色条位置上的信号幅度已经超出极限值 700mV;其色点坐标落在了显像三基色色域之外,因此它是无效的信号,带来的结果不仅无法正确地重现彩色,还会产生非线性失真。

由于在色差分量信号中各分量信号电平并不是独立的,都与亮度信号有关。因此只要有增益失真,就有可能在转换为 RGB 信号时成为非法的无效信号。图 4-3-6 为亮度通道相对增益只有 90% 的 100% 分量彩条信号,其亮度和色差分量的幅度值如表 4-3-1 所示。

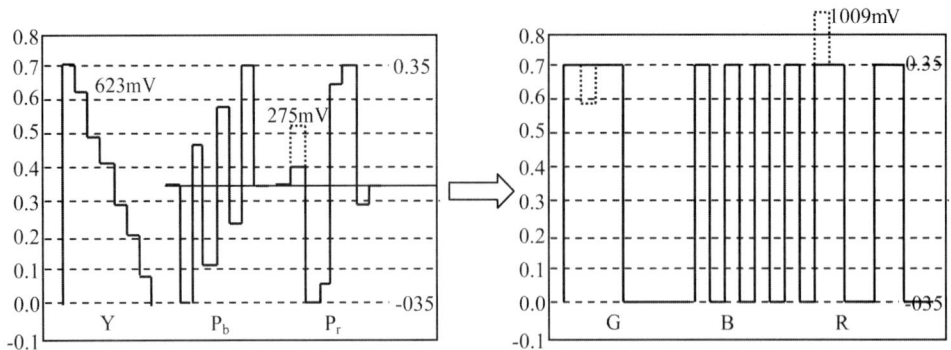

图 4-3-5 分量格式转换产生的"无效"信号

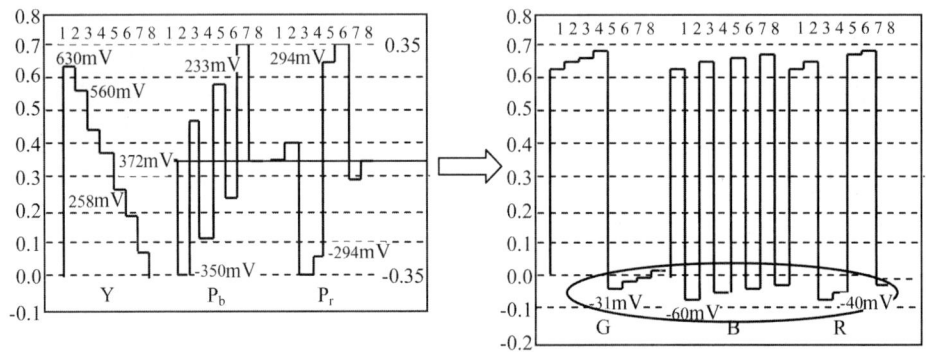

图 4-3-6 亮度增益变化导致的"无效"信号

表 4-3-1 亮度增益为 90% 的 100% 分量彩条信号各分量幅度值

	白(1)	黄(2)	青(3)	绿(4)	品(5)	红(6)	蓝(7)	黑(8)
Y	630mV	560mV	441mV	372mV	258mV	189mV	69mV	0mV
P_b	0mV	−350mV	118mV	−233mV	233mV	−118mV	350mV	0mV
P_r	0mV	55mV	−350mV	−294mV	294mV	350mV	−55mV	0mV

由色差方程可得,$R=Y+1.403P_r$。R 信号的第四个色条幅度为:$R(4)=Y(4)+1.403P_r(4)=372+1.403\times(-294)=-40$ (mV)。

由亮度和色差方程可得,$G=Y-0.344P_b-0.714P_r$。G 信号的第五个色条幅度为 $G(5)=Y(5)-0.344P_b(5)-0.714P_r(5)=258-0.344\times233-0.714\times293=-31$ (mV)。

由色差方程可得,$B=Y+1.773P_b$。B 信号的第二个色条幅度为:$B(2)=560+1.773\times(-350)=-60$ (mV)。

当其全部转换为 RGB 信号时,所有三个信号分量均延伸至最小容许信号电平以下,成为非法的无效信号。由于图像最终是以 RGB 分量格式通过显像管显示,因此这些问题应得到足够的重视。

可见,通过观察 RGB 分量格式波形的顶部和低部是否超过幅度的最大和最小限值,可以判断电视信号瞬时的色域误差大小。实际应用中,人们更为关心的是电视信号中持续的、大幅度值的色域误差对电视节目制作质量的影响。为此,不同的视频测试设备提供商设计开发了"五条"显示法、"钻石"显示法,用于监测视频信号的色域误差。

4.3.2 "五条"显示法

利用与音频条形电平监测显示及告警相类似的方法,直接使用条形电平来监测分量域和复合域的色域误差,便形成"五条"显示法。典型的仪器如 Leader 公司的 LV5000 系列波形监视器,如图 4-3-7 所示,分别用五个电平条指示代表亮度 Y、基色分量 R、G、B 和复合信号 CMP 的电平幅度。竖条中的绿色部分代表幅度限值以内的有效值,超出幅度限值的部分用红色表示告警。

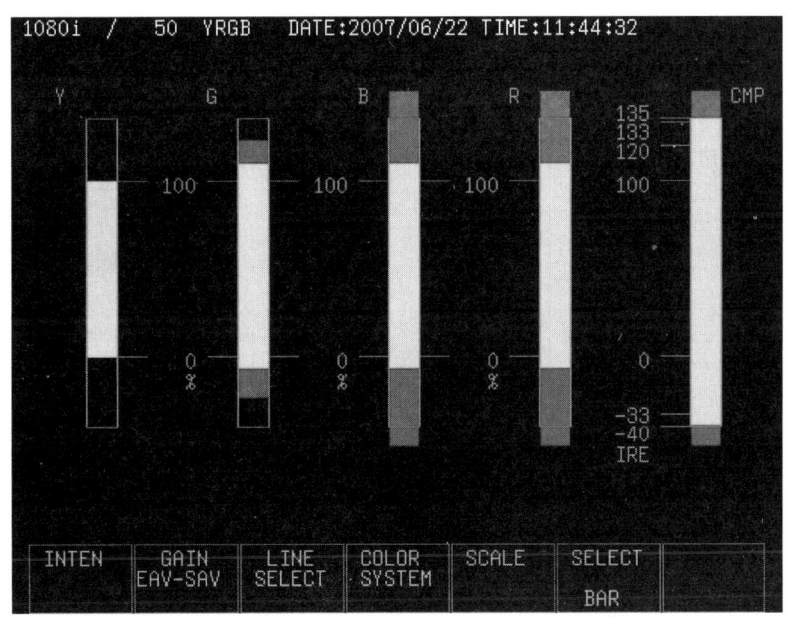

图 4-3-7 LV5000 波形监视器的"五条"显示(见彩图 3)

通常仪器中的幅度限值和告警值可以由用户根据实际应用的情况进行设定。"五条"显示的特点是分量域和复合域的色域误差可以同时进行监测显示。仪器可以在四个方面进行误差告警参数的设置:

①设定各分量及复合信号告警电平的上下限。

②设定告警低通滤波器的频率,用于排除偶尔出现的瞬时色域误差。

③设定图像中允许的色域误差面积的大小。图像中有色域误差部分的面积小于设定值时不告警,以避免报告瞬时超值、但对画面影响不大的色域误差。

④设定色域误差出现的持续时间。小于设定值的色域误差不告警,以避免虚报影响很小的色域误差。

4.3.3 "钻石"显示法

"钻石"显示也称"菱形"显示。因为只要在RGB分量格式中是合法信号,那么它转换到其他分量格式都将是合法和有效的信号。所以,使用RGB分量格式信号显示时,其显示的图案为上下两个菱形。与"闪电"显示原理相似,"钻石"显示也是利用交替显示的方式,将G与B分量信号矢量轨迹显示在上菱形中,而将G与R分量信号矢量轨迹显示在下菱形中。

由于在同一显示平面只能显示2个分量信号的矢量,因此,如图4-3-8所示,"钻石"显示的R、G、B分量信号需要经过信号处理后,分别形成B+G和B−G、−R−G和R−G两组输出信号,然后两组信号以逐行交替的方式进行时分复用和信号处理,最后分别输入到矢量示波器的水平和垂直偏转板上。

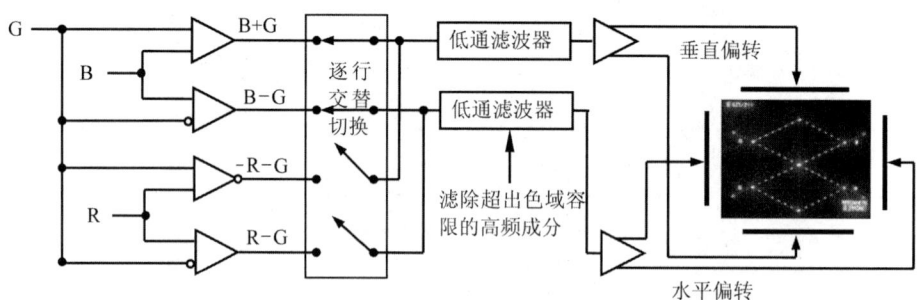

图4-3-8 "钻石"显示电路结构

如果输入的信号为100%的RGB分量彩条信号,其R、G、B波形以及通过"钻石"显示电路形成的B+G和B−G、−R−G和R−G波形如图4-3-9所示。其中,B+G和B−G信号经过矢量合成后形成了如图4-3-10a所示的上"钻石"显示,−R−G和R−G则会合成如图4-3-10b所示的下"钻石"显示。由于100%彩条的RGB幅度极限值分别为0mV和700mV,形成了钻石域的边界,其他正常信号的RGB幅度应在0mV到700mV之间,其合成的矢量不会超出钻石域的范围。

由于亮度和色差信号带宽不同,在转换为RGB信号时会在过渡区域产生小过冲。在"钻石"显示电路中加入低通滤波器是为了减小这种瞬态误差引起的误告警,使得操作人员可以忽略对图像影响较小的快速过渡,而将注意力集中于明显的色域越限误差。

在"钻石"显示中,双菱形标线指示出R、G、B三个分量信号的最大允许范围。信号轨迹

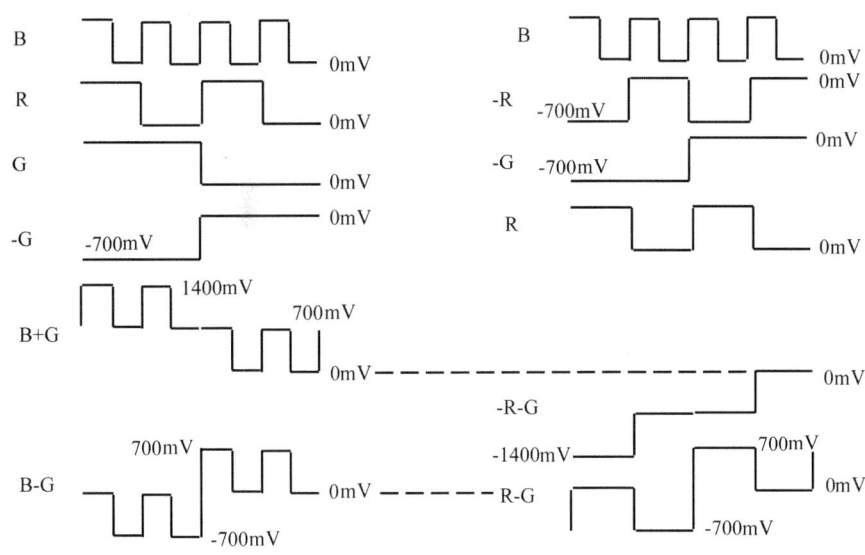

图 4-3-9 100%彩条信号"钻石"显示的水平和垂直偏转信号波形

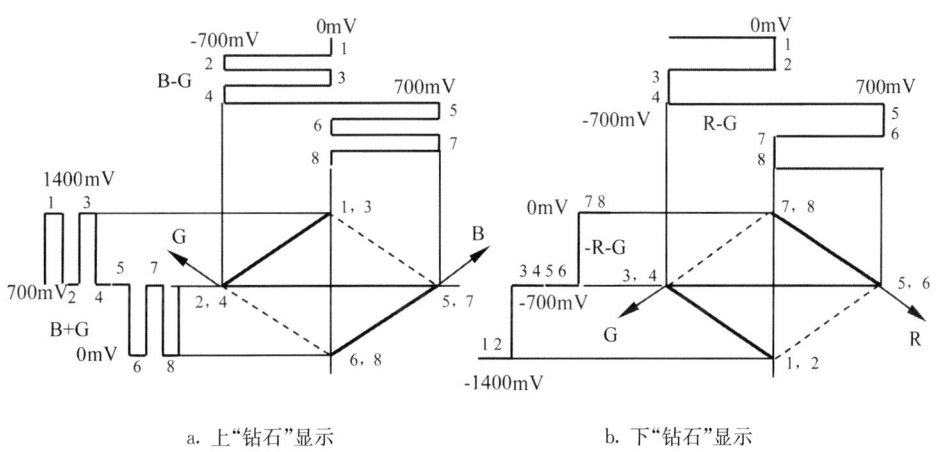

a. 上"钻石"显示　　　　b. 下"钻石"显示

图 4-3-10 "钻石"显示原理

的任何一段超出标线,即表明该通道信号超标,为"无效"信号。短时间小面积的色域越限会在双菱形标线外形成模糊不清的点线,而大面积的图像色域越限将在双菱形标线外形成明亮的迹线和点,因而操作人员能及时判断色域误差及其对图像的影响程度。

"钻石"显示还可以指出通道间的定时问题。当 B 通道出现定时误差时,上部"钻石"的水平过渡线将产生弯曲;而当 R 通道出现定时误差时,下部"钻石"的水平过渡线将产生弯曲。如图 4-3-11 所示。

"钻石"显示还可以发现黑、白平衡问题。当黑平衡良好时,信号将在上下"钻石"的连接点处产生一个圆点。若失去黑平衡时,该中心点就会向信号分量过强的方向延伸。当白平衡良好时,标准白场信号在"钻石"显示中为由中心点向上下菱形顶点延伸的垂直线。若

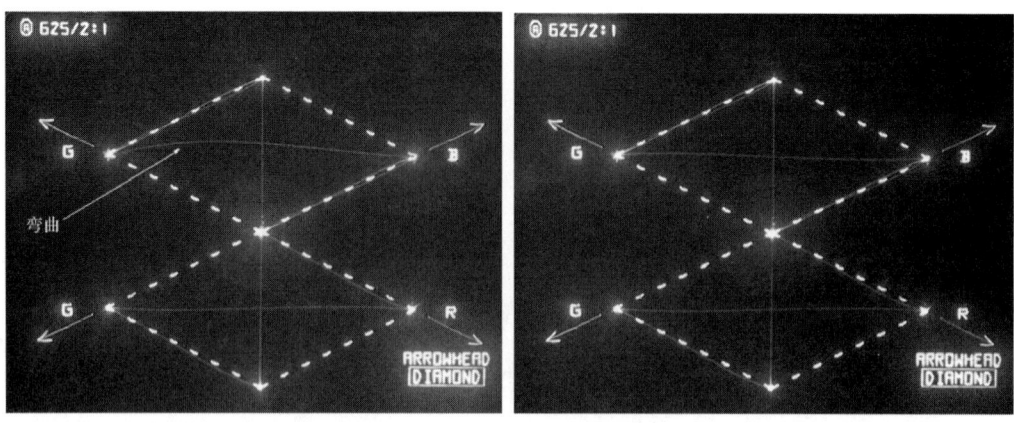

图 4-3-11 "钻石"显示指示定时误差

失去白平衡时,该垂直线就会向信号分量过强的方向偏移。

4.3.4 "箭头"显示法

在当前应用电视系统中,我们仍然要经常用到复合信号。对于一般电视设备来说,复合通道电压范围为 0~700mV(同步为－300mV),超出范围将导致信号失真。如 100%彩条信号在分量域中是合法的,但经编码后在复合域中却超出了容限(最大幅度 930mV)。因此,对于分量信号在复合域中的色域失真问题也要予以监测,"箭头"显示法可以方便地解决这一问题。分量信号不需要经过复合编码器,就可以利用"箭头"显示直接观察到复合域中的色域失真。图 4-3-12 为 100%彩条的"箭头"显示图形。可以看出其测量刻度线形似箭头,这就是其被称为"箭头"显示的原因。

"箭头"显示实际上是亮度 Y 信号和色度 C 在二维平面上的矢量显示。在"箭头"显示中,沿垂直方向由下至上,代表亮度电平由 0%到 100%;沿水平方向从左至右,代表各亮度电平上的色度副载波幅度由 0 到最大。上部的刻度斜线表示彩条信号的亮度与副载波的幅度之和,两条线分别为 700mV(75%彩条)和 950mV(100%彩条)。下部的刻度斜线表示在朝向同步顶(发射机负极性调制的最大发送功率)时的亮度与副载波的幅度之差,两条线分别为－230mV(100%彩条)和－300mV(同步顶)。

为了进一步说明"箭头"显示的原理,以 100%彩条信号的"箭头"显示为例来介绍。100%彩条信号的各色条的亮度和色度幅度如图 4-3-12 所示,其中,复合信号的亮度阶梯上的电平值为白条、各色条及黑条的亮度电平值:700、623、490、413、287、210、77、0。色度信号上方为白条、各色条及黑条的色度电平值:0、308、441、413、413、441、308、0。"箭头"显示就是绘出各个条的二维坐标(Y,C)的位置,这些坐标分别是白条(700,0)、黄条(623,308)、青条(490,441)、绿条(413,413)、品条(287,413)、红条(210,441)、蓝条(77,308)、黑条(0,0)。

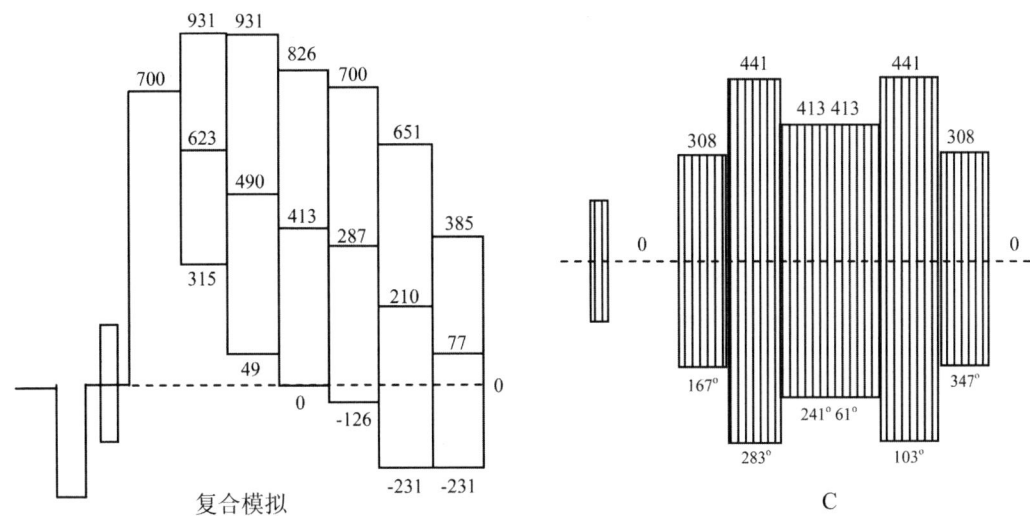

图 4-3-12 100%彩条信号的 Y 和 C 幅度

复合信号的各色条上面的数值为 Y+C 的值,如 931=623+308。各色条下边的数值为 Y−C 的值,如 315=623−308。

100%的彩条信号的箭头显示如图 4-3-13 所示,给出白、黄、青、绿、品、红、蓝、黑各色条相应的坐标及过渡线,其中 930mV 和 −230mV 告警线即分别对应 Y+C 的最大正峰值和 Y−C 的最小负峰值。

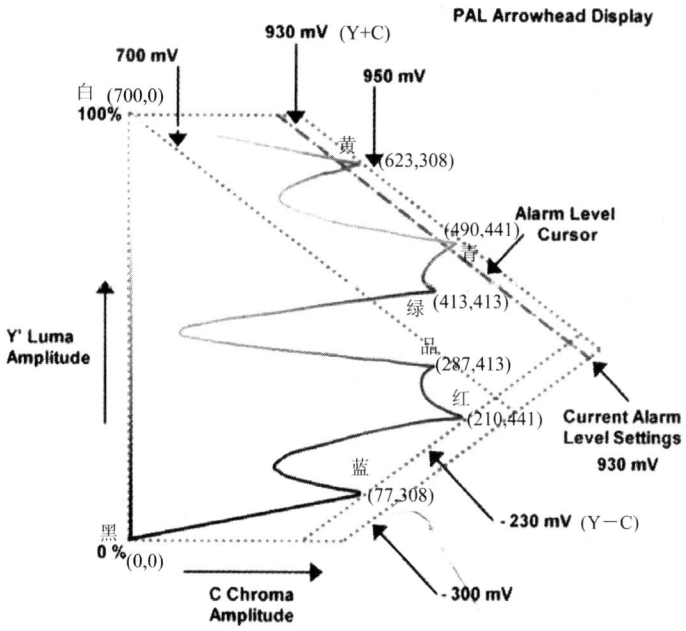

图 4-3-13 "钻石"显示指示定时误差

"箭头"显示监视实时信号时,只要信号的图形显示在规定的刻度线范围内,即表示该信号在复合域中合法;若超出即为非法,也就是无效信号了。在"箭头"显示中还可设置告警电平线,当信号超出告警线时可发出警告,提示该信号在复合域中将产生色域误差,以便操作人员及时进行调整。

显然,造成色域误差的主要原因是视频信号的传输和处理环节采用了色差分量视频系统,色差分量视频系统中大部分的色域误差表现为合法的信号,在分量视频测量中常见到的现象是大多数分量通道测试信号如阶梯波、多波群等都是合法无效信号,利用这类信号测试色差分量视频系统时应特别注意系统设备内部是否有格式转换处理。如果一个设备的接口是色差分量,内部采用 RGB 分量格式进行处理,采用常规分量视频测试信号进行通道测量,势必在分量格式转换处理中对测试信号引入非线性失真,而无法得到正确的测量结果。为此,针对这一现象,GY/T 243—2010 标准清晰度电视数字通道技术要求和测量方法专门定义了合法有效的分量视频测试信号,有效解决了色差分量系统中进行 RGB 信号处理所带来的色域问题。总之,在色差分量系统中,涉及色差视频分量的三个通道独立处理以及分量格式转换处理时,应特别注意色域误差带来的问题。

本章重点小结

1. 模拟分量视频信号的形成过程及特点。
2. 模拟分量视频测试信号。
3. "闪电"法测量模拟分量视频信号的增益和延时。
4. "蝴蝶结"法测量模拟分量视频信号的增益和延时。
5. "色域"误差产生的原因及监测方法。

习题与思考

1. 写出模拟分量视频信号的亮度方程和色差方程。
2. 模拟分量视频系统的通道测量技术指标与模拟复合视频系统的通道测量技术指标有什么不同?
3. 模拟分量和模拟复合系统的亮色延时差和增益差指标有什么不同?
4. 说明分量视频信号的"合法"和"非法"以及"有效"和"无效"概念。
5. 说明"钻石"显示的工作原理及其应用。
6. 有三个分量视频信号:第一个分量视频信号的亮度幅度为 Y=475mV,色差幅度为 P_r=275mV,P_b=−200mV;第二个分量视频信号的亮度幅度为 Y=570mV,色差幅度为 P_r=50mV,P_b=360mV;第三个分量视频信号的亮度幅度为 Y=175mV,色差幅度为 P_r=

250mV,$P_b = 200\text{mV}$。根据什么来判断色差分量信号的合法性和有效性？分别计算并分析说明这三个分量视频信号的合法性和有效性。

7. 将色差分量格式的五阶梯波信号转换成 RGB 分量格式信号，并画出转换后的 RGB 波形。试问将这个 RGB 分量格式信号转换到色差分量格式，此时色差分量格式的五阶梯波信号波形有无变化？说明实际中遇到此类格式转换引起严重的波形失真的原因。

第5章 标准清晰度电视演播室数字分量视频信号测量

传统的视频通道测量方法以视频模拟信号质量检验为基础,测量内容包括视频线性、非线性、杂波、介入增益及稳定度和反射损耗五大指标。通过这五大指标可以达到对模拟视频通道进行客观检验的目的,而且测量参数可以反映出被测系统图像的主观质量,这主要是由模拟通道的特性所决定的,模拟视频通道的信号波形失真与图像损伤有着直接的接近于线性的对应关系,图像质量的劣化是渐变的。然而,数字视频系统的特性与模拟系统的特性有着本质的不同:在系统的临界点之前,系统总能完好地解码出视频信号波形,图像质量的劣化是突变的。但是,视频系统的测试有一个共同的特点,即都是针对系统的特性进行测量,数字系统克服了以往模拟系统的诸多缺点和不便,因此,其测量参数和测试项目自然会与模拟系统有所不同。本章主要结合标准清晰度数字分量视频系统的特点,介绍标准清晰度数字分量视频信号物理层技术指标测量、抖动及其测量、数字视频格式检验、SDI嵌入数字音频监测、音视频相对延时测量、误码秒及增强测试以及SDI检测场等内容。

5.1 串行数字分量视频信号的物理层技术指标测量

5.1.1 标清串行数字信号接口

为了方便演播室数字视频设备之间的互相连接,ITU-R BT656建议书规定了标清数字信号的接口标准,我国参考该建议制定了国家标准《422数字分量图像信号的接口》(GB/T 17953)。标准主要规定了视频数据格式、接口信号结构、视频定时基准、辅助数据及消隐期数据字、比特并行接口和比特串行接口。这里简要介绍比特并行和串行接口。

1. 比特并行接口

数字视频信号复用以后,信号是以 $C_{b0} Y_0 C_{r0}$、Y_1、$C_{b2} Y_2 C_{r2}$……的顺序进行 10 比特传输,在并行接口中使用 10 对导线平衡传输 10 个并行比特的 NRZ 码。为了使接收端获取定时信息,还需要用一对导线传输 27MHz 的时钟信息。此外,收发两端需要一对公共地连接线及电缆的屏蔽线。因此,比特并行接口采用 25 芯电缆,内有 12 对双绞线。

比特并行接口由于电缆接口复杂、电缆较粗,适应的传输距离较短,且不方便使用,实际中很少使用,其使用得比较多的场合主要是作为设备内部板卡之间的连接接口,还有电路板中视频处理芯片之间的连接接口,采用并行接口可以相对较低的码率传输数字视频信号。

2. 串行传输接口

采用比特串行方式传输数字视频信号比用比特并行方式经济得多,所有的数字视频数据、同步信息、辅助数据以及几路 AES/EBU 标准数字音频都可以通过一根电缆在电视节目制播区域内传输。在很多情况下,现有的视频电缆都可用来传输串行数字信号,图 5-1-1 给出了一个简单的串行数字视频信号传输图。

图 5-1-1 中比特并行数字信号,经过并/串转换后,再由通道编码变换成比特串行数字信号(NRZI),以符合传输标准。信号在传输到接收端时将会增加噪声,噪声过大时会破坏有用信号,甚至产生比特误码或比特丢失,影响接收端的通道解码。接收端的通道解码将 NR-ZI 码还原为 NRZ 码,并将串行比特信号变成并行比特信号。

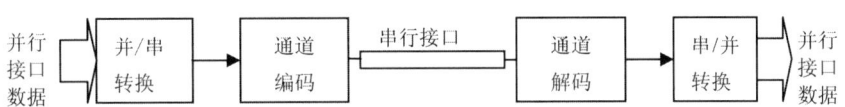

图 5-1-1 比特串行数字视频信号传输模型

对于并行接口来说,10 位并行码在 10 根传输线上对 Y、C_R、C_B 进行时分复用,采用非归零自然码进行传输,传输码率为 27MB/s,传输顺序如图 5-1-2 所示。每一个有效行的起始是 C_{B0},它与紧接的 Y_0、C_{R0} 为同一位置的亮度和色度取样信号。为了便于接收端恢复数据,专门增加一条传送时钟信号的传输线,时钟周期为 37ns。

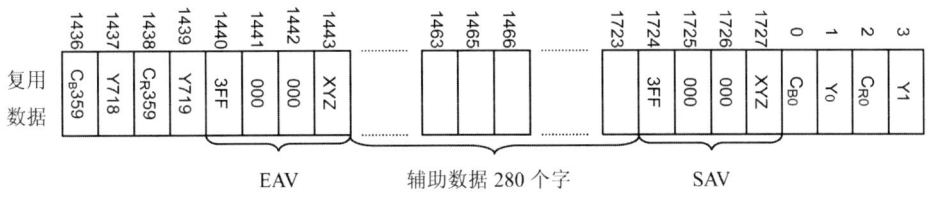

图 5-1-2 625/50 标准的并行数字信号传输顺序

并/串转换是将并行数字信号转换成串行数字信号,转换按照并行数据的最低有效位在前、最高有效位在后的原则进行。转换后的串行数据的传输顺序如图 5-1-3 所示。

比特串行数字信号的速率=比特并行数字信号的速率(兆字/秒)×比特数/字

4∶2∶2 串行分量数字信号的速率为:27 兆字/秒×10 比特/字=270Mbps。

74　数字视频测量技术

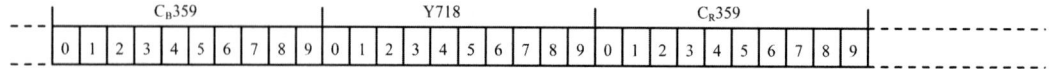

图 5-1-3　串行码传输顺序

串行数字复合信号的速率为：177Mbps(PAL)和 143Mbps(NTSC)。

图 5-1-4 展示了串行数字信号的频谱，这是典型的非归零自然码(NRZ)的频谱，在取样频率及其整数倍的频率上出现零点。显然，传输串行数字信号需要很宽的频带，在演播室内是能满足这个频带要求的。但在远距离的电缆传输、地面广播或通过卫星传输时都需要压缩信号码率以适合标准信道容量。

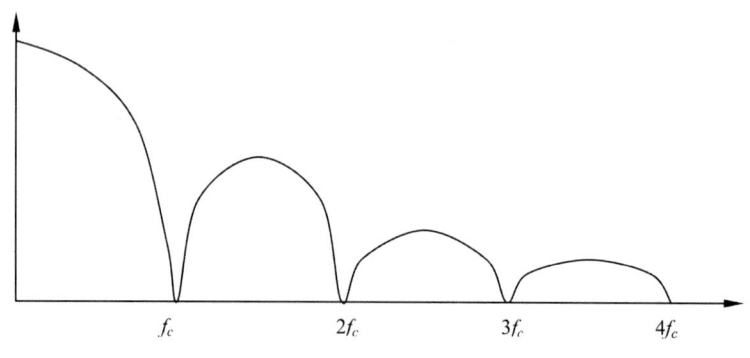

图 5-1-4　串行数字信号频谱

3. 串行传输中的通道编码

通道编码确定数据流进入通道时"0"和"1"的变化方式。各种通道编码的目的都是使串行数字信号形状得到优化，从而使信号频谱的能量分布相对集中，降低直流分量，有利于时钟恢复等。

最简单的、应用得最多的信道码是非归零自然码(NRZ)。NRZ 码的特征是：对逻辑"1"规定一个适当高的 DC 电平，对逻辑"0"规定适当低的 DC 电平。串行数字信号不单独传送时钟信号，在接收设备中用一个锁相环(PLL)和压控振荡器(VCO)重新产生时钟信号，锁相环通过数字信号中"0"到"1"或"1"到"0"的跳变沿进行锁定。NRZ 码可能出现连"0"和连"1"的状态，这样就在一段时间内失去了"0"和"1"的转换，锁相环就失去了基准，这段时间内在接收端数据再生产的取样精度就取决于 VCO 的稳定度了。另外，NRZ 码有直流分量，并且其大小随数据流本身的状态而改变，还有明显的低频分量，不适合交流耦合的接收设备。鉴于以上原因，在串行数字视频传输中没有采用 NRZ 码的通道编码方式。

串行数字视频信号传输采用倒置的 NRZ 码，称 NRZI 码(NRZ Inverted Code)。图 5-1-5 展示了一段 NRZ 码数字信号以及由它生成的 NRZI 码信号：NRZ 码是逻辑"1"时，NRZI 码的电平变化；NRZ 码是逻辑"0"时，NRZI 码的电平保持不变；在 NRZ 码信号为很长的连"1"

时,则其 NRZI 码就成为方波信号,其频率是时钟频率的一半。因此,NRZI 码在每个时钟周期内比 NRZ 码有更多的电平变换次数,即脉冲沿增多,这可改善时钟再生锁相环的性能,稳定时钟信号。显然 NRZI 码的极性并不重要,只要检测出电平变换,就可以恢复数据。而 NRZ 码是极性敏感码。

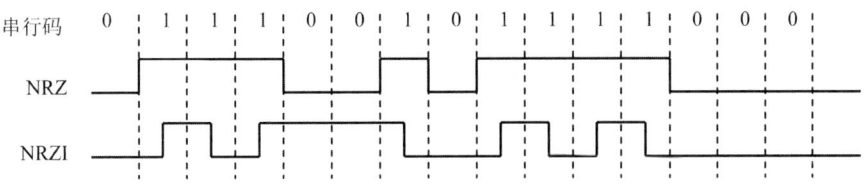

图 5-1-5　NRZ 码和 NRZI 码的波形特征

NRZI 码虽然比 NRZ 码优越,但它仍有直流分量和明显的低频分量。为进一步提高接收端的时钟再生质量,在 NRZI 编码之前可以采用扰码处理(Scrambling)。扰码器使长串连"0"和连"1"序列以及数据重复方式随机化并扰乱,可以限制直流分量,提供足够的信号电平转换次数,确保时钟可靠恢复。

图 5-1-6 是扰码器和 NRZI 编码器。扰码器产生伪随机二进制序列(PRBS),伪随机二进制序列与传送数据组合起来,使传输的数据随机化。扰码器由 9 级带反馈的移位寄存器组成,图 5-1-6 中的移位寄存器由 9 级时钟触发的主从型 D 触发器构成。反馈信号通过异或门与传送数据合成。加扰函数用生成多项式表示为:$G_1(X)=X^9+X^4+1$。

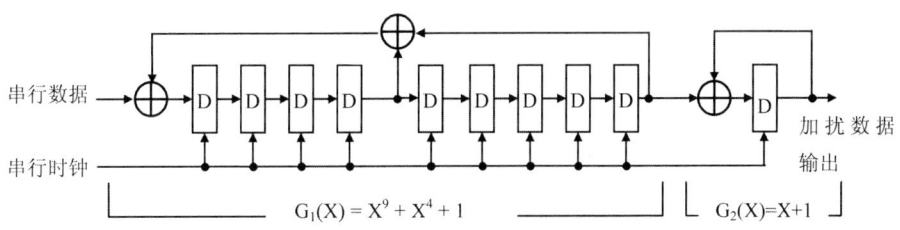

图 5-1-6　扰码器和 NRZI 编码器

扰码器可能产生长串连"1"序列,但在扰码器后接有 NRZI 编码器,将连"1"变成电平转换,参见图 5-1-5 所示的波形。NRZI 变换由一级带一个异或门的主从型 D 触发器组成,NRZI 变换器的生成多项式为:$G_2(X)=X+1$。

在接收端,传送数据首先通过 NRZI 到 NRZ 变换器,用同样的生成多项式进行相反的运算,还原出 NRZ 码,再通过解扰器。如图 5-1-7 所示,其生成多项式与扰码器的生成多项式相同,但在电路中用前馈代替了发端的反馈,用同样的随机序列进行相反的运算,恢复出原始数据。

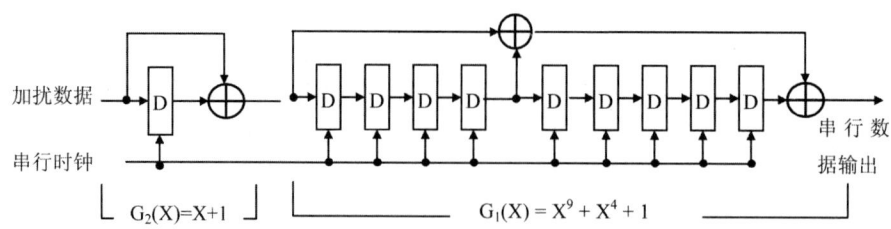

图 5-1-7　NRZI 解码器和解扰器

5.1.2　串行数字分量信号的眼图特性

1. 眼图形成

眼图可用来确定和检验串行数字信号的传输质量。把串行数字信号输入示波器的信号输入端,并用本输入数字信号作为示波器的扫描触发信号,扫描周期选为二个时钟周期,即两个码元的时间。输入数字信号以扫描周期重叠显示在荧光屏上形成一个图形,宽度同一个码元宽,高度同数字信号的脉冲幅度,如图 5-1-8 所示。对于一个频带宽度无限宽的系统,数字信号从"1"到"0"和从"0"到"1"的转换速度非常快,转换时间可为零,显示出的图形为矩形。但实际传输系统的频带宽度有限,数字信号的"0"和"1"的转换时间变慢,脉冲的上升沿和下降沿不再陡峭,并有上冲和下冲、相位抖动,不同宽度脉冲的幅度有了差别,甚至脉冲的顶部和底部变得倾斜了。因此,显示的图形形状与人眼形状相似,称为眼图,如图 5-1-9 所示。

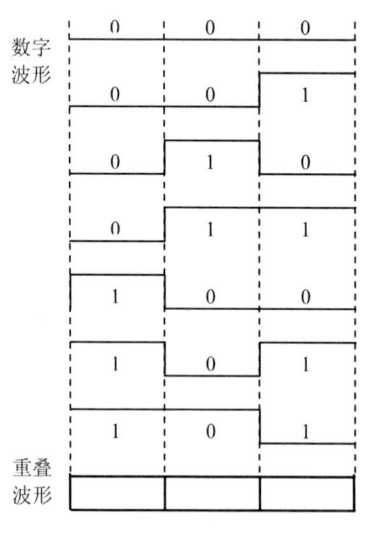

图 5-1-8　理想眼图及形成

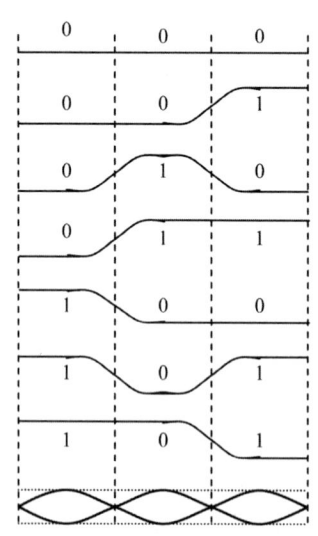

图 5-1-9　实际眼图及形成

2. 眼图信号的波形特性及参数

眼图反映了串行数字信号的模拟波形特性。眼图观测在工程实践中有着广泛的应用，在评估确定设备的特性和技术标准，安装后的验收检测以及系统设备日常的维护测试中，都需要通过眼图观测对信号的波形特性进行测量，眼图观测和分析是对数字信号质量进行检验的较好方法。

如果数字数据的模拟波形是理想的，眼图就会呈现为一系列方框，如图 5-1-8 所示。但在实际的系统中由于带宽、噪声以及抖动等因素的影响，会造成眼图的闭合，如图 5-1-9 所示。我们最终关注的是数字系统的眼图闭合程度。通常幅度变化、噪声等因素造成眼图在垂直方向上的闭合，定时抖动影响造成水平闭合。整个数字系统在正常工作时，应保持一定程度的眼图开度。

眼图观测通常包括如图 5-1-10 所示的幅度、时钟周期、上升和下降时间、过冲和下冲以及抖动等参量。使用专用的数字分量波形监视器或示波器可以进行这些参量的观测。

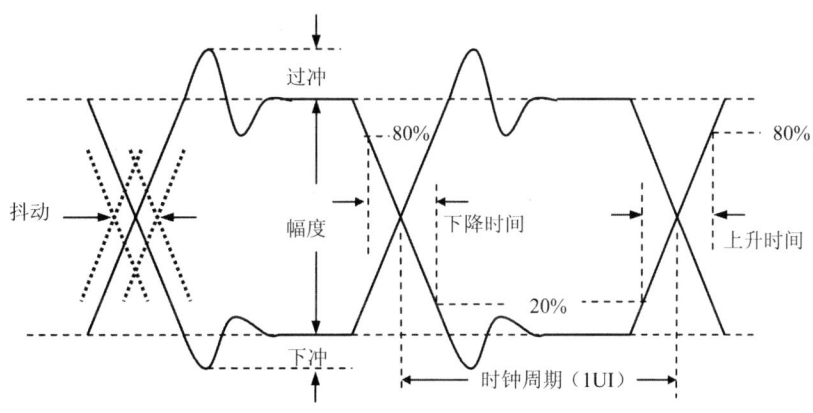

图 5-1-10　串行数字分量的眼图参量

5.1.3　串行数字接口物理层技术指标测量

所谓串行数字接口物理层技术指标测量是针对数字信号的模拟特性进行的测试，主要是以眼图作为基础，对串行接口特性的各项技术参数进行的测量。下面结合我国广播电视行业标准 GY/T 243—2010《标准清晰度电视数字视频通道技术要求和测量方法》，分别逐项介绍输出接口、输入接口的相关技术指标。

1. SDI 设备输出接口特性的技术指标

通常串行输出接口特性包括以下技术指标：

（1）反射损耗

输出阻抗 75Ω，在 5MHz 到 270MHz 频率范围内的反射损耗应在 15dB 以上。

(2)信号幅度和直流电平偏移

信号幅度是指串行数字信号的波形的峰—峰幅度的大小,测量位置如图 5-1-10 所示。我国广播电视行业标准 GY/T 243—2010 要求 SDI 信号幅度值应为 800±80mV。到达接收机的串行数字信号幅度是电缆均衡器工作的基础,如果发送器发送的串行数字信号幅度高于或低于 800±80mV,就会造成接收机过均衡或均衡不足,进而导致误码的产生。直流电平偏移是指串行数字信号半幅度点的电平,标准要求该电平偏移应在±500mV 以内。

(3)时钟周期

时钟周期是指串行数字信号一个数据的时间间隙,对于 625/50 系统传输码率为 270Mb/s,其时钟周期为 3.7ns,有时也称为码元宽度,或单位间隔 UI(Unit Interval),如图 5-1-10 所示。时钟周期跟传输码率有关,不同码率的串行数字信号的时钟周期不同。

(4)上升/下降时间

上升时间是指从串行数字信号上升沿的 20% 幅度点到 80% 幅度点之间的时间长度。下降时间是指从串行数字信号下降沿的 80% 幅度点到 20% 幅度点之间的时间长度。上升/下降时间如图 5-1-10 所示。广播电视行业标准 GY/T 243—2010 要求上升/下降时间应在 400ps 和 1500ps 之间,且上升和下降时间差应小于 500ps。

(5)上冲/下冲

串行数字信号前后沿附近的区域内所产生的最大暂态偏离与该信号稳态幅度的比值称为过冲失真,通常可分为上冲和下冲,如图 5-1-10 所示。上冲和下冲是由于系统的线性失真造成的。我国广播电视行业标准 GY/T 243—2010 将上冲/下冲限定在 10% 以内。

(6)输出抖动

数字信号跳变沿相对与其理想位置的偏移即为输出抖动,我国广播电视行业标准 GY/T 243—2010 规定了输出抖动的容限:1KHz 高通抖动应小于等于 $0.2UI_{pp}$,10KHz 高通抖动小于等于 $0.2UI_{pp}$。关于抖动的概念及测试方法的详细内容见本章第二节。

表 5-1-1 给出了我国广播电视行业标准 GY/T 243—2010 对串行接口输出特性的技术指标要求,表中除了反射损耗以外,其他串口特性参数还可以使用示波器进行测量。为了方便测量,目前主要使用专用的串行数字视频信号测试设备,比如可以采用 VM700T 或 WFM601 等专用设备进行测量。

2. 输出接口特性的技术指标测量

这里主要介绍采用 SDI 专用测试仪器通过眼图观测测量输出接口特性的技术指标的方法。

(1)测试仪器:VM700T 综合视频测量仪、SDI 图像监视器、422 数字视频信号发生器、数字视频电缆、75Ω 终端阻抗。

表 5-1-1　GY/T243—2010 规定的串行接口的输出特性技术要求

序号	SDI 特性参数		技术指标	单位
1	反射损耗(Return Loss)		≥15	dB
2	信号幅度(Amplitude)		800±80	mV
3	直流电平偏移(DC Offset)		−500～+500	mV
4	上升时间(Risetime)		400～1500	ps
5	下降时间(Falltime)		400～1500	ps
6	上升时间下降时间之差		≤500	ps
7	上冲(Rise Overshoot)		≤10	%
8	下冲(Fall Overshoot)		≤10	%
9	抖动(Jitter)	1KHz 高通	≤0.2	UI
		10KHz 高通	≤0.2	UI
10	输出阻抗(Output Impedance)		75	Ω

(2)测试步骤：

①如图 5-1-11 所示，用数字电缆将 422 数字视频信号发生器的测试信号输出端与被测设备的 SDI 输入接口相连，再将被测设备的 SDI 输出端连接到 VM700T 的一个 SDI 环通接口，VM700T 与 WFM601 波形监视器以及 SDI 图像监视器进行环通连接，环通连接的最后一个设备的环通接口接 75Ω 终端阻抗。连接好设备系统后，进行下一步测试。

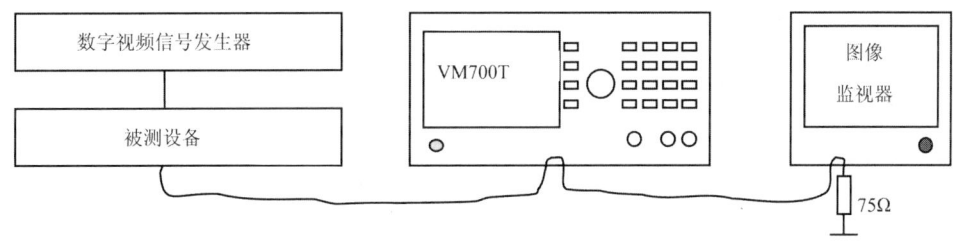

图 5-1-11　串行数字输出接口特性测量连接图

②通过数字视频信号发生器面板按键选择输出一种视频测试信号，如彩条信号。

③在 VM700T 视频综合测试仪的菜单中选择 SDI 眼图测试项，可以得到如图 5-1-12 所示的测试结果。可得到信号幅度(Amplitude：799mV)、直流电平偏移(DC Offset：−5mV)、上升时间(Risetime：1167ps)、下降时间(Falltime：1061ps)、上冲(Rise Overshoot：0.0%)、下冲(Fall Overshoot：3.2%)、1KHz 高通抖动(Jitter：473ps)。

测试过程应注意，由于是对接口特性的测量，使用的测试电缆应尽可能短，尽量避免电缆损耗对测试结果的影响。

3.SDI 设备输入接口特性参数测量

终端阻抗 75Ω，在 5MHz 到 270MHz 频率范围内的反射损耗应在 15dB 以上。

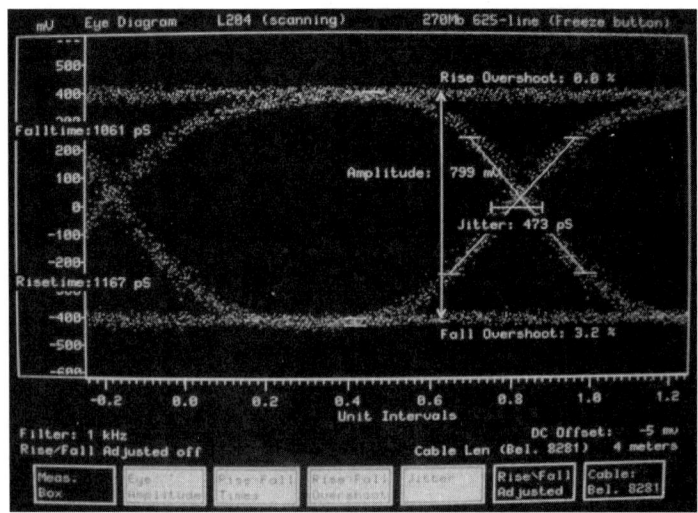

图 5-1-12　VM700T 的 SDI 眼图测量结果

接收机灵敏度：也称为接收机输入幅度范围，是指将接收机连接输出数据信号幅度为 720mV 或 880mV 的 SDI 输出设备，使用衰减特性为 $(1/f)^{1/2}$、270MHz 频率点衰减为 40dB 的电缆连接时，接收机应当能够正确地接收数据。

抗干扰能力：当接收机连接到输出数据信号幅度为 720mV 的 SDI 输出设备，此时加入 ±2.5mV 峰峰值的直流干扰，频率范围为 1KHz 到 5MHz、幅度为 100mV 峰峰值的干扰，频率高于 5MHz、幅度为 40mV 峰峰值的干扰，接收机应当能够正确地接收数据。

输入抖动：有关标准并没有具体规定输入抖动容限值，SDI 设备对输入抖动的容限数字应该越大越好。如果没有标准依据，可以根据输出抖动容限中的校准抖动的值 0.2UI，考虑电缆传输将引入一定量的抖动，可以确定一个至少大于 0.2UI 的高频输入抖动容限，如 0.3UI。由于低频抖动对设备的影响不大，可以增大低频输入抖动的容限，这个值可以是高频输入抖动容限的 5 倍。

表 5-1-2 给出了我国广播电视行业标准 GY/T 243—2010 对串行数字接口输入特性的技术指标要求。

表 5-1-2　GY/T243—2010 规定的串行接口的输出特性技术要求

序号	SDI 特性参数	技术指标	单位
1	反射损耗(Return Loss)	≥15	dB
2	最大输入信号电平	≥880	mV
3	输入阻抗(Input Impendance)	75	Ω
4	最小接收灵敏度	当连接到 720mV 电压的线路驱动器时和通过一个在 270MHz 上有 40dB 损耗且损耗特性为 $1/f^{1/2}$ 的电缆连接时，均应能正确读出数据。	—

5.1.4 反射损耗测量

1. 反射损耗的定义

反射损耗是衡量串行设备之间阻抗匹配程度的一项技术指标,由于阻抗不匹配,输入信号的波形的一部分被反射回输入端,反射波形就会对输入波形产生干扰,使得原始输入波形发生失真。波形失真达到一定程度,接收端将无法恢复数据和时钟,从而引起误码并导致数字系统崩溃。

反射损耗的定义可以参考第三章第一节,但应该注意到两者不同的地方是带宽不同,模拟复合系统的带宽为 6MHz,而 625/50 系统的串行接口带宽达到 270MHz。这就导致测试方法会有所不同,模拟复合系统可以简单地使用延时电缆法或阻抗电桥法(频域法)进行测量。而对于串行系统则需要用网络分析仪或频谱仪、跟踪信号发生器(很多频谱仪带有)、定向耦合器(反射损耗电桥 Return Loss Bridge)进行测试。通常将某一频率波形的输出功率与反射功率的比值的 dB 值作为反射损耗的一个测量结果,可以给出较宽频率范围的反射损耗特性曲线。在反射损耗值比较小的情况下,使用短电缆时,更易出现问题;而使用长电缆时,由于长电缆本身的衰减特性,会使阻抗不匹配效应有所减轻。

我国广播电视行业标准 GY/T 243—2010 规定了串行接口的输入输出阻抗为 75Ω,在 5MHz 到 270MHz 频率范围内的反射损耗应在 15dB 以上。

2. 反射损耗测量

测试仪器为带有跟踪信号发生器的频谱仪或网络分析仪、反射损耗电桥、75Ω 标称值终端阻抗。

测试过程分为以下几个步骤:

首先,在测试之前,应正确选择反射损耗电桥的类型,一般情况下反射损耗电桥分为内置参考终端阻抗和外置参考终端阻抗两种类型。内置参考终端阻抗通常有 50Ω 阻抗和 75Ω 阻抗,由于频谱仪和网络分析仪这一类测试设备主要用于测试射频设备,所以比较常见的是选用 50Ω 终端阻抗。外置参考终端阻抗可以根据实际测试需要,设置成 50Ω 或 75Ω。如果反射损耗电桥用于 75Ω 阻抗系统的测试,参考终端阻抗采用 75Ω;如果反射损耗电桥用于 50Ω 阻抗系统的测试,参考终端阻抗采用 50Ω。如果手上只有内置参考阻抗为 50Ω 的反射损耗电桥,还需要用 50Ω/75Ω 及 75Ω/50Ω 阻抗转换器进行匹配后再用于串行接口的反射损耗测量。内置终端阻抗的反射损耗电桥如图 5-1-13 所示,一般有三个端口:源端口(Source Port),即测试信号的输入端口;被测设备连接端口(DUB/Device Under Test),用于连接被测设备;测量端口(Reflected/Measurement Port),与频谱仪的测试端口连接。外置终端阻抗的反射电桥如图 5-1-14 所示,比内置终端阻抗的反射损耗电桥多了一个参考终端阻抗的接口。

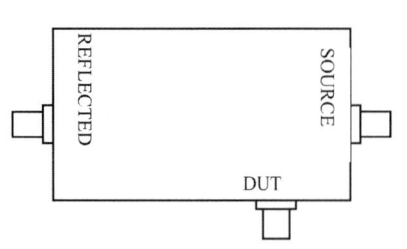 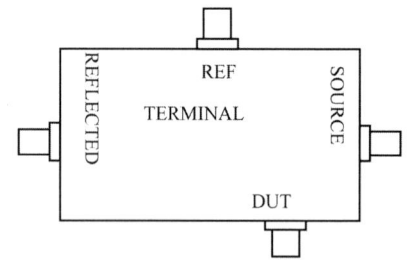

图 5-1-13　内置终端阻抗的反射损耗电桥　　　图 5-1-14　外置终端阻抗的反射损耗电桥

然后,进行反射损耗电桥的测量校准。从理论上来说,当被测设备连接端口开路或短路时,到达该接口的能量会发生全反射,从而全部到达测量端口。实际上,反射损耗电桥从源端口到被测设备连接端口会有 6 个 dB 的损耗,从被测设备连接端口到测量端口的损耗为 6 个 dB。因此,如果源端输入一个 0dB 的信号,达到测量端口的信号电平要下降 12 个 dB 左右,不同的反射损耗电桥会产生不同的实际的电平值。因此,在测量反射损耗时,应使测试设备端开路,利用测试端的信号电平来校准或设置测量的 0dB 电平值。也就是说,测试设备端开路测得的电平值即为 0dB 基准值,这是终端全反射时测出的 0dB 反射损耗。校准的电路连接参看图 5-1-15 反射损耗测量的校准。

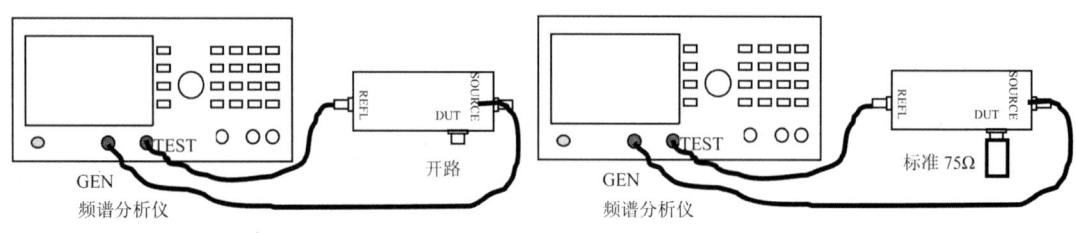

图 5-1-15　反射损耗测量的校准　　　图 5-1-16　标准阻抗反射损耗测量

最后,进行反射损耗测量,如图 5-1-16 所示,可以将非常精密的 75Ω 终端阻抗连接到反射损耗电桥的 DUT 端口,此时测得的结果相对于校准的电平值会有 40dB 以上的理想衰减,这说明阻抗匹配的情况下,反射损耗非常大。然后,可以去除 DUB 端口的精密阻抗,接入被测设备如图 5-1-17 所示,此时,测得的结果应该介于校准值和理想值之间,按照串行接口标准,这个值在 15dB 以上即可,图 5-1-18 给出了使用频谱仪测量反射损耗的一个结果。

在反射损耗的测量过程中还应注意几点:串行接口的特性阻抗为 75Ω,所用反射损耗电桥的阻抗也应选择 75Ω;反射损耗电桥和频谱分析仪的频率覆盖范围应大于串行接口的频率范围,特别是测量 HD-SDI 接口的反射损耗时,要注意频率范围是否足够,通常反射损耗电桥的表面都标有频率范围;此外,要注意各个连接头之间是否连接正确。在测量输出反射损耗时,应避免被测设备输出端输出信号的情形出现,使用的电缆应尽可能短。

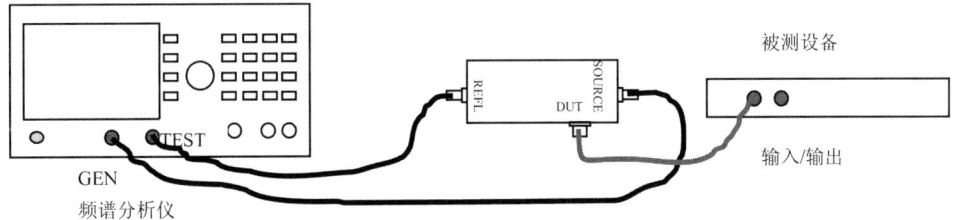

图 5-1-17 反射损耗测量

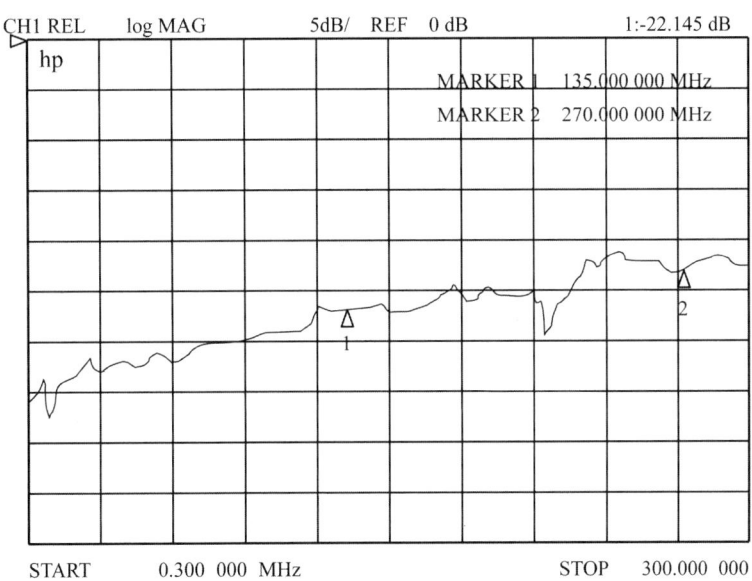

图 5-1-18 反射损耗的测量结果

5.2 抖动及其测量

ITU-R BT. 1363—1《符合 ITU-R BT. 656、ITU-R BT. 799 和 ITU-R BT. 1120 建议书的比特—串行信号的抖动规范和抖动测量方法》是数字电视基础的标准,它所针对的三个标准的当前版本分别是 ITU-R BT. 656—4《工作在建议书 ITU-R BT. 601(部分 A)的 4∶2∶2 级别上的 525 行和 625 行电视系统中的数字分量视频信号接口》、ITU-R BT. 799—3《工作在 ITU-R BT. 601(部分 A)推荐的 4∶4∶4 级 525 行和 625 行电视系统的数字分量视频信号接口》和 ITU-R BT. 1120—3《用于 HDTV 演播室信号的数字接口》。也就是说,ITU-R BT. 1363—1 是适用于标准清晰度和高清晰度电视的串行数字信号的抖动规范和抖动测量方法。本节将以 ITU-R BT. 656 的 270Mb/s 串行数字接口(SDI)信号作为例子进行论述,但同样的概念运用于串行传输的从 3.1Mb/s 的 AES—3 音频数据流到 1.5Gb/s 高清晰度电视 SDI 的所有信号。

5.2.1 抖动

抖动是数字信号的跳变对它们的理想位置在时间上的变化。抖动是数字信号在形成、编码、处理、传送和变换中所造成的数据跳变位置与它们理想状态的偏移。抖动也可以被认为是串行数据流的相位变化或调制。

抖动的测量单位为 UI(单位间隔)，它代表一个时钟循环的周期，对 NRZ 或 NRZI 编码信号相应于串行数据间隔的最小标称时间。对于 270Mb/s 串行数字分量信号来说，1UI＝1/270MHz＝3.7ns。

1. 抖动的分类

相同大小的抖动量因抖动频率不同，会对数字接收机产生截然不同的影响。抖动频率成分的高低对设备的正常运行影响很大，所以抖动一般主要以其所包含的频率成分为依据进行分类。抖动按所包含的频率成分可大致分为绝对抖动(Absolute Jitter)、定时抖动(Timing Jitter)、校准抖动(Alignment Jitter)和低频抖动(Low-Frequency Jitter)，具体的测量范围可参看图 5-2-1。

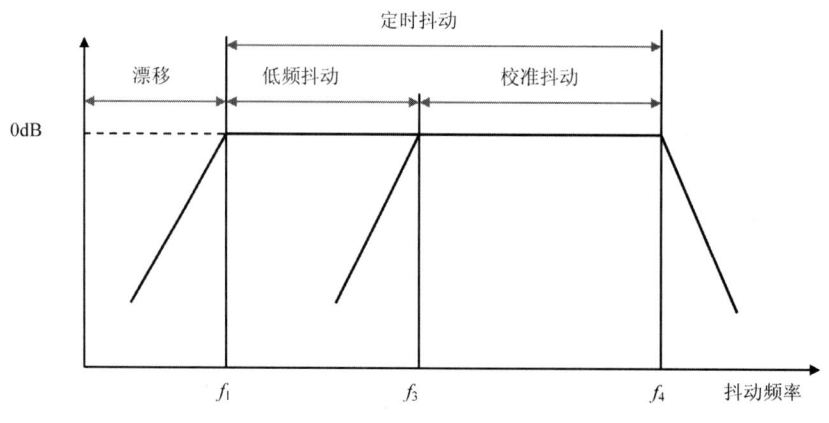

图 5-2-1 不同抖动的测量范围

① 绝对抖动

绝对抖动是信号上从非常低到非常高的频率的所有抖动频率分量的集合。实际上不可能精确地测出绝对抖动，因为很难产生一个绝对基准的数据沿。

漂移(Wander)也包含在绝对抖动之中。信号跳变位置以非常低的频率变化(典型值为 10Hz 以下)称为漂移。漂移一般对时钟提取和电解码电路精确恢复数字数据流的能力方面没有太大的影响，因为这种低频变化能够被锁相环跟踪，除非漂移使数据率超过基准振荡器控制的范围，在处理数字数据流时才会出现错误。漂移定义为频率分量低于一个特殊频率的抖动，在 SDI 应用中，这个特殊的频率是 10Hz。测量漂移和绝对抖动时，要求用于识别沿抖动的时钟基准极为稳定,本身无抖动分量。普通的时钟提取锁相环达不到这个要求,这样准确的基准信号源可采用一台高 Q 值的晶体振荡器。

②定时抖动

定时抖动是抖动速率高于规定速率(典型值为 10Hz 或更低)的信号跳变位置的变化。定时抖动通常用于表征整个系统的运行状况。它能够通过把时钟恢复系统环路滤波器的低频截止频率设定为 f_1 来测量。这样,测量结果中将包括从环路滤波器截止频率到测量上限频率的所有频率的抖动。一般不明确给出引起数据恢复差错所对应的定时抖动值。在 ITU-R BT. 656、ITU-R BT. 799 和 ITU-R BT. 1120 标准以及 SMPTE 259、SMPTE 292 标准中,对标清 SDI 和高清 SDI 信号的定时抖动的测量下限频率都规定为同一频率值 10Hz。

③校准抖动

ITU-R BT. 1363—1 给校准抖动下的定义是:信号的跳变位置相对于从该信号中提取的时钟跳变位置的变化。时钟提取处理的带宽确定了校准抖动的低频限值。通常这个带宽的下限截止频率可在 1KHz～100KHz 之间选取。校准抖动低频限值的典型值为 1KHz 或 100KHz。在 ITU-R BT. 656、ITU-RBT. 799 和 ITU-R BT. 1120 标准以及 SMPTE 292 标准中,对标清 SDI 和高清 SDI 信号的校准抖动的测量下限频率都规定为同一频率值 100KHz。而 SMPTE259 标准中对标清 SDI 信号的校准抖动的测量下限频率规定为 1KHz。

与绝对抖动、定时抖动及低频抖动相比,校准抖动是最重要的抖动测量参数。校准抖动能够直接给出影响数字接收机正确恢复数据能力的信息。数字接收机产生这种类型差错的原因是锁相环不能跟踪输入信号的定时变化。如果定时误差变得足够大,解码器将"滑动"1比特,这会在解码的数据中造成一个误码,并产生一个字的帧差错。

④低频抖动

低频抖动是定时抖动和校准抖动之间的差,它所覆盖的频率范围是 $f_1 \sim f_3$。在串行信号链路中,低频抖动一般不造成太大的问题。即使比较大的低频抖动也能被串行信号链路所接受,因为锁相环能跟踪这些低频的定时变化并维持正确的数据恢复。低频抖动可由定时抖动减去校准抖动而得到。对于大多数类型的抖动,比如正弦或随机抖动,这种计算都会给出准确的低频抖动测量结果。

以上对抖动的分类原则是按其所包含的频率成分进行划分的,如果按在系统中抖动累积的模型来划分,可把抖动分成随机抖动和系统抖动两种类型。随机抖动可定义为与系统中的其他抖动不相关的抖动。由于随机抖动是不相关的,则可按功率相加,幅度以均方根(有效值)进行计算。系统抖动是与系统中的其他抖动完全相关的抖动。由于系统抖动是相关的,通常可通过算术累加而得到。大部分抖动是随机抖动和系统抖动的组合。然而,通过几个再生源以后,系统抖动通常占主导地位。因此,对于简单的累积模型,我们通常会把所有抖动都按系统抖动处理。

2. 设备和系统的抖动参数

数字设备的抖动参数包括输入抖动容限、抖动传递和固有抖动。输出抖动是抖动的网络（系统）参数，用于规定设备接口的抖动限值。

表 5-2-1 输入抖动容限

参数	单位	描述
数据率	比特/秒	串行比特率
f_1	Hz	规范的低频频率限值
f_2	Hz	低频抖动容限 A_1 的上限截止频率
f_3	Hz	高频抖动容限 A_2 的下限截止频率
f_4	Hz	规范的高频频率限值
A_1	UI	f_1 到 f_2 的低频抖动容限
A_2	UI	f_3 到 f_4 的高频抖动容限
差错判据		差错起始判据
测试信号		用于测量的测试信号（通常为彩条信号）

（1）输入抖动容限

输入抖动容限的定义为：当把该正弦抖动的峰－峰幅度加到设备的输入端，会引起规定的差错性能劣化。输入抖动容限适用于大多数串行数字设备输入。大多数标准对输入抖动容限未作具体规定。在实际中，可以采用增强测试方法，测出设备的实际输入抖动容限。

对设备输入抖动容限的要求用抖动模板来规定。它覆盖一个规定的正弦幅频范围（见图 5-2-2）。这个模板给出设备不发生规定的差错性能劣化所必须接受的最小抖动。满足抖动容限要求的设备必须有一个大于这个要求的实际抖动容限（见图 5-2-2）。输入抖动容限的要求用表 5-2-1 给出的参数规定。

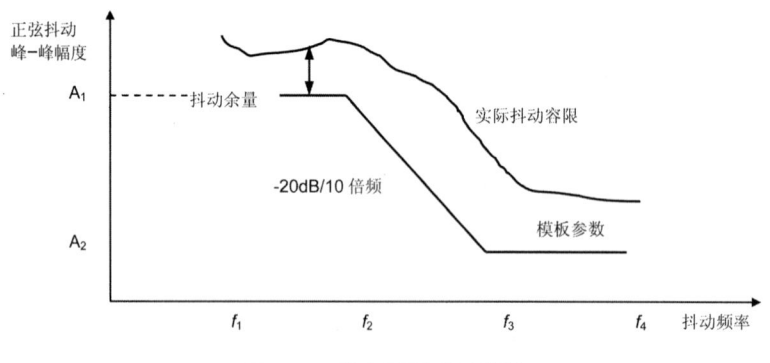

图 5-2-2 抖动容限和抖动模板

频带 f_1 到 f_2 形成低频抖动容限通带。在这个通带中，至少应该允许 A_1 UI 峰－峰正弦抖动的输入,而不会使设备超过规定的差错判据。同样,频带 f_3 到 f_4 形成高频抖动容限通带。在这个通带中,至少应该允许 A_2UI 峰—峰正弦抖动的输入,而不会使设备超过规定的差错判据。UI(单位间隔)是 A_1 和 A_2 的单位。

在 f_2 和 f_3 之间,抖动容限要求的斜率应为 20dB/10 倍频。频率 f_2 和 f_3 的关系为:$f_2 = f_3/(A_1/A_2)$。起始差错的判据可采用误码率(BER)限值,或者采用在规定的时间内的最大误码秒数。

(2)抖动传递

抖动传递是由加到设备输入端的抖动而引起的设备输出端的抖动。输出抖动与加到输入端抖动之比的频率函数称为抖动传递函数。抖动传递适用于从串行输入产生串行输出的设备,如再生装置等。抖动传递还能够由加到设备的基准信号(如模拟的带色同步的黑场信号)得到。抖动传递的要求用模板来规定,它是预期的最大抖动增益的频率函数(见图 5-2-3)。满足抖动要求的设备要有一个位于该模板内的抖动传递函数(见图 5-2-3)。对抖动传递的要求用表 5-2-2 中给出的参数规定。

表 5-2-2 抖动传递要求

参数	单位	描述
数据率	比特/秒	串行比特率
f_1	Hz	规范的低频频率限值
f_c	Hz	抖动传递通带的上限频率
P	dB	f_1 到 f_c 的最大抖动增益
测试信号		测量用的测试信号

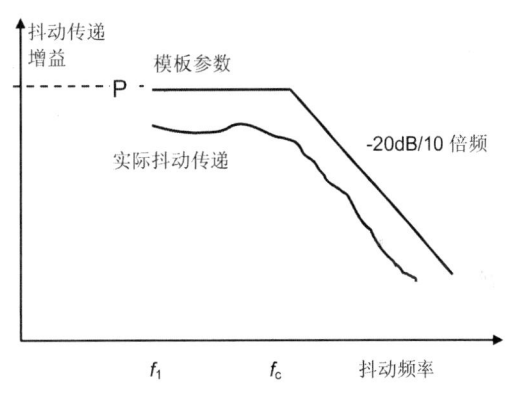

图 5-2-3 实际抖动传递和模板参数

频率 f_2 到 f_c 形成抖动传递通带,覆盖这一通带的最大抖动增益为 P,P 的单位为分贝(dB)。频率从 f_c 到至少 $10f_c$ 的抖动传递模板将以 20dB/10 倍频降低。

(3)固有抖动

固有抖动是不加输入抖动时,设备输出端的抖动。它是设备内产生的抖动量的量度,与任何抖动传递无关。固有抖动适用于大多数串行输出。

(4)输出抖动

输出抖动是连接在系统或网络中的设备在其输出端的抖动。它包括固有抖动和在设备输入端上抖动的抖动传递。输出抖动是网络规范,而不是设备规范。单个设备应规定固有抖动、抖动传递和输入抖动容限等项目。网络接口规范可以采用输出抖动。

通常使用峰-峰值来度量固有抖动和输出抖动的大小,并在标准规定的抖动频带上测量。如图 5-2-1 所示,两个测量频带分别用于测量定时抖动和校准抖动,校准抖动的测量频带是定时抖动测量频带的子频带。固有抖动和输出抖动用表 5-2-3 中给出的参数来规定,表中列出了 270Mb/s 标清和 1.485Gb/s 高清信号的固有抖动或输出抖动的参数规定。SDI 设备输出接口特性的抖动参数就是单个设备的固有抖动或输出抖动。

$f_1 \sim f_4$ 形成定时抖动测量通带,覆盖这一通带所容许的最大峰-峰抖动规定为 A_1。$f_3 \sim f_4$ 形成校准抖动测量通带,覆盖这一通带所容许的最大峰-峰抖动规定为 A_2。A_1 和 A_2 的单位为 UI(单位间隔)。通带斜率至少应为 20dB/10 倍频,除非另有规定,应有最小的相位响应。阻带抑制至少为 20dB,通带波动应小于+1dB。对于固有抖动测量,测试源的抖动与固有抖动指标相比应可以忽略。

表 5-2-3　固有抖动和输出抖动

参数	标清参数	高清参数	单位	描述
数据率	270Mb/s	1.485Gb/s	比特/秒	串行比特率
f_1	10	10	Hz	定时抖动的下限截止频率
f_3	100	100	KHz	校准抖动的下限截止频率
f_4	27	148.5	MHz	上限截止频率
A_1	0.2	1	UI	定时抖动限值
A_2	0.2	0.2	UI	校准抖动限值
L_m			S	测量时间
测试信号	彩条	彩条		用于测量的测试信号
n				串行时钟分频数

3. VM700T 测量抖动

利用 VM700T 视频测量仪器可以测量数字视频信号的固有抖动和传输抖动,VM700T 必须配置 option 1S 串行数字测量选件。VM700T 可测量的串行数字视频信号有:143Mb/s 复合 NTSC 信号、270Mb/s 525 行分量信号、270Mb/s 625 行分量信号和 360Mb/s 数字分量信号。下面讲述眼图应用中 VM700T 的抖动测量。

眼图可以设想成 SDI 信号的示波器显示,它用再生时钟触发。眼图的水平位移表示数据信号跳变与定义为再生时钟的平均跳变之间的差。SDI 眼图应用中的抖动测量在眼交叉位置进行。抖动变大时,波形上升沿和下降沿之间的间隔(眼开度)变小。图 5-2-4 显示出抖动使波形上升沿和下降沿间的空间减小的情况。

用眼图方式测量抖动参数时,最好在"波形子菜单"(Waveform)中选择"全信号"(Full Signal),并在"测量子菜单"中选择"抖动"项。当滤波器频率选择 10Hz 时,可测得定时抖动值;滤波器频率为 1KHz 时,可得到校准抖动值。

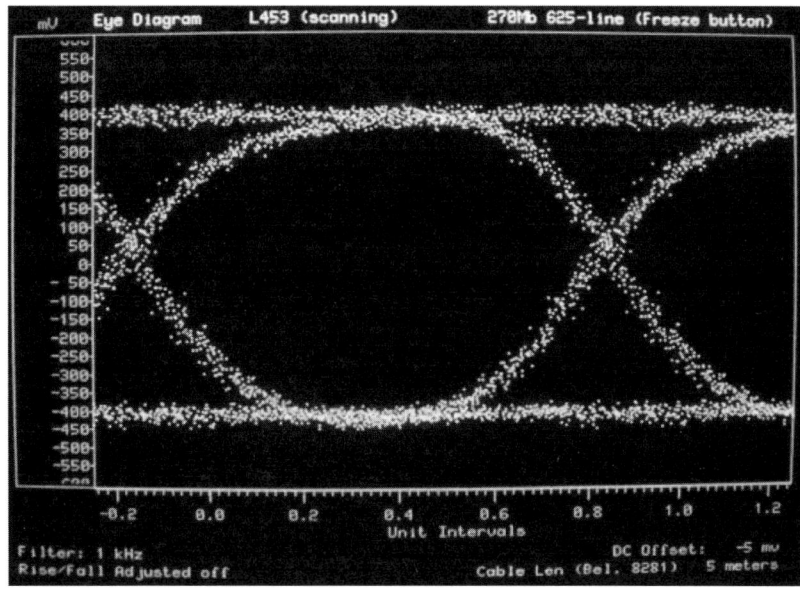

图 5-2-4　VM700T 显示的眼图波形

SDI 眼图应用除"眼图"显示方式外,还有"测量与限值"显示方式。在"测量与限值"显示方式中,可给出包括"抖动"参数在内的每种测量的当前值,从最后一次消除算起的每种参数的最大值和最小值,以及用户定义的测量限值,如图 5-2-5 所示。

Eye Diagram Measurement & Limits		Since Last Clear		Limits		
	Current	Min	Max	Min	Max	
Amplitude	734	730	738	720.0	880.0	mV
Rise-Time	704	654	780	400.0	1500.0	ps
Fall-Time	706	650	756	400.0	1500.0	ps
Rise/Fall Diff	68	0	212	---	500.0	ps
Rise Overshoot	0.0	0.0	0.2	---	10.0	%
Fall Overshoot	0.0	0.0	0.2	---	10.0	%
DC offset	-9.8	-11.4	-7.2	-500.0	500.0	mV
Alignment(1KHz) Jitter	754	646	993	---	250.0	ps

Filter: 1KHz
Rise/Fall Adjusted off

| Mode: Limits | | Filter: 1 KHz | | Logging | Clear |

图 5-2-5　"测量与限值"显示方式

在实际测量过程中需要注意使用眼图方式测量抖动的局限性。在眼图闭合之前，SDI 眼图的抖动测量只能测出最大值为 0.8UI 以下的抖动量。在 270Mb 的情况下，这相当于大约为 3ns 的抖动。当眼图闭合后，在眼图方式下将无法进行抖动测量。眼图方式抖动测量的另一问题是不易观测行相关抖动的异常现象。因此，在测量分析行相关的抖动异常和大的抖动幅度时，应当使用 VM700T 的"SDI 抖动应用"进行测量。

5.3 标准清晰度数字分量视频信号格式分析与监测

ITU-R BT.601《演播室数字电视编码参数》规定了数字分量演播室设备的编码参数，这实际上是对标准清晰度数字分量视频信号进行格式检验的基础。本节以 ITU-R BT.601 建议书为基础，结合数字视频波形监视器介绍数字分量视频信号格式检验的内容。

5.3.1 525/60、625/50 扫描标准的 4:4:4 编码参数

数字分量信号是对模拟分量信号进行 A/D 变换得到的，所用 E_R、E_G、E_B 都是经过 γ 校正的信号。其亮度信号的编码参数为：

$$E_Y = 0.587E_G + 0.114E_B + 0.299E_R$$

在数字分量信号的编码参数定义中，把进行 A/D 变换前的色差信号称为 E_{CR} 和 E_{CB}。亮度信号峰—峰幅度为 $700mV_{pp}$；黑电平与消隐电平一致；同步顶为 $-300mV$，同步信号只加到亮度信号上；色差信号是双向的，两个色差信号的满幅度都是 $700mV_{pp}$，色差信号（$E_R - E_Y$）、（$E_R - E_Y$）的关系如下式所示：

$$E_{CR} = 0.713(E_R - E_Y)$$

$$E_{CB} = 0.564(E_B - E_Y)$$

1. 分量信号的取样比例

各分量信号的取样频率都基于一个最低基准频率 3.375MHz，演播室数字电视各分量信号的取样比率有以下几种：

(1) 4:2:2 取样

亮度信号的取样频率为 13.5MHz。

每个色差信号的取样频率为 $3.375 \times 2 = 6.75$MHz。

(2) 4:4:4 取样

亮度信号和两个色差信号的取样频率都是 13.5MHz，可用于对带宽相同的 RGB 信号进行取样。一些高质量的演播室数字处理设备采用这种取样比率。

表 5-3-1 列出 525 行/60 场扫描标准和 625 行/50 场扫描标准的 4:4:4 编码参数，通过对比分析这些参数的由来，可以帮助我们进一步理解数字分量信号。

表 5-3-1　525 行/60 场和 625 行/50 场扫描标准的 4∶4∶4 编码参数

	525 行/60 场扫描标准	625 行/50 场扫描标准
每行总的样点数	Y：858 C_B：429 C_R：429 总样点数：1716	Y：864 C_B：432 C_R：432 总样点数：1728
取样频率	Y：$858f_H=13.5$MHz C_B 和 C_R：$429f_H=6.75$MHz	Y：$864f_H=13.5$MHz C_B 和 C_R：$432f_H=6.75$MHz
每个有效行的样点数	Y：720 C_B：360 C_R：360 总样点数：1440	
编码方式	均匀量化的 PCM 码	
量化分辨率	8 或 10 比特量化	
编码信号	$E_Y=0.299E_R+0.587E_G+0.114E_B$ $E_{CB}=0.564(E_B-E_Y)$ $E_{CR}=0.713(E_R-E_Y)$	
取样结构	正交 行、场、帧内，每行的 C_B、C_R 样点位置与 Y 的奇数样点位置一致	

2. 取样频率和取样结构

亮度信号的取样频率定为 13.5MHz，可保证 525 行/60 场和 625 行/50 场两种扫描标准在行周期内都有整数个取样周期，即每行内的样点数都是整数。对前者每行内有 858 个样点，对后者每行内有 864 个样点。产生取样频率的振荡器用输入视频信号的行同步锁定。

主观测试表明，电视的最佳亮度信号带宽为 5.8MHz～6MHz。为有效地抑制混叠噪声且便于模拟低通滤波器的设计，取样频率最低应为信号带宽的 2.2 倍，即至少为 12.76MHz～13.2MHz。其次，为形成正交的取样结构，取样频率应为行频的整数倍，即 $f_s=mf_H$，而且为统一的国际编码标准，要求这种整数倍关系能对 625 行和 525 行的扫描制式兼容。625 行制的行扫描频率为 $f_H=15625$Hz，525 行制的行扫描频率为 $f_H=(4.5\times10^6)/286$，二者的最小公倍数为 2.25MHz，即 $143f_H=144f_H=2.25$MHz。考虑到上述因素，数字电视演播室编码标准（以下简称国际标准）将亮度信号的取样频率定为 2.25MHz 的 6 倍，即 13.5MHz。在这一取样频率下，525 行制式每行的总样点数为 $143\times6=858$，625 行制式每行的总样点数为 $144\times6=864$。

主观测试还表明,具有连续平滑下降幅频特性的 2MHz 带宽的色差信号(R−Y)和(B−Y)可保证足够高的图像质量,然而,决定色差信号带宽和取样频率的主要因素是彩色色键可达到的质量,较低的取样频率会使图像前景和背景之间的倾斜过渡处出现锯齿。为此国际标准确定色差信号的取样频率为 6.75MHz,这样,色差信号的带宽可达 3MHz,可获得满意的彩色和色键质量。色差信号的取样频率正好是亮度信号取样频率的一半,同样可实现 525 行制和 625 行制兼容的正交取样结构,它是 525 行制行频的 429 倍,是 625 行制行频的 432 倍。

为了便于信号处理,国际标准对亮度信号与色差信号的正交取样结构作了具体规定,在每一行中两个色差信号的样点空间同位,而色差信号与亮度信号的奇数样点空间同位,如图 5-3-1 所示。

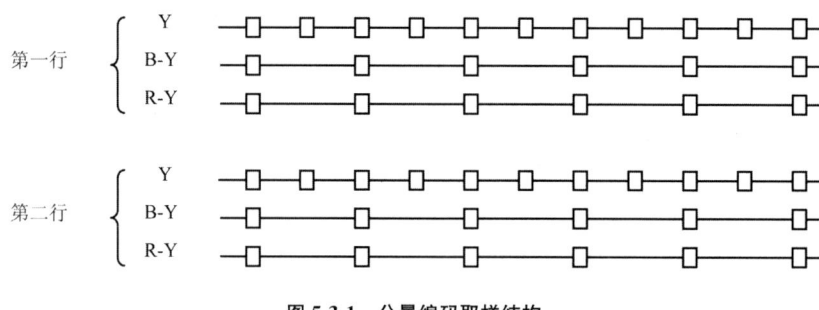

图 5-3-1 分量编码取样结构

为使 525 行制与 625 行制兼容,国际标准定义了数字有效行并规定了它与模拟行的对应关系。无论 525 行制还是 625 行制,数字有效行的亮度信号样点数都是 720,色差信号的样点数都是 360,即每行中仅有(720+2×360)=1440 个样点必须处理、存储或记录。显然,数字有效行消除了制式间的差别。

3. 量化范围的规定

这里以 100/0/100/0 彩条信号为例,说明数字分量信号对量化范围的规定。对于 10 比特量化的亮度信号可表示为:$Y=876E_Y+64$。亮度分量的模拟信号电平与其相对应的数字信号样值(即量化电平)之间的关系如图 5-3-2 所示。图中标示出了 8 比特量化和 10 比特量化两种情况下的对应样值,每个样值分别以 10 进制数和 16 进制数表示其量化级数(亦称量化电平或数字电平)。

在 10 比特量化系统中共有 1024 个(2^{10} 个)数字电平,用 10 进制数表示时,其数值范围为 0 至 1023;用十六进制数表示时,其数值范围为 000 至 3FF。数字电平 000~003 和 3FC~3FF 为储备电平(Reserve)或称保护电平,这两部分电平是不允许出现在数据流中的,D/A 后恢复的模拟信号也不会出现储备电平范围的信号。其中 000 和 3FF 用于传送同步

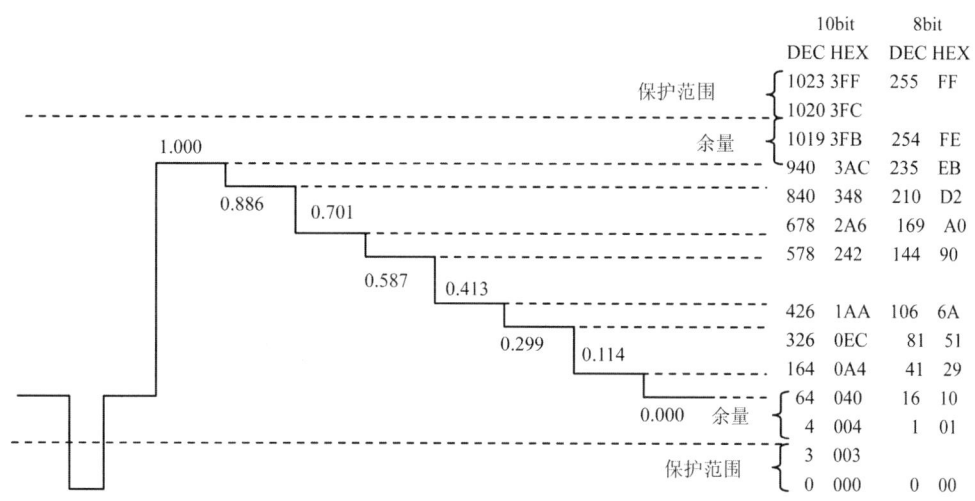

图 5-3-2　100%彩条中亮度信号之模拟电平与量化电平之间的关系

信息。

在 004 至 3FB 之间，十进制数 4~1019 代表亮度信号电平；消隐电平定为 040（十进制数为 64）；峰值白电平定为 3AC（十进制数为 940）。

模拟信号进行 A/D 变换时，其电平不允许超出 A/D 的基准电平范围，否则会发生限幅，产生非线性失真，其谐波在取样后会出现频谱混叠。因此，标准规定的数字电平留有很小的余量：底部电平余量为 004~040（十进制表示为 4~64），顶部电平余量为 3AC~3FB（十进制表示为 940~1019）。上下余量称为 Headroom。由于调整的偏差和漂移、通过滤波器和校正电路产生的过冲都会扩大模拟视频信号的动态范围，所以在消隐电平以下和峰值白电平以上都留有余量，以使余量范围内的信号不会发生限幅，防止了混叠失真。值得注意的是，数字分量方式对亮度信号中的同步部分不取样。

用 8 比特量化时，其储备电平为 0 和 255，用 16 进制表示为 00 和 FF。数字电平的余量范围为 1~16 和 235~254，用十六进制表示为 01~10 和 EB~FE；1~254 代表亮度信号电平。消隐电平定为 16（十六进制数为 10），峰值白电平定为 235（十六进制数为 FB）。

值得注意的是，8 比特字的数字信号可以通过 10 比特字的数字设备和数字通路，只要在 8 比特的最低位后加两位"0"即可，在输出端再将两位"0"去掉，恢复 8 比特字数字信号。

色差信号的模拟电平与量化电平（即数字电平）之间的关系如图 5-3-3 和图 5-3-4 所示。应该注意到，色差信号是双极性的，而 A/D 变换器需要单极性信号。因此，将 100%彩条的色差信号电平上移 350mV，就可以适合 A/D 变换器的要求。对于 10 比特量化的色差信号可以表示成：

$C_R = 896 E_{CR} + 512$ 和 $C_B = 896 E_{CB} + 512$。

图 5-3-3 显示出 C_B 分量的模拟电平与 8 比特和 10 比特的量化电平之间的关系。图

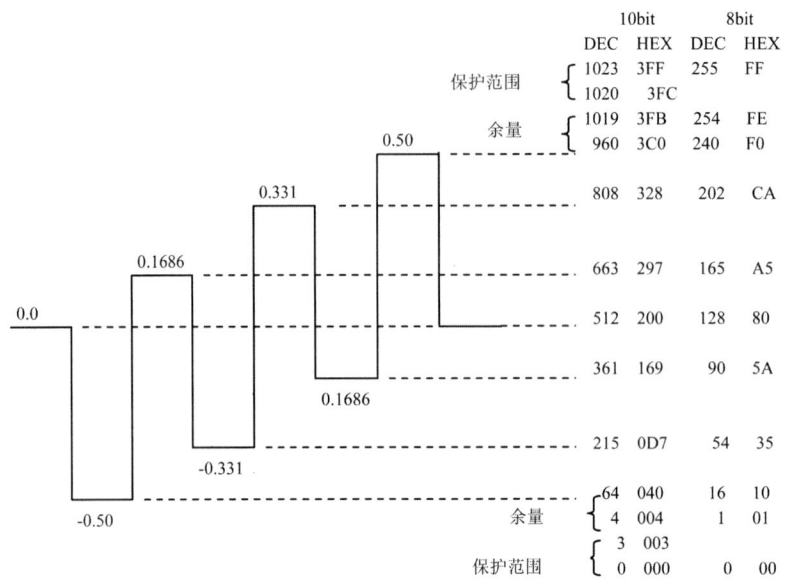

图 5-3-3　100％彩条信号中 CB 模拟电平与量化电平之间的关系

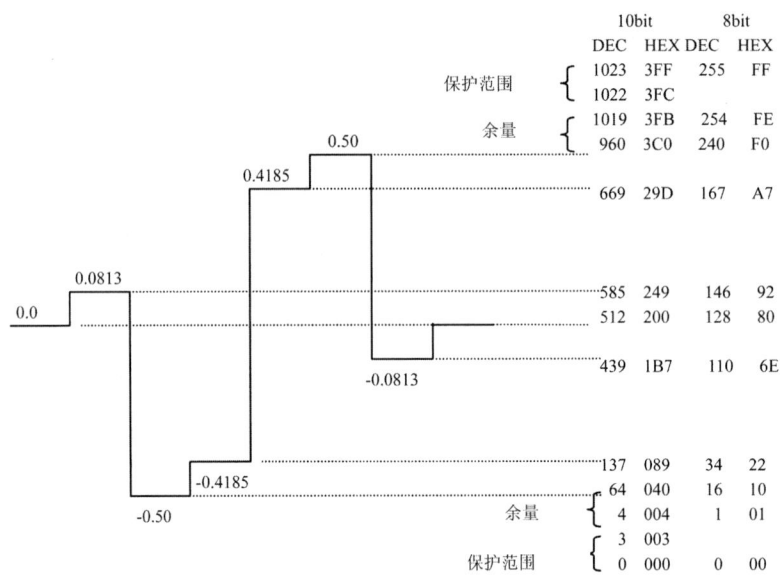

图 5-3-4　100％彩条信号中 CR 模拟电平与量化电平之间的关系

5-3-4显示出 C_R 分量的模拟电平与 8 比特和 10 比特量化电平之间的关系。用 10 比特量化时，量化电平为十六进制数 004～3FB(10 进制数表示为 4～1019)，共 1616 级表示 C_B 和 C_R 信号。消隐电平(即零电平)定为 200(十进制数为 512)；模拟信号的最高正电平定为 3CD(十进制数为 960)，最低负电平定为 040(十进制数为 64)。所规定的顶部电平余量为 3CD～3FB(10 进制数表示为 60～1019)，底部电平余量为 004～040(十进制数表示为 4～64)，其作用同亮度信号的电平余量,储备电平范围也与亮度信号的范围相同。

4. 4∶4∶4 标准取样点的行场定时关系

由于样点位置在垂直方向上逐行、逐场对齐,即排成一列列直线,故形成正交取样结构,C_B 和 C_R 样点位置与 Y 的奇数位样点位置一致。

图 5-3-5 显示出了 625 行/50 场制的数字有效行及其与模拟有效行之间的对应关系。图中 O_H 与行同步脉冲前沿的半幅值点一致,对应于一行中第一个取样瞬时。第 133～852 个样点组成数字有效行,它比模拟有效行前面多 10 个样点,后面多 8 个样点。这 18 个样点的额定保留期可用来在 D/A 变换时形成具有标准前后沿的消隐脉冲。

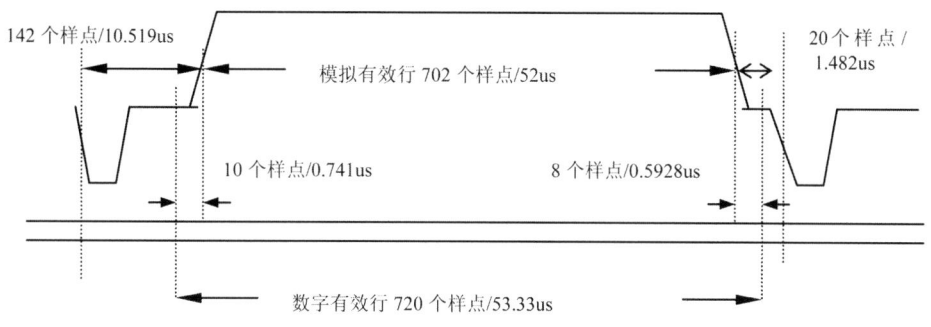

图 5-3-5　625 行/50 场模拟有效行与数字有效行的对应关系

在每一行中的总样点数为取样频率 f_s 与行频之比:f_s/f_H。对于 525 行/60 场的扫描标准,每行内 Y 样点数为 858 个,编号为 0～857;每行的色差信号样点数是 429 个,编号为 0～428。对于 625 行/50 场的扫描标准,每行的 Y 样点数是 864 个,编号为 0～863;色差信号的样点数为 432 个,编号为 0～431。

两种扫描标准的数字有效行样点数是相同的,亮度有效行的样点数是 720 个,编号为 0～719;C_B 和 C_R 有效行样点数都是 360 个,编号为 0～359。

两种扫描标准的数字行消隐是不同的,并小于模拟行消隐持续期。对于 525 行/60 场扫描标准,行消隐持续 138 个取样周期,为第 720～857 周期。对于 625 行/60 场扫描标准,行消隐持续 144 个取样周期,为第 720～863 周期。

数字有效行的持续时间为:$720\times 1/13.5\text{MHz}=53.333\mu s$,其中第 0～9 个样点的持续时间为 $10\times 1/13.5\text{MHz}=0.74\mu s$,在 D/A 变换时用来形成行消隐的上升沿(后沿);最后的第 712～719 个样点的持续时间为 $8\times 1/13.5\text{MHz}=0.59\mu s$,用于形成模拟行消隐的下降沿(前沿)。数字有效行内的第 10～711 个样点持续时间为 $702\times 1/13.5\text{MHz}=52\mu s$,这是持续传送图像内容的模拟有效行持续期,参看图 5-3-6。

对于 525 行/60 场扫描标准,4∶2∶2 视频样点位置与行同步之间的关系可参看有关标准。对于 625 行/50 场扫描标准,4∶2∶2 视频样点位置与行同步之间的关系如图 5-3-6 所

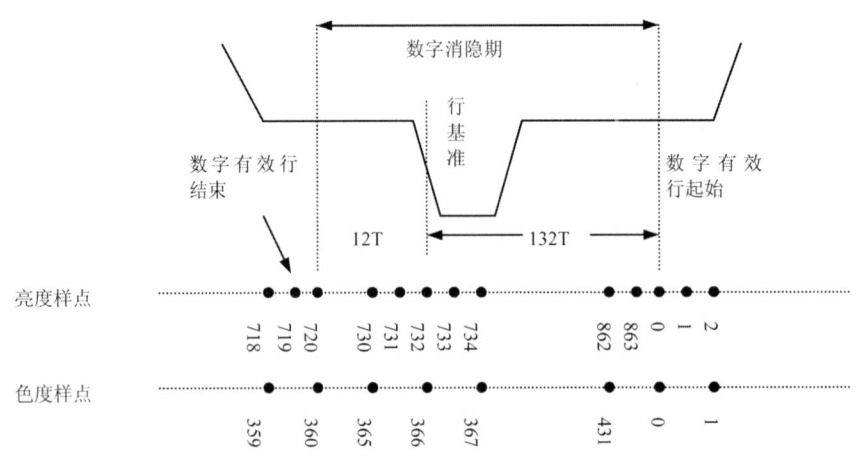

图 5-3-6　625 行/50 场标准的 4∶2∶2 样点位置与行同步之间的关系

示。两种扫描标准的数字有效行有相同的样点数,它们一行内样点数的差别都留到数字行消隐期间了,525 行/60 场标准的数字行消隐持续 138 个样点间隔;625 行/50 场标准的数字行消隐持续 144 个样点间隔。

为了避免处理半行数字信号,视频数字场与模拟场的场消隐不同,图 5-3-7 显示出 525 行/60 场标准的 4∶2∶2 数字场与模拟场之间的关系。数字场的安排是:第一场的行数为 262,第 2 场的行数为 263,两场的场消隐都是 9 行。

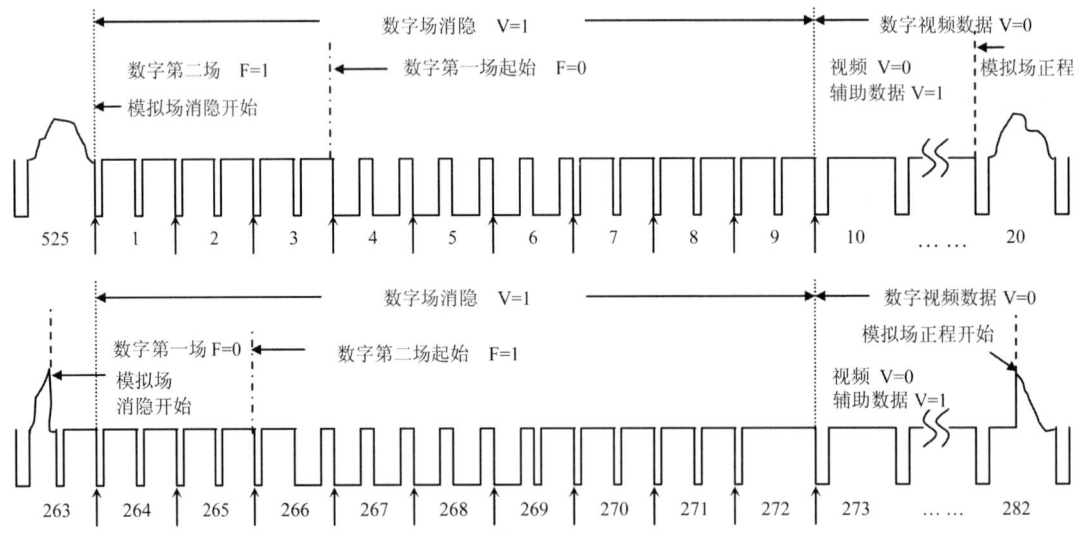

图 5-3-7　525 行/60 场标准的 4∶2∶2 数字场与模拟场之间的关系

图 5-3-8 显示出 625 行/50 场标准的 4∶2∶2 数字场与模拟场之间的关系。同样为了避免处理半个数字行,将两场的有效行数都定为 288 行,第 1 场的场消隐期为有效行前的 24 行,第 2 场的场消隐期为有效行前的 25 行。

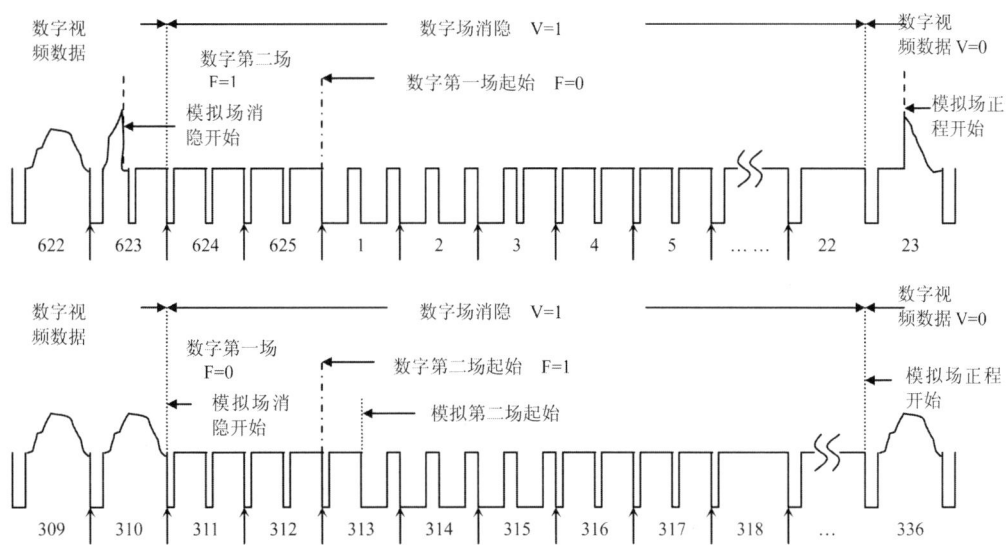

图 5-3-8　625 行/50 场标准的 4∶2∶2 数字场与模拟场之间的关系

5. 亮度和色差数据的时分复用

根据需要,亮度和色差样值可以单独传输,或采用时分复用的方式传输。时分复用时每行的总样值(字)数为 1716 个,编号为 0~1715(525 行/60 场扫描标准);或为 1728 个,编号为 0~1727(625 行/50 场扫描标准)。

在数字有效行内复用数据的字数,对两种扫描的标准都是 1440 个,编号 0~1439。在数字消隐期间复用数据的字数对两种扫描标准是不同的,对 625 行/50 场的标准为 288 个字,编号 1440~1727,如图 5-3-9 所示;对 525 行/60 场的标准为 276 个字,编号 1440~1715。

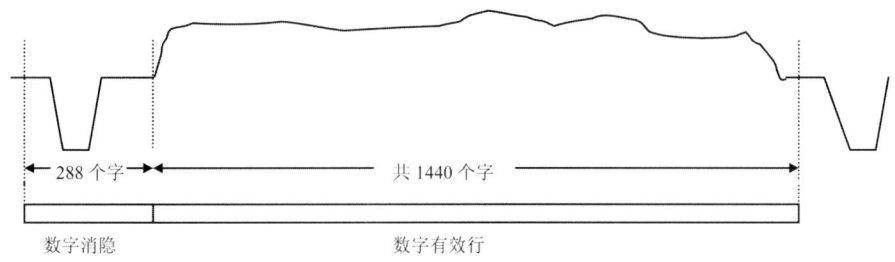

图 5-3-9　625 行/50 场标准的复用数据的字数分布

525 行/60 场扫描标准的数字行消隐和数字数据合成的关系与 625 行/50 场类同。图 5-3-10 进一步描绘了 625 行/50 场扫描标准的数字行消隐和数字数据合成的关系,并给出了定时基准信号 TRS(Time Reference Signal),也即 EAV 和 SAV 的位置。

6. 定时基准信号(TRS)

数字分量标准规定,不对模拟同步脉冲进行取样,而是在每一行的数字有效行数据流之后,通过复用方式加入两个定时基准信号。在行消隐期间留出 8 个数据字的位置,用于传送

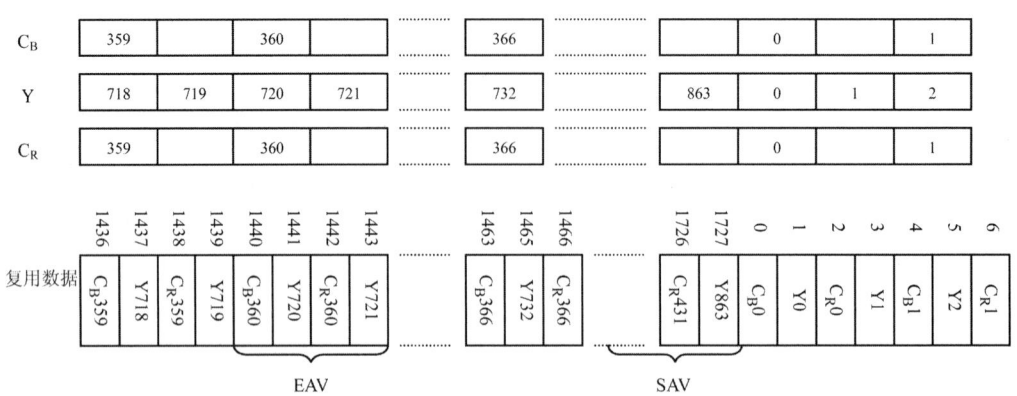

图 5-3-10 625 行/50 场标准的数字行消隐及数据合成

定时基准信号,具体位置见图 5-3-10。对于 525 行/60 场扫描标准,其定时信号 EAV 的位置是字 1440～1443,SAV 定时信号的位置是字 1712～1715;对于 625 行/50 场扫描标准,EAV 的位置是字 1440～1443,SAV 的位置是 1724～1727。在场消隐期间,EAV 和 SAV 信号保持同样的格式。

每个定时基准信号都由 4 个字组成,这 4 个字的数列可用 16 进制计数符号表示如下:

3FF   000   000   XYZ

前三个字是固定前缀,3FF、000 和 000 三个十六进制数是为定时标志符号预备的,作为 SAV 和 EAV 同步信息的开始标志。XYZ 代表一个可变的字,它包含确定的信息:场标志符号、垂直消隐的状态、行消隐的状态。

图 5-3-11 描绘出 625 行/50 场扫描标准的每帧定时基准信号的位置。

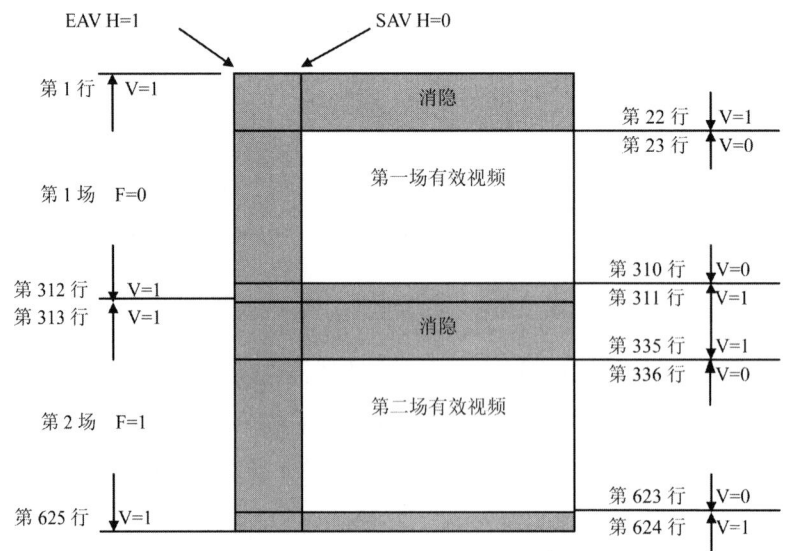

图 5-3-11 625 行/50 场扫描标准的数字定时基准信号的位置

表 5-3-2 列出构成 SAV 和 EAV 的 4 个字:3FF、000、000、XYZ 的二进制数值。表中 XYZ 的比特 0 和比特 1 规定为二进制数"0",以便与 8 比特量化接口兼容,比特 9 是"1",比特 6、7、8 是可变的二进制数,分别用 H、V 和 F 表示,可表示以下三种信息:

F:场标志符,F=0 表示在第 1 场期间,F=1 表示在第 2 场期间;

V:垂直消隐标志符,V=0 表示在有效场期间,V=1 表示在场消隐期间;

H:行消隐标志符,H=0 表示在有效行开始处(SAV),H=1 表示在有效行结束处(EAV)。

字 XYZ 中的比特 2、3、4、5 的值也是可变的,并用 P_0、P_1、P_2、P_3 表示,它们的值取决于比特 F、V 和 H 的值,可对 F、V 和 H 进行 2 比特误差检测以及 1 比特误码校正。表 5-3-3 列出了各行特定取样点的 XYZ 值的二进制数值,表明了 P_0、P_1、P_2、P_3 与 F、V、H 间的关系。

表 5-3-2 4:2:2 定时基准信号(TRS)

bit	3FF	000	000	XYZ
9	1	0	0	1
8	1	0	0	F
7	1	0	0	V
6	1	0	0	H
5	1	0	0	P_3
4	1	0	0	P_2
3	1	0	0	P_1
2	1	0	0	P_0
1	1	0	0	0
0	1	0	0	0

表 5-3-3 10 比特 16 进制 XYZ 数的二进制数值及其保护比特 P_0、P_1、P_2、P_3 与 F、V、H 的关系

行范围		取样点位置	10 比特 XYZ 的二进制数值									
625/50	525/60		1	F	V	H	P3	P2	P1	P0	0	0
23~310	20~263	第一有效场的 SAV	1	0	0	0	0	0	0	0	0	0
23~310	20~263	第一有效场的 EAV	1	0	0	1	1	1	0	1	0	0
1~22 311~312	4~19 264~265	第一场消隐的 SAV	1	0	1	0	1	0	1	1	0	0
1~22 311~312	4~19 264~265	第一场消隐的 EAV	1	0	1	1	0	1	1	0	0	0
336~623	283~525	第二有效场的 SAV	1	1	0	0	0	1	1	0	0	0
336~623	283~525	第二有效场的 EAV	1	1	0	1	1	0	1	1	0	0
624~625 313~355	1~3 266~282	第二场消隐的 SAV	1	1	1	0	1	1	0	0	0	0
624~625 313~355	1~3 266~282	第二场消隐的 EAV	1	1	1	1	0	0	0	1	0	0

5.3.2 数字视频分量格式检验

数字视频分量格式检验主要检查串行数字视频信号、视频数据及辅助数据的格式是否符合 ITU-R BT.601 建议书的要求。使用专用的串行数字视频信号波形监测仪器如 WFM601M、VM700T 等进行相关项目的检测,使用 TSG422、TG2000 等数字视频信号发生器产生测试信号,测试信号通常采用 100% 彩条信号即可。如果进行系统的运行监测,则不用测试信号发生器。下面结合 WFM601M 波形监视器介绍数字视频分量格式的检验。

1. WFM601M 波形监视器

(1) WFM601M 前面板特征

如图 5-3-12 所示,WFM601M 的前面板分为按键和显示屏幕两个部分,面板按键根据功能可以分为以下几个部分:

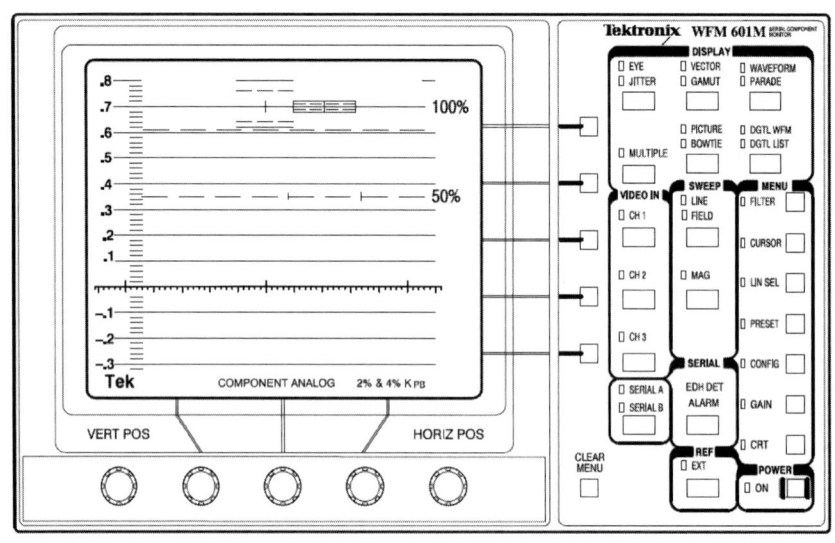

图 5-3-12　WFM601M 的前面板

① 显示控制功能按键(DISPLAY):共六个按键,通过这部分按键可以将输入仪器的串行数字视频信号以眼图(EYE)、抖动(JITTER)、矢量和闪电显示(VECTOR)、钻石和箭头显示(GAMUT)、波形(WAVEFORM)、并列显示波形(PARADE)、SDI 数据波形显示(DGTL WFM)、SDI 数据显示(DGTL LIST)等几种方式显示出来。六个按键中除了 MULTIPLE 以外,每个按键都对应一种显示模式中两种以上的显示类型。通过 MULTIPLE 按键可以同时在屏幕中显示两种显示模式。

② 视频和参考基准信号选择(VIDEO IN/ REF):共六个按键,其功能是从输入的 A/B 两路串行视频中选择一路,还可以从串行视频中选择三路分量(RGB 或 $Y P_b P_r$)进行显示。参考基准可以选择外基准和内基准。

③扫描方式选择(SWEEP)：共三个按键，LINE/FIELD 按键功能是对显示的扫描方式进行设置，共有四种扫描频率可以选择：1 行、2 行、1 场、2 场。MAG 按键还可以提供水平波形信号的放大。

④错误检测处理报告和格式错误(SERIAL)：EDH DET 显示 EDH 误码报告的状态，ALARM 指示视频数据和格式错误或无串行信号输入。

⑤菜单选择按键(MENU)：该部分共七个按键，提供进入系统配置和测量功能的途径，这部分按键需要与屏幕右侧的五个按键和屏幕下边的三个旋钮配合使用。按下七个按键中的任何一个按键，就会在屏幕上显示出相应的菜单，并激活屏幕周围八个按钮的相关调整功能。再次按下同一按键，就会退出相应的菜单，并关闭屏幕周围八个按钮的调整功能。例如：按下 CRT 按键后，屏幕下方会出现 FOCUS、SCALE、INTENS 三个菜单字符，分别对应屏幕下边的三个旋钮。这三个旋钮，即屏幕的聚焦、刻度、亮度调节旋钮，可以将显示波形扫描线调至最清晰、调整刻度线亮度、调整显示波形亮度。再次，按下 CRT 按键后，菜单字符消失，聚焦、刻度、亮度调整功能关闭。

⑥菜单清除按键(CLEAR MENU)：关闭菜单功能，不影响菜单设置。

⑦电源键(POWER)：按下该按键可以使波形监视器在待机和运行状态之间转换。

(2) WFM601M 后面板接口

如图 5-3-13 所示，WFM601M 的后面板接口主要包括：A/B 两路 75Ω 环通输入接口、外同步输入环通接口、模拟分量信号监测输出(MON OUT)接口、对输入信号进行时钟恢复后输出的串行信号接口、抖动输出接口(JITTER OUT)、RS-232 控制接口、25 针遥控接口。

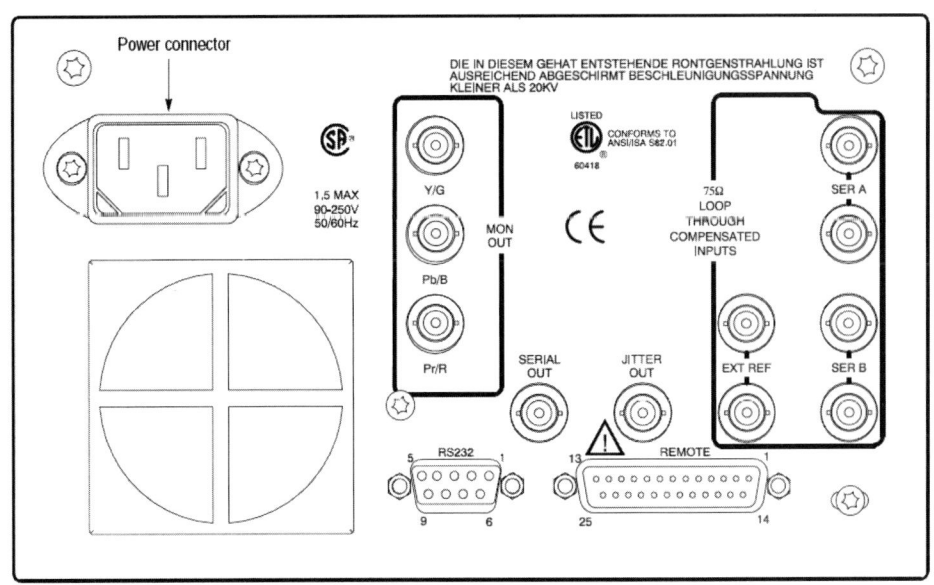

图 5-3-13　WFM601M 的后面板

(3) WFM601M 连接

由于 WFM601M 的高阻、环通接口特点,WFM601M 可以很方便地接入串行数字视频系统中的任何一个环节。图 5-3-14 显示了具体的连接方法。

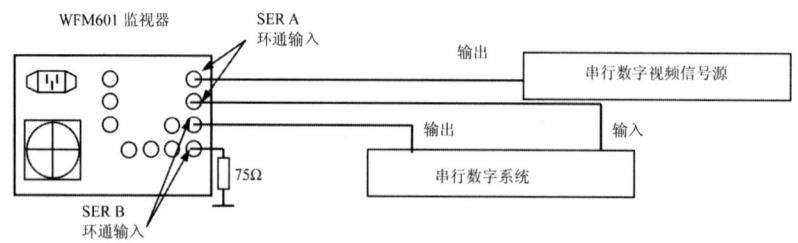

图 5-3-14　串行接口特性测量连接图

2. SDI 格式分析监测

(1) 按照数据列表显示方式进行 SDI 格式检验

测试系统加电开机后,触摸 WFM601M 面板上"VIDEO IN"区域中的"SERIAL A/SERIAL B"按键,选择两路串行数字信号中的一路。

触摸 WFM601M 面板上"DISPLAY"区域中的"DGTL WFM/DGTL LIST"按键,进入数据数字列表显示(DGTL LIST)模式。如图 5-3-15 所示,数据列表显示按照数字分量视频信号中的数据值顺序进行排列显示。

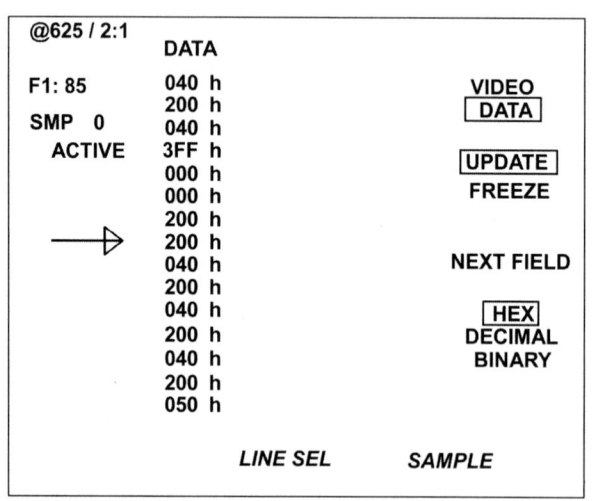

图 5-3-15　数据数字列表显示(DGTL LIST)的 DATA 模式

然后,触摸屏幕右边标有"VIDEO/DATA"的按键,选择两种显示模式中的一种。图 5-3-15 是 DATA 模式的显示,只是将数据顺序列表显示。

图 5-3-16 是 VIDEO 模式的显示,除了将数据顺序列表显示,还标出了数据中色度和亮度取样点的排列顺序。

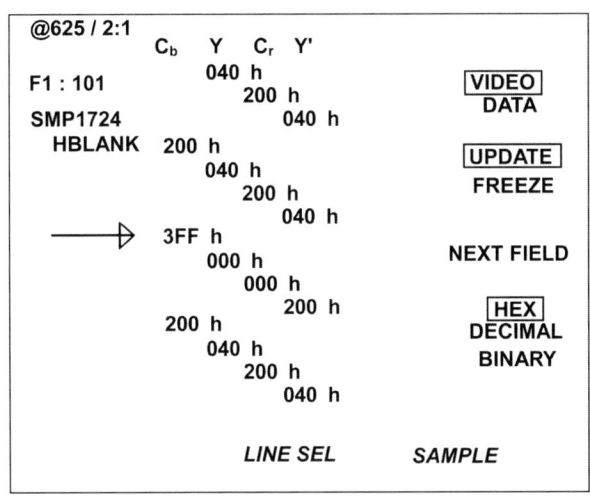

图 5-3-16　数据数字列表显示(DGTL LIST)的 VIDEO 模式

调节屏幕下边标有"LINE SEL"和"SAMPLE"的旋钮,可以选择相应的视频行及样点。可以对数字视频行定时基准信号 SAV 进行显示和观测,如图 5-3-16 所示;可以对数字视频行定时基准信号 EAV 进行显示和观测,如图 5-3-17 所示;通过调整"LINE SEL"和"SAMPLE"旋钮,还可以对数字视频有效行数据字、辅助数据区的数据字进行显示和观测。

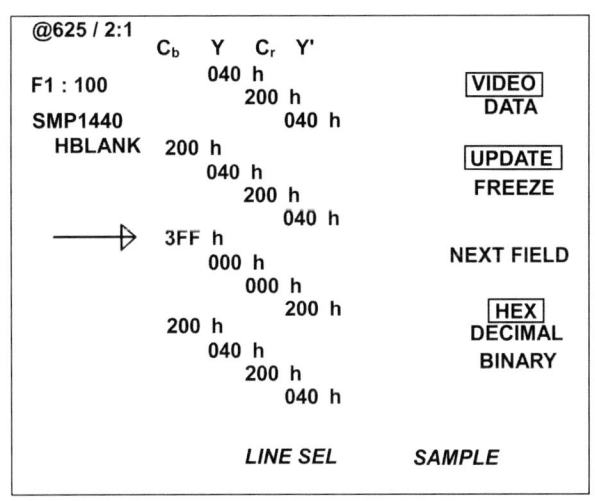

图 5-3-17　数字视频行定时基准信号 SAV

触摸屏幕左边标有"HEX/DECIMAL/BINARY"的按键,可以分别按十六进制/十进制/二进制显示数据。

触摸屏幕左边标有"UPDATE/FREEZE"的按键,可以存储两场视频信号中的 6 行(每场各 3 行)视频数据流进行显示和观测。触摸屏幕左边标有"NEXT FIELD"的按键,可以对两场信号进行切换显示。

(2) 按照数据波形显示方式观测数据字

触摸 WFM601M 面板上"DISPLAY"区域中的"DGTL WFM/DGTL LIST"按键,进入数据波形列表显示(DGTL WFM)模式。如图 5-3-18 所示,数据波形显示按照数字分量视频信号中的数据字顺序进行排列显示。

然后,触摸屏幕左边标有"VIDEO/DATA"的按键,选择两种显示模式中的一种,图 5-3-19 是 DATA 模式的显示,只是将数据波形按顺序列表显示。图 5-3-18 则是 VIDEO 模式的显示,按照分量信号色度和亮度波形进行并列显示。具体的观测操作不再重复,其操作过程与数据列表显示方式相同。

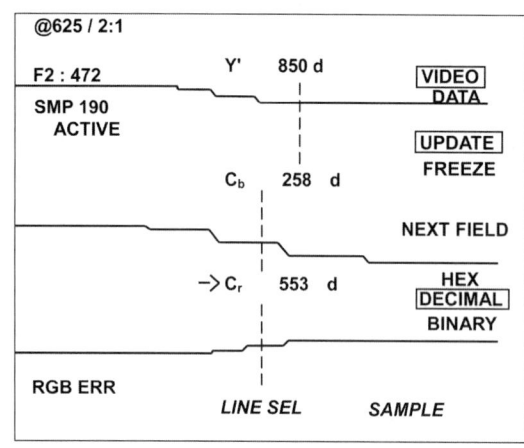
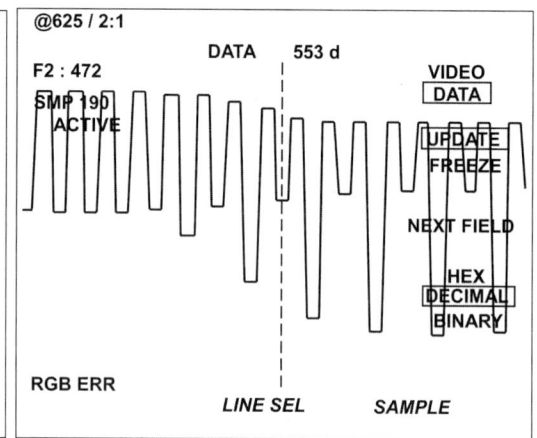

图 5-3-18 数据波形列表显示(DGTL WFM)的 VIDEO 模式　　图 5-3-19 数据波形列表显示(DGTL WFM)的 DATA 模式

5.4 嵌入辅助数据和 AES/EBU 数字音频的监测

5.4.1 辅助数据

除了 EAV 和 SAV 同步字以外,几乎所有的行消隐期和场消隐期都可以用来嵌入辅助数据。辅助数据分为行辅助数据 HANC(Horizontal Ancillary Data)和场辅助数据 VANC(Vertical Ancillary Data)。辅助数据在视频中的位置如图 5-4-1 所示。

1. 辅助数据(ANC)的应用

(1) 时间码的传送

在场消隐期传送纵向时间码(LTC)或场消隐期时间码(VITC)、实时时钟等其他时间信

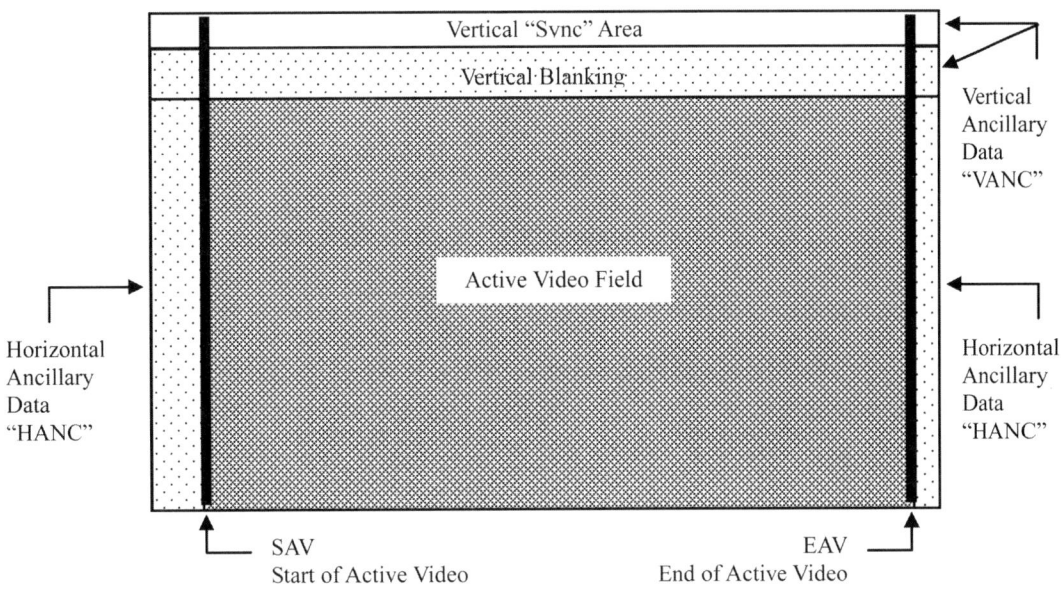

图 5-4-1 辅助数据区的位置

息和其他用户定义信息。

(2) 数字声音的传送

在串行分量数字信号的水平消隐期间可传送多达 16 路 AES/EBU 20 比特量化的数字声音信号。

(3) 监测与诊断信息的传送

插入误码检测校验字和状态标识位,用于检验传输后的校验字有效状态,以监测 10 比特字数字视频接口的工作状况。

(4) 图像显示信息的传送

在 4∶3 和 16∶9 画面宽高比混合使用的情况下,传送宽高比标识信令是必要的。

(5) 其他应用

可以传送图文电视信号、节目制作和技术操作信令。国际标准化组织不断地对以上各种数据的格式及插入位置作出统一规定。

2. 辅助数据的插入位置

辅助数据分为行辅助数据(HANC)和场辅助数据(VANC)。允许 10 比特的 HANC 数据插在所有的数字行消隐内。从 EAV 开始到 SAV 结束的期间是数字行消隐期,如图 5-4-2 所示。在每行数字行消隐期间从 EAV 结束到 SAV 开始前的部分可以传送一个小辅助数据块,数据块长不超过 280 个字(625 行/50 场)或 268 个字(525 行/60 场)。辅助数据的数据块都以三个字的数据头(或称数据首标)开始,分别为:000、3FF、3FF。

为适应采用 8 比特的设备,必须把所有储备范围的数值都视为相当的 000 和 3FF。场

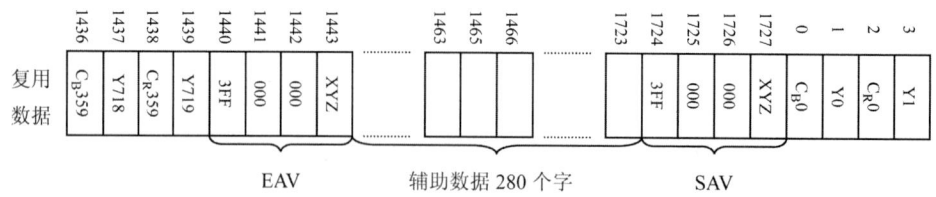

图 5-4-2　625 行/50 场标准的数字行消隐内辅助数据的位置

辅助数据(VANC)只允许插在场消隐期间的各有效行内(从 SAV 结束到 EAV 开始前),可以传输多达 1440 个字的大辅助数据块,但只能用 8 比特字,而且对可用的行有一定限制。在 525 行/60 场扫描标准中,只有在行 1～19 和行 264～282 不传送有用视频数据时,才能在其有效行部分插入辅助数据,在行 10～19 和 273～282 也可能用来传送视频数据,这时就不能用于传送辅助数据,因为其中已规定第 14 行和第 277 行用于传送数字场消隐期时间码(DVITC)和视频导引信号。对于 625 行/50 场扫描标准,已规定第 20 行和第 333 行用于传送设备自检信号。

VANC 信号是 8 比特字信号,每个数据块也以 3 个字的辅助数据头开始:000、3FF、3FF。为能适应 10 比特和 8 比特字的设备,必须把储备范围的所有值都看作等效的 000 和 3FF。

在场消隐和行消隐期间,没有用于传送辅助数据的各个字必须赋予以下数值:对应于 Y 样点的字必须赋予 16 进制数值 040;对应于 C_B 和 C_R 样点的字必须赋予 16 进制数值 200。

5.4.2　数字音频嵌入标清数字视频

前面已经提到,在数字分量信号中是根据一定规范插入辅助数据的。辅助数据内包括数字音频、时间码、EDH 以及预留的用户数据和控制数据。

辅助数据按一定的格式进入数据包,并与串行数据流复用传输。国际上,辅助数据包插入的位置由 SMPTE 125M 和 269M 文件规定。我国的广电行业标准 GY/T 160—2000《数字分量演播室接口中的附属数据信号格式》对辅助数据格式及插入位置进行了规范。图 5-4-2 和图 5-4-3 分别显示了 625 行/50 场和 525 行/60 场串行数字分量接口中规定的辅助数据的位置。图 5-4-4 显示了 4∶2∶2 数字分量接口标准中规定的辅助数据包的结构。

每个数据包最多可载送 262 个 10 比特并行数据字。这些数据字是:

(1) 三个辅助数据标志字(ADF)

它们的值分别为 000、3FF、3FF,标志辅助数据包的开始。

(2) 可选用的数据标识字(DID)

这个字标志每个数据包的数据内容。当此内容是音频数据时,用几个不同的 DID 来定义 4 组可能的声音通路。

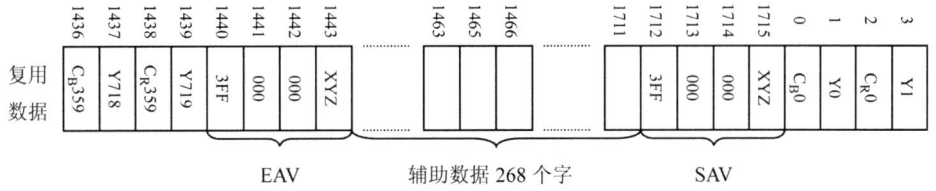

图 5-4-3　525 行/60 场标准的数字行消隐内辅助数据的位置

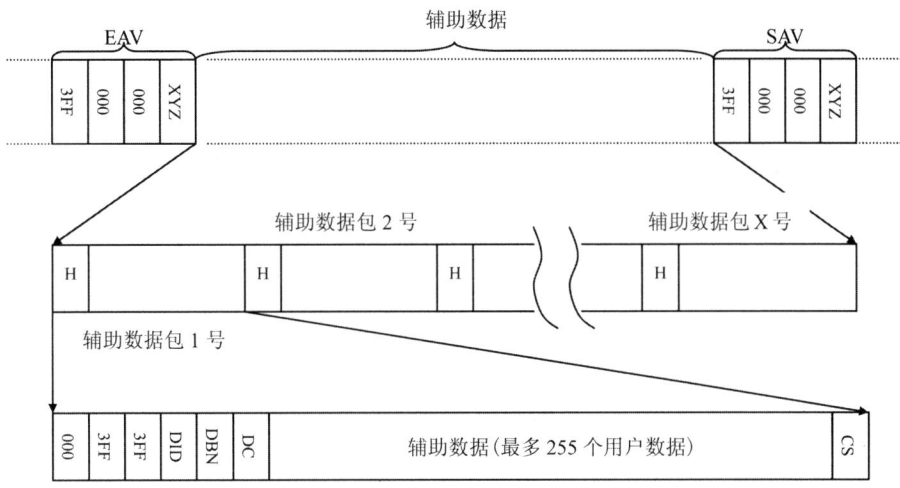

图 5-4-4　数字分量接口辅助数据包的结构

(3) 可选用的数据块计数字(DBN)或第二数据标识字(SDID)

这个字使接收端能通过计算具有共同 DID 数据包的数,验证传送的完整性。在数据流切换和开关情况下,这个计数器能发出一个标志给声音处理系统,以一个适当的静音电路消除过渡现象,如出现"噼啪"声和"咯哒"声。

当传输其他辅助数据时,该字节可作为第二数据标识字。SMPTE 的相关标准中规定了辅助数据不同的内容所使用的 DID 和 SDID 的数值,详见表 5-4-1、表 5-4-2 和表 5-4-3。

表 5-4-1　标清 SDI 中嵌入音频的 DID 数值

	音频通道	音频数据包	扩展数据包	音频控制包
组 1	1—4	2FFh	1FEh	1EFh
组 2	5—8	1FDh	2FCh	2EEh
组 3	9—12	1FBh	2FAh	2EDh
组 4	13—16	2F9h	1F8h	1ECh

表 5-4-2　高清 SDI 中嵌入音频的 DID 数值

	音频通道	音频数据包	音频控制包
组 1	1—4	2E7h	1E3h
组 2	5—8	1E6h	2E2h
组 3	9—12	1E5h	2E1h
组 4	13—16	2E4h	1E0h

表 5-4-3　其他辅助数据的 DID 和 SDID 的数值

标准	说明	DID	DBN / SDID	DC
SMPTE 291M	未定义数据	00 h (200 h)		
SMPTE 291M	8 比特应用	04 h (104 h)	10 h (110h)	xxx
SMPTE 291M	删除包标记	80 h (180 h)	xxx	xxx
SMPTE 291M	起始包	88 h (288 h)		
SMPTE 291M	终止包	84 h (284 h)	00 h (200 h)	00 h (200 h)
SMPTE 291M	用户定义	C0 (2C0 h)	xxx	xxx
SMPTE 291M	元数据包	F0h (2F0 h)	xxx	xxx
SMPTE 291M	LTC 时间码	F5h (2F5h)	00 h (200 h)	08 h (108h)
SMPTE 291M	用户定义	40 h (140 h)	xxx	xxx
SMPTE 305M	有效帧中的 SDTI 传输	40 h (140 h)	01 h (101 h)	2A h (22A h)
SMPTE348	有效帧中的 HD－SDTI 传输	40 h (140 h)	02 h (102 h)	可变
SMPTE 352M	有效载荷识别	41h (141h)	01h (101h)	04h (x04h)
RP223	包 UMID 和节目标号数据	44h (x44h)	44h (144h)	可变
RP215	影片代码	51h (151h)	01h (101h)	可变
RP188 VANC	时间码（ATC）	60h (260h)	60h (260h)	10h (110h)
SMPTE334M	隐蔽字幕（EIA－708－B）	61h (161h)	01h (101h)	可变
SMPTE334M	隐蔽字幕（EIA 608）	61h (161h)	02h (102h)	03h (203h)
SMPTE334M	节目说明（DTV）	62h (162h)	01h (101h)	可变
SMPTE334M	数据广播（DTV）	62h (162h)	02 h (102h)	可变
SMPTE334M	VBI 数据	62h (162h)	03h (203h)	可变
SMPTE 315M	摄像机定位	F0 h (2F0 h)	xxx	xxx
RP196 HANC	时间码（LTC）	64h (164h)	64h (164h)	8h (108h)
RP196 HANC	时间码（VITC）	64h (164h)	7Fh (17Fh)	9h (209h)
RP165	EDH 误码检测和处理	F4h (1F4h)	00h (200h)	10h (110h)

（4）数据数目字(DC)：指示每个数据包内的用户数据字数量。

（5）可变的用户数据字(UDW)：最多容许 255 个字。

（6）校验和字(CS)：在接收端用来确定数据包的有效性。

复用的、邻接的辅助数据包可以插入任何辅助数据位置。但是，行辅助数据 HANC 必须紧随 EAV 之后，场辅助数据 VANC 必须紧跟在 SAV 之后。为表明辅助数据的出现和数据包的开始，如果辅助数据位置的前三个字不是 ADF，就认为辅助数据包没有出现。关于数字音频的插入和复用，SMPTE 272M 标准推荐两种基本工作模式。

1. AES 最低实施标准

最低 AES 实施标准为 A 级标准，其音频字分辨率为 20 比特，抽样频率为 48KHz，音频数据与视频数据同步，只有一组 4 声道音频通路，接收端缓存大小为 48 个音频抽样。

音频数据包是由 AES/EBU 信息数据流形成的。图 5-4-5 是一个 AES/EBU 数据流形成音频数据包的过程。图 5-4-5 显示出从一个 AES/EBU 串行数据流的第 0 帧的子帧 1（通路 1）抽出 20 个比特音频数据以及有关的 V（样值有效性）、U（用户数据）和 C（通路状态）比特，总共 23 比特，映射成 3 个 10 比特辅助数据字 X、X+1 和 X+2。放弃了 4 个首标比特、4 个辅助比特和奇偶校验比特部分。

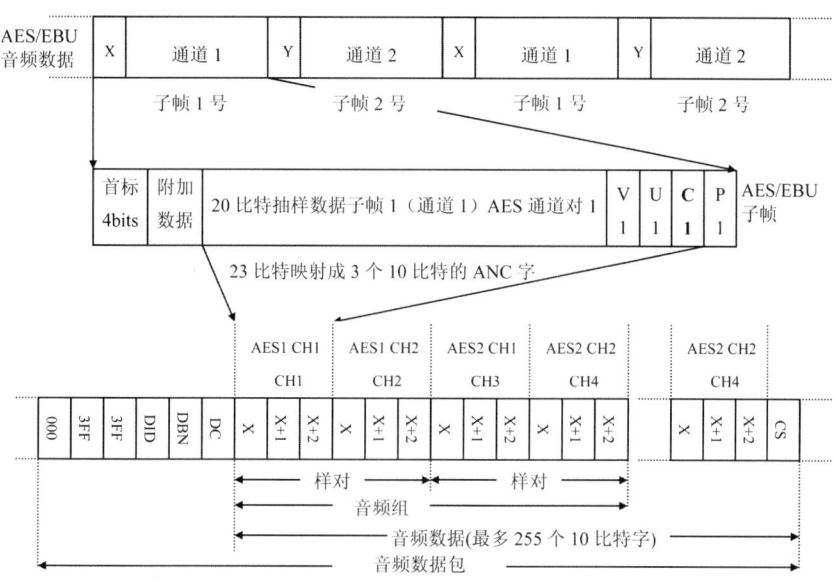

图 5-4-5 从 AES/EBU 串行音频数据流形成的辅助音频数据包结构

表 5-4-4 列出了 3 个 10 比特数据字 X、X+1 和 X+2 还原出的音频数据结构。其中有 2 个比特指示通路号，奇偶校验在前 26 个比特上计算，所有的 b_9 地址比特除外。这 3 个字紧接着辅助数据头插入，见图 5-4-5。

同一个 AES/EBU 串行数据流中的第 2 路声音信息（通路 2），以同样的方式插入。第 2 个 AES/EBU 串行数据流的 0 帧接续插入，以完成一组声音（4 路音频）的插入。所用的各种标志反映不同的通路识别和帧识别方法。AES/EBU 规定，一个 192 帧的序列（从 0 到 191 帧）形成一个块。每一帧包含 2 个子帧（子帧 1 和子帧 2）或通路（通路 1 和通路 2）。形成一个辅助音频流时，2 帧（4 个子帧或 4 个通路）成为一组。每组包含 2 个抽样对，分别来自 2 个 AES/EBU 串行数据流。每个抽样对可用 3 种方法鉴别：

- AES1(CH1/CH2) 和 AES2(CH1/CH2)
- CH1/CH2 和 CH3/CH4
- CH00/CH01 和 CH10/CH11

表 5-4-4　格式化的音频数据结构

bit 地址	字 X	字 X+1	字 X+2
b_9	b_8 反码	b_8 反码	b_8 反码
b_8	音频 5	音频 14	P
b_7	音频 4	音频 13	C
b_6	音频 3	音频 12	U
b_5	音频 2	音频 11	V
b_4	音频 1	音频 10	音频 19
b_3	音频 0	音频 9	音频 18
b_2	通路 1	音频 8	音频 17
b_1	通路 2	音频 7	音频 16
b_0	Z	音频 6	音频 15

表 5-4-5　扩展数据字结构

bit 地址	附属数据字
b_9	b_8 反码
b_8	a
b_7	y3(MSB)
b_6	y2
b_5	y1
b_4	y0(LSB)
b_3	x3(MSB)
b_2	x2
b_1	x1
b_0	x0(LSB)

2. 全 AES 实施标准

全 AES 实施标准与几种工作能力相关联,这几种工作能力分为 B 级到 J 级,该标准的特点有:音频字分辨率为 24 比特,抽样频率为 32、441 或 48KHz,音频数据与视频数据同步或不同步,可插入多达 4 组 4 声道的音频通路,接收端缓存大小为 64 个音频样点,具有任何一路音频与视频数据信号之间的延时指示。

在 24 比特的工作模式下,如果存在辅助数据,则必须将其作为扩展数据的一部分,并在相应的音频数据的同一附属数据空间内传输。在使用时,每一个相应的样值都需要传输一个扩展数据字。为传输额外多出的 4 比特附加信息,就要增加一个附加数据包,两个 AES1 子帧中的每个子帧由 4 个附加比特组成一个 8 比特字的附属(AUX)字,扩展数据结构见表 5-4-5。表 5-4-5 中的 a 为地址指针,对于通道 1 和通道 2,a=0;对于通道 3 和通道 4,a=1。y3~y0 是来自子帧 2 的辅助数据,x3~x0 是来自子帧 1 的辅助数据。

音频数据包中同一音频组的所有 AES 信号的附加(AUX)字共同组成一个扩展数据包,如图 5-4-6 所示。这个数据包有着与音频数据包同样的包头结构和一个规定好的 DID 数值码(如表 5-4-1 中的组 1 对应的 1FEh)。扩展数据包紧接在与之相应的音频数据包之后插入到附属数据空间。在传输来自另一音频组的数据之前,在特定的附属数据空间内要把来自一个音频组的全部音频及辅助数据一起传输出去。

另外,在全 AES 实施标准中,还定义了如图 5-4-7 所示的一个音频控制包,用来传送音

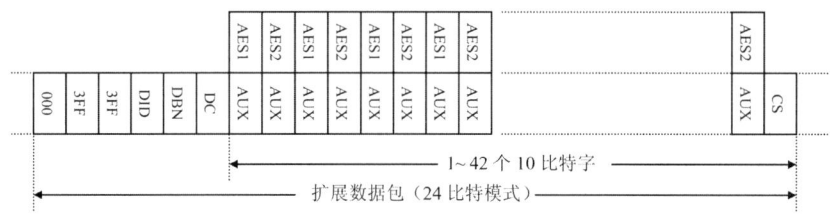

图 5-4-6　扩展数据包结构(24bit 音频)

频帧数、抽样频率、有效声音通路数及每个音频通路相对视频的延迟时间等通道状态信息。对于最低 AES 实施标准，这个数据包是自由选择的。但是对于全 AES 实施标准，对于48KHz 同步音频的默认状态，控制包是可选的；对于其他所有方式，这个数据包是必选的。每场只传送一次的音频控制包，在视频切换点之后的第二个行附属数据空间内传输；对于 625/50/2∶1 系统，在第 8 行和第 321 行的附属数据空间传输，并且在附属空间内的任意一个音频数据包之前传输。

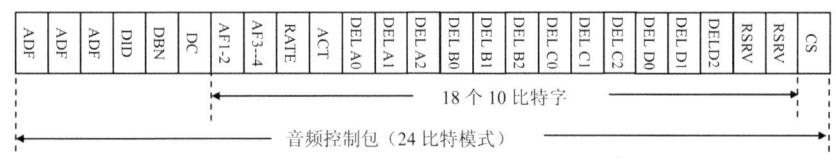

ADF：辅助数据标志　DID：数据标字　DC：数据数目　CS：校验和
AUX：附加数据　　　DBN：数据块号　AF：音频帧号　ACT：有效通路
DEL：每对音频通路相对延时　　RATE：每对音频通路的取样频率指示

图 5-4-7　音频控制包结构

对于每个音频组，都有一个对应的独立的音频控制数据包，从而控制可能的 16 个音频通道。对于音频组 1～4，音频控制包的数据标识符(DID)分别为 1EFh、1EEh、1EDh、1ECh。下面分别介绍音频控制包中的各个数据字的含义。

(1)音频帧号(AF1—2、AF3—4)

提供视频帧的顺序安排，用于指出音频帧在哪里落入每个视频帧的非整数个样值序列中(音频帧序列)。该序列中，第一个编号总是"1"，最后一个编号等于音频帧长度。全"零"的值表示没有帧编号也可以使用。为了正确使用音频帧序号，我国广电行业标准 GY/T 161—2000 定义了三种同步的取样频率及每个视频帧的音频样点数，见表 5-4-6。对于音频帧序列，每一帧都含有整数个样值，音频帧号从"1"开始，直到序列结束。AF1—2 为一个给定的音频组中通道 1 及通道 2 的音频帧号，AF3—4 为一个给定的音频组中通道 3 及通道 4 的音频帧号。AF1—2 和 AF3—4 的比特位定义见表 5-4-7。

表 5-4-6　同步音频的取样频率及样值数

音频取样频率(KHz)	样值数/帧(25 帧/秒)
48.0	1920/1
44.1	1764/1
32.0	1280/1

注：视频与音频时钟必须从同一个源得到，否则，简单的频率同步将在音频帧序列内最终导致样值的丢失或额外样值的产生。

表 5-4-7　AF1－2 和 AF3－4 的比特位定义

比特位	音频帧号
b_9	b_8反码
b_8	f_8(MSB)
b_7	f_7
b_6	f_6
b_5	f_5
b_4	f_4
b_3	f_3
b_2	f_2
b_1	f_1
b_0	f_0(LSB)

(2)取样频率指示(RATE)

给出每个通道对的取样频率，其各比特位定义见表 5-4-8。其中，asy 和 asx 为同步方式比特，当 asy 和 asx 置为"1"时，表明相应的通道对处于异步运行状态。$y_2 \sim y_0$ 为通道 3 及 4 的取样频率码；$x_2 \sim x_0$ 为通道 1 及 2 的取样频率码。$y_2 \sim y_0$ 和 $x_2 \sim x_0$ 的定义见表 5-4-9。

表 5-4-8　取样频率指示的各比特位定义

比特位	频率码
b_9	b_8反码
b_8	预留(置为零)
b_7	y_2(MSB)
b_6	y_1 通道 3 及 4 的取样频率码
b_5	y_0(LSB)
b_4	asy
b_3	x_2(MSB)
b_2	x_1 通道 1 及 2 的取样频率码
b_1	x_0(LSB)
b_0	asx

表 5-4-9　取样频率码中的 $y_2 \sim y_0$ 和 $x_2 \sim x_0$ 的定义

取样频率码	取样频率
000	48.0KHz
001	44.1KHz
010	32.0KHz
011～110	预留
111	未定义

(3)有效通道指示(ACT)

对于给定的有效通道，其比特位 $a_1 \sim a_4$ 应置为"1"，有效通道比特地址的定义见表 5-4-10。

(4)延时指示(DEL)

延时指示字 DELx(0～2)指示出对于每个通道，以音频样值间隔测得的相对于视频而言所累积的音频处理延时量。由于通道一般作为通道对来使用，所以对于给定的音频组延时指示字有如下规定：

DELAn e ＝ "1"，DELAn 为通道 1 的延时；

DELAn e ＝ "0"，DELAn 为通道 1 和通道 2 的延时；

DELBn e ＝ "1"，DELBn 为通道 3 的延时；

DELBn e = "0",DELBn 为通道 3 和通道 4 的延时；

DELCn e = "1",DELCn 为通道 2 的延时；

DELCn e = "0",DELCn 为无效的音频延时；

DELDn e = "1",DELDn 为通道 4 的延时；

DELDn e = "0",DELDn 为无效的音频延时。

当只利用两个通道时,必须把 DELCn 和 DELDn 中的 e 比特位置设为"0",以指明无效性,同时保持音频控制包的恒定大小。音频延时数据的格式为 26 比特的 2 的补码形式,见表 5-4-11。

表 5-4-10 有效通道比特地址的定义

比特位	有效通道
b_9	b_8 反码
b_8	偶校验
b_7	预留（置为零）
b_6	预留（置为零）
b_5	预留（置为零）
b_4	预留（置为零）
b_3	a_4
b_2	a_3
b_1	a_2
b_0	a_1

表 5-4-11 延时指示的比特地址定义

比特位	DELx0	DELx1	DELx2
b_9	b_8 反码	b_8 反码	b_8 反码
b_8	d_7	d_{16}	d_{25}（符号）
b_7	d_6	d_{15}	d_{24}(MSB)
b_6	d_5	d_{14}	d_{23}
b_5	d_4	d_{13}	d_{22}
b_4	d_3	d_{12}	d_{21}
b_3	d_2	d_{11}	d_{20}
b_2	d_1	d_{10}	d_{19}
b_1	d_0(LSB)	d_9	d_{18}
b_0	e	d_8	d_{17}

(5)预留字（RSRV）

其中比特 0 到比特 8 应置为"0",比特 9 为比特 8 的反码。有些设备是在标准制定之前安装和制造的,声音数据插入位置与标准规定不完全符合时就会出现问题,导致插入的声音数据部分丢失,严重降低声音质量。例如,为了降低比特率,有些数字录像机、帧同步机和编解码器在信号处理之前抽出了行、场消隐期间的数据,即不能透明地记录或处理完整的数字信号,而在设备的输出端再加上行场消隐；某些设备在输入端把辅助数据完整地抽取出来,存储在存储器里,而在输出端重新插入。因此,在采用声音嵌入视频的方式处理和传送数字信号时,应注意系统中各设备能否按推荐标准处理辅助数据,适当地进行系统配置和音频信号传送。

5.4.3 SDI 嵌入 AES/EBU 数字音频格式分析

可使用泰克 VM 700T（带有 SDI 选件）分析嵌入式 AES/EBU 数字音频。

1. 数字音频的 SDI 格式监视

对于标准清晰度格式,音频数据位于行辅助数据区内,利用泰克 VM 700T 的"SDI Format Monitor Display"（SDI 格式监视）测试项,可以检查位于行辅助数据区的嵌入音频数据的合法性,见图5-4-8中用虚线框标出的部分测试项。在该项测试中,如果检测到不合法的数据信号,会以高亮模式显示。"SDI Format Monitor Display"(SDI格式监视)测试项中与音频有关的测试有两个,分别是"Ancillary Data"和"Ancillary Audio"这两项出错提示。

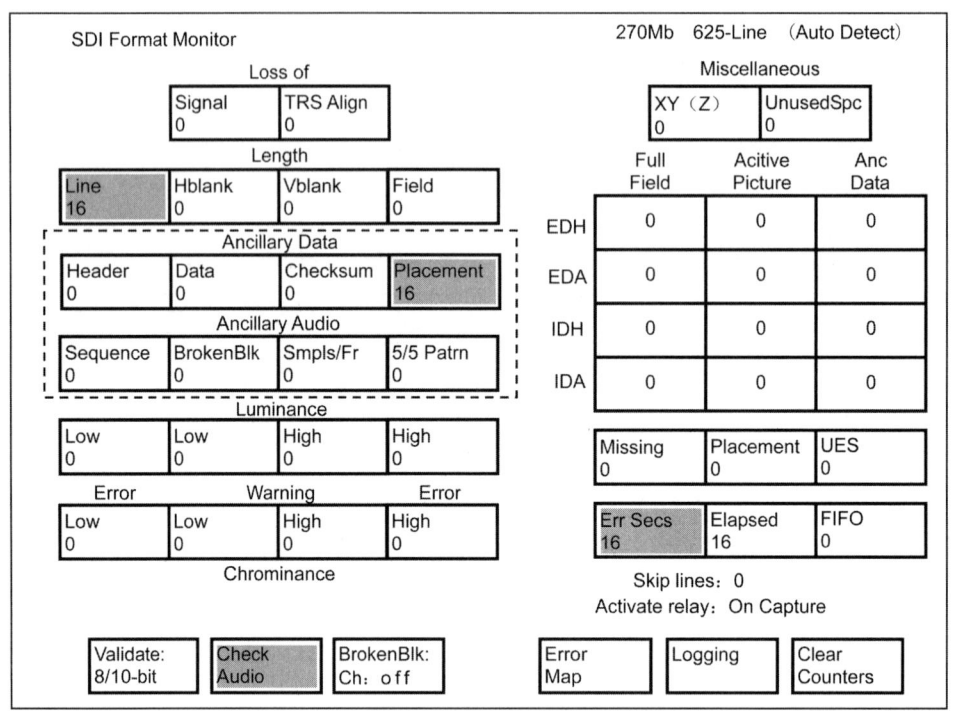

图 5-4-8　VM 700T(SDI 选件)的嵌入数字音频格式监测

(1)辅助数据"Ancillary Data"中的错误提示选项

Header(辅助数据包头),表示辅助数据头出现下列问题:辅助数据包头标志字无效,辅助数据包头安全比特(S比特)无效,辅助数据包头奇偶性比特(P比特)无效,辅助数据包数据块计数出错等。

Data(辅助数据中的数据),表示辅助数据中出现非法的数据字。检查出辅助数据包中的数据字落入的保护范围。

Checksum(辅助数据检验和),表示辅助数据包检验和无效。数据包的检验和与包含在包内的数据不匹配,辅助数据检验和的安全比特无效。

Placement(辅助数据位置),表示辅助数据包位置无效。不满足辅助数据包要邻接前面数据包或 EAV 标记的要求。

(2)辅助音频"Ancillary Audio"中的错误提示选项

Sequence(辅助音频序列),表示辅助数据包区块编号超出规定。

Broken Block(辅助音频区块断开),表示嵌入的音频区块断开,嵌入的音频区块结果错误。

Samples/Frame(辅助音频取样/帧),对于 525 行的视频,每帧的音频取样数是 1601 或 1602。而对于 625 行的视频,每帧的音频取样数是 1920。出现错误指示说明该帧的音频取样数不对。

2. 嵌入 AES/EBU 音频数据分析

在 SDI Ancillary Data Analyzer 测试项中,可以提供嵌入音频数据的详细信息分析,如图 5-4-9 所示。在此测试项中,如果出现不符合数据协议要求的数据信息,会以高亮(Highlight)状态显示。在测试界面中分别列出了数据所在的场号(F)、行号(Ln)、样点序号(Smpl)、取样数值的类型(Type)、数据数值(Data)以及对数据数值的解释(Interpretation),按照数字音频嵌入数字视频的协议规范,给出了从辅助数据区解嵌后恢复的 AES/EBU 取样值。这里以辅助数据包中的一个 AES/EBU 样值分析为例,说明协议分析的过程。辅助数据包中的前三个十六进制数据数值分别是 280h(X)、1ffh(X+1)、11fh(X+2),将其转换成二进制格式分别为 10 1000 0000B(X)、01 1111 1111B(X+1)、01 0001 1111B(X+2),通过对照格式化数字音频结构表 5-4-4,可以得到 20 比特的音频取样值:音频 19、音频 18、音频 17、音频 16 分别为 1、1、1、1;音频 15、音频 14、音频 13、音频 12 分别为 1、1、1、1;音频 11、音频 10、音频 9、音频 8 分别为 1、1、1、1;音频 7、音频 6、音频 5、音频 4 分别为 1、1、0、1;音频 3、音频 2、音频 1、音频 0 分别为 0、0、0、0;而 V、U、C、P 则分别为 0、0、0、1。于是,得到右边解

```
Ancillary Data Analyzer                              270Mb 625-line (Freeze Button)
                                                                              L 16
F   Ln   Smpl   Type     Data                         Interpretation
1   16   1440   EAV      3ff 000 000 2d8              <L16><F=0, V=1, H=1>
1   16   1444   AES1     000  3ff  3ff  2ff  200  224 DID=2ff, DBN=200, DC=024
1   16   1450   DATA     280  1ff  11f  282  1ff  21f 01 fffd0  0001 | 02 fffd0  0000
1   16   1456   DATA     204  200  100  206  200  200 03 00000  0001 | 04 00000  0000
1   16   1462   DATA     200  200  200  202  200  100 01 00000  0000 | 02 00000  0001
1   16   1468   DATA     204  200  100  206  200  200 03 00000  0001 | 04 00000  0000
1   16   1474   DATA     280  200  100  282  200  200 01 00010  0001 | 02 00010  0000
1   16   1480   DATA     204  200  100  206  200  200 03 00000  0001 | 04 00000  0000
1   16   1486   CHKSUM   183                          z# audio   vucp | z# audio   vucp
1   16   1487   AES2     000  3ff  3ff  1fd  200  224 DID=1fd, DBN=200, DC=024
1   16   1493   DATA     200  200  200  202  200  100 01 00000  0000 | 02 00000  0001
1   16   1499   DATA     204  200  100  206  200  200 03 00000  0001 | 04 00000  0000
1   16   1505   DATA     200  200  200  202  200  100 01 00000  0000 | 02 00000  0001
1   16   1511   DATA     204  200  100  206  200  200 03 00000  0001 | 04 00000  0000
1   16   1517   DATA     200  200  200  202  200  100 01 00010  0000 | 02 00010  0001
1   16   1523   DATA     204  200  100  206  200  200 03 00000  0001 | 04 00000  0000
1   16   1529   CHKSUM   245                          z# audio   vucp | z# audio   vucp
1   16   1530   EMPTY    --------------------
1   16   1724   SAV      3ff 000 000 2ac              <L16><F=0, V=1, H=0>
1   16   0      VIDEO    --------------------
1   17   1440   EAV      3ff 000 000 2d8              <L17><F=0, V=1, H=1>
1   17   1444   AES1     000  3ff  3ff  2ff  200  224 DID=2ff, DBN=200, DC=024
```

图 5-4-9 VM 700T 给出的嵌入音频数据分析

释(Interpretation)项目中的一个样点的十六进制数值 fffd0h(1111 1111 1111 1101 0000 B)和二进制表示的 VUCP 值 0001B。

3. AES/EBU 数字音频通道状态分析

AES/EBU 数字音频通道状态描述了 AES/EBU 相关音频信号的各项技术参数信息，包括音频信号的取样频率、字长(量化精度)、通道数、源和目标的字符信息、预加重等。1 路 AES/EBU 信号包含有 2 路(或 2 通道)音频信号，因此一路 AES/EBU 信号中将有 2 组通道状态分别与 2 路音频信号相对应，载有各路音频信号的具体参数。

通道状态由 24 字节(byte)组成，分别为字节 0 到字节 23；每字节又由 8 比特(bit)组成，分别从比特 0 到比特 7，因此通道状态共有 192 比特；表 5-4-12 所示是通道状态块的数据结构，表左侧是各字节，表右侧则是左侧各字节内部所提供的逻辑信息。

表 5-4-12 通道状态的数据结构

字节	比特							
	0	1	2	3	4	5	6	7
0	a	b	c:音频信号预加重		d		e:取样频率	
1	f:通道模式				g:用户比特管理			
2	h:辅助数据比特的用途			I:信号源字的长度(量化精度)			j:校准电平显示	
3	k:当字节 3 的比特 7 为 0 时的通道数量						n=0	
3	L:当字节 3 的比特 7 是 1 时的通道数量				m:当字节 3 的比特 7 是 1 时的多通道数量			n=1
4	o:数字音频基准信号		p:预留		q:音频取样频率			r
5	s:预留，没有定义							
6 7 8 9	源的字符信息							
10 11 12 13	目标的字符信息							
14 14 16 17	本地取样地址							
18 19 20 21	按日计时的时间取样地址编码							
22	可信标志位							
23	通道状态数据的循环冗余校验码(CRCC)							

注：a—通道状态块的用途；b—线性 PCM 识别；d—锁定显示；n—多通道模式；R—取样频率转换标志位。

通道状态随音频数据一同传输。在 AES/EBU 的子帧结构中，通道状态占用一个比特的位置，即通常所说的 C 比特，即图 5-4-5 所示的子帧结构中的比特 C。因此传输整个通道状态时各通道需要连续的 192 个 AES/EBU 子帧,192 个 AES/EBU 帧组成一个音频块。通道状态总是首先传输低字节信息和字节的低位比特。AES/EBU 规定通道状态块的第 1 个比特,即字节 0 的比特 0 必须跟随同步头为 Z 的帧传输。需要注意的是,通道状态提供的信息内容仍然在不断修改和完善中,虽然通道状态块的结构已经基本定型,但是各字节内部信息会有所变化和补充,因此不同版本的 AES/EBU 通道状态提供的信息会有所不同。

表 5-4-13 逐字节详细地列出了通道状态提供的信息。所有为将来预留或没有使用到的字节或比特位都应用逻辑 0 填充。通道状态信息提供了数字音频信号各项技术的参数信息,通过特定具有通道状态协议格式分析的测量仪器可以直观准确地读出这些信息的内容。在实际工作中可以有效地利用这些信息,分析和解决系统中出现的各类问题。

表 5-4-13 通道状态信息表

		字节 0
比特位	0	通道状态块的用途
状 态	0	非专业用通道状态块
	1	专业用通道状态块
比特位	1	线性 PCM 识别
状 态	0	音频取样字使用线性 PCM 模式
	1	音频取样字使用非 PCM 模式
比特位	2 3 4	音频信号预加重
状 态	0 0 0	没有可显示的预加重信息,接收器默认无预加重,手动干预有效。
	1 0 0	没有预加重,接收器手动干预无效。
	1 1 0	50μs + 15μs 预加重,接收器手动干预无效。
	1 1 1	ITU-T J17 建议的预加重(800Hz 处的插入损耗为 6.5dB),接收器手动干预无效。
		比特 2～4 的其他状态为预留,留作将来使用。
比特位	5	锁定显示
状 态	0	默认值,锁定状态没有显示。
	1	源取样频率未锁定
比特位	6 7	取样频率
状 态	0 0	不显示取样频率。接收器默认为接口帧频,手动干预或自动预置有效。
	0 1	48KHz 取样频率。接收器手动干预或自动预置无效。
	1 0	44.1KHz 取样频率。接收器手动干预或自动预置无效。
	1 1	32KHz 取样频率。接收器手动干预或自动预置无效。

续表

字节 1			
比特位		0 1 2 3	通道模式
状 态		0 0 0 0	模式不显示。接收器默认为双通道模式。手动干预有效。
		0 0 0 1	双通道模式。接收器手动干预无效。
		0 0 1 0	单通道模式(单声道),接收器手动干预无效。
		0 0 1 1	主/次模式(子帧 1 是主通道),接收器手动干预无效。
		0 1 0 0	立体声模式(子帧 1 是左通道),接收器手动干预无效。
		0 1 0 1	保留给用户定义的应用
		0 1 1 0	保留给用户定义的应用
		0 1 1 1	单通道两倍取样频率模式。子帧 1 和 2 载有相同信号的连续取样。如果取样频率是帧频的两倍,那么它的频率是字节 0 中显示的两倍,而不是字节 4 中显示的取样频率的两倍。手动干预无效。通道数量需确认转向字节 3 中。
		1 0 0 0	单通道两倍取样频率模式—立体声模式的左声道。子帧 1 和 2 载有相同信号的连续取样。如果取样频率是帧频的两倍,那么它的频率是字节 0 中显示的两倍,而不是字节 4 中显示的取样频率的两倍。手动干预无效。
		1 0 0 1	单通道两倍取样频率模式—立体声模式的右声道。子帧 1 和 2 载有相同信号的连续取样。如果取样频率是帧频的两倍,那么它的频率是字节 0 中显示的两倍,而不是字节 4 中显示的取样频率的两倍。手动干预无效。
		1 1 1 1	多通道模式。通道识别在字节 3 描述。
			比特 0~3 的其他状态为预留,留作将来使用。
比特位		4 5 6 7	用户比特管理
状 态		0 0 0 0	默认情况,没有可显示的用户信息。
		0 0 0 1	192 比特块结构,当同步头为 Z 时指示的是块的开始。
		0 0 1 0	为 AES18 标准(AES 数字音频接口用户数据通道的格式)作的预留
		0 0 1 1	用户定义
		0 1 0 0	由 IEC60958—3 定义的一般用户数据格式
		0 1 0 1	为元数据(Metadata)作的预留
			比特 4~7 的其他状态为预留,留作将来使用。
字节 2			
比特位		0 1 2	辅助数据比特的用途

续表

状 态	0 0 0	最大音频取样字长为 20 比特(默认值)。辅助数据比特用途没有指定。		
	0 0 1	最大音频取样字长为 24 比特。辅助数据比特用于主音频取样数据。		
	0 1 0	最大音频取样字长为 20 比特。此通道的辅助数据比特用于单路通话信号。		
	0 1 1	保留给用户定义应用		
		比特 0~2 的其他状态为预留,留作将来使用。		
比特位	3 4 5	信号源字的长度(量化精度)		
		当通道状态字节 2 的比特 0~2 指定的音频取样最大字长是 24 比特时	当通道状态字节 2 的比特 0~2 指定的音频取样最大字长是 20 比特时	
状 态	0 0 0	没有可以显示的字长(默认状态)	没有可以显示的字长(默认状态)	
	0 0 1	23 比特	19 比特	
	0 1 0	22 比特	18 比特	
	0 1 1	21 比特	17 比特	
	1 0 0	20 比特	16 比特	
	1 0 1	24 比特	20 比特	
		比特 3~5 的其他状态为预留,留作将来使用。		
比特位	6 7	校准电平显示		
状 态	0 0	没有可以显示的校准电平		
	0 1	校准电平按照 SMPTE RP155,校准电平低于最大编码的 20dB。		
	1 0	校准电平按照 EBU R68,校准电平低于最大编码的 18.06dB。		
	1 1	预留将来使用		
字节 3				
比特位	7	多通道模式		
状 态	0	未定义的多通道状态模式(默认状态)		
	1	定义的多通道状态模式		
比特位	0-6	当字节 3 的比特 7 为 0 时的通道数量		
取 值		通道数量是本字节的值加 1,其中比特 0 作为低位。		
或 者				
比特位	4 5 6	当字节 3 的比特 7 是 1 时的多通道数量		
状 态	0 0 0	多通道模式 0。通道数量由此字节的比特 0 到 3 决定。		
	1 0 0	多通道模式 1。通道数量由此字节的比特 0 到 3 决定		
	0 1 0	多通道模式 2。通道数量由此字节的比特 0 到 3 决定。		
	1 1 0	多通道模式 3。通道数量由此字节的比特 0 到 3 决定。		
	1 1 1	用户定义的多通道模式。通道数量由此字节的比特 0 到 3 决定。		
		比特 4~6 的其他状态为预留,留作将来使用。		

续表

比特位	0 1 2 3	当字节3的比特7是1时的通道数量	
取 值		通道数量是这4比特表示的十进制数值加1,其中比特0作为低位。	
字节4			
比特位	0 1	数字音频基准信号	
状 态	0 0	没有基准信号(默认状态)	
	0 1	1级基准信号(详细参见AES11标准)	
	1 0	2级基准信号(详细参见AES11标准)	
	1 1	预留状态,留作将来使用。	
比特位	2	预留,没有定义。	
比特位	3 4 5 6	音频取样频率	
状 态	0 0 0 0	没有可以显示的取样频率(默认状态)	
	0 0 0 1	24KHz	
	0 0 1 0	96KHz	
	0 0 1 1	192KHz	
	0 1 0 0	预留	
	0 1 0 1	预留	
	0 1 1 0	预留	
	0 1 1 1	预留	
	1 0 0 0	为了转向作的预留	
	1 0 0 1	22.05KHz	
	1 0 1 0	88.2KHz	
	1 0 1 1	176.4KHz	
	1 1 0 0	预留	
	1 1 0 1	预留	
	1 1 1 0	预留	
	1 1 1 1	用户定义	
比特位	7	取样频率转换标志位	
状 态	0	不进行换算(默认状态)	
	1	字节4中比特3到6,或者字节0中比特6和7所表示的取样频率除以系数1.001。	
字节5			
比特位	0~7	预留,没有定义。	

续表

		字节 6～9	
比特位	0～7	源的字符信息	
意义(各字节)		无奇偶校验的符合 ISO646 的 7 比特数据。先传 LSB,比特 7 为逻辑 0,信息的第 1 个字符在字节 6。不允许非印刷体控制字符(码 01h 到 1Fh 和 7Fh),默认值是逻辑 0(码 00h)。	
		字节 10～13	
比特位	0～7	目标的字符信息	
意义(各字节)		无奇偶校验的符合 ISO646 的 7 比特数据。先传 LSB,比特 7 为逻辑 0,信息的第 1 个字符在字节 6。不允许非印刷体控制字符(码 01h 到 1Fh 和 7Fh),默认值是逻辑 0(码 00h)。	
		字节 14～17	
比特位	0～7	本地取样地址	
意义(各字节)		32 比特二进制数值对应于当前块第 1 个取样,首先传输 LSB,缺省值为逻辑 0。	
		字节 18～21	
比特位	0～7	按日计时的取样地址编码	
意义(各字节)		32 比特二进制数值对应于当前块第 1 个取样,首先传输 LSB,缺省值为逻辑 0。	
		字节 22	
比特位	0～7	可信标志位	
意义(各字节)		用于表明传输的通道状态数据是否可信的标志。根据下表,如果相应的字节数据可信(没有误码),相应的比特值为 0,否则为 1。	
比特位	0～3	预留,在未定义前置为逻辑 0。	
状 态		4	字节 0 到字节 5
		5	字节 6 到字节 13
		6	字节 14 到字节 17
		7	字节 18 到字节 21
		字节 23	
比特位	0～7	通道状态数据的循环冗余码校验码(CRCC)	
意 义		生成多项式是 $G(x) = x^8 + x^4 + x^3 + x^2 + 1$。CRCC 检测从字节 0 到 22 的有效性。	

泰克公司生产的 VM700T(SDI 选件)具有 SDI 嵌入数字音频通道状态信息的分析显示功能,在"Audio Format Analyzer"测试项中,可以得到嵌入数字音频的通道状态信息,如图

5-4-10 所示。当通道状态的某些字节的定义变化后,可以通过读取 16 进制通道状态数据,再对应新的通道状态表就可以译出准确的通道状态信息。

```
Audio Format Analyzer                                270Mb  625-line  (Auto detect)
Source: Embedded

Byte  Bits  Chan. 1          Chan. 2          Channel Status           Channel 1         Channel 2
0     0     1                1                Channel use:             professional      professional
0     1     0                0                Data use:                audio             audio
0     2-4   100              100              Emphasis:                no emphasis       no emphasis
0     5     0                0                Locking of source:       locked            locked
0     6-7   01               01               Sample frequency:        48 kHz            48 kHz
1     0-3   0001             0001             Channel mode:            2-channel         2-channel
1     4-7   0000             0000             User bit mode:           not indicated     not indicated
2     0-2   001              001              AUX bits use:            main audio        main audio
2     3-5   100              100              Audio word length:       20 bits           20 bits
4     0-1   00               00               Reference signal:        not a ref.        not a ref.
6     0-31  Table Bytes 06-09                 Origin:                  not indicated     not indicated
10    0-31  Table Bytes 10-13                 Destination:             not indicated     not indicated
14    0-31  Table Bytes 14-17                 Sample number:           0                 0
18    0-31  Table Bytes 18-21                 Time of day:             00:00:00          00:00:00
23    0-7   Table Bytes 23                    Block CRC:               is valid          is valid

Hexadecimal Table of Channel State Data
Byte  00 01 02 03 04 05 06 07 08 09 10 11 12 13 14 15 16 17 18 19 20 21 22 23
Ch 1  85 08 0c 00 00 00 00 00 00 00 00 00 00 00 00 00 00 00 00 00 00 00 e0 63
Ch 2  85 08 0c 00 00 00 00 00 00 00 00 00 00 00 00 00 00 00 00 00 00 00 e0 63
```

图 5-4-10 VM 700T 给出的嵌入音频通道状态分析

4. 嵌入数字音频的信号测量

在 VM 700T 的"SDI Audio Measurements"测试项中,对解码后的 AES/EBU 信号进行了测量。图 5-4-11 显示了 2 路音频信号的电平、频率、总谐波失真+噪声、左右声道电平差和相位差。

在音频测量中对 dBm 进行了定义,dBm 是以 600Ω 负载上的 1mW 功率作为基准功率。因此,功率电平=10 log P_2/ 0.001 W dBm,这里 0dBm 就相当于 600Ω 负载上的电压值为 0.775V_{rms}。而 dBr 表示相关电平,用于表示信号通路上两点之间信号电平的相对大小关系,如果将其中一点设为参考点,则参考点电平为 0dBr。

THD+N(Total Harmonic Distortion + Noise)是指总谐波失真+噪声,需要测量除去原基波信号以外的其他信号,包括各次谐波、随机噪声、干扰以及电源干扰等。除了原基波信号以外的其他信号都会对声音质量产生影响,因而总谐波失真+噪声是一种测试简单且结果实用的音频技术指标。

5.5 音视频相对延时测量

随着数字处理技术在电视领域的广泛应用,音、视频信号的质量得到了极大的改善。然

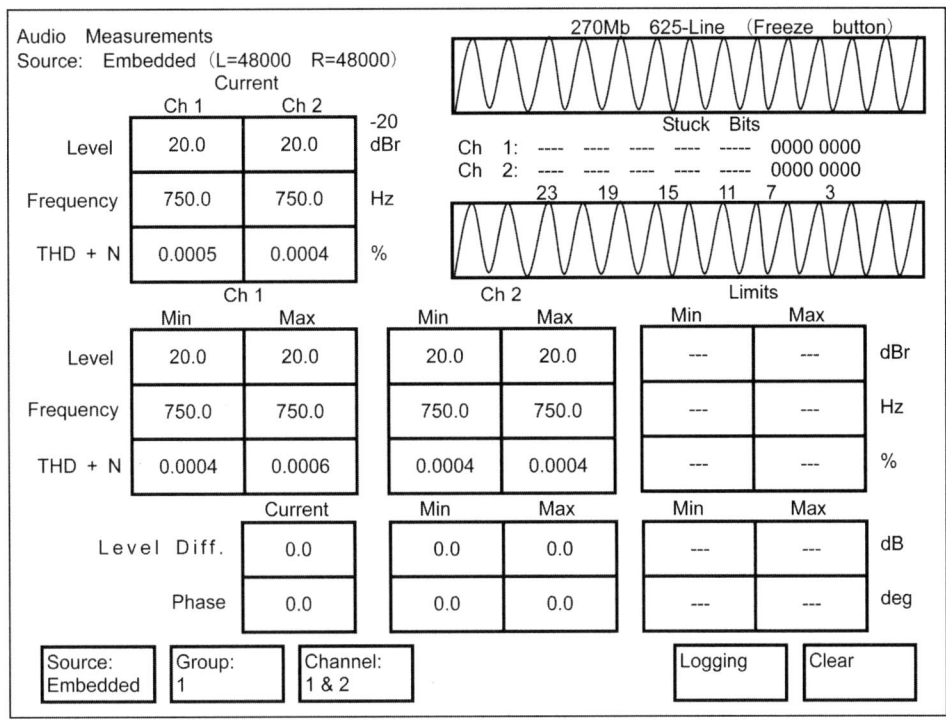

图 5-4-11　VM 700T(SDI 选件)测量嵌入数字音频信号

而,数字视频系统中仍然存在一些影响音、视频信号质量的因素,其中之一就是音、视频信号之间的同步问题,或者说是通常所指的"唇音"问题。

音、视频信号经过路由、分配、多通道数字信号处理等过程是造成串行数字视频系统内视音频信号延时的根本原因。在系统内部各部分微小的、不易察觉的音视频延时经过积累后,在其终端就形成了可被人眼察觉的音视频相对延时。这就需要在系统的若干关键部位对音、视频信号之间的同步进行监视和测量。一般而言,当视频信号和音频信号经过分别处理后,就会在系统内部引入音视频延时。宽带的数字视频信号的处理需要花费几帧时间才能输出信号,而音频信号的带宽比视频信号的带宽窄得多,因而,往往只需很少的处理时间就可以输出信号。所以,在设计数字视频系统时,考虑到视频、音频信号处理时间的差异,在系统的验收以及运行维护时需要对音视频相对延时进行测试。

音视频延时的仪器测试需要停播测试,使用具有定时关系的专用的音、视频测试信号,将测试信号从系统上游馈入节目流链路中,在其下游的输出端用测量仪器获取音、视频信号,并通过计算分析得出其相对的定时关系。图 5-5-1 是音视频相对延时的测量框图。

这里以泰克公司的测试方法为例说明音视频延时测试的信号、原理和步骤。测试使用的音、视频信号源采用来自 TG 700 信号发生器的 HDVG7(高清数字视频模块)和 DVG7(标清数字视频模块)的音视频相对延时测量信号,可以分别用于测量高清和标清串行数字

图 5-5-1　音视频相对延时的测量框图

视频通道的音视频相对延时。泰克公司将该测试信号称为 Flash-Pop 序列，测试信号如图 5-5-2 所示。测试信号由同步的视频（只画出了亮度信号）和单频音频组成，测试序列先发出一秒钟的视频和音频，此后的四秒钟关闭视频和音频，以五秒钟为周期循环输出。

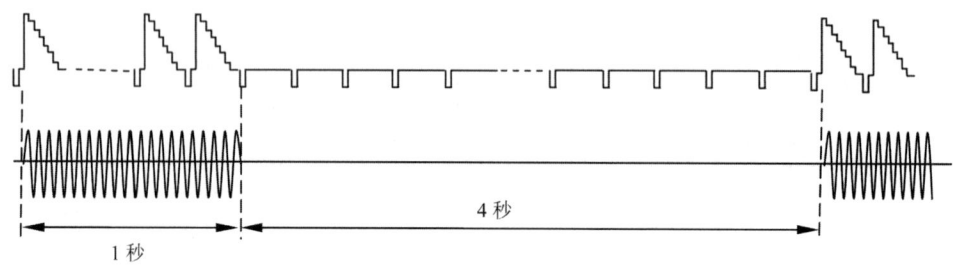

图 5-5-2　音视频相对延时测试信号

当音视频相对延时测试信号经过被测通道后，视频和音频延时不同，导致测试信号的同步点不一致，如图 5-5-3 所示。只要测出音频和视频同步点的相对时间，就可以测出音视频的相对延时 Δt。

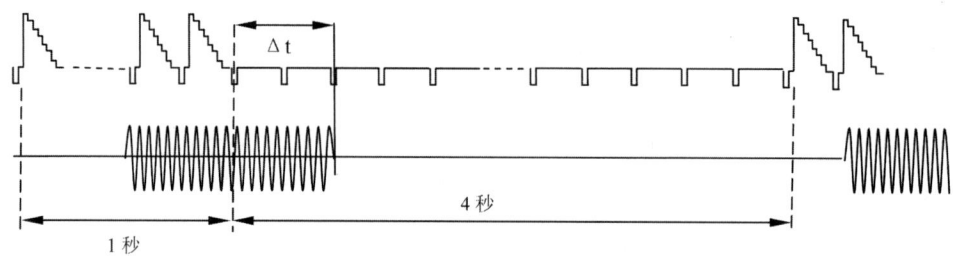

图 5-5-3　音视频相对延时测试测量

具体测试步骤是：连接好信号源、被测设备和测量仪器，注意 TG 700 信号发生器的测试信号选择，根据测试通道的格式选择相应的信号发生模块（DVG7 或 HDVG7），然后将"AV Timing"设置为"On"状态。再用带 AVD 选件的波形监视器，如 WFM 7120，在"Meas"项下选择"AV Delay"，可以得到如图 5-5-4 所示的测量结果。

关于系统对音视频相对延时量的要求，国际电信联盟 ITU-R BT 1359 根据主观测试的结果，定义了如图 5-5-5 所示的模板。从该测量模板可知，A 和 A′是人不能接受的 AV 延时量门限值，这个门限值分别是声音滞后视觉 185ms、声音超前视觉 90ms，一旦 AV 延时量超过了这个门限值，就不为人所接受。B 和 B′是人可以察觉的 AV 延时量门限值，这个门限值

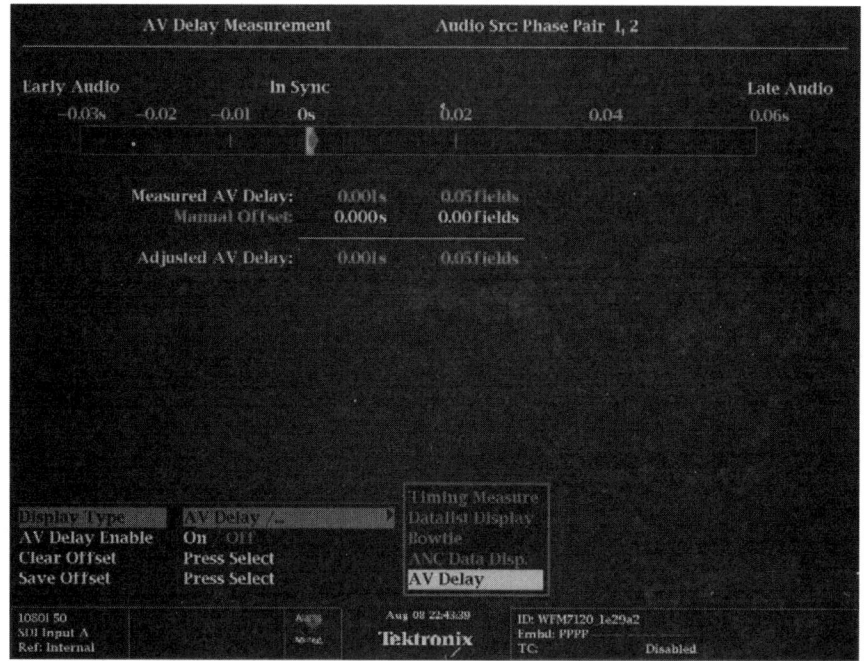

图 5-5-4　WFM7120"AVD"选件对音视频相对延时的测量结果（见彩图 4）

分别是声音滞后视觉 125ms、声音超前视觉 45ms，一旦 AV 延时量超过了这个门限值，人就可以察觉到 AV 延时。C 和 C′是人不可察觉的 AV 延时量门限值，这个门限值分别是声音滞后视觉 95ms、声音超前视觉 22ms，在此门限内的 AV 延时量不会被人察觉。

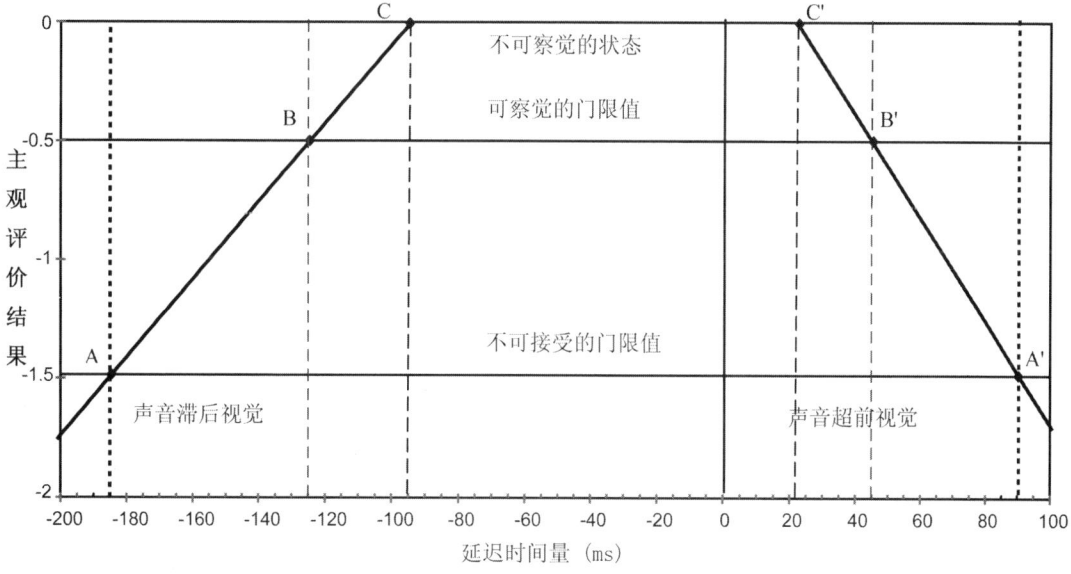

图 5-5-5　ITU R－BT 1359 的 AV 延时测量模板

根据 ITU-R BT 1359 的 AV 延时测量模板,结合数字视频系统各个环节的特点,可以分别制定相应信号处理环节对 AV 延时量的要求。我国广播电视行业标准 GYT 243—2010《标准清晰度电视数字视频通道技术要求和测量方法》规定了音频相对于视频的延时在+20～−60ms 以内(以视频为基准,音频超前为正,音频滞后为负),这就要求在播出之前的系统中声音相对视觉的延时量应在不可察觉的门限之内。同样,对于用户的接收环节,声音相对于视觉的延时量可放宽到可接受的门限值以内,如我国广播电视行业标准 GYT 221—2006《有线数字电视系统技术要求和测量方法》规定现场唇音同步的主观评价应无明显的图像滞后声音或超前声音现象,这个要求处于 ITU-R BT 1359 的 AV 延时测量模板中的可接受的门限值以内。而我国综合测试图中的 AV 延时量的刻度+40 ms ～−120ms 就相当于 ITU-R BT 1359 的 AV 延时测量模板中的可察觉的门限值。

5.6 误码秒及增强测试

5.6.1 误码

1. 误码率(BER)

误码率(BER)定义为错误比特数与总比特数的比率,通常用于对随机噪声引起的误码进行概率统计。举例来说,10 比特量化的串行数字视频分量的数据率是 270Mb/s,如果每个视频帧有一个误码,对于 525 行系统来说误码率是 $30/(270\times10^6) = 1.11\times10^{-7}$,625 行系统误码率为 $25/(270\times10^6) = 0.93\times10^{-7}$。表 5-6-1 显示了不同电视制式不同时间出现一个误码时对应的误码率。只有在接收端信号的信杂比低到足以产生随机噪声误码时,比特误码率才是一项评价被测系统性能的有意义的指标。

表 5-6-1 不同制式的串行数字系统在不同时间内出现一个误码时的误码率

误差之间的时间	NTSC143Mbit/s	PAL177Mbit/s	分量 270Mbit/s
1 电视帧	2×10^{-7}	2×10^{-7}	1×10^{-7}
1 秒	7×10^{-9}	6×10^{-9}	4×10^{-9}
1 分	1×10^{-10}	9×10^{-11}	6×10^{-11}
1 小时	2×10^{-12}	2×10^{-12}	1×10^{-12}
1 天	8×10^{-14}	7×10^{-14}	4×10^{-14}
1 星期	1×10^{-14}	9×10^{-15}	6×10^{-15}
1 月	3×10^{-15}	2×10^{-15}	1×10^{-15}
1 年	2×10^{-16}	2×10^{-16}	1×10^{-16}
10 年	2×10^{-17}	2×10^{-17}	1×10^{-17}
1 世纪	2×10^{-18}	2×10^{-18}	1×10^{-18}

2. 串行数字视频系统误码的特性

数字视频信号源的参数由 SMPTE 259M 规定。虽然在发送端并没有规定信杂比的典型值等于或大于 40dB,但如果系统某些部位的信杂比低到一定的值,系统就会产生误码,通常这一临界值在 20dB 附近。图 5-6-1 是串行传送和接收系统的基本框图。测试串行系统的一种直观方法是增加电缆长度,这是降低信杂比的简单方法。但是电缆本身并不是主要的噪声源,信杂比主要由接收机的噪声值决定。当电缆延长时,由于电缆的增加导致到达接收端的信号电平降低,这会引起接收机的信杂比降低,以至于产生误码。

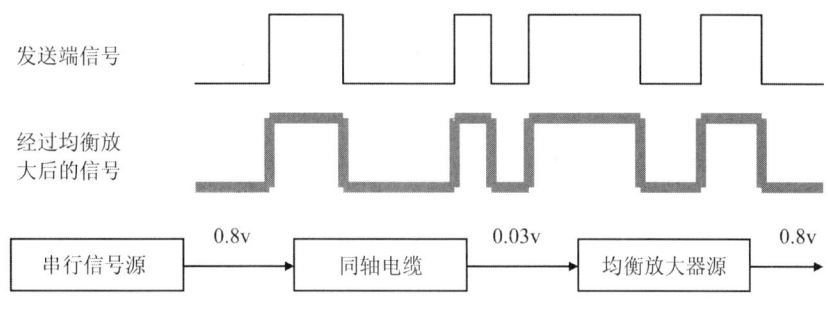

图 5-6-1　串行传输系统

假设传输通道的噪声按照高斯分布,利用误码函数计算得出的理论值如表 5-6-2 所示,表中数据显示了 NTSC 串行数字信号误码率与信噪比之间的关系。表 5-6-2 中有关 NTSC 串行数字传送的数据显示,信杂比提高 4.7dB,将会导致误码率从每帧一个误码变为一个世纪一个误码。

这种计算方法的基准点是根据串行数字接口的能力得出的。串行数字标准中建议 1/2 时钟频率通过电缆后衰落 30dB 时的电缆长度为期望的基准长度。也就是说接收机可以被设计成具备或强或弱的接收能力,但是必须能接收衰落 30dB 的信号。对于 NTSC 串行数字信号计算的基准是 400 米 BELDEN 8281 同轴电缆。另外,也可以使用其他类型的各种电缆,条件是电缆的频响必须满足标准中建议的频率的平方根特性。30dB 的衰落点就是通常所说的临界点。这种理论数据还可以用另一种方法来表示——把误码率作为电缆长度的函数,如表 5-6-3 和图 5-6-2 所示。图 5-6-2 中清楚地显示了在电缆长度与误码率的曲线上存在很陡的拐点。从表 5-6-3 中可知,在临界点增加 18 米电缆长度(总长度的 5%)将使系统崩溃,而减短 50 米电缆长度(总长度的 12%)系统的运行将相当稳定,仅一个月出现一个误码。对于其他制式虽计算的基准点有所差别,但也可以得出相似的结论。

在工程实践中建议系统保留 6dB 的余量或 80 米电缆长度的余量。如图 5-6-2 和图 5-6-3 所示,曲线拐点为 400 米的 NTSC 系统最大的电缆长度是 320 米。对于 270M 的串行数字分量系统,曲线的拐点为 300 米,建议使用的电缆长度为 210~220 米。系统在这种条件下运行,理论上将永远不会有误码。

表 5-6-2　NTSC 串行数字信号误码率与信噪比的关系

误码之间的时间	BER	SNR(dB)	SNR(电压比)
1μs	7×10^{-3}	10.8	12
1 毫秒	7×10^{-6}	15.8	38
1 电视帧	2×10^{-7}	17.1	51
1 秒	7×10^{-9}	18.1	64
1 分	1×10^{-10}	19.0	80
1 天	8×10^{-14}	20.4	109
1 月	3×10^{-15}	20.9	122
1 世纪	2×10^{-18}	21.8	150

表 5-6-3　NTSC 串行数字信号误码率与电缆长度的关系

误码之间的时间	BER	电缆长度	1/2 时钟频率衰落
1μs	7×10^{-3}	484 米	36.3 dB
1 毫秒	7×10^{-6}	418 米	31.3 dB
1 电视帧	2×10^{-7}	400 米	30.0 dB
1 秒	7×10^{-9}	387 米	29.0 dB
1 分	1×10^{-10}	374 米	28.1 dB
1 天	8×10^{-14}	356 米	26.7 dB
1 月	3×10^{-15}	350 米	26.2 dB
1 世纪	2×10^{-18}	</=338 米	25.3 dB

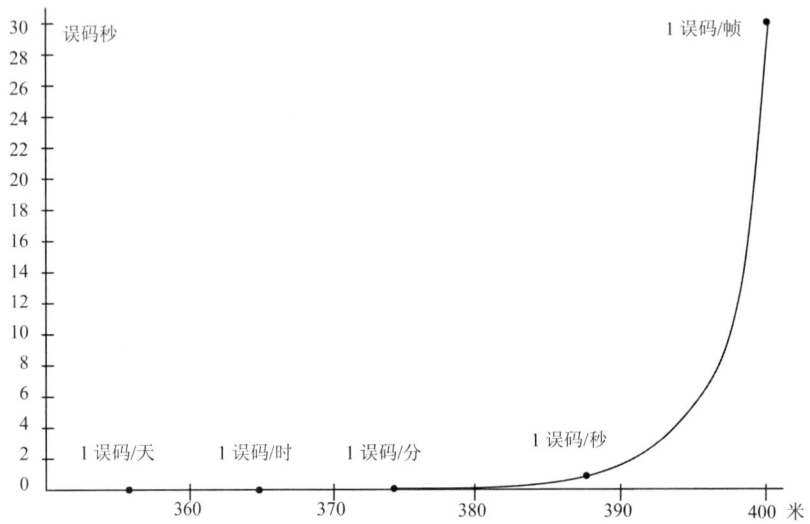

图 5-6-2　NTSC 系统电缆长度与误码的关系曲线

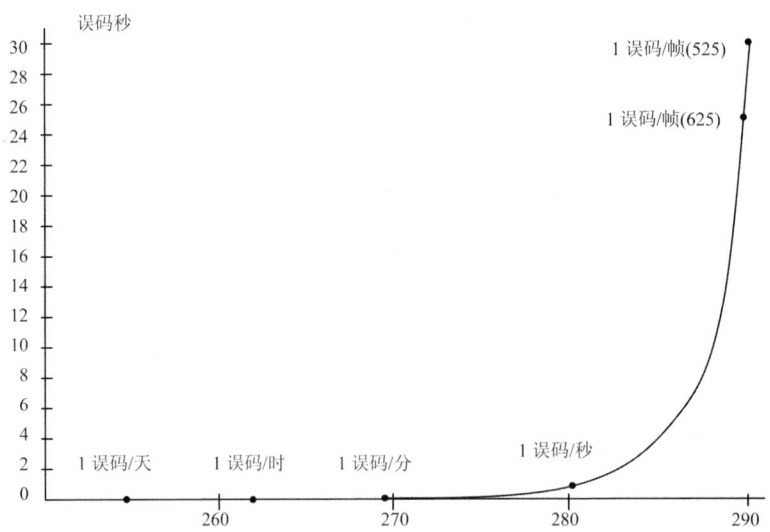

图 5-6-3　270M 串行分量系统电缆长度与误码的关系曲线

3.误码及误码秒

通过对串行数字视频系统的误码特性的分析可知,传统的误码率测试方法并不适合数字电视系统使用。主要原因有：

①误码率常被用于随机噪声引起的误码统计,而典型的串行数字视频系统通常工作在接近无随机噪声误码的环境中,其主要误码为脉冲误码。与随机噪声误码不同的是脉冲误码具有间隔出现的特点,一次脉冲误码的出现会引起数百个连续的数据字出错。

②误码率测试必须使用已经定义的伪随机比特流序列信号,而这些测试信号与串行数字视频比特流信号不存在相似特征,数字视频设备无法处理这些测试用的伪随机比特流信号。

③如果一个串行数字视频系统工作在安全区,由随机噪声产生的误码大约为每百年一次,误码率为 10^{-18},可见误码率测试不能提供有实际意义的数值。

④误码率测试必须在停播时进行,要测试所有的比特,往往需花费很长一段时间,在广播系统中不存在这样的测试环境。

因为误码不仅会使电视图像出错,而且严重时还会造成图像丢失。所以在串行数字视频系统的测试过程中,误码是我们关心的主要指标之一。运行在串行数字环境下的大多数数字视频处理设备通常都不会改变所携带的串行数据,即不会造成误码。误码的产生在很大程度上受环境的影响,如信杂比下降、高频抖动、设备接地问题、设备间连接的电气特性不好、电源纹波、脉冲干扰等。

在信号源和接收机之间只要有任何一个数据字数值的改变即为误码。对于实际运行中的串行数字视频系统,情况要复杂一些。比如切换矩阵改变所选择的信号时,会对信号产生短暂的干扰,这种情况则不能认为是误码。因此,误码检测标准 SMPTE RP165 除了规定在场消隐期进行切换的行,还对切换的时间作了规定,误码检测设备要忽略在这一段时间内由于切换引起的误码。另外,很多演播室设备通常会被认为不会改变信号,比如不带处理放大器的帧同步机、工作于直通模式的制作切换台、工作于电一电模式的数字录像机。但这些设备都有能力（或倾向于）替换全部水平消隐期和部分垂直消隐期,替换任何部分的电视信号都会破坏无误码信号的完整性。由于这些设备替换场消隐期的可能性,以及数字制式所定义的有效图像取样位置,可以把有效图像误码从全场误码中分开来定义。有效图像误码考虑了消隐期的替换问题。因此,在串行数字视频测试中定义了全场误码(Full Field Error)和有效图像误码(Active Picture Error)。

全场误码是指误码发生在除了 SMPTE RP165 标准规定的场消隐期的图像切换行之外的所有行的数据字中。有效图像误码是指误码发生在有效图像数据字中。一些测量仪器如泰克的 WFM 601、VM 700T(SDI 选件)等都带有误码统计功能,可以给出全场误码和有效场误码的统计。

由于串行数字视频系统的脉冲误码具有间隔性,因此使用误码秒来度量这种脉冲误码的特性。误码秒是每秒发生误码的统计数,比较适用于易受脉冲干扰而产生误码的场合,尤其适合于度量受短脉冲干扰引起视频同步信号受损而造成图像紊乱的误码特性。通常,人们关心的是节目出错的次数,而不是多少比特受到影响。

图 5-6-4 是 WFM 601 给出的误码检测状态显示。测试界面显示的是以 BELEDN 8281 为基准电缆,在 0 天 00 时 00 分 05 秒的持续时间内测得的有效的全场误码(FF CRC ERR SEC)3 个、有效图像误码(AP CRC ERR SEC)3 个,将误码统计个数除以时间,即可得到误码秒数值(每秒出现误码的个数)。同时,还给出了相对于基准电缆长度的等效电缆长度(APPROX CABLE LENGTH)25 米。通过误码状态检测和等效电缆长度测量,误码秒可应用于增强测试。此外,还可以在串行数字视频系统监测中引入误码检测和处理(Error Detecting and Handling)手段。

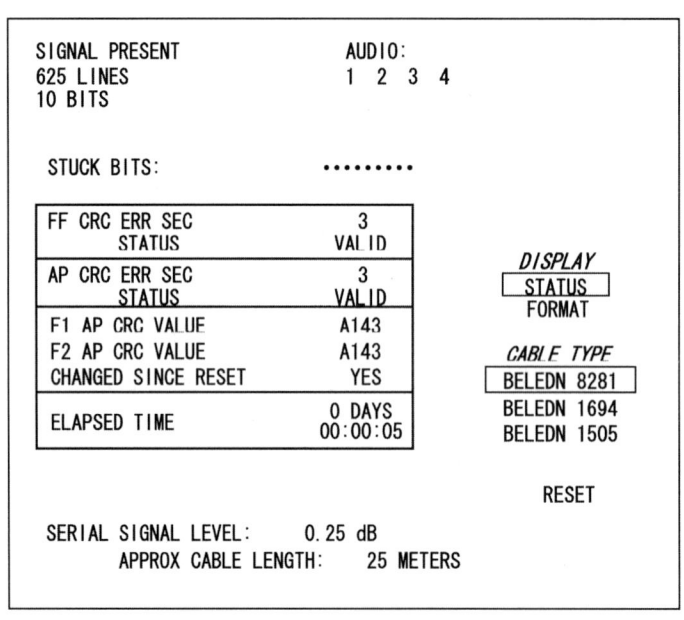

图 5-6-4　WFM 601 显示的误码检测状态

5.6.2 增强测试

与模拟系统不同,数字系统通常不会导致图像逐级劣化。在崩溃点之前,数字系统都能正常运行。这种特性在误码检测中已作了详细的分析。但是,其他增强测试功能也会产生同样的结果。我们需要知道运行中的数字系统还有多少余量,也就是说,需要了解系统离崩溃点有多远。至今为止,还没有出现不停播进行系统余量测试的方法,有关这方面的研究正在进行。因此,目前都使用停播的增强测试方法来评估系统的性能。

增强测试是通过改变数字信号的一个或几个参数直至系统出现误码的测试方法。引起差错的参数改变量就是系统的余量。根据串行数字视频标准,最直接的增强测试方法是增加电缆长度直到系统突然出现错误为止,还可以通过改变信号的幅度或上升沿、在信号中加入抖动等方法达到增强测试的目的。这些测试中的每一项都可以评价接收机的一个或几个方面的性能。这些性能包括接收机量化器的范围和精度、接收机的噪声特性等。许多实验结果表明,电缆长度测试是最有意义的增强测试,因为它模拟了实际运行的环境。通过改变信号幅度和加入抖动增强测试接收机的处理能力主要用于评价和验收设备,但在实际的系统运行中没有太大的意义。在系统运行的过程中,在发送端测量幅度,以及在系统的各点测试抖动是很有意义的。但这种情况是检测而不是增强测试。在合理范围内的噪声增加及上升沿改变对于数字系统几乎没有影响,这对于增强测试而言并不重要。

电缆长度增强测试可以使用实际的电缆或电缆仿真器来实现。同轴电缆是模拟真实运行环境最为理想的手段。需要在误码开始出现时刻测试一些关键参数。在适当的位置测试误码,误码曲线拐点的锐度决定了测量的质量。比如,使用 Belden 8281 同轴电缆,增加 5 米长度将从每分钟一个误码变成每秒超过一个误码。

在电缆测试时,为了便于比较各种不同参数型号的电缆性能,人们定义了等效电缆长度概念。所谓等效电缆长度是以某种型号的电缆为基准,测出其不同长度下的分布参量值,并将分布参量值存储在测量仪器中,再用仪器测量其他型号电缆不同长度下的分布参数值并与基准电缆比较,其对应的基准电缆长度即为被测电缆的等效长度。与基准电缆性能相当的电缆,其实际长度与等效电缆长度相同;性能优于基准电缆的电缆,其实际长度大于等效电缆长度,反之则小于等效电缆长度。

为了获得一些场合下不便使用尺子丈量的电缆长度,可以使用具有"等效电缆长度计"功能的波形监视器进行测量。如使用泰克公司生产的 WFM601,将其设置在"STATUS"的位置,取其数据显示部分,即可直接读取以米为单位的电缆等效长度(APPROX CABLE LENGTH)。正常情况下,当被测电缆的信号与测试选取的基准电缆型号相同时,测量值与实际丈量值出入不大。

图 5-6-4 所示的是使用 WFM601 的误码状态检测功能测量电缆长度的一个例子。屏幕显示的电缆长度为 25 米(APPROX CABLE LENGTH:25 METERS),全场误码统计数(FF CRC ERR SEC)为 3 个。

实际中,可以利用电缆等效长度测量结合误码的概念确定电缆长度是否安全。电缆会引入非线性失真,电缆的安全长度除了取决于电缆自身的传输特性外,还与输入端的输入均衡能力的高低相关。数字接收设备是否带有电缆均衡器,以及电缆均衡器均衡能力的高低也直接影响安全长度。通常通过加载试验进行测试,即额外增加电缆长度直到每秒出现一个误码(或自定义),此时增加部分的电缆长度就是余量。

在安全长度测量过程中,误码统计器起到了十分重要的作用。具有等效电缆长度计功能的仪器在数据显示部分都会有"Error Count"误码计数一项,其配合计数项目的旁边是"时间码"。每当误码出现时,可以先清零,然后记下本次误码到下一次误码出现的时间。或者统计一段时间内的误码个数,再求得出现一个误码所需的时间。有了误码数据和电缆长度,就可将电缆长度作为横坐标,以出现误码所需时间为纵坐标,逐点绘出该型号电缆"崩溃点"前后的变化曲线。如果以每秒出现一个误码作为崩溃点的话,其对应的长度即为该型号电缆的极限长度。在工程使用中,将极限长度折半或适当缩短,便可放心地作为安全长度基数。

寻找电缆"崩溃点"的测试,以出现误码为标准,先对选用电缆进行极限长度测试,条件是以每秒出现一个误码为准。测试之前,应准备数段不同长度的电缆,如50m、20m、10m、5m、2m等。在每段电缆两端做好连接器,在寻找误码时通过直通头连接各电缆来变换长度,直到仪器测量得到一秒出现一个误码为止,此时的电缆长度即为电缆的极限长度,该长度折半即为安全长度。

除了进行增强测试,等效电缆长度测量功能也可在实际运行维护中运用,以系统所用型号电缆的极限长度(如100m)折半设为工作长度(50m)。当运行时出现故障如电缆受到挤压变形、终接错误或出现各种不匹配因素(相当于电缆加长)时,仪器会显示"错误",长度数据将增大并超过工作长度,数据颜色同时变红。尽管实际长度并没有增加,但参数的变化相当于等效长度已经达到了出错值。为了保证安全运行,还可以再设置一关,将25m作为常规距离,因为机房内部实际连线差不多是这个数值。当出现轻微超标时,设定长度字符变成橘红色,提示注意排除故障。通过等效电缆长度测量措施可以有效保障数字系统的安全运行。

5.7 SDI检测场

SDI检测场也被称作"病理检测信号"(Pathological Signal),它并不是增强测试信号,而是一种全场测试信号,需要进行停播测试。对于串行数字系统的接收设备来说,SDI检测场是一种比较难处理的信号,SDI检测场包括两个独立的信号,这两个测试信号中有最大限度的低频能量。一个测试信号用于测试均衡器的工作性能,另一个用来测试锁相环的性能。SMPTE推荐的实施标准SMPTE RP178定义了SDI检测场。我国的国家标准GB/T 18472—2001《数字编码彩色电视系统用测试信号》对SDI检测场作了定义,该标准等效采用了ITU-R BT.801—1标准。

SMPTE推荐的SDI检测场信号由各占半场的两个病理检测信号组成,如图5-7-1所示。用于检测电缆均衡器的上半场信号以C-Y顺序传输,色度样点值为300H,亮度样点值为198H,上半场图像在图像监视器中呈现浅紫色阴影。用于检测锁相环能力的下半场信号色度样点值为 200H,亮度值为 110H,下半场图像在图像监视器中呈现浅灰色阴影。也有一些测试信号发生器采用 Y－C 顺序,测试信号在图像监视器上显示两种不同深度的绿色阴影。还有一些测试信号发生器能分别产生两个独立的整场病理检测信号。

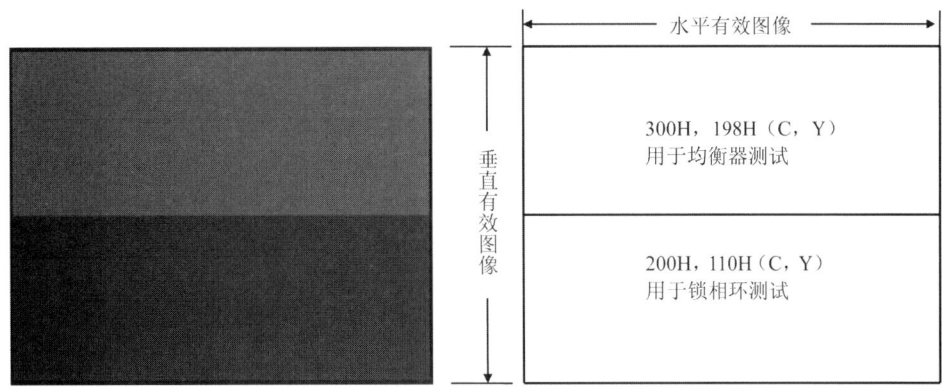

图 5-7-1　监视器显示的 SDI 检测场信号(见彩图 5)

病理检测信号是利用串行数字信号扰码处理的特性形成的。虽然数字视频信号在量化时,通过规定保护电平,排除了在有效图像区和辅助数据区出现"3FF"和"000"的电平值,但是在某些彩色平场信号中"1"和"0"的比例可能很不均匀。扰码处理可以彻底打乱长时间的"1"或"0",产生带有最小低频成分的频谱,并提供接收机提取时钟所需的最多的跳变沿。然而,某种特定的数据和扰码器的初始状态的组合有时会产生长时间连续的"0"(20 到 40 个)。这种长时间的连续"0"会使串行数字视频信号中的跳变沿减少,并使信号中的低频成分增大。这就是产生病理检测信号的基本机理。

对于检测电缆均衡器的病理检测信号,其有效图像行样点数据为"300H、198H、300H、198H……",转换成串行数据则为"0000 0000 11 0001 1001 10 0000 0000 11 0001 1001 10……"。如果有效图像行第一个样点数据的最低位到达扰码器输入端时,扰码器的状态正好全为"00000 0000",扰码器的输出端会产生如图 5-7-2 所示的连续 18 个"0"跟随 2 个"1"的周期信号,转换成不归零自然码后,变成 19 个"0"跟随 1 个"1",这样,信号带有很大的直流成分。

对于检测锁相环路的病理检测信号,其有效图像行样点数据为"200H、110H、200H、110H……",转换成串行数据则为"0000 0000 01 0000 1000 10 0000 0000 01 0000 1000 10……"。如果有效图像行第一个样点数据的最低位到达扰码器输入端时,扰码器的状态正好全为"00000 0000",扰码器的输出端会产生如图 5-7-3 所示的连续 19 个"0"跟随 1 个"1"的周期信号,经过倒置变换后,变成 20 个"0"跟随 20 个"1",此信号"0"和"1"的变换次数最小。

值得注意的是,由于数字视频信号的 EAV 和 SAV 影响了有效图像行样点数据的连续

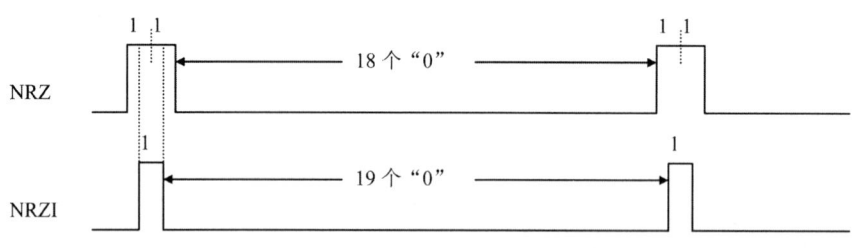

图 5-7-2　检测电缆均衡器的病理检测信号及形成

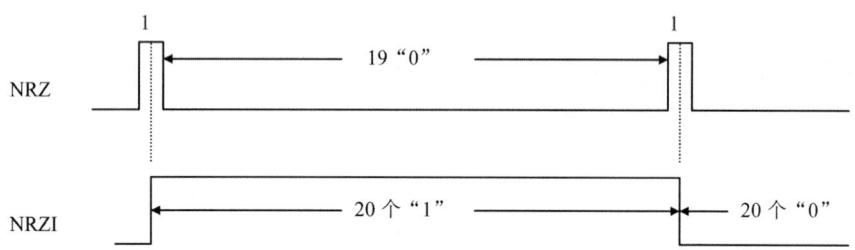

图 5-7-3　检测锁相环的病理检测信号及形成

性,因此,每一行的病理检测信号的形成都由扰码器在 SAV 结束时刻的状态决定。由于扰码器有 9 个移位寄存器,可能产生 512 种随机状态,因此,每 512 行图像数据信号中可能出现 1 行具有上述特征的病理检测信号。

利用 SDI 检测场进行测试时,将测试信号输入被测设备的输入端,把被测设备的输出信号接入带有 EDH 功能的数字波形监视器。当输入的测试信号为测试电缆均衡器的信号时,如果出现误码,则表示电缆均衡器出现问题,通常是因为电缆长度超过了电缆均衡器的校正能力,减短电缆长度可消除此类问题;当输入的测试信号为检查锁相环的信号时,如果出现误码,则表明设备内的时钟再生器有问题,锁相环控制的压控振荡器的自由振荡频率偏离了规定的频率。

本章重点小结

1. 串行数字分量视频系统物理层技术指标测量。
2. 抖动定义及分类。
3. 串行数字分量视频信号格式分析。
4. 串行数字分量视频信号嵌入数字音频及辅助数据分析。
5. 音视频相对延时测量。
6. 误码秒概念及增强测试法。

7. SDI 检测场的特点及作用。

习题与思考

1. SDI 信号为什么要进行通道编码？625 行/50 场的串行数字分量视频信号的码率是多少？1UI 是多少？

2. SDI 接口的反射损耗是如何测量的？

3. SDI 接口的特性指标有哪些？说明我国广播电视行业标准 GYT 243—2010 对接口特性指标的要求。

4. SDI 视频内容检验包括哪些内容？

5. 影响 SDI 数据传输的模拟因素有哪些？

6. 解释 SDI 嵌入 AES/EBU 包头数据 000 3FF 3FF 2FF 200 224 的意义。解释 AES/EBU 数据 282、1FF、21F 的含义。

7. 为什么传统的误码率测试不适合数字电视系统？

8. 什么是抖动？如何分类？测量定时抖动和校准抖动时如何进行滤波器设置？

9. 什么是误码秒？什么是有效图像误码？什么是全场误码？什么是 EDH？

10. 说明电缆长度增强测试的方法和作用。

11. 哪些因素会引起音视频相对延时误差？简述音视频延时测试的信号、原理和步骤。我国广播电视行业标准 GYT 243—2010 规定的音频相对于视频的延时范围是多少？

12. 简要说明 SDI 检测场的特点及作用。

第6章 高清晰度电视数字分量视频信号测量与监测

数字高清晰度电视除了基本参数与数字标清晰度电视不同之外,其取样量化和信号格式的构成基本原则都与数字标准清晰度电视一样。因此,本章将重点讨论高清晰度电视与标准清晰度电视信号测量的不同之处。

6.1 高清晰度电视数字分量视频信号串行接口物理层特性参数测量

6.1.1 高清比特并行接口

高清视频信号并行传输的数据字为 20 或 30 比特。对于 4∶2∶2 编码的演播室视频信号,亮度信号 Y 和时分复用的色差信号 C_B/C_R 并行传输,数据字为 20 比特,采用 20 对屏蔽导线进行传输,也可以附加一个 10 比特的辅助数据流通道,构成 30 比特的传输通道;对于 R、G、B 信号,三路信号并行传输,数据字为 30 比特,采用 30 对屏蔽导线进行传输;此外,加上一对屏蔽导线传输同步时钟信号。不论哪种并行传输方式,其传输的速率都是 74.25 兆字/秒,只是数据字长度可能是 20 比特或 30 比特。

并行传输的每个线路驱动器都是平衡输出的,与其相应的线路接收器是平衡输入。线路驱动器输出阻抗为 110Ω,相对于地的共模电压为 −1.29V±15%;加 110Ω 负载,信号幅度峰峰值为 0.6 至 2.0V;时钟抖动为 ±0.04T_{ck},1 T_{ck}=1/74.25=13.468ns;数据定时容差为 ±0.075T_{ck};各导线之间的延时差为 ±0.18T_{ck}。

6.1.2 高清比特串行接口

数字高清视频比特串行接口传输的数据流包括视频数据、视频定时基准、行号、校验码、辅助数据和消隐数据。在并行传输中,亮度数据 Y 和复用后的色差数据 C_B/C_R 是并行的数据,数据字长度各为 10 比特。两个并行比特流经过复用、并串转换和加扰后转换成串行比特码流,通过单一通道进行传输。

复用就是把两个并行码流即 10 比特亮度数据 Y 码流和 10 比特复用后的色差数据 C_B/C_R 码流合成一个并行 10 比特数据流,复用的数据流按照 C_B,Y,C_R,C_B,Y,C_R,Y……的顺序排列。

复用的具体过程如图 6-1-1 所示。图 6-1-1 中,$YD_0 \sim YD_{1919}$ 表示 Y 信号的数字亮度数据;$C_BD_0 \sim C_BD_{959}$ 表示 C_B 信号的数字色差数据;$C_RD_0 \sim C_RD_{959}$ 表示 C_R 信号的数字色差数据;$YA_0 \sim YA_{707}$ 表示亮度数据流 Y 中的辅助数据或消隐数据;$CA_0 \sim CA_{707}$ 表示色差数据流 C_B/C_R 中的辅助数据或消隐数据;$T=1/74.25MHz=13.468ns, T_S=1/2T$。

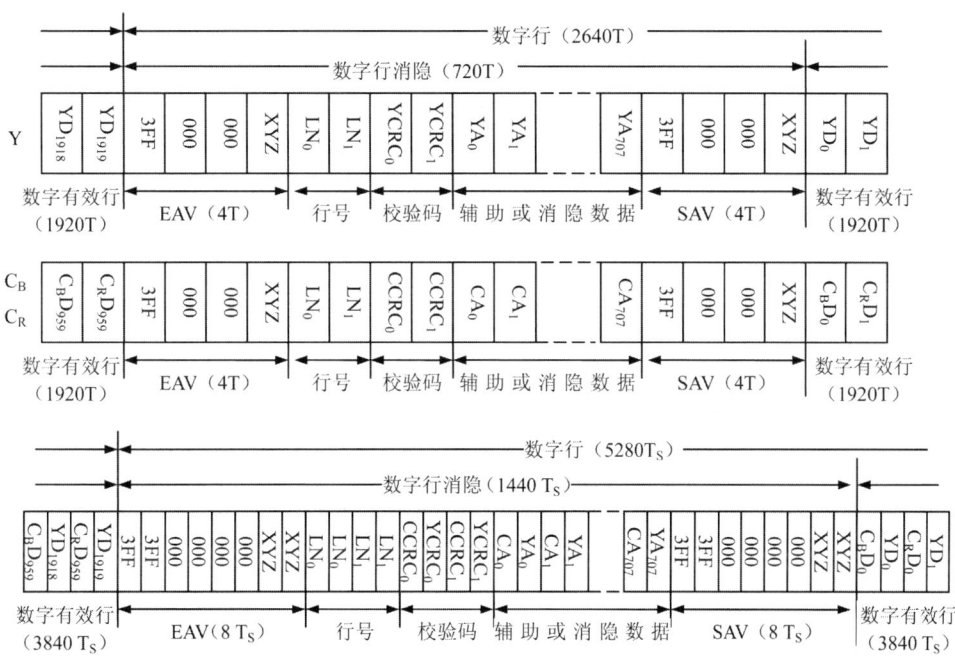

图 6-1-1　1125/50 隔行扫描系统信号的数据流

两个传输码率为 74.25 兆字/秒的 10 比特的数据流复用成一个 10 比特的数据流,其传输码率为 2×74.25 兆字/秒=148.5 兆字/秒,再通过并串移位寄存器,以 148.5MHz 时钟写入移位寄存器,使用 10 倍时钟(1485MHz)按照最低有效位在先、最高有效位在后的次序读出,得到传输码率为 1485Mb/s 的不归零自然码串行数据流。

此外,为了传输,还要进行传输信道处理,对串行数据流进行扰码和编码,其处理方式与标清串行数字流的扰码和编码类似,这里不再重复。

6.1.3　物理层特性参数测量

1. 同轴电缆接口的特性

同轴电缆接口的特性包括线路驱动器的特性、线路接收器的特性和传输线的特性。

(1) 线路驱动器的特性

如表 6-1-1 所示,ITU-R BT. 1120 规定了线路驱动器的特性参数,要求线路驱动器为不平衡输出,输出阻抗 75Ω;在 5MHz～742.5MHz 频率范围内,反射损耗应大于等于 15dB,在 742.5MHz～1.485GHz 频率范围内,反射损耗应大于等于 10 dB;接 75Ω 负载电阻,通过 1 米同轴电缆测量信号幅度应为 800 mV$_{P-P}$±800 mV$_{P-P}$×10%;在信号的半幅度点测量直流电平偏移应为 0±500mV;在 75 负载电阻上,测量 20%～80% 幅度点的上升下降时间小于 270ps。

表 6-1-1 线路驱动器特性参数

序号	线路驱动器特性参数		数值	单位	备注
1	输出阻抗		75	Ω	
2	反射损耗(Return Loss)		≥15	dB	5MHz～742.5MHz
			≥10	dB	742.5MHz～1.485GHz
3	信号幅度(Amplitude)		800±800×10%	mV$_{P-P}$	
4	直流电平偏移(DC-Shift)		0±500	mV	
5	上升/下降时间(Rise/Fall Time)		270	ps	20%～80% 幅度点
6	上升下降时间差		≤100	ps	
7	输出抖动	定时抖动	1	UI	$f_1=10Hz～f_3=100KHz$
		校准抖动	0.2	UI	$f_3=100KHz～f_4=148.5MHz$

(2) 线路接收器的特性

线路接收器的输入具有不平衡性,其特性参数规定了当线路接收器连接于工作在极限条件下的线路驱动器,接收器能够正确接收数据的条件,见表 6-1-2。参数表中未规定输入抖动容限,对于实际的接收设备可以通过增强测试测出相应的容限值。

(3) 传输线的特性

如表 6-1-3 所示,ITU-R BT. 1120 要求传输电缆的损耗特性应与频率平方根的倒数成正比,在 1/2 时钟频率点电缆损耗应小于等于 20dB;在 5MHz～742.5MHz 频率范围内,反射损耗应大于等于 15dB;在 742.5MHz～1.485GHz 频率范围内,反射损耗应大于等于 10 dB。电缆的特性阻抗为 75Ω。

表 6-1-2　线路接收器特性参数

序号	线路驱动器特性参数		数值	单位	备注
1	输入阻抗		75	Ω	
2	反射损耗(Return Loss)		≥15	dB	5MHz~742.5MHz
			≥10	dB	742.5MHz~1.485GHz
3	干扰信号		±2.5	V_{P-P}	直流
			<2.5	V_{P-P}	小于5KHz
			<100	mV_{P-P}	5KHz到27MHz
			<40	mV_{P-P}	大于27MHz
4	输入抖动容限	定时抖动	未定	UI	$f_1=10Hz~f_3=100KHz$
		校准抖动	未定	UI	$f_3=100KHz~f_4=148.5MHz$

表 6-1-3　传输线特性参数

序号	传输线特性参数	数值	单位	备注
1	电缆损耗	≤20	dB	1/2时钟频率点
2	反射损耗(Return Loss)	≥15	dB	5MHz~742.5MHz
		≥10	dB	742.5MHz~1.485GHz
3	电缆阻抗	75	Ω	

2.数字高清视频信号的物理层特性参数测量

数字高清视频信号的物理层特性参数主要包括眼图信号的幅度、直流电平偏置、时钟周期、上升时间、下降时间、上冲、下冲以及抖动，还有接口的反射损耗。反射损耗的测量与标清视频系统相同，其余的参数如幅度、周期等通常通过波形监视器的眼图观测得到。图6-1-2是串行高清数字视频信号的眼图波形显示，通过观测眼图可以得到基本的物理层特性参数。图6-1-3是SDI状态检测，也可以给出眼图的物理层特性参数。对线路驱动、接收及电缆特性参数的测量方法可参看第五章的相关内容。

6.2　高清晰度电视数字分量视频格式分析与监测

6.2.1　数字高清晰度电视演播室参数标准

国际电信联盟的ITU-R BT.709建议提出了两种HDTV节目制作及节目交换用的HDTV参数，一种是隔行扫描数字HDTV视频格式，另一种是方形像素通用高清晰度视频

140　数字视频测量技术

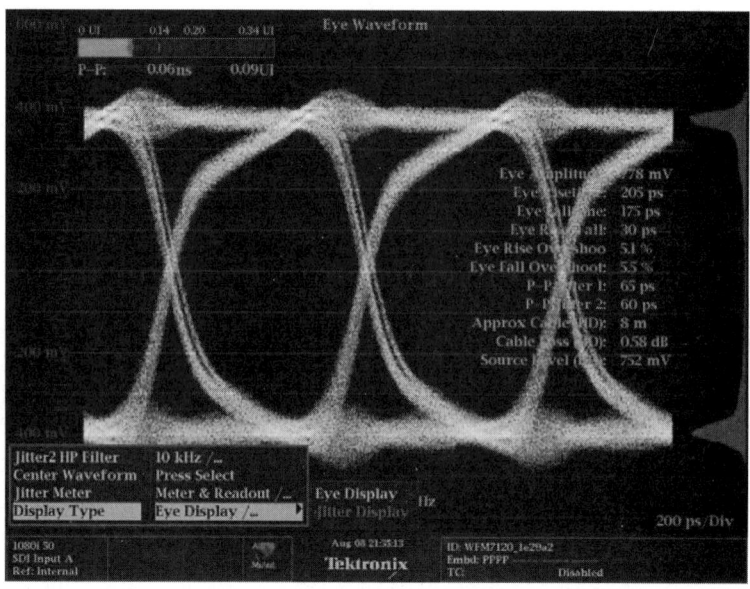

图 6-1-2　WFM7120 显示的眼图和物理层特性参数(见彩图 6)

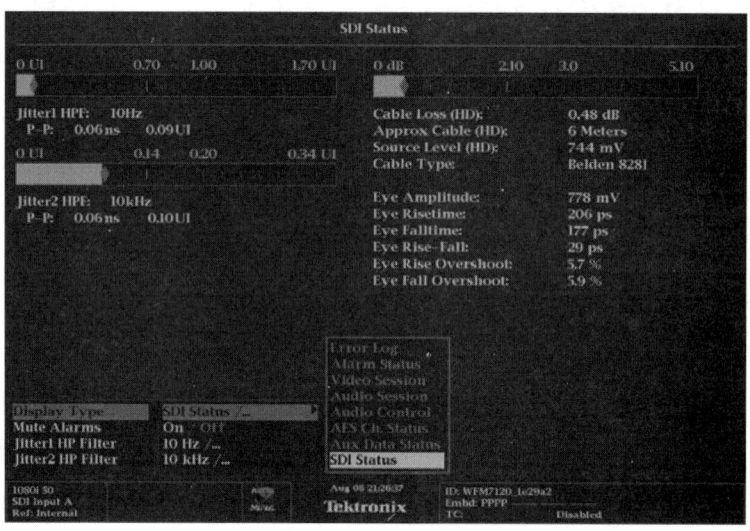

图 6-1-3　WFM7120 的 SDI 状态显示给出的物理层特性参数(见彩图 7)

格式。参考方形像素通用高清晰度视频格式,我国在 2000 年颁布了 GY/T 155—2000《高清晰度电视节目制作及交换用视频参数值》标准,具体参数见表 6-2-1。

我国的 HDTV 标准采用分辨率为 1920×1080、帧频为 25Hz 的隔行扫描方式。从表 6-2-1 可以看出,我国数字高清晰度电视编码在信号的取样结构、编码方式、量化以及量化电平的分配等处理过程上与标准清晰度电视原理完全相同。只是数字高清晰度电视参与编码的信号可以是 R、G、B 的分量格式。

表 6-2-1　我国高清晰度电视节目制作及交换用视频参数表

参　　数	数　　值	
编码信号	R、G、B 或 Y、C_B、C_R	
R、G、B 和 Y 的取样结构	正交,行和帧扫描位置重复	
C_B、C_R 的取样结构	正交,行和帧扫描位置重复,彼此的取样点重合,与亮度取样点隔点重合(第一个有效色差样点与第一个有效亮度样点重合)	
编码方式	线性,8 或 10Bit/样值	
量化电平	8Bit 编码	10 Bit 编码
R、G、B、Y 的消隐电平	16	64
C_B、C_R 的消色电平	128	512
R、G、B、Y 的峰值电平	235	940
C_B、C_R 的峰值电平	16 和 240	64 和 960
量化电平分配	8Bit 编码	10Bit 编码
视频数据	1～254	4～1019
同步基准	0 和 255	0～3 和 1020～1023
每帧总行数	1125	
隔行比	2∶1	
帧频(Hz)	25	
行频(Hz)	28125	
每行总样点数:	R、G、B、Y	2640
	C_B、C_R	1320
每行有效取样点数:	R、G、B、Y	1920
	C_B、C_R	960
标称信号带宽(MHz)	30	
R、G、B、Y 的取样频率(MHz)	74.25	
C_B 和 C_R 的取样频率(MHz)	37.125	

由于每帧总行数是 1125 行,帧频为 25Hz,则行频 = 1125×25Hz = 28125Hz。信号标称带宽为 30MHz,R、G、B、Y 的取样频率为 2.25MHz 的整数倍,且大于 2.4 倍的标称带宽,所以,R、G、B、Y 的取样频率为 33×2.25MHz = 74.25MHz。色差信号的取样频率为亮度取样频率的一半,为 74.25MHz/2 = 37.125MHz。这样,每行 R、G、B、Y 的总样点数 = R、

G、B、Y 的取样频率/行频 = 74.25MHz/28125Hz = 2640；由于色差信号取样频率降低一半，每行色差的总样点数也减少一半，为 1320 个样点。

此外，为了传输重现丰富的彩色效果，我国高清晰度电视标准还采用了扩展色域的方法，通过保留已有的基色荧光粉坐标的彩色编码方式，扩大摄像机的 RGB 三基色信号动态范围来扩展色域。由于电视系统所需的信号动态范围决定于基色坐标、光电转换特性和要传输的颜色范围，要使电视系统传输的扩展色域能够覆盖相应标准规定的彩色范围，经过校正后的 RGB 信号的动态范围应在 −0.23~1.15 之间。这一动态范围超出了现行电视系统中规定的信号范围 0~1，要重新进行量化电平的分配。

我国高清晰度电视标准中还包括了 24P 格式参数，这是符合电影规范的逐行扫描方式，主要是为了适应运用数字电影制作高清电视节目或使用高清电视制作电影的情况，便于电影和高清节目之间的转换。24P 格式参数见表 6-2-2。

表 6-2-2　24P 格式参数

参　数	数　值
每帧总行数	1125
帧频	24
隔行比	1∶1
行频	27000
每行取样点数（R、G、B 和 Y）	2750
每行取样点数（C_B 和 C_R）	1375
标称信号带宽（MHz）	30
R、G、B 和 Y 的取样频率	74.25
C_B 和 C_R 的取样频率（MHz）	37.125

6.2.2　高清晰度电视数字分量视频信号格式

与数字标清信号一样，数字高清晰度数据信号为二进制编码，信号中包括 8 比特字或 10 比特字的视频数据、定时基准码和辅助数据等信息。

1. 数字高清晰度视频数据

数字高清晰度电视演播室参数标准规定，一帧图像的有效亮度及三个基色信号的像素数各为 1920×1080，两个色差信号像素各为 960×1080，并行传输时，两个色差信号按次序进行时分复用，如果进行串行传输还要对亮度信号和复用后的色差数据进一步进行时分复用。如果是三基色信号,要对 RGB 数据进行时分复用后,再形成串行数据。

对于并行传输的数据格式,亮度信号和经过时分复用后的色差信号处理为并行的 20 比特数据字,每个 20 比特数据字对应一个色差取样和一个亮度取样,复用次序是(C_{B1} Y_1)、(C_{R1} Y_2)、(C_{B3} Y_2)、(C_{R3} Y_4)……括号里是并行的 20 个比特的数据字。RGB 信号通常被处理成 30 个比特的数据字。这样,对于并行传输的数字高清晰度电视,色差分量格式一行共有 2640 个 20 比特的数据字,RGB 分量格式一行共有 2640 个 30 比特的数据字。一行中用于传输视频信号的有效数据字为 720 个。一行数字高清晰度电视的并行传输的数据格式如图 6-2-1 所示。

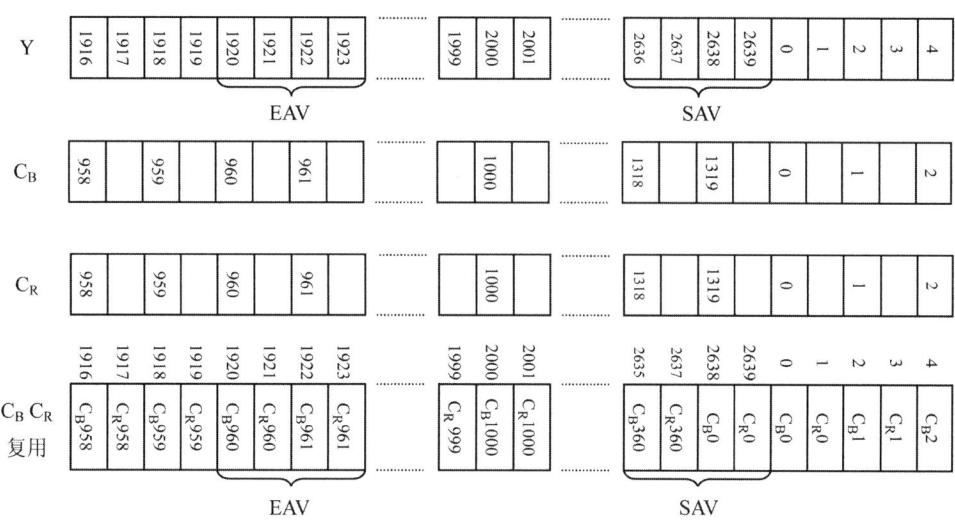

图 6-2-1 高清 1125/50 标准的数字行消隐及数据合成

2. 数字高清视频信号与模拟高清视频信号波形的定时关系

这里主要介绍 1125/50 隔行扫描系统的定时关系。

(1) 行定时关系

模拟高清晰度电视采用三电平同步脉冲,该脉冲波形先低于消隐电平,然后又高于消隐电平,在三电平同步脉冲中的定时基准处于同步基准的上升时期与消隐电平相交处,模拟高清视频行起始于三电平同步脉冲的定时基准处,结束于下一行的三电平同步脉冲的定时基准处。同步脉冲电平幅度为 ±300mV,正负同步电平之间的幅度差应不超过 6mV,三电平同步脉冲的参数及波形如图 6-2-2 所示。行频 28125Hz 的倒数就是模拟行周期,大小为 35.556μs。

1920 乘以取样周期 1/74.25μs 可得到模拟行正程,大小为 25.859μs。行周期减去行正程可得到模拟行消隐,大小为 9.697μs。其中,消隐前肩规定为 6.518μs,消隐后肩规定为

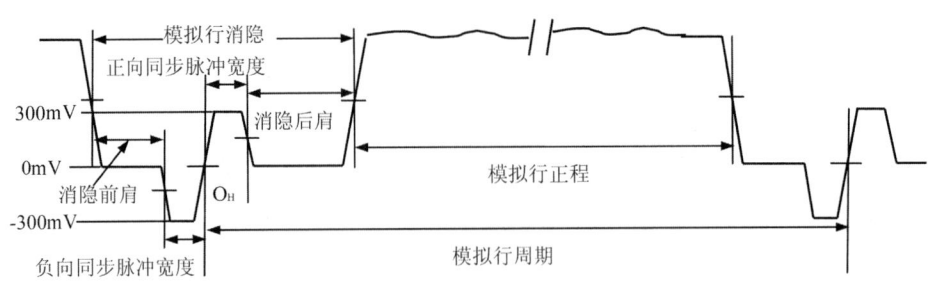

图 6-2-2 三电平同步脉冲的波形及参数

$1.993\mu s$,其正向和负向同步脉冲宽度各为 $0.593\mu s$。

由于数字高清晰度电视视频信号是由模拟高清晰度视频信号经过 A/D 转换得到的,那么,在高清数字视频信号与模拟视频信号之间存在明确的定时关系。图 6-2-3 给出了高清数字视频数据流与模拟行波形之间的详细关系,表 6-2-3 是两者之间的详细的定时参数。每行 $35.556\mu s$ 内有 2640 个亮度或基色信号取样周期,数字行开始于相应行的模拟同步信号的基准点(O_H)前 528 个亮度取样周期处;数字有效行开始于相应行的模拟同步信号的基准点(O_H)后的 192 个亮度取样周期处,有效行长度为 1920T;数字消隐起始于模拟行同步前沿 O_H 前 528 个亮度周期处,其长度为 720T。消隐行左端有 4T 的定时基准 EAV,EAV 代表有效视频结束;EAV 之后,是各 2T 的行号和 CRC 循环校验码;右端有 4T 的定时基准 SAV,SAV 代表有效视频开始。其中,T 代表亮度或基色信号的取样周期,$T=1/74.25=13.48ns$。

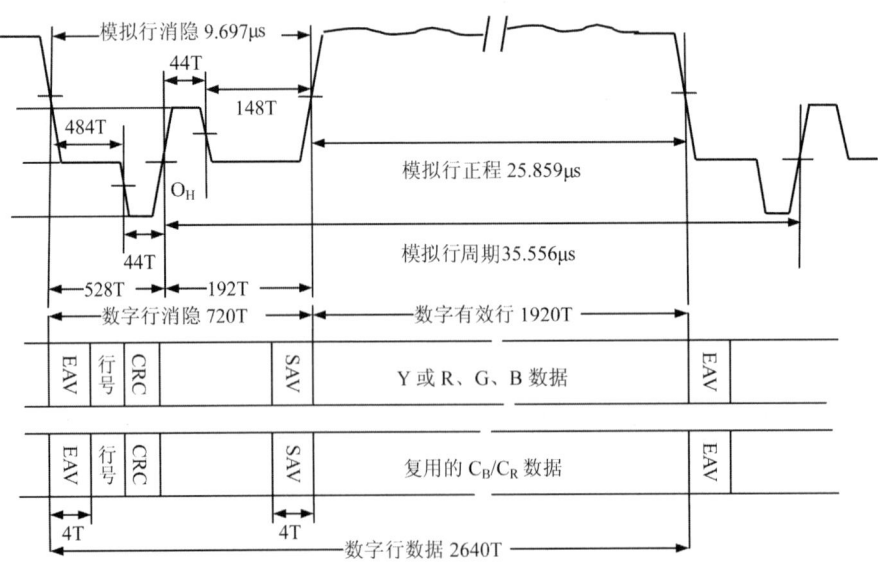

图 6-2-3 数字高清并行数据格式与模拟视频波形关系

表 6-2-3　1125/50 高清数字行与模拟行定时参数

参数	数值	参数	数值
模拟同步类型	三电平同步脉冲	模拟行正程终点与 EAV 始点的间隔	0T
模拟定时基准	上升沿过零点或 50%处	模拟行正程始点与 SAV 终点的间隔	0T
总行数/帧	1125 行	EAV 至模拟同步定时基准	528T
有效行数/每帧	1080 行	SAV 至模拟同步定时基准	192T
场频	50Hz	SAV 持续时间	4T
场周期	20ms	EAV 持续时间	4T
行频	28125Hz	数字行全行	2640T
行周期	35.556μs	数字有效行	1920T
行消隐	9.697μs	数字行消隐	720T
消隐前肩	6.518μs	行号及 CRC 信息	各 2T
负同步脉冲宽度	0.593μs		
正同步脉冲宽度	0.593μs		
消隐后肩	1.993μs		

(2)场定时关系

隔行扫描数字高清晰度电视视频系统的数字场与模拟场之间的详细定时关系如图 6-2-4 所示。从图中可以看出，两者存在比较一致的定时关系，其行号和奇偶场次序是一致的，差别在于模拟信号的奇偶场分界点在第 563 行的中间，而数字信号的奇偶场分界点则在 563 行的结束。第一场的第 1 行到第 20 行为数字场消隐，第 21 行到第 560 行是数字有效视频行，第 561 行到第 563 行为第一场的数字场消隐；第二场的第 564 行到第 583 行是数字场消隐，第 584 行到第 1123 行是第二场的数字有效视频行，第 1124 行和第 1125 行为第二场的数字场消隐。

(3)视频定时基准码

定时基准 SAV 表示每个视频数据块的开始，EAV 表示每个视频数据块的结束。定时基准 EAV 和 SAV 中的 F、V、H 各位的取值表示 F、V、H 的状态，对于高清视频定时基准的组成和各比特位的分配以及保护比特的构成方式与标清数字视频的视频定时基准码是一致的，具体可参看第二章的有关内容。高清的逐行扫描系统的 F、V、H 取值表示的状态有别于隔行扫描系统。在隔行扫描方式下，由于不分奇偶场，F 恒为 0。图 6-2-5 是隔行扫描系统的 F、V、H 的取值。

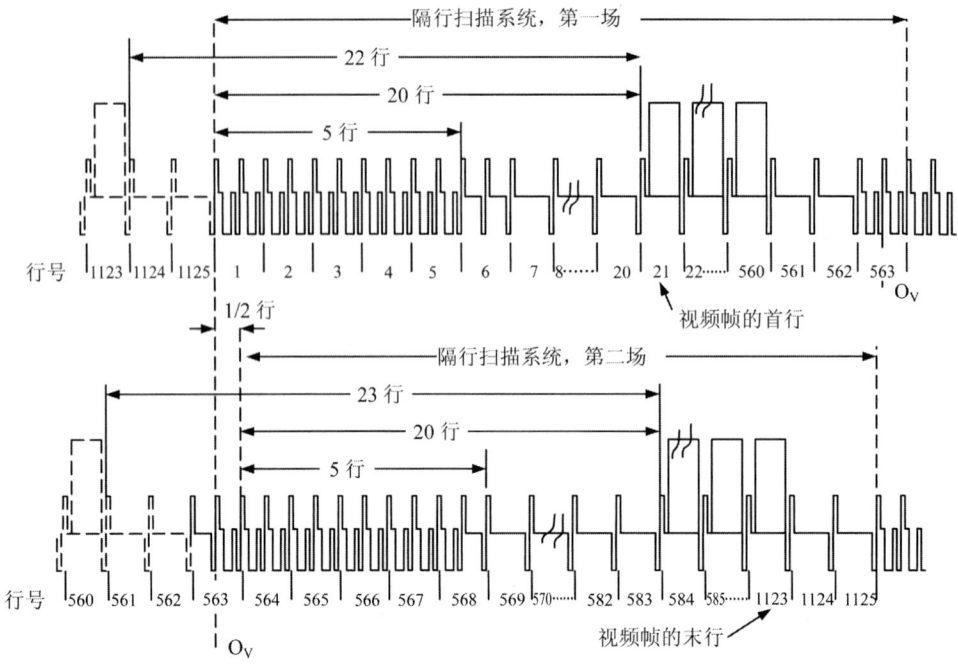

图 6-2-4 隔行扫描系统高清模拟视频场定时关系

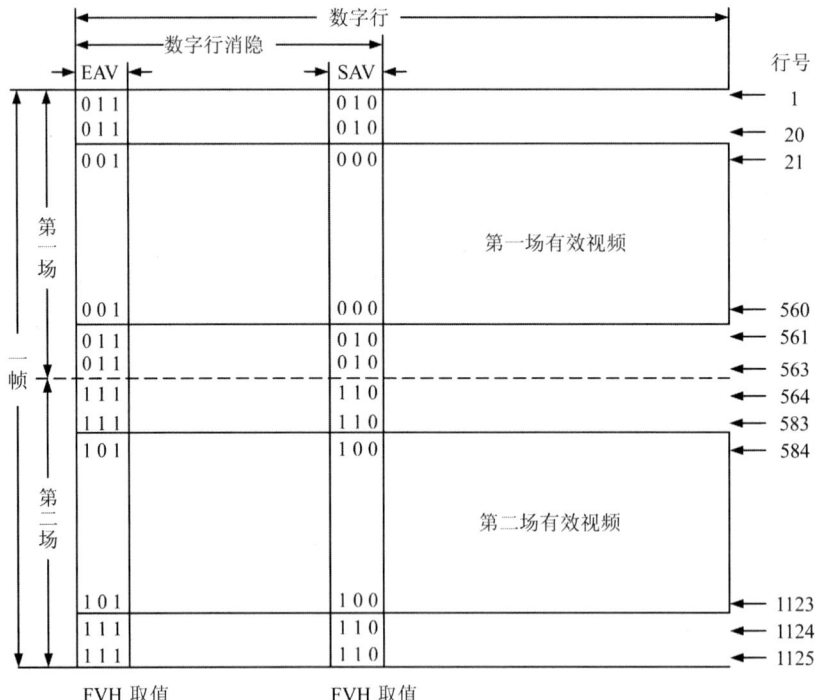

图 6-2-5 1125/50 隔行扫描系统的 F、V、H 取值

(4)行编号及 CRC 循环冗余校验字

与标清数字视频不同,在数字高清晰度视频数据格式的 EAV 之后,附加了 4 个数据字,如图 6-2-6 所示。其中有两个数据字的行编号(LN_1 和 LN_0),这是一个 11 比特的二进制行计数器,用于指示行号,这 11 个比特分布在数据字 LN_1 和 LN_0 中,具体分布如表 6-2-4 所示。第 9 位为最高位,位 9 数字值为位 8 值取反;第 0 位为最低位;$R_{(0)}$ 为保留位,置 0。L_{10} 至 L_0 是二进制的行编号。比如第 1024 行,二进制行编号是 $L_{10} \sim L_0$ = 100 0000 0000 B,数据字 LN_0 = 10 0000 0000B,数据字 LN_1 = 10 0010 0000B。

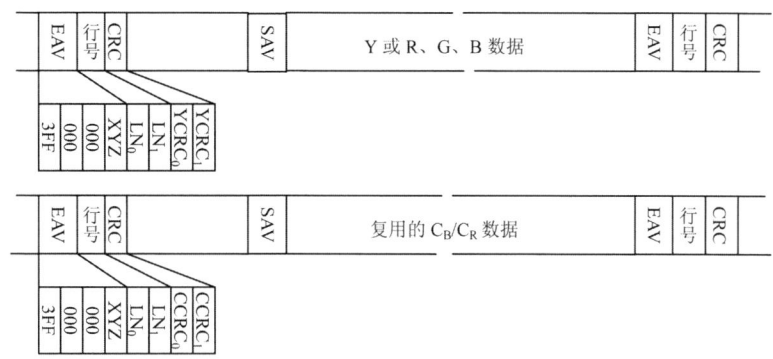

图 6-2-6 数字高清并行数据格式辅助数据字

紧跟着行编号数据字是两个数据字的 CRC 循环冗余校验码。由于高清晰度视频数据格式下,亮度和色差数据是并列排列的,因此,有色差和亮度两种 CRC 循环冗余校验码,分别对每行的亮度数据和色差数据按照公式 $CRC(X) = X^{18} + X^5 + X^4 + 1$ 进行计算,得到亮度校验字($YCRC_0$ 和 $YCRC_1$)和色差校验字($CCRC_0$ 和 $CCRC_1$),用于校验数字有效行的错误,计算的范围是一个有效行的起始数据字到该行的行编号的最后一个数据字。

表 6-2-4 行编号数据字中各比特位的分布

行编号数据字	9MSB	8	7	6	5	4	3	2	1	0LSB
LN_0	$NotB_8$	L_6	L_5	L_4	L_3	L_2	L_1	L_0	$R_{(0)}$	$R_{(0)}$
LN_1	$NotB_8$	$R_{(0)}$	$R_{(0)}$	$R_{(0)}$	L_{10}	L_9	L_8	L_7	$R_{(0)}$	$R_{(0)}$

(5)消隐期的数据字

在数字高清视频信号的消隐期可以传送辅助数字。如不传送辅助数据字,则发送消隐电平数据。Y、R、G、B 信号消隐期的消隐电平数据是 64D,色差信号 C_B/C_R 消隐期的消隐电平是 512D。

3.高清晰度数字分量视频信号格式检验与内容监测

与数字标清视频信号类似,利用利达公司或泰克公司的高清视频波形监视器可以对数字高清晰度视频信号的格式和内容进行检验和监测。

格式检验主要是验证数字高清晰度视频信号的视频格式、定时基准、插入的辅助数据以及视频数据是否符合相应的标准和规范,图 6-2-7 和图 6-2-8 分别是一行高清数字视频的 SAV 和 EAV 附近的数据显示。在图 6-2-7 中依次显示了数字高清视频格式为 1080i/50Hz,样点所在的行号为"88",排列在前面的四个样点(2636~2639)是亮度和色差数据的 SAV 信息,从样点 0 开始是有效的视频数据;图 6-2-8 中则显示了排列在前面的四个样点(1920~1923)是亮度和色差数据的 EAV 信息,样点(1924、1925)是行号信息,根据表6-2-4 的定义求出行号,样点(1926、1927)是亮度和色差数据的 CRC 冗余校验信息。紧接着的样点(1928~1935)是辅助数据包头信息,此信号中只在色差数据的辅助数据区插有数据,亮度数据的辅助数据区无信息。

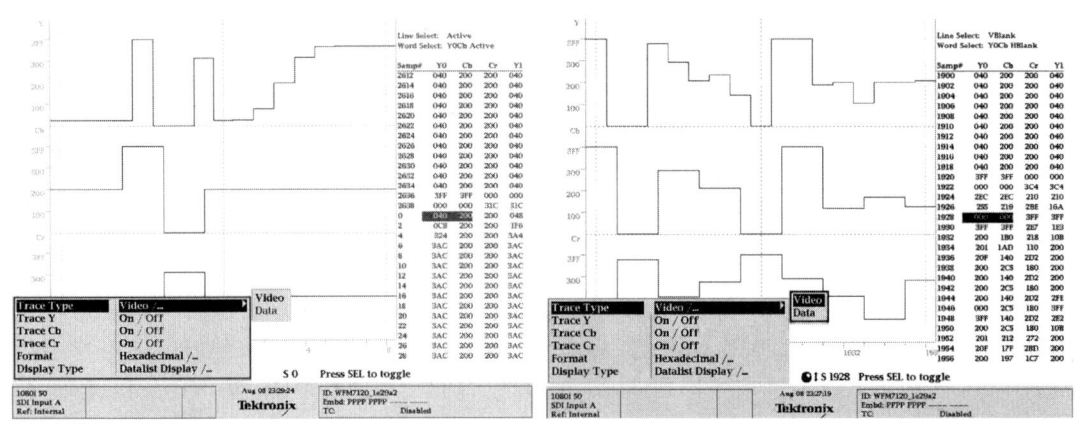

图 6-2-7　一行高清数字视频的 SAV 附近的数据显示
(见彩图 8)

图 6-2-8　一行高清数字视频的 EAV 附近的数据显示
(见彩图 9)

对于视频内容监测,一般将数字高清视频信号转换到模拟域,分别利用波形、图像和矢量来进行监看。图 6-2-9 和图 6-2-10 分别显示了亮度和三基色信号以及亮度和色差信号的模拟波形。

图 6-2-11 是对高清数字视频信号的图像监测,图 6-2-12 是对高清数字视频信号的矢量监测,其基本思想与标清数字视频信号的监测相同。

此外,还要对色域误差进行监测。不同公司的仪器的色域误差监测方法有所不同,泰克公司利用钻石显示进行监测,其思路与标清 WFM601 的钻石显示相同;利达公司则使用 5 条显示进行色域误差的告警,分别对分量域和复合域的色域误差进行告警,其检测原理也是基于信号的合法与有效概念,具体参考本书第五章的有关章节。图 6-2-13 显示的是 5 条色域误差的告警信息。图 6-2-14 显示了对物理层、视频数据格式、视频内容、音频数据格式、音频内容等方面的全面监测状态。

第 6 章　高清晰度电视数字分量视频信号测量与监测　149

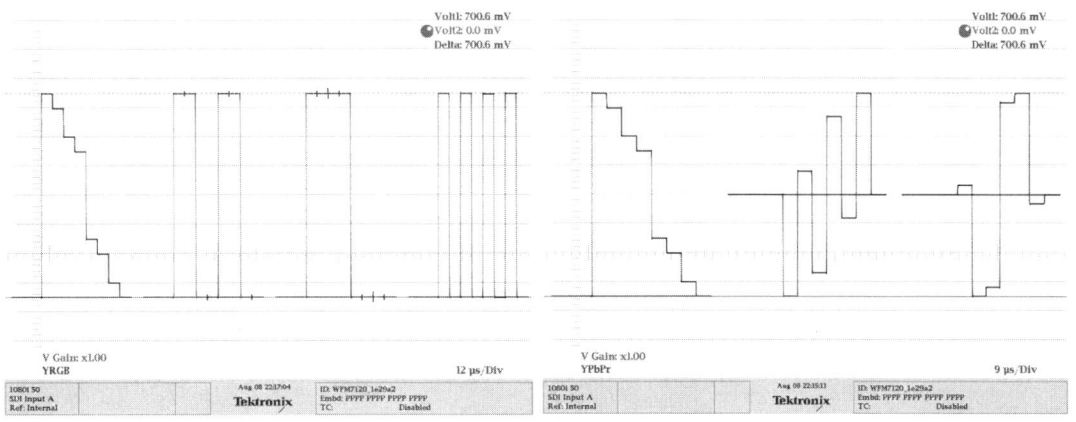

图 6-2-9　亮度和三基色信号的模拟波形（见彩图 10）　　图 6-2-10　亮度和色差信号的模拟波形（见彩图 11）

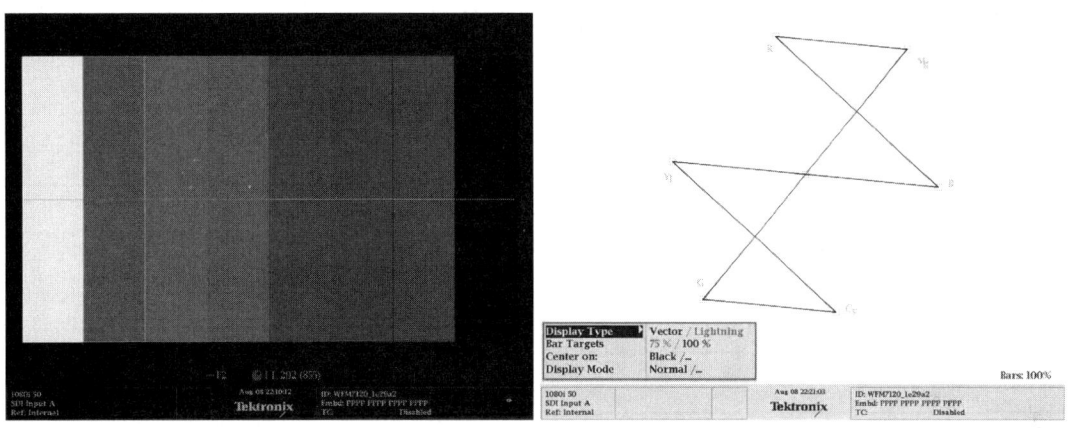

图 6-2-11　高清数字视频信号的图像监测（见彩图 12）　　图 6-2-12　高清数字视频信号的矢量监测（见彩图 13）

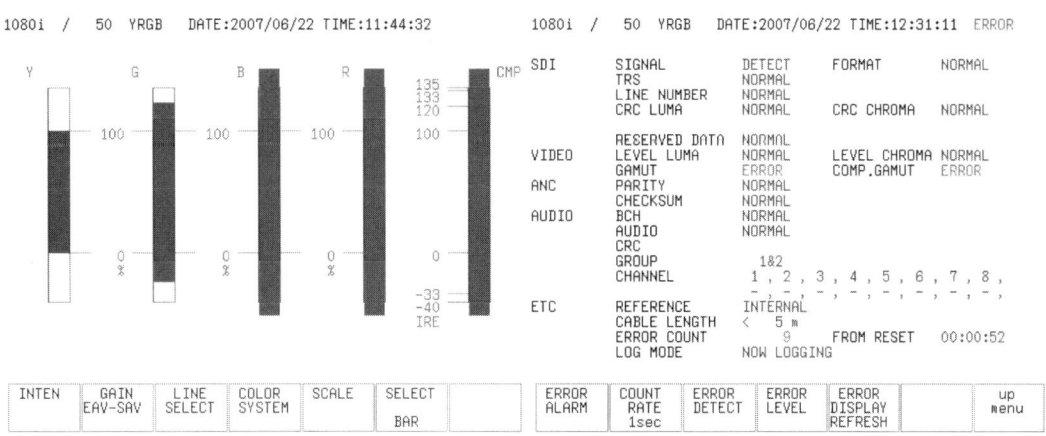

图 6-2-13　5 条色域误差的告警信息（见彩图 14）　　图 6-2-14　全面监测状态（见彩图 15）

6.3 3Gb/s 串行数字视频接口

6.3.1 高清数字视频双端(Dual Link)接口

高清数字视频双端(Dual Link)接口由 SMPTE 372M 规定,SMPTE 372M 定义了利用两个基于 SMPTE 292M 数据结构的高清 SDI 接口连接数字视频设备的数据映射方法。其接口的数据码率为 2 个高清 SDI 接口的码率,即 2.97Gb/s。这样,在高端视频制作系统中,码率高于 1.485Gb/s 的信号源,经过 SMPTE 372M 数据映射后,可以利用双端接口进行设备连接。

SMPTE 372M 规定了通过双端连接的各种高清视频信号源格式,见表 6-3-1。我国高清信号格式相关帧/场频率分别是 50 帧逐行、25 帧逐行、24 帧逐行、50 场隔行。下面分别介绍各种信号格式下的数据映射到双端连接(Link A 和 Link B)的方式。

表 6-3-1 双端连接的信源格式

信号取样结构/量化比特数	帧/场频率
4:2:2($Y'C_B'C_R'$)/10−bit	60,59.94 和 50 逐行
4:4:4($R'G'B'$),4:4:4($R'G'B'+A$)/10−bit	30,29.97,25,24,23.98 逐行,PsF60,59.94 和 50 场隔行
4:4:4 ($R'G'B'$)/12−bit	
4:4:4($Y'C_B'C_R'$),4:4:4:4($Y'C_B'C_R'+A$)/10−bit	
4:4:4($Y'C_B'C_R'$)/12−bit	
4:2:2($Y'C_B'C_R'$)/12−bit	

注:表 6-3-1 中的 A 通道用于传输非图像数据,数据载荷限制在 8bit 字。

1. 4:2:2($Y'C_B'C_R'$)/10−bit,60,59.94 和 50 帧/s 逐行扫描

60,59.94 和 50 帧/s 逐行扫描方式下的 4:2:2($Y'C_B'C_R'$)/10−bit 取样结构的数据映射如图 6-3-1 所示,源图像的每个扫描行被交替地映射到双端接口的 Link A 和 Link B 端口。

2. 4:4:4($R'G'B'$),4:4:4:4($R'G'B'+A$)/10−bit

每个 $R'G'B'$ A 通道的行由 2750 个样点、2640 或 2200 个样点(指定为 0~2749、0~2639 或 0~2199)组成。在不同的帧场频率及量化比特数下,$R'G'B'$ A 通道的样点数见表 6-3-2。Link A 的数据流包含所有 G' 通道样点,以及 R' 和 B' 通道的偶数样点(0、2、4 等);

	原始图像信号源扫描行号		数字接口行号
	Link A	LinkB	
	2	3	1

<table>
<tr><td rowspan="6">数字场1，F=0
总行数563×2</td><td>数字场消隐，V=1</td><td>40</td><td>41</td><td>20</td></tr>
<tr><td rowspan="2">数字有效场，V=0</td><td>42</td><td>43</td><td>21</td></tr>
<tr><td>1120</td><td>1121</td><td>560</td></tr>
<tr><td rowspan="3">数字场消隐，V=1</td><td>1122</td><td>1123</td><td>561</td></tr>
<tr><td>1124</td><td>1125</td><td>562</td></tr>
<tr><td>1</td><td>2</td><td>563</td></tr>
<tr><td rowspan="5">数字场2，F=1
总行数562×2</td><td>数字场消隐，V=1</td><td>3</td><td>4</td><td>564</td></tr>
<tr><td rowspan="2"></td><td>41</td><td>42</td><td>583</td></tr>
<tr><td>43</td><td>44</td><td>584</td></tr>
<tr><td rowspan="2">数字有效场，V=0
数字场消隐，V=1</td><td>1121</td><td>1122</td><td>1123</td></tr>
<tr><td>1123</td><td>1124</td><td>1124</td></tr>
<tr><td></td><td>数字场消隐，V=1</td><td>1125</td><td>1</td><td>1125</td></tr>
</table>

图 6-3-1 4∶2∶2($Y'C'_BC'_R$)/10—bit,60,59.94和50帧/s逐行扫描双端接口的行号映射关系

Link B 的数据流包含 R′和 B′通道的奇数样点(1、3、5 等),以及 A 通道的全部样点。复用结构见图 6-3-2。如果不使用 A 通道(Alpha 通道),则 A 通道的样值应置为 64h。

表 6-3-2　R′G′B′A 通道的样点数

帧/场频率/量化比特数	每个传输包的总字数	每个传输包的有效图像字数	字的序号
60 或 59.94 场/30 或 29.97 帧/10 比特	2200	1920	0～2199
50 场/25 帧/10 比特	2640	1920	0～2639
24 或 23.98 帧/10 比特	2750	1920	0～2749

3. 4∶4∶4(R′G′B′) 12—bit

由于不同的帧场频率,使得每个 R′G′B′通道的行由 2750 个样点、2640 或 2200 个样点(指定为 0～2749、0～2639 或 0～2199)组成,样点采用 12 比特量化。12 比特样值中的高 10 比特用后缀指定为样点 $G'135{:}2{-}11$ 或 $B'429{:}2{-}11$。R′G′B′信号中的最低 2 个比特被映射到 Alpha 通道,用后缀指定为样点 $R'G'B'135{:}0{-}1$。R′G′B′信号的第 n 比特用后缀指定为样点 $G'{:}n$。$R'G'B'n{:}0{-}1$ 的数据结构见表 6-3-3。

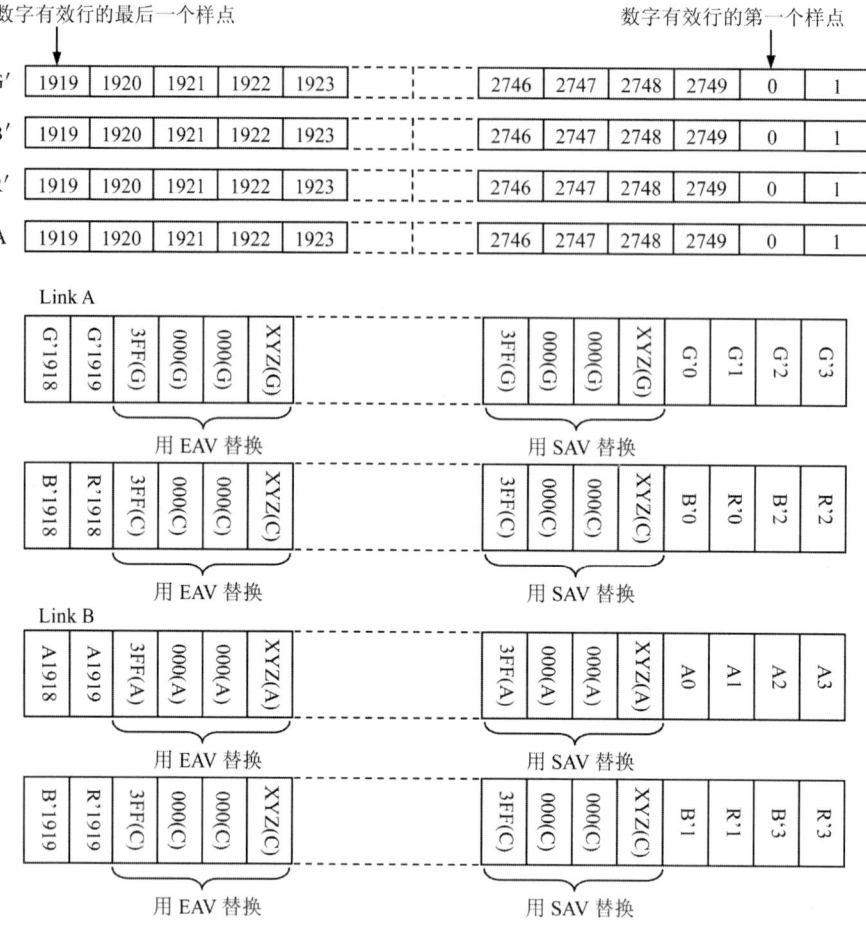

图 6-3-2 4∶4∶4($R'G'B'$),4∶4∶4∶4($R'G'B'$+A)/10—bit 格式的复用结构

表 6-3-3 $R'G'B'$n:0—1 的 Alpha 通道映射结构

字的比特序号	B9(MSB)	B8	B7	B6	B5	B4	B	B2	B1	B0(LSB)
映射结构	B8 反码	偶校验	G'n:1	G'n:0	B'n:1	B'n:0	R'n:1	R'n:0	Res	Res

注:B8 为 B0~B7 的偶校验;B1 和 B0 为保留比特,置"0"。

视频数据字节按图 6-3-3 的格式进行转换和映射。

4. 4∶4∶4($Y'C_B'C_R'$),4∶4∶4∶4($Y'C_B'C_R'$+A) /10—bit

使用 4∶4∶4($Y'C_B'C_R'$),4∶4∶4∶4($Y'C_B'C_R'$+A) /10—bit 信源格式时,其数据字映射方式与 4∶4∶4($R'G'B'$),4∶4∶4∶4($R'G'B'$+A)/10—bit 信源格式相同。参照图 6-3-2 所示并按以下规则对各取样点进行发送:

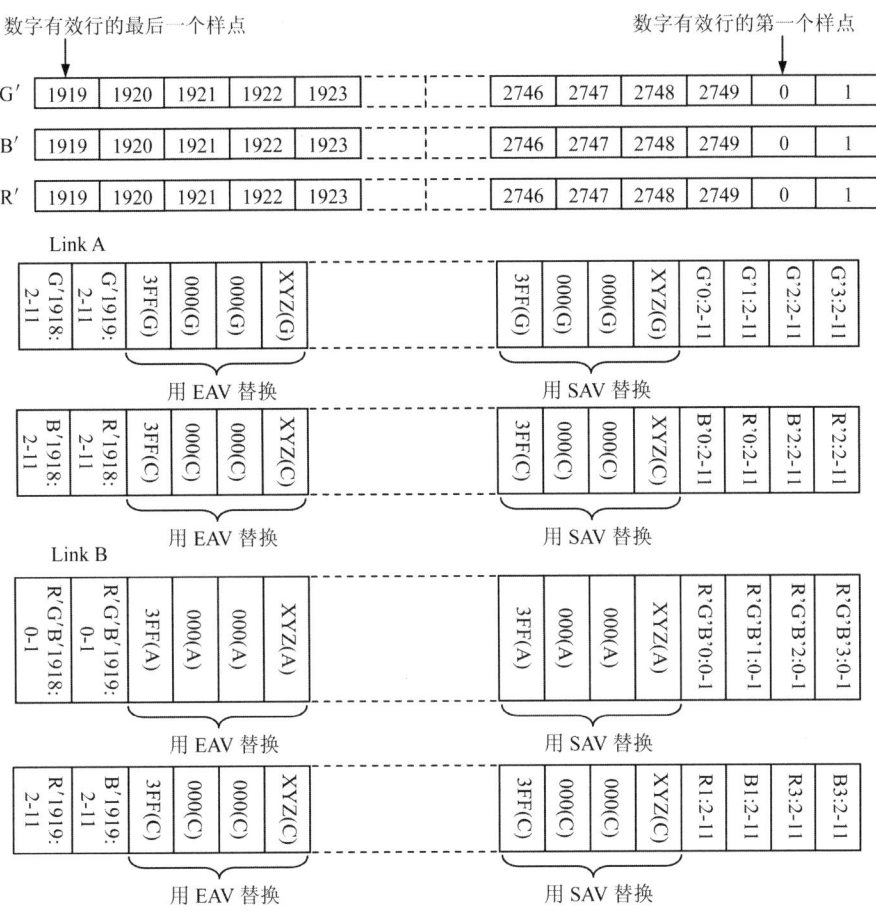

图 6-3-3 4∶4∶4($R'G'B'$)/12—bit 格式的复用结构

Y' 信号应按照 G' 信号的取样点位置进行发送；

C_B' 信号应按照 B' 信号的取样点位置进行发送；

C_R' 信号应按照 R' 信号的取样点位置进行发送；

Alpha 通道信号应按 Alpha 信号的取样位置进行发送。

5. 4∶4∶4($Y'C_B'C_R'$)/12—bit

使用 4∶4∶4($Y'C_B'C_R'$)/12—bit 信源格式时，其数据字映射方式与 4∶4∶4($R'G'B'$)/12—bit 信源格式相同。12 比特样值中的高 10 比特用后缀指定为样点 Y'135:2—11 或 C_B'429:2—11。$Y'C_B'C_R'$ 信号中的最低 2 个比特被映射到 Alpha 通道，用后缀指定为样点 $Y'C_B'C_R'$135:0—1。$Y'C_B'C_R'$ 信号的第 n 比特用后缀指定为样点 Y':n。$Y'C_B'C_R'$n:0—1 的数据结构同表 6-3-3 所示的定义一致。参照图 6-3-3 所示并按以下规则对各取样点进行映射：

Y'n:2—11 信号应按照 G'n:2—11 信号的取样点位置进行映射；

$C_B'n:2-11$ 信号应按照 $B'n:2-11$ 信号的取样点位置进行映射；

$C_R'n:2-11$ 信号应按照 $R'n:2-11$ 信号的取样点位置进行映射；

$Y'C_B'C_R'n:0-1$ 信号应按照 $R'G'B'n:0-1$ 的取样位置进行映射。

6. $4:2:2(Y'C_B'C_R')/12-bit$

双端接口传输 $4:2:2(Y'C_B'C_R')/12-bit$ 格式信号时，12 比特样值中的高 10 比特用后缀指定为样点 $Y'135:2-11$ 或 $C_B'429:2-11$。$Y'C_B'C_R'$ 信号中的最低 2 个比特被映射到 Alpha 通道，用后缀指定为样点 $Y'C_B'C_R'135:0-1$。$Y'C_B'C_R'$ 信号的第 n 比特用后缀指定为样点 $Y':n$。$Y'C_B'C_R'n:0-1$ 的数据结构同表 6-3-3 所示的定义一致。

Link A 的数据流中含有亮度通道 Y' 全部样值的高 10 比特数据以及全部偶数 C_B' 和 C_R' 的样值的高 10 比特数据。Link B 的数据流中含有 Y'、C_B'、C_R' 偶数样点的低 2 比特数据、Y' 的奇数样点的低 2 比特数据加上 Alpha 通道。

Y'、C_B'、C_R' 偶数样点的低 2 比特数据、Y' 的奇数样点的低 2 比特数据映射到标称的 Link B 中的 Y' 通道如图 6-3-4 和表 6-3-4 所示。

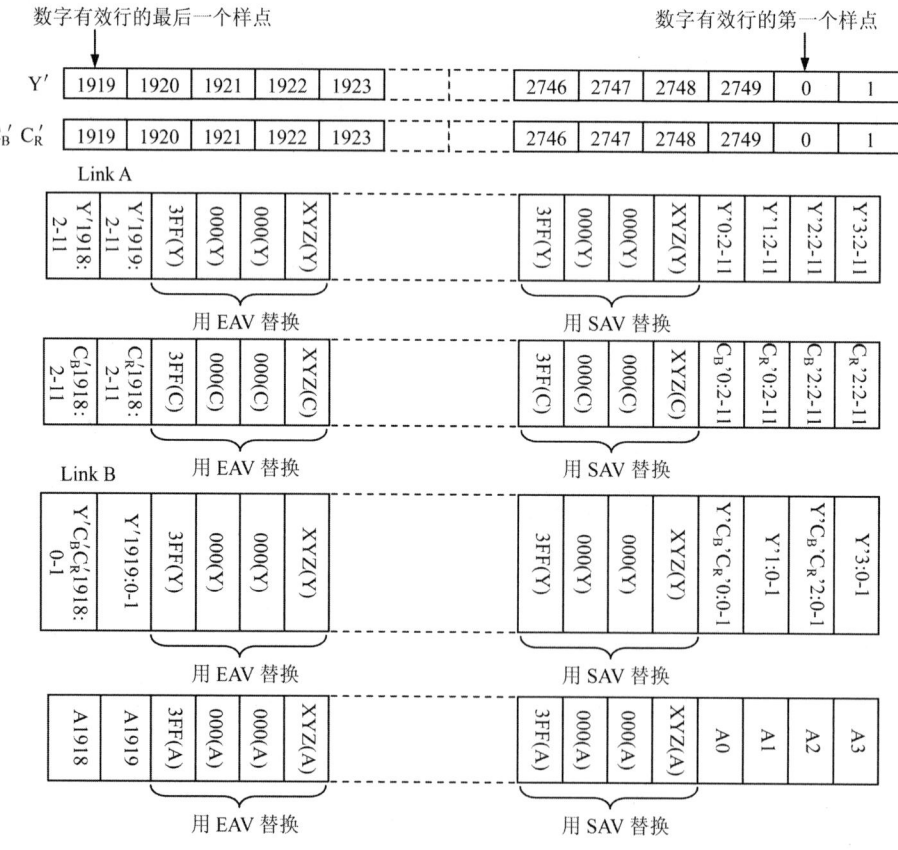

图 6-3-4　$4:4:4(R'G'B')/12-bit$ 格式的复用结构

表 6-3-4　$Y'C_B'C_R'n:0-1$ 和 $Y'n:0-1$ 的 Y' 通道映射结构

字的比特序号	B9(MSB)	B8	B7	B6	B5	B4	B	B2	B1	B0(LSB)
$Y'C_B'C_R'n$:0－1	B8 反码	偶校验	$Y'n$:1	$Y'n$:0	C_Bn:1	C_Bn:0	C_Rn:1	C_Rn:0	Res	Res
$Y'n$:0－1	B8 反码	偶校验	$Y'n$:1	$Y'n$:0	Res	Res	Res	Res	Res	Res
注:B8 为 B0～B7 的偶校验;Res 为保留比特,置"0"。										

双端接口在物理层特性方面与 1.485Gb/s 的串行接口特性基本一致,但还需要考虑两个通道 Link A 和 Link B 之间的相对延时。另外,对于双端连接的辅助数据、音频数据以及时间码等也在标准中作了规定。

6.3.2　高清视频 3G 接口的数据映射

由于双端接口需要两个通道进行设备连接,相对来说使用较为不便。为此,SMPTE 制定了 3G 接口规范,提供了一种可替换双端连接的新型连接方式。SMPTE 主要通过两个标准对 3G 接口进行规范:SMPTE 424M—2006(SMPTE 电视标准——3Gb/s 信号/数据串行接口)定义了 3Gb/s 分量数字信号或打包数据的比特串行数据结构,并规定了一种应用于信号损耗不超过接收设备制造商提出的损耗量场合的同轴电缆接口;SMPTE 425M—2006(SMPTE 电视标准——3Gb/s 信号/数据串行接口—源图像格式映射)规定了将对各种源图像的数据、嵌入音频、辅助数据和数据流 ID 直接映射到工作在标称码率 3Gb/s 串行数字接口的方法,还规定了将包括 SMPTE 372M 的双路 SMPTE 292M HD SDI 接口、用于 1920×1080 逐行扫描格式图像的双端口连接 292M 接口映射到工作在标称码率 3Gb/s 串行数字接口的方法。通常 SMPTE 425M—2006 标准分为 A 级(直接图像格式映射)和 B 级(2 路 SMPTE 292M HD SDI 映射)。如果设备只支持直接图像格式映射模式,则设备符合 SMPTE 425M—A 标准;如果设备只支持双路 SMPTE 292M HD SDI 映射模式,则设备符合 SMPTE 425M—B 标准;如果设备支持两种映射模式,则设备符合 SMPTE 425M—AB 标准。

6.3.2.1　源图像格式直接映射模式

在直接映射模式下,信号源数据应该是 10bit 或 12bit 量化的无压缩视频信号。视频信号源格式在表 6-3-1 中原有格式的基础上,增加了 1280×720 图像规格下的 4∶4∶4($R'G'B'$)、4∶4∶4 ($R'G'B'+A$) / 10－bit 和 4∶4∶4($Y'C_B'C_R'$)、4∶4∶4($Y'C_B'C_R'+A$) /10－bit 格式。

为了方便数据映射,标准定义了一个 20bit 的虚拟接口。各数据视频分量 $R'G'B'$、$Y'C_B'C_R'$、A 以及辅助数据要映射到一个由 2 个并行的 10bit 数据流组成的虚拟接口。如图 6-3-5 至图 6-3-8 所示,每个数据流接口频率为 148.5MHz 或 148.5MHz/1.001。标准还对虚拟接口中插入的定时基准、行号、行 CRC、辅助数据、音频数据、时间码以及载荷识别进行

156　数字视频测量技术

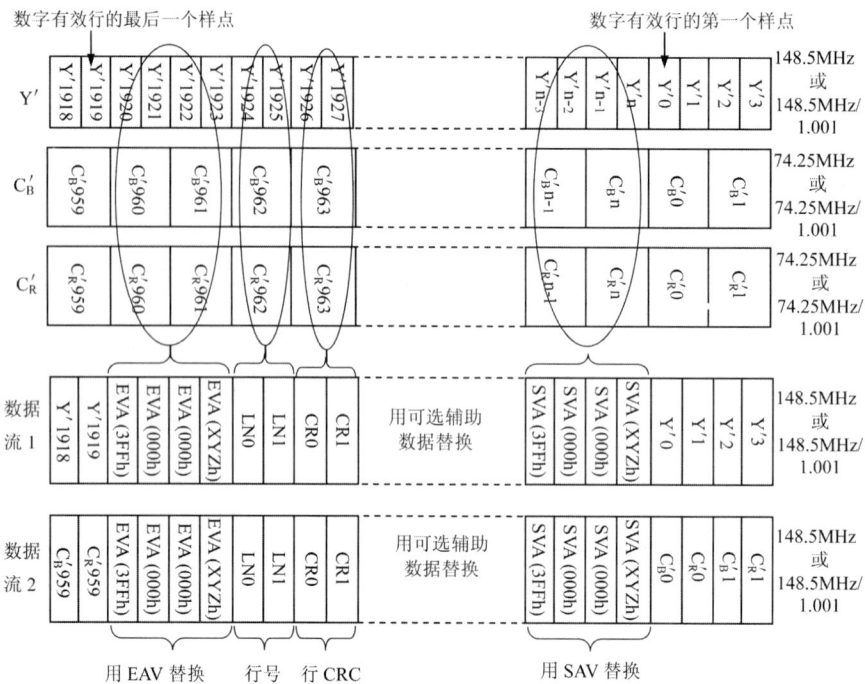

图 6-3-5　4∶2∶2($Y'C_B'C_R'$)/10—bit 格式的映射结构

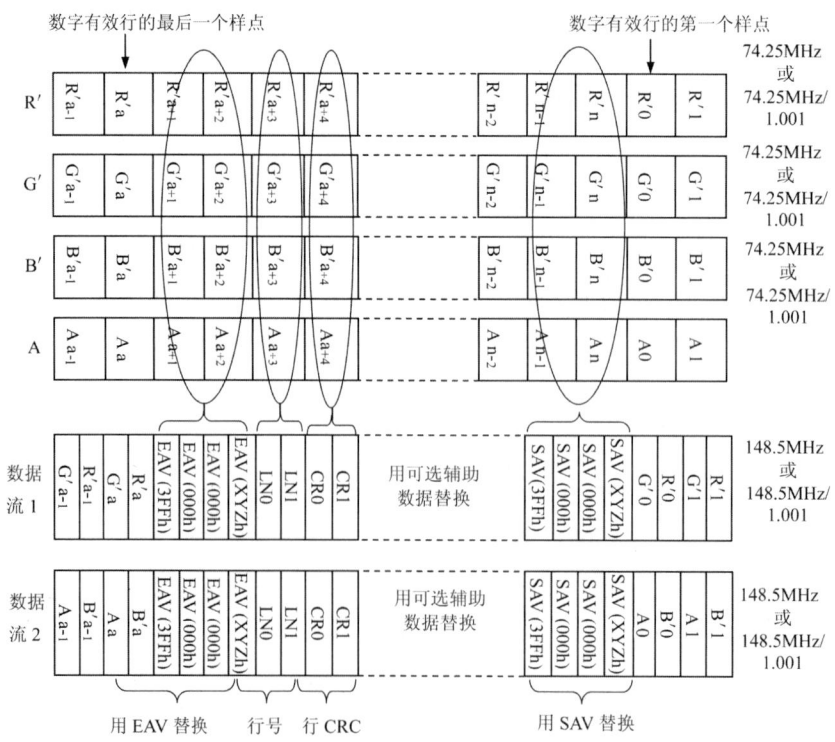

图 6-3-6　4∶4∶4($R'G'B'$)和 4∶4∶4∶4($R'G'B'$＋A)/10—bit 格式的映射结构

第 6 章　高清晰度电视数字分量视频信号测量与监测　157

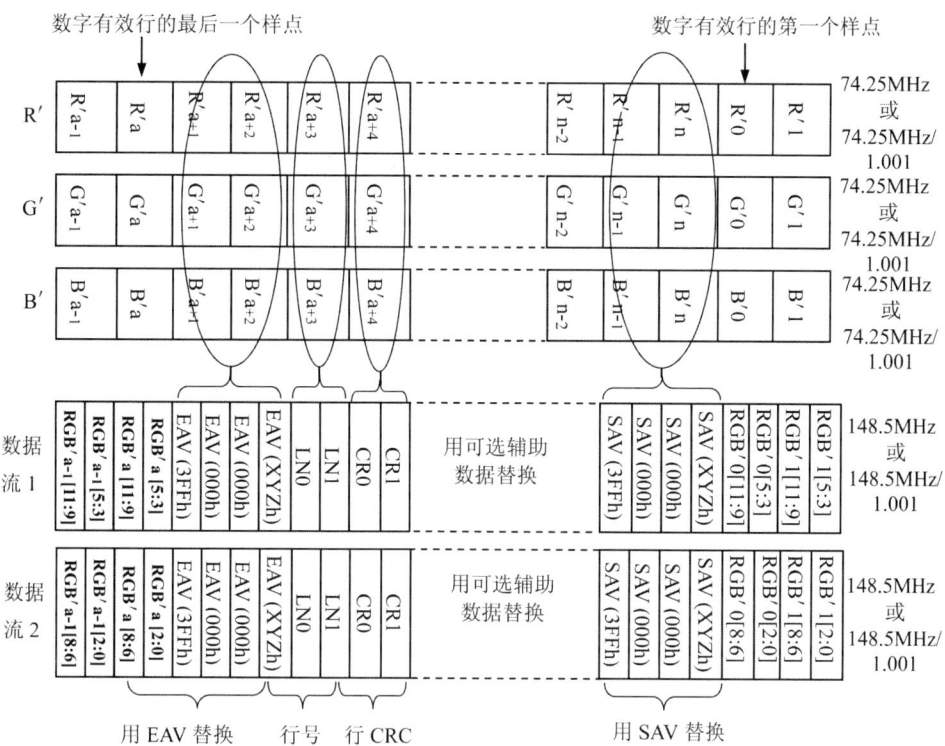

图 6-3-7　4∶4∶4($R'G'B'$)/12-bit 格式的映射结构

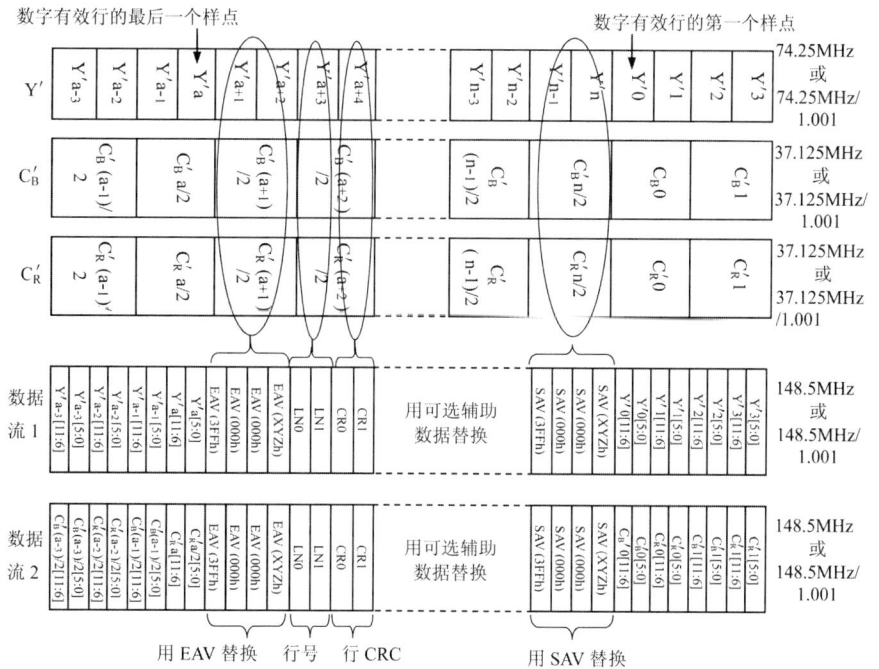

图 6-3-8　4∶2∶2($Y'C_B'C_R'$)/12-bit 格式的映射结构

了相应的规范,具体情况可参看标准原文。不同信号格式、取样结构和量化比特数形成的视频数据需要应用不同的映射方式。

1. 4∶2∶2($Y'C_B'C_R'$)/10—bit,60,59.94 和 50 帧/s 逐行扫描

4∶2∶2P 取样结构产生的视频数据映射到虚拟接口如图 6-3-5 所示,图中的"n"取值见表 6-3-5。

表 6-3-5　4∶2∶2($Y'C_B'C_R'$)/10—bit,60,59.94 和 50 帧/s 逐行扫描的首个和最后一个有效样点位置

SMPTE 标准	帧频率	首个有效样点序号	最后一个有效样点序号(a)	总样点的最后一个样点数(n)
274M 系统 1&2	60 或 60/1.001	0	1919	2199
274M 系统 3	50	0	1919	2639

数据流 1 包含所有的 Y' 样点数据,数据流 2 包含复用的 C_B' 和 C_R' 样点。两路数据流的样点排序如下:

数据流 1:$Y'0$、$Y'1$、$Y'2$、$Y'3$……

数据流 2:$C_B'0$、$C_R'0$、$C_B'1$、$C_R'1$……

2. 4∶4∶4($R'G'B'$)/($Y'C_B'C_R'$),4∶4∶4($R'G'B'$+A)/($Y'C_B'C_R'$+A)/10—bit

4∶4∶4($R'G'B'$)和 4∶4∶4($R'G'B'$+A)/10—bit 图像取样结构产生的数据映射到虚拟接口如图 6-3-6 所示,图中的"a"和"n"数值见表 6-3-6。

表 6-3-6　4∶4∶4($R'G'B'$)/($Y'C_B'C_R'$)和 4∶4∶4($R'G'B'$+A)/($Y'C_B'C_R'$+A)/10—bit 信号的首个和最后一个有效样点位置

SMPTE 标准	帧频率	首个有效样点序号	最后一个有效样点序号(a)	总样点的最后一个样点数(n)
296M 系统 1&2	60 或 60/1.001	0	1279	1649
296M 系统 3	50	0	1279	1979
274M 系统 4&5,7&8	30 或 30/1.001	0	1919	2199
296M 系统 4&5	30 或 30/1.001	0	1279	3299
274M 系统 6&9	25	0	1919	2639
296M 系统 6	25	0	1279	3959
274M 系统 10&11	24 或 24/1.001	0	1919	2749
296M 系统 7&8	24 或 24/1.001	0	1279	4124

数据流 1 包含全部的 R' 和 G' 样点数据，数据流 2 包含全部 Alpha 样点数据和 B' 样点数据。两路数据流的样点排序如下：

数据流 1：$G'0$、$R'0$、$G'1$、$R'1$

数据流 2：$A0$、$B'0$、$A1$、$B'1$

4∶4∶4($Y'C_B'C_R'$)和 4∶4∶4($Y'C_B'C_R'$+A)/10−bit 图像取样结构产生的数据映射到虚拟接口如图 6-3-6 所示，只需将图中的 R' 取样点用 C_R' 取样点代替，G' 取样点用 Y' 取样点代替，B' 取样点用 C_B' 取样点代替即可。

3. 4∶4∶4($R'G'B'$)/($Y'C_B'C_R'$)/12−bit

4∶4∶4($R'G'B'$)/12−bit 图像取样结构产生的数据映射到虚拟接口如图 6-3-7 所示，图中的"a"和"n"数值见表 6-3-7。

12 比特的取样值用 $R'G'B'(a)/(n)[11:0]$ 表示，其数据数值按以下方式分别转换成虚拟接口的数据流 1 和数据流 2 中的两个字节。

数据流 1：$R'G'B'(a)/(n)[11:9]$、$R'G'B'(a)/(n)[5:3]$、$R'G'B'(a+1)/(n+1)[11:9]$

数据流 2：$R'G'B'(a)/(n)[8:6]$、$R'G'B'(a)/(n)[2:0]$、$R'G'B'(a+1)/(n+1)[8:6]$

表 6-3-7　4∶4∶4 ($R'G'B'$)/12−bit 信号的首个和最后一个有效样点位置

SMPTE 标准	帧频率	首个有效样点序号	最后一个有效样点序号(a)	总样点的最后一个样点数(n)
274M 系统 4、5、7、8	30 或 30/1.001	0	1919	2199
274M 系统 6、9	25	0	1919	2639
274M 系统 10、11	24 或 24/1.001	0	1919	2749

这里的 a 和 n 表示样点的序号，[x∶y]表示样点中的比特位置。再分配的样点比特结构如表 6-3-8 所示。

4∶4∶4($Y'C_B'C_R'$)/12−bit 图像取样结构产生的数据映射到虚拟接口如图 6-3-7 所示，只需将图中的 R' 取样点用 C_R' 取样点代替，G' 取样点用 Y' 取样点代替，B' 取样点用 C_B' 取样点代替。

表 6-3-8　映射到虚拟接口的 $R'G'B'$ (a)/(n)[x：y]比特结构

数据流	比特位序号									
	9	8	7	6	5	4	3	2	1	0
数据流 1 样点(a)/(n)第一字	B8 反码		R'(a)/(n)[11：9]		G'(a)/(n)[11：9]			B'(a)/(n)[11：9]		
数据流 1 样点(a)/(n)第二字	B8 反码		R'(a)/(n)[5：3]		G'(a)/(n)[5：3]			B'(a)/(n)[5：3]		
数据流 2 样点(a)/(n)第一字	B8 反码		R'(a)/(n)[8：6]		G'(a)/(n)[8：6]			B'(a)/(n)[8：6]		
数据流 2 样点(a)/(n)第二字	B8 反码		R'(a)/(n)[2：0]		G'(a)/(n)[2：0]			B'(a)/(n)[2：0]		

4. 4：2：2 ($Y'C_B'C_R'$)/12－bit

4：2：2 ($Y'C_B'C_R'$)/12－bit 图像取样结构产生的数据映射到虚拟接口如图 6-3-8 所示，图中的"a"和"n"数值见表 6-3-9。

12 比特的取样值用 $Y'C_B'C_R'$(a)/(n)[11：0]表示，其数据数值按以下方式分别转换成虚拟接口的数据流 1 和数据流 2 中的两个字节。

表 6-3-9　4：2：2 ($Y'C_B'C_R'$)/12－bit 信号的首个和最后一个有效样点位置

SMPTE 标准	帧频率	首个有效样点序号	最后一个有效样点序号(a)	总样点的最后一个样点数(n)
274M 系统 4&5,7&8	30 或 30/1.001	0	1919	2199
274M 系统 6&9	25	0	1919	2639
274M 系统 10&11	24 或 24/1.001	0	1919	2749

数据流 1：Y'(a)/(n)[11：6]、Y'(a)/(n)[5：0]、Y'(a+1)/(n+1)[11：6]、Y'(a+1)/(n+1)[5：0]

数据流 2：C_B'(a)/(n)[11：6]、C_B'(a)/(n)[5：0]、C_R'(a)/(n)[11：6]、C_R'(a)/(n)[5：0]

这里的 a 和 n 表示样点的序号，[x：y]表示样点中的比特位置。再分配的样点比特结构如表 6-3-10 所示。

表 6-3-10 映射到虚拟接口的 $Y'C_B'C_R'(a)/(n)[x:y]$ 比特结构

数据流	比特位序号									
	9	8	7	6	5	4	3	2	1	0
数据流 1 样点(a)/(n)第一字	B8 反码		Res		$Y'(a)/(n)[11:6]$					
数据流 1 样点(a)/(n)第二字	B8 反码		Res		$Y'(a)/(n)[5:0]$					
数据流 2 样点(a)/(n)第一字	B8 反码		Res		$C_B'(a)/(n)[11:6]$					
数据流 2 样点(a)/(n)第二字	B8 反码		Res		$C_B'(a)/(n)[5:0]$					
数据流 2 样点(a)/(n)第三字	B8 反码		Res		$C_R'(a)/(n)[11:6]$					
数据流 2 样点(a)/(n)第四字	B8 反码		Res		$C_R'(a)/(n)[5:0]$					

6.3.2.2 双路 SMPTE 292M HD SDI 接口映射模式

在双路 SMPTE 292M HD SDI 接口映射模式下,需要构建两路具有相同行和帧结构、符合 SMPTE 292M 标准的 10 比特并行接口。图 6-3-9 显示了一路 SMPTE 292M 的 10 比特接口数据格式。每个 10 比特并行接口的源数据可以是打包的数据或无压缩视频信号源。每个 10 比特并行接口的行和字应对准,接口频率为 148.5MHz 或 148.5MHz/1.001。这两路接口映射到一个有两路数据流(数据流 1 和数据流 2)组成的虚拟接口。

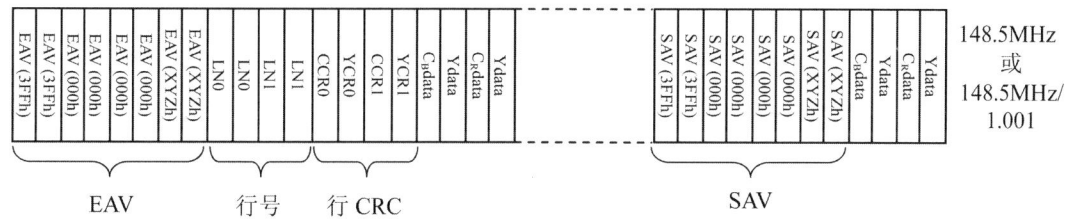

图 6-3-9 SMPTE 292M 10 比特接口数据格式

对于 SMPTE372M 双端连接 1.5Gb/s 数字接口映射,数据流 1 应包含 Link A 接口的所有 10 比特数据字,数据流 2 应包含 Link B 接口的所有 10 比特数据字。

6.3.3 3Gb/s 串行数字接口

3Gb/s 串行数字接口的源数据来自由两路 10 比特并行数据流(数据流 1 和数据流 2)构成的虚拟接口。虚拟接口应符合 SMPTE 425M 标准,如图 6-3-10 所示。虚拟接口中的数据流 1 和数据流 2 分为四个区域:EAV 定时基准、数字消隐区、SAV 定时基准和数字有效行。各个区域中的字和定义数据由 SMPTE 425M 标准和源图像格式文档进行规范。

如图 6-3-10 所示,虚拟接口中的数据流 1 和数据流 2 以一定的顺序逐数据字复用成一路 10 比特并行数据流。产生的 10 比特并行接口频率为 297MHz 或 297/1.001MHz,或者是 SMPTE 425M 规定的虚拟接口频率的两倍。

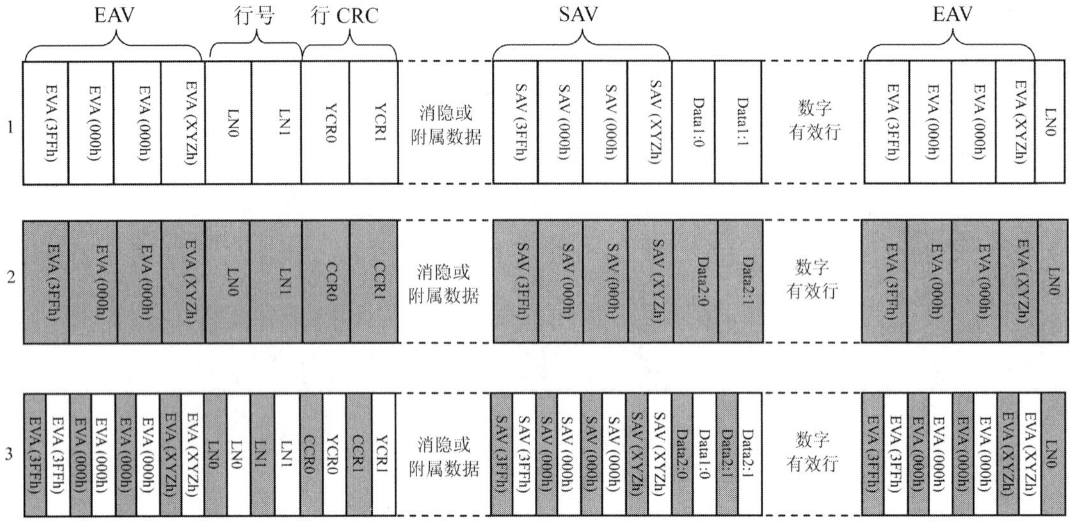

注：1 为虚拟接口的数据流 1，2 为虚拟接口的数据流 2，3 为 10 比特复用的并行接口。

图 6-3-10 数据流 1 和数据流 2 的 10 比特复用

复用的并行数据流按照每个数据字的最低有效位在前的原则进行并串转换，串行数据码率为 2.97Gb/s 或 2.97/1.001Gb/s。串行通道编码采用加扰的不归零自然码（NRZI），加扰的生成多项式是：$G_1(X)=X^9+X^4+1$；不归零自然码的生成多项式是：$G_2(X)=X+1$。

6.3.4 3Gb/s 串行数字同轴电缆接口特性参数

SMPTE 425M 标准中规定了 3Gb/s 串行线路驱动器输出接口的测量参数，如表 6-3-11 所示。

表 6-3-11 3Gb/s 串行输出接口的信号电平和参数

序号	线路驱动器特性参数		数值	单位	备注
1	输出阻抗		75	Ω	
2	反射损耗(Return Loss)		≥15	dB	5MHz～1.485GHz
			≥10	dB	1.485GHz～2.97GHz
3	信号幅度(Amplitude)		800±800×10%	mV$_{P-P}$	
4	直流电平偏移(DC-Shift)		0±500	mV	
5	上升/下降时间(Rise/Fall Time)		135	ps	20%～80%幅度点
6	上升下降时间差		≤50	ps	
7	上冲/下冲		≤10%		不超过信号幅度值的 10%
8	输出幅度漂移		≤50	mV	由水平行中出现重要的直流分量（病理信号）而引起，此参数规定了一个最小偶合时间常量。
9	输出抖动	定时抖动	2	UI	$f_1=10$Hz～$f_3=100$KHz
		校准抖动	0.3	UI	$f_3=100$KHz～$f_4=297$MHz

3Gb/s 串行接口接收器输入接口特性如表 6-3-12 所示。

表 6-3-12　3Gb/s 接口线路接收器输入接口特性参数

序号	线路接收器特性参数		数值	单位	备注
1	输入阻抗		75	Ω	
2	反射损耗(Return Loss)		≥15	dB	5MHz～1.485GHz
			≥10	dB	1.485GHz～2.97GHz
3	干扰信号		±2.5	V_{P-P}	直流
			<2.5	V_{P-P}	小于 5KHz
			<100	mV_{P-P}	5KHz 到 27MHz
			<40	mV_{P-P}	大于 27MHz
4	输入抖动容限	定时抖动	未定	UI	$f_1=10Hz\sim f_3=100KHz$
		校准抖动	未定	UI	$f_3=100KHz\sim f_4=297MHz$

6.4　HD-SDI 嵌入的 AES/EBU 数字音频格式分析及监测

6.4.1　HD-SDI 嵌入的 AES/EBU 数字音频

与标清 SDI 嵌入 AES/EBU 数字音频一样，HD-SDI 的 AES/EBU 数字音频嵌入应用也建立在辅助数据包的基础上，因此，高清数字视频的辅助数据包格式与标清数字视频的辅助数据包格式完全一样。但高清数字视频的辅助数据包中用户数据所包含的信息却不同于标清数字视频的辅助数据包中的用户数据。

1. HD 嵌入的 AES/EBU 数字音频数据包

在 HD 嵌入 AES/EBU 数字音频应用中，整个 24 比特的音频取样值数据是作为一组发送的，而不是按照标清嵌入的全 AES 实施标准，将 24 比特的音频取样值数据划分为 20 比特的音频数据和一个含有 4 个附属比特的扩展数据包。因此，在 HD 嵌入 AES/EBU 数字音频应用中所使用的比特总数为 29 比特（SD 为 23 比特），其中的 24 比特音频数据和 C、V、U、P 以及 Z-bit 标志一起放置在 4 个 HD SDI 辅助数据字中。如图 6-4-1 所示，所有的 24 比特音频数据是在用户数据中传送的，在 HD 嵌入 AES/EBU 数字音频应用中不再使用扩展的数据包。此外，HD 音频数据包中还包含有两个字的 CLK（Audio Clock Phase Data，音频时钟相位数据）和 6 个字的 ECC（Error Correction Code，错误校正码）。

HD 的辅助数据包结构符合 SMPTE 291M，它的辅助数据标志（ADF）为三个字，其数

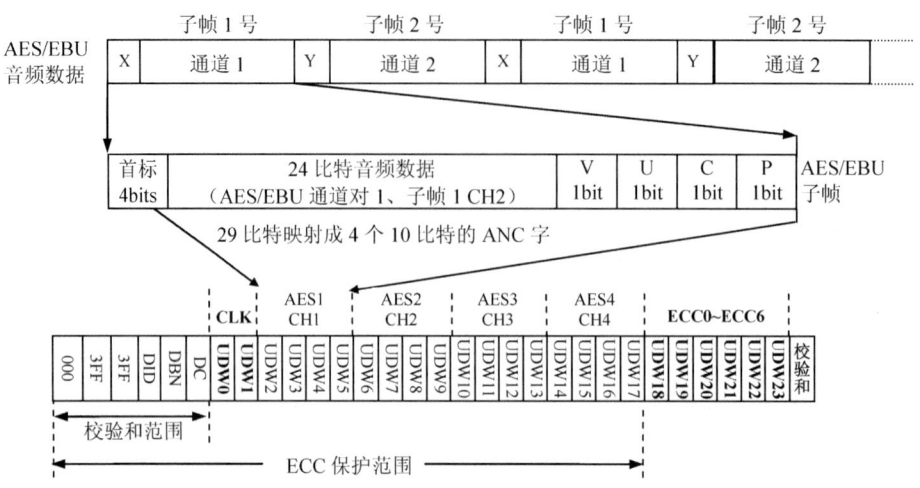

图 6-4-1 AES/EBU 音频数据流形成嵌入 HD 的辅助音频数据包结构

值分别为 000h、3FFh 和 3FFh。DID 为一个字,其数值根据表 6-4-1 确定,用于区分对应的不同音频数据组。DBN 为一个字的数据块序号,DC 为一个字的数据计数,其值为 218h。

用户数据字(UDW)部分包含 24 个数据字(UDW$_0$ 至 UDW$_{23}$),其结构如图 6-4-1 所示。前两个用户数据字,即 UDW$_0$ 和 UDW$_1$ 用于传递音频时钟相位数据,提供一种产生音频取样时钟的方法。CLK 的比特分配见表 6-4-2,CLK 各比特指明视频时钟的数目。视频时钟数据是指处在 EAV 的第一个字与音频样值出现在格式化器输入端时同一瞬间上的视频样值之间的视频时钟数目。标志比特 ck12 规定出复用的输出流中的音频数据包相对于视频数据的位置,比特 ck12=0 表明音频数据包紧接于有音频样值出现的视频行之后,比特 ck12=1 表明音频数据包位于有音频样值出现的视频行之后的第二行内,即切换点之后的第二行插入音频数据包标志比特 ck12 置"1",其他音频数据包标志比特 ck12 均置"0"。1125/50/2∶1 系统切换点在第 7 行和第 569 行,切换点之后的第二行是第 9 行和第 571 行,从这两行的行辅助数据区开始插入音频数据包。

表 6-4-1 HD 嵌入音频的 16 通道运行模式中的数据识别字(DID)分配

	音频通道	音频数据包	音频控制包
第 1 组	1~4	2E7h	1E3h
第 2 组	5~8	1EGh	2E2h
第 3 组	9~12	1E5h	2E1h
第 4 组	13~16	2E4h	1E0h

表 6-4-2 CLK 的比特分配

比特地址	UDW_0	UDW_1
b_9	b_8 反码	b_8 反码
b_8	偶校验	偶校验
b_7	ck7 音频时钟相位数据	0
b_6	ck6 音频时钟相位数据	0
b_5	ck5 音频时钟相位数据	0
b_4	ck4 音频时钟相位数据	ck12 复用位置标志
b_3	ck3 音频时钟相位数据	ck11 音频时钟相位数据(MSB)
b_2	ck2 音频时钟相位数据	ck10 音频时钟相位数据
b_1	ck1 音频时钟相位数据	ck9 音频时钟相位数据
b_0	ck0 音频时钟相位数据(LSB)	ck8 音频时钟相位数据

辅助数据包中的 16 个数据字(UDW_2 至 UDW_{17})用于携带 AES/EBU 音频取样值数据,依据表 6-4-3 可以对每 4 个用户数据字中的音频数据子帧的比特进行分配。注意,由表 6-4-3 可见,并非所有的前同步码都是在这 4 个用户数据字中传送的,只有用于每个 192 帧构成的音频数据块的起始标识即 Z－bit 指示位是在这 4 个用户数据字中被传送。另外,在 32 比特子帧中所使用的奇偶检验位,也和标准定义有所不同。注意,表 6-4-3 中的 x 值与音频取样值数据所在的通道数值相对应。如,UDW_2(x=1)中分配的音频$_1$3、音频$_1$2、音频$_1$1、音频$_1$0 是来自 AES1 通道 1 的音频取样值中的最低的 4 个比特;UDW_6(x=2)中分配的音频$_2$3、音频$_2$2、音频$_2$1、音频$_2$0 是来自 AES1 通道 2 的音频取样值中的最低的 4 个比特。

表 6-4-3 音频数据比特在用户数据字中的分配

bit 地址	UDW_2(x=1)	UDW_3(x=1)	UDW_4(x=1)	UDW_5(x=1)
	UDW_6(x=2)	UDW_7(x=2)	UDW_8(x=2)	UDW_9(x=2)
	UDW_{10}(x=3)	UDW_{11}(x=3)	UDW_{12}(x=3)	UDW_{13}(x=3)
	UDW_{14}(x=4)	UDW_{15}(x=4)	UDW_{16}(x=4)	UDW_{17}(x=4)
b_9	b_8 反码	b_8 反码	b_8 反码	b_8 反码
b_8	偶校验	偶校验	偶校验	偶校验
b_7	音频$_x$3	音频$_x$11	音频$_x$19	P_x
b_6	音频$_x$2	音频$_x$10	音频$_x$18	C_x
b_5	音频$_x$1	音频$_x$9	音频$_x$17	U_x
b_4	音频$_x$0(LSB)	音频$_x$8	音频$_x$16	V_x
b_3	Z	音频$_x$7	音频$_x$15	音频$_x$23(MSB)
b_2	0	音频$_x$6	音频$_x$14	音频$_x$22
b_1	0	音频$_x$5	音频$_x$13	音频$_x$21
b_0	0	音频$_x$4	音频$_x$12	音频$_x$20

ECC 是一组 6 个字的序列,它用于检测前面 24 个字(由 ADF 至 UDW_{17})中的错误。其值是这样计算出来的:使用这 24 个字中的数据 B_0 至 B_7 的 8 个比特,采用一种 BCH 编码产生 6 个字的错误校正码。

与在标准清晰度格式中采用 $C_b/Y/C_r/Y'$ 数据字传送辅助音频数据的方式不同,高清数字视频的嵌入音频数据信息只在色差信号 C_b/C_r 辅助数据区进行复用,Y 信号的辅助数据区仅用来传送音频控制包。音频控制包位于数据切换点之后的第二行,每场发送一次。在紧随切换之后的那一行不传送辅助数据。

2. HD 嵌入的音频控制包

HD 嵌入的音频控制包传送的是音频数据解码过程中要使用的附加信息,类似标准清晰度数字视频嵌入的音频控制包结构,但又不完全相同,如图 6-4-2 所示,包括附属数据标志(ADF)、数据标识(DID)、数据块序号(DBN)、数据计数(DC)、用户数据字(UDW)及校验和(CS)。不同的音频组对应一个相应的音频控制包,分别分配不同的 DID 数值,如音频组 1(通道 1~4),其音频控制包的 DID 值为 1E3h;音频组 2(通道 5~8),其音频控制包的 DID 值为 2E2h;音频组 3(通道 9~12),其音频控制包的 DID 值为 2E1h;音频组 4(通道 13~16),其音频控制包的 DID 值为 1E0h。音频控制包含有如下信息:

辅助数据标志 ADF(三个字)的数值为 000h、3FFh、3FFh。

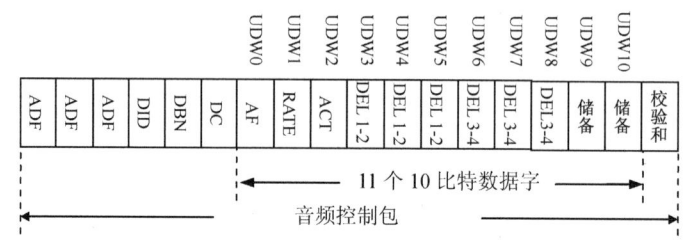

图 6-4-2　HD 嵌入的音频控制包结构

DID(一个字)的数值如表 6-4-1 所示,它用于区分相应的音频数据组。

DBN(一个字)的数值始终是 200h。

DC(一个字)的数值始终是 10bh。

UDW 共有 11 个数据字,其结构可划分为 5 种不同的数据类型。下面分别介绍音频控制包中 5 种类型的数据。

(1)音频帧号字(AF):给出了视频帧的序列号,在每帧的音频样值数不为整数的情况下,它有助于识别音频样值的位置。该序列中,第一个编号总是"1",最后一个编号等于音频帧长度。全"零"的值表示没有帧编号也可以使用。为了正确使用音频帧序号,我国广电行业标准 GY/T 162—2000 定义了音频帧号的比特分配,见表 6-4-4。一个给定音频组中的全部通道具有相同的音频帧号。对于音频帧序列,每一帧都含有整数个样值,音频帧号从"1"开始,直到序列结束。

表 6-4-4 音频帧号字的比特位分配

比特位	UDW0
	音频帧号
b_9(MSB)	b_8 反码
b_8	f_8(MSB)
b_7	f_7
b_6	f_6
b_5	f_5
b_4	f_4
b_3	f_3
b_2	f_2
b_1	f_1
b_0(LSB)	f_0(LSB)

表 6-4-5 取样频率字的比特分配

比特位	UDW1	
	频率码	
b_9(MSB)	b_8 反码	
b_8	预留(置为零)	
b_7	0	
b_6	0	
b_5	0	
b_4	0	
b_3		x_2(MSB)
b_2	x_1	取样频率码
b_1		x_0(LSB)
b_0(LSB)	asx	

(2)取样频率字(RATE):用于指示音频数据的取样频率以及该数据处于同步还是异步。取样频率的比特位定义见表 6-4-5。其中,asx 为同步方式比特,当 asx 置为"1",表明相应的通道对处于异步运行状态。$x_2 \sim x_0$ 为取样频率码,定义见表 6-4-6。

(3)有效通道字(ACT):指示通道的有效性,对于给定的有效通道,其比特位 $a_1 \sim a_4$ 应置为"1",否则,置为"0"。有效通道的比特分配见表 6-4-7。

表 6-4-6 取样频率码中 $x_2 \sim x_0$ 的分配

取样频率码	取样频率
000	48.0KHz
001	44.1KHz
010	32.0KHz
011～110	预留
111	未定义

表 6-4-7 有效通道字的比特分配

比特位	UDW2
	有效通道
b_9(MSB)	b_8 反码
b_8	偶校验(对 $b_0 \sim b_7$ 进行偶校验)
b_7	0
b_6	0
b_5	0
b_4	0
b_3	a_4 有效:1,无效:0(CH4)
b_2	a_3 有效:1,无效:0(CH3)
b_1	a_2 有效:1,无效:0(CH2)
b_0(LSB)	a_1 有效:1,无效:0(CH1)

(4)延时字(DELm-n):共 6 个字,用于指示音频处理对视频的相对时延的累积数,以音频样值间隔测得的相对于视频而言的每通道对 1&2 和 3&4 的音频处理延时量。

表 6-4-8 延时字的比特分配

比特位	UDW3	UDW4	UDW5	UDW6	UDW7	UDW8
	\multicolumn{3}{c}{DEL_{1-2}}	\multicolumn{3}{c}{DEL_{3-4}}			
b_9	b_8反码	b_8反码	b_8反码	b_8反码	b_8反码	b_8反码
b_8	del 7	del 16	del 25(符号)	del 7	del 16	del 25(符号)
b_7	del 6	del 15	del 24(MSB)	del 6	del 15	del 24(MSB)
b_6	del 5	del 14	del 23	del 5	del 14	del 23
b_5	del 4	del 13	del 22	del 4	del 13	del 22
b_4	del 3	del 12	del 21	del 3	del 12	del 21
b_3	del 2	del 11	del 20	del 2	del 11	del 20
b_2	del 1	del 10	del 19	del 1	del 10	del 19
b_1	del 0(LSB)	del 9	del 18	del 0(LSB)	del 9	del 18
b_0	e	del 8	del 17	e	del 8	del 17

UDW 与标准清晰度数字视频中使用的 UDW 格式有所不同。延时(DELm—n)的比特分配见表 6-4-8,e 比特置 1 表示为有效的音频延时数据。延时字是以 AES/EBU 数据输入到格式化器上的时间点为基准的。延时字表示在格式化处理过程中不短于音频帧序列长度期间内形成的固有平均延时值,再加上一个预先存在的音频延时。音频延时数据用 26 比特的 2 的补码形式表示,正值表示视频超前音频。

(5)预留(RSRV):两个字,为保留字,以备后用。其中比特 0 到比特 8 应置为"0",比特 9 为比特 8 的反码。

音频控制包应该一场传输一次,在 Y 并行数据流切换点之后的第二行的行辅助数据区内传输。1125/50/2∶1 系统切换点在第 7 行和第 569 行,切换点之后的第二行是第 9 行和第 571 行,因此,在 Y 并行数据流的第 9 行和第 571 行的行辅助数据区传输音频控制包。

6.4.2 HD-SDI 嵌入的 AES/EBU 数字音频格式分析与监测

利用高清数字波形监视器可以对嵌入的 AES/EBU 数字音频进行格式和内容监测。

1. 利用附属数据检测功能观察音频数据包和控制包

泰克 WFM7120 波形监视器的附属数据检测模块可以提供显示各种附属数据的检测功能,可以使技术人员全面了解 HD-SDI 嵌入附属数据的情况。这项功能也可以用来观察 HD-SDI 嵌入音频数据包和控制包的情况。图 6-4-3 是泰克 WFM7120 波形监视器的附属数据检测模块的显示界面,该显示界面分为上下两个部分,上部列出了 HD-SDI 嵌入的各类辅助数据包,图 6-4-4 的上部显示的是音频组 1、组 2、组 3、组 4 的音频数据包和音频控制包的列表,列表给出辅助数据包的状态和位置。下部则是上部列表中选择的某个辅助数据包的详细分析(状态条显示图中目前选择的是 SMPTE 299M Audio Group1,显示信号格式(Format:SMPTE 299M Audio Group1)和位置(Field:1,Line:2,Stream:C),辅助数据包的包头信息 DID e7(2e7)、DBN b3(1b3)、DC 24(218)，显示校验和数值(Exp/ACT CheckSum 2f6/2f6)及误码状态(Error:OK)，最后给出 24 个字节的音频数据字。

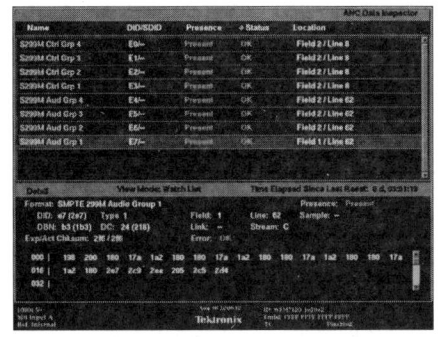

图 6-4-3　附属数据检测模块的显示界面

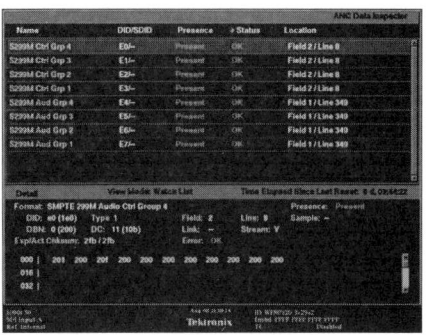

图 6-4-4　音频控制包信息

图 6-4-5 给出的是对 SMPTE 299M Audio Group4 的音频控制包的详细分析，显示信号格式(Format:SMPTE 299M Audio Group4)和位置(Field:2,Line:8,Stream:Y)，辅助数据包的包头信息 DID e0(2e0)、DBN 0(200)、DC 11(20b)，显示校验和数值(Exp/ACT CheckSum 2fb/2fb)及误码状态(Error:OK)，最后给出 11 个字节的音频数据字。可见，音频控制包位置在第 2 场的第 8 行，即第 571(563+8)行的 Y 数据流中，符合前面提到的音频控制包的插入位置规范要求。

2. 嵌入音频通道状态分析

高清嵌入的 AES/EBU 数字音频通道状态分析与标清相同，具体的协议参照第五章第四节的表 5-4-6。图 6-4-5 是泰克波形监视器 WFM7120 显示的嵌入音频状态分析结果。

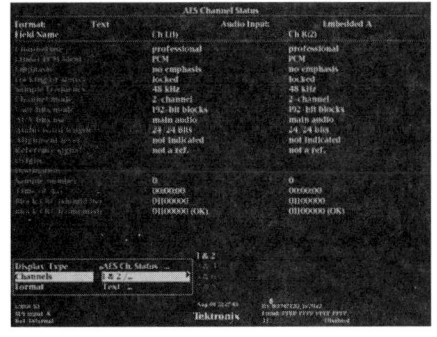

图 6-4-5　WFM7120 显示的嵌入音频状态分析(见彩图 16)

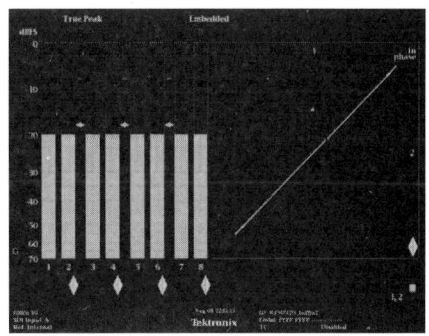

图 6-4-6　音频电平和李沙育波形(见彩图 17)

3. 音频内容监测

高清嵌入音频内容监测主要有音频电平、通道间的相位延时以及噪声等。图 6-4-6 测试结果用满刻度电平作为音频电平单位给出了嵌入的 8 个通道的数字音频幅度以及通道 1、2

之间的李沙育波形。满刻度电平是数字音频设备中 A/D 所能转换的最大不削波模拟信号电平。GY/T 192－2003《数字音频设备的满度电平》规定一个 16 比特系统的最大电平的正峰值为 7FFF（十六进制），负峰值为 8000（十六进制），记为 0dBFS，同时规定基准电平比系统最大电平低 20dB。如果基准电平编码对应模拟校准电平＋4dBu，那么系统的动态余量是 20dB，系统的满度电平是 24dBu。

6.5 有效幅型描述 AFD 的格式分析及监测

6.5.1 概述

在高标清同播阶段，节目制作、播出、交换、传输、接收以及显示等环节会混合存在 16∶9 和 4∶3 两种幅型比的节目内容，这就会涉及幅型比变换的问题。幅型比变换通常可选择几种不同的方式，选择幅型比变换方式的基本要求是保证变换图像不变形失真、图像信息尽可能完整并能有效利用屏幕的显示区域。如果选择上、下变换设备以某一固定转换方式来完成混合有 4∶3 和 16∶9 两种不同幅型比格式的节目信号转换，就有可能造成变换图像变形失真、图像信息不能完整显示、不能完全利用屏幕有效显示区域等问题。针对这些问题，国际上的 SMPTE、DVB、ATSC 等组织制定了一系列围绕 AFD 的标准和规范，通过规范使用 AFD 信息，使得各类电视设备在进行上下变换时可以根据 AFD 信息自动确定最佳上下变换方式。

我国国家广电总局在《高标清同播节目制作、播出技术要求的若干意见》中提出了高标清同播的技术要求，其中规定了四种高标清同播的播出方式：高清节目源高清播出、高清节目源标清播出、标清节目源高清播出、标清节目源标清播出。其播出要求如表 6-5-1 所示。采用 AFD（有效幅型描述）标识进行幅型自动变换时，播出前要严格进行 AFD 信息检查，确保与节目单幅型比信息的一致性，以及变换效果的正确性。

表 6-5-1　高标清同播的播出要求

节目源		高清播出	标清播出
高清节目源	16∶9 构图拍摄、制作	16∶9 正常画面播出	上下加黑边下变换播出（信封方式）。画面信息不丢失。
	4∶3 保护框构图拍摄、制作		左右切边下变换播出。画面充满屏幕，保护框内信息不丢失。
标清节目源	4∶3 构图拍摄、制作	左右加黑边上变换播出，画面信息不丢失。	4∶3 正常画面播出
	上下加黑边遮幅构图	上下切边上变换播出，画面充满屏幕，画面信息基本不丢失。	

可见，按照标准要求正确使用 AFD，可以有效保障数字电视节目的播出质量，提高电视

节目的收视效果。

6.5.2 有效图像格式描述 AFD

AFD 是有效图像格式描述符（Active Format Description）的缩写。它是一种视频元数据，用以描述电视图像的原始幅型比和图像活动特征信息。

AFD 是一个 4bit 的码字，每个视频帧对应一个码字。AFD 存在于视频的生产、分配和传输过程中，也能在这些过程中被设置。AFD 可以嵌入 MPEG 视频流、基带 SDI 信号的辅助数据区和 MXF 内的 KLV 数据区。电视台在制作和播出时可以使用 AFD 来达到自适应幅型比的目的。

SMPTE 2016—1 至 2016—5 标准对 AFD 的编码进行了规范。2016—1 标准规定了 AFD 和 Bar Data 的元数据格式，解释每个 bit 位信息；2016—2 标准规定了平移－扫描（Pan & Scan）元数据格式；2016—3 标准规定了 AFD 和 Bar Data 元数据在 VANC 中的位置；2016—4 标准规定了平移－扫描（Pan & Scan）元数据在 VANC 中的位置；2016—5 标准按 KLV 格式将 AFD、Bar Data 和平移－扫描（Pan & Scan）数据写入 MXF 文件的规范。

1. AFD 和 Bar Data 元数据格式

AFD 可指定如表 6-5-2 中的 16∶9、4∶3 和 14∶9 这三种原始幅型比。

表 6-5-2　AFD 的编码表示的格式

AFD 编码 $a_3 a_2 a_1 a_0$	特征			
	AR＝0,4∶3 格式示图	AR＝0,4∶3 格式特征描述	AR＝1,16∶9 格式示图	AR＝1,16∶9 格式特征描述
0000		无定义		无定义
0001		预留		预留
0010		信箱模式,16∶9 图像,在画面的顶端显示。		16∶9 全画幅图像,与 16∶9 画幅格式一致。
0011		信箱模式,14∶9 图像,在画面的顶端显示。		镶边模式,14∶9 图像,在画面水平方向中间位置显示。
0100		信箱模式,大于 16∶9 图像,在画面垂直方向的中间位置显示。		信箱模式,大于 16∶9 图像,在画面垂直方向的中间位置显示。

续表

AFD 编码	特征		
0101	预留		预留
0110	预留		预留
0111	预留		预留
1000		4∶3 全画幅图像,与 4∶3 画幅格式一致。	16∶9 全画幅图像,与 16∶9 画幅格式一致。
1001		4∶3 全画幅图像,与 4∶3 画幅格式一致。	镶边模式,4∶3 图像,在画面水平方向中间位置显示。
1010		信箱模式,保全图像内容的 16∶9 图像,在画面垂直方向的中间位置显示。	16∶9 全画幅图像,保全图像内容的 16∶9 图像。
1011		信箱模式,14∶9 图像,在画面垂直方向的中间位置显示。	镶边模式,14∶9 图像,在画面水平方向中间位置显示。
1100	预留		预留
1101		全幅 4∶3 图像,并有可选择的中置 14∶9 模式。	镶边模式,4∶3 图像,并有可选择的中置 14∶9 模式。
1110		信箱模式,16∶9 图像,并有可选择的中置 14∶9 模式。	16∶9 全画幅图像,并有可选择的中置 14∶9 模式。
1111		信箱模式,16∶9 图像,并有可选择的中置 4∶3 模式。	16∶9 全画幅图像,并有可选择的中置 4∶3 模式。

当活动图像不能填满整个编码帧,而且 AFD 本身不能完整描述其范围时,需要用到 Bar Data。Bar Data 用来指示画面中未用区域的精确位置。AFD 和 Bar Data 元数据格式定义的用户数据字如表 6-5-3 所示。$a_3 \sim a_0$ 是 AFD 的 4bit 编码;AR 是幅型比标值,该比特为"1"时表示 16∶9,为"0"时表示 4∶3;Top、Bottom、Left、Right 这 4 个 bit 是用来指示 Bar Data 所在的位置;$f_{15} \sim f_0$ 是第一组 Bar Data 数据值;$s_{15} \sim s_0$ 是第二组 Bar Data 数据值;b_8 的 "P" 为 $b_7 \sim b_0$ 的偶校验比特;b_9 为 b_8 的反码。

表 6-5-3　AFD 和 Bar Data 的用户数据字

UDW	功能	用户数据字比特									
		b_9	b_8	b_7	b_6	b_5	b_4	b_3	b_2	b_1	b_0
1	AFD		P	'0'	a_3	a_2	a_1	a_0	AR	'0'	'0'
2	预留		P	'0'	'0'	'0'	'0'	'0'	'0'	'0'	'0'
3	预留		P	'0'	'0'	'0'	'0'	'0'	'0'	'0'	'0'
4	Bar Data 标志		P	Top	Bottom	Left	Right	'0'	'0'	'0'	'0'
5	Bar Data 数据值 1		P	f_{15}	f_{14}	f_{13}	f_{12}	f_{11}	f_{10}	f_9	f_8
6			P	f_7	f_6	f_5	f_4	f_3	f_2	f_1	f_0
7	Bar Data 数据值 2		P	s_{15}	s_{14}	s_{13}	s_{12}	s_{11}	s_{10}	s_9	s_8
8			P	s_7	s_6	s_5	s_4	s_3	s_2	s_1	s_0

在有效图像的幅型比大于 16∶9 时,Bar Data 的数据值用来表示上下或左右产加黑边行数或像素数。图 6-5-1 显示出了宽屏幕图像在 2.4∶1 画框中上下加黑边的情形。

图 6-5-1　16∶9 格式中的宽屏幕图像

2. 平移一扫描元数据格式

平移一扫描元数据用来指示如何从源视频图像中裁取一个不同幅型比的视频图像。

3. AFD 元数据传输

AFD 元数据通常与所描述的视频数据信号一起进行传输,每个视频数据帧传输一次 AFD 元数据。有两种 AFD 元数据的传输方式。

(1) 数据流传输方式

当视频信号以 SDI 数据流的形式传输时,AFD 元数据嵌入视频 SDI 信号的垂直辅助数据(VANC)区进行传输。包含 AFD 元数据的辅助数据包应满足 SMPTE 291M 标准。具体的辅助数据包构成如表 6-5-4 所示。

表 6-5-4 传输 AFD 元数据的辅助数据包格式

ADF Ancillary Data Flag	DID Data ID	SDID Secondary Data ID	DC Data Count	UDW User Data Words	CS Check Sum
000h,3FFh,3FFh	41h	05h	08h	AFD & Bar Data	Check Sum

对于标清 SDI 信号,AFD 数据包嵌入 SDI 信号的 YC 复用数据流的 VANC 中;对于高清 SDI 信号,AFD 数据包嵌入 SDI 信号的 Y 数据流的 VANC 中。AFD 数据包可以嵌入的具体位置包括 SMPTE RP 168 规定的切换行后的第二行到 VANC 的最后一行的行有效数据区,如图 6-5-2 所示。为了给接收设备留出足够的解析、处理 AFD 信息的时间,从切换行后的第二行开始连续三行是 AFD 数据包嵌入的首选位置。

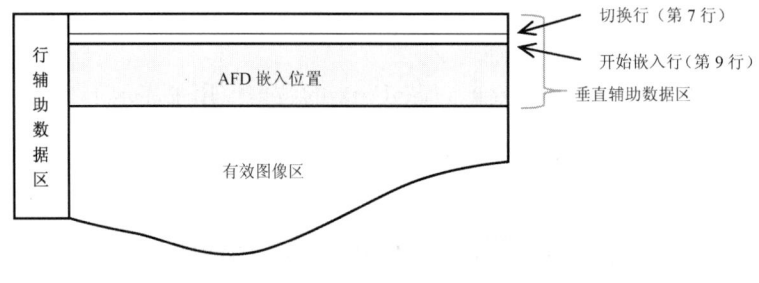

图 6-5-2 AFD 嵌入 SDI 位置

(2) MXF 文件传输方式

当视频信号以文件的形式传输时,将 AFD 元数据进行 KLV 编码后,作为视频文件的 SMPTE 元数据进行传输。

MXF 文件为不同环节设备间视音频节目素材、相关数据及其元数据的交换提供了一种通用的文件格式。MXF 文件在传输视音频时,会把元数据与视音频数据捆绑在一起,确保视音频数据附加信息的完整性。因此,可以将 AFD 和 Bar Data 作为视频元数据插入 MXF 文件进行传输。MXF 文件由如图 6-5-3 所示的文件头、文件体和文件尾三部分构成,可分为简单结构和复杂结构两种,后者比前者在文件头部分多出了一个索引表。

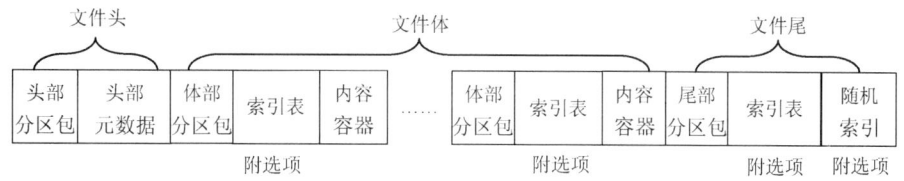

图 6-5-3 MXF 文件格式

MXF 中有两种元数据:头部元数据和体部元数据。MXF 文件中的头部元数据主要分为两类:结构元数据(Structure Metadata)和描述元数据(Descriptive Metadata)。结构元数据主要用于将文件的各个部分结合起来,定义文件的基本结构,描述并控制各种类型的素材及其在时间线上的相互关系。描述元数据描述 MXF 文件中除结构元数据之外的信息,比如对场景的描述,采用插入机制嵌入 MXF 文件中。由 EDL 信息、场景元数据、镜头元数据、内容标识元数据、制作元数据等组成的描述头部元数据能被 AAF 解码器解读,主要用于后期制作环境下的导入和导出。头部元数据的基本结构如图 6-5-4 所示。

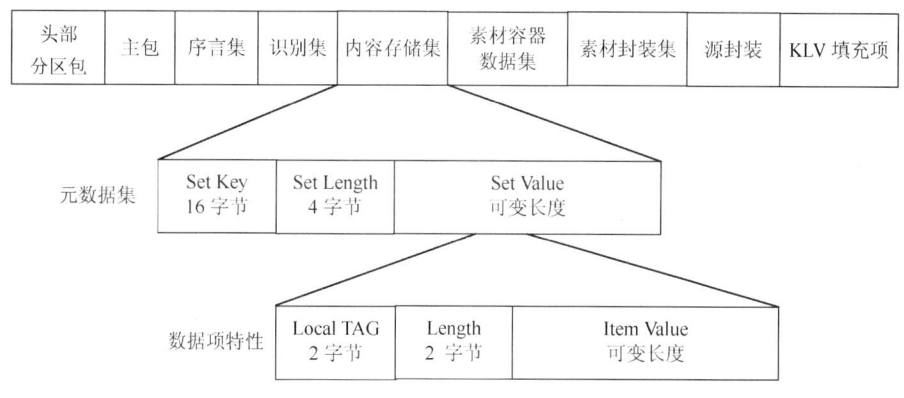

图 6-5-4 MXF 文件格式的头部元数据结构

首先从主包(Primer Pack)开始,紧随的是序言集(Preface Set),然后是各种元数据集(Metadata Set),最后可能会有用于字节对齐的填充 KLV 项(KLV Fill Item)。MXF 采用 KLV 编码对元数据和内容打包。KLV 的数据结构分为 Key、Length 和 Value 三部分。Key 为 16B SMPTE 标准化通用标签(Universal Labels),用于识别数据;Length 说明数据的长度;Value 是数据本身。每个元数据集中所含的数据项目都很多,为了节省字节开销,其数据项基本都采用 KLV 编码中的局部集(Local Set)编码,一般采用 2 字节的局部标签(Local Tag)替代各个数据项的 16 字节的 UL Key,长度部分一般采用 2 个字节来表示。这些局部标签只是在 MXF 文件相应的分区内有效,MXF 文件的外部设备必须通过相应的映射文件,才能确定它们的具体含义。主包(Primer Pack)的作用就是提供局部标签与16字节的 UL Key 的映射关系。序言集的作用相当于一篇文章的摘要,能够简要地告诉解码器整个 MXF 文件中所含的素材的复杂程度、类型以及 MXF 文件的组织及复杂程度,解码器可以据此预判自己是否有能力处理该 MXF 文件。各种元数据集描述了 MXF 文件所含素材及其容器的各种特征信息、各种素材在时间上的相互关系及同步播放关系。AFD 数据经 KLC 编码后,可嵌在 MXF 文件头的元数据集中。

由于头部元数据具有描述、控制各种素材的重要作用,因此,头部元数据除在头部分区内出现外,可能还会在主体分区和尾部分区内出现,以便部分存储或恢复 MXF 文件。

体部元数据、视频及音频数据一起被逐帧地封装在通用容器(Generic Container,GC)中。GC 由系统项目、图像项目、声音项目和辅助数据项目组成。要求帧精度的元数据,例如时间码、UMID、AFD 等就存储在系统项目中,见图 6-5-5。同样,AFD 元数据可以帧精度嵌在系统项中。

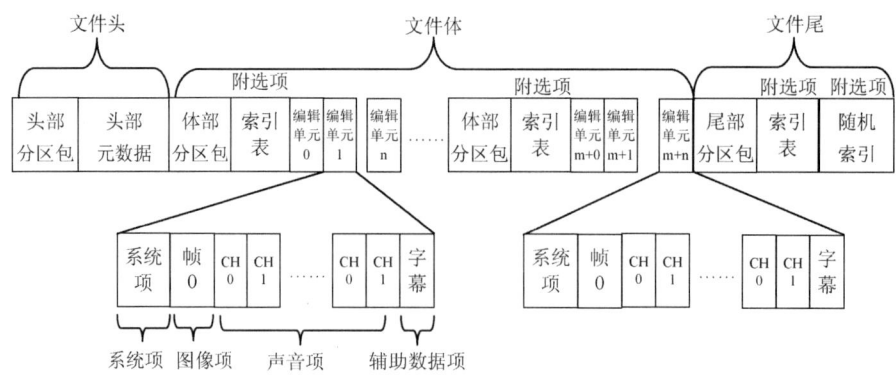

图 6-5-5　MXF 文件格式体部元数据位置

(3) TS 流传输方式

对于 AFD 在 MPEG-2 TS 流中的传输,北美先进电视制式委员会 ATSC 和欧洲数字电视广播 DVB 分别制定了各自的规范标准,两者定义了一致的 AFD 句法和语义。通过 ISO/IEC 13818-2 定义的 MPEG-2 视频基本码流中的用户数据区传输 AFD 信息,可以在每个序列头的序列扩展之后的区域、每个 GOP 头之后的区域、每个图像头的图像编码扩展之后的区域插入固定格式的 AFD 用户数据,在 ATSC 标准中称为图像用户数据比特(Picture User Data Bits)。如果 AFD 是插在每个图像头的图像编码扩展之后的区域,那么 AFD 可以每帧改变一次。

表 6-5-4　MPEG-2 视频的 AFD

句法	比特数目	类型
user_data_start_code	32	bslbf
afd_identifier	32	bslbf
"0"	1	bslbf
active_format_flag	1	bslbf
reserved（set to "00 0001"）	6	bslbf
if (active_format_flag == 1) {		
reserved（set to "1111"）	4	bslbf
active_format	4	bslbf
}		

MPEG-2 视频的 AFD 的格式定义如表 6-5-4 所示。首先是一个 32 比特的用户数据起始码，根据 ISO/IEC 13818-2 标准设置为十六进制数值 0x00 00 01B2。接下来是一个 32 比特的 AFD 用户数据识别码，设置为十六进制数值 0x44 54 47 31，表示 ASIIC 码"DTG1"。然后是在一个八比特字节中的一个比特的有效格式标志（active_format_flag），当该比特位置为"1"时表明数据结构中存在 AFD 信息。最后在一个八比特字节中的四个比特区域（active_format）传输 AFD 宽高比信息。

除了 AFD 宽高比信息传输，标准还规范了 Bar Data 的传输方式。同时还定义了这些信息通过 H.264/AVC 传输的句法和语义。详细情况可参看 DVB 和 ATSC 的相关标准。

6.5.3　AFD 检验

使用 WFM8300 波形监视器可以查看以数据流方式传输的 AFD 附属数据包，选择 ANC Data Inspector 项目，在图 6-5-6 所示的下半部分，可以直观地观察到 SMPTE 2016.3 标准所规定的 AFD 及 Bar Data 内容。

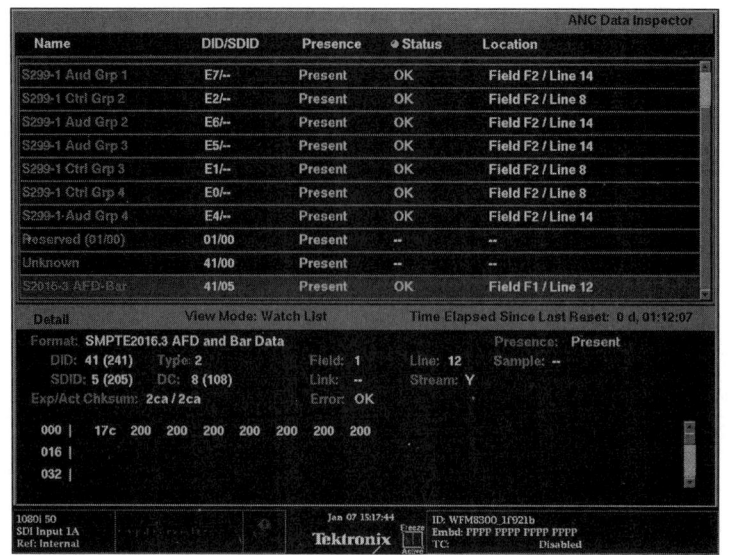

图 6-5-6　AFD 附属数据包的观察(见彩图 18)

本章重点小结

1. 高清串行数字分量信号物理层技术指标测量。

2. 高清串行数字分量信号格式分析及监测。

3. 3G 接口及数据格式。

4. HD SDI 嵌入数字音频信号格式分析及监测。

5. 有效格式描述信息的格式分析及监测。

习题与思考

1. 与标清 SDI 接口相比较,高清 SDI 接口物理层特性参数要求有什么特点?

2. 高清数字视频格式有什么特点?

3. 数字高清晰度电视的并行接口有哪几种? 各有什么特点?

4. 什么是双端 SDI 接口? 有哪些信号传输格式?

5. 什么是 3Gb/s 接口? 有哪些信号传输格式?

6. AES/EBU 数字音频数据包如何嵌入 HD SDI? 嵌入辅助数据区的什么位置? 有什么特点?

7. 数字音频控制包如何嵌入 HD SDI? 嵌入辅助数据区的什么位置? 有什么特点?

8. 什么是 AFD? 有什么作用?

9. AFD 有哪几种传输方式?

10. 数据流传输方式中 AFD 附属数据包是如何封装的?

第 7 章　电视测试卡与测试图

除了使用视频测试信号测量电视设备之外,实际应用中还经常使用一些特殊的图像或信号作为测试信号。如用于测量摄像机的测试卡、用于监测整个电视系统的插入测试行信号和测试图信号等。利用某些测试卡可以进行具体参数的测量,也可以通过观看一些测试卡产生的图像来评判设备的技术性能。插入测试行信号则用来进行不停播测量电视系统的技术指标。通过观看屏幕上显示的电视综合测试图评判电视系统或设备的技术状况,并不进行具体技术参数的测量。一般视频测试信号发生器都能产生图像测试信号,而测试信号和图像信号本身界限就不严格,如彩条信号就是如此。通常测试卡都是将图像印刷在不透明的纸质媒介或透明媒介上,对其线条、灰度、色彩等都有严格的要求,测量时安放的环境也有规定,主要用于摄像机的测量与调整。

7.1　电视测试卡

摄像机的电性能指标的测量需要使用测试卡。在标准光照的环境下,通过使用摄像机拍摄测试卡测量其输出信号,便可得到摄像机的各项测试指标。测试卡是印刷在纸卡上的各种特定图案,见图 7-1-1。根据照明光源的位置不同而分为反射式和透射式两类。

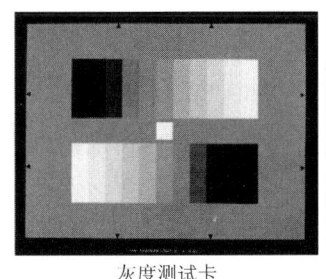
灰度测试卡

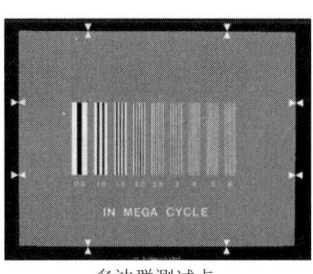
多波群测试卡

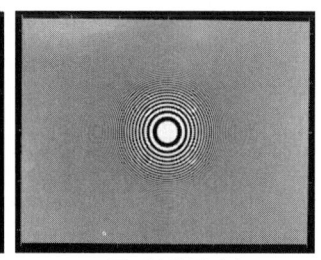
圆环波带测试卡

图 7-1-1　几种标清摄像机测试卡

7.1.1 灰度卡

灰度卡由黑到白分为 11 级，γ＝2.2，反射率为 89.9％，用于摄像机的灵敏度、最低照度的测量及 γ 特性、黑白平衡的调整。中间的白窗口可测量 CCD 的垂直拖影。

7.1.2 多波群卡(兆周卡)

多波群卡分为 0.5～6MHz 分组标记(6 兆周卡)和 0.5～10MHz 分组标记(10 兆周卡)两种，用于测量摄像机的调制度及分解力。频率与分解力的关系，可以认为 1MHz 相当于 80 电视线。由于广播级摄像机的分解力高，电路带宽也宽，要用 10 兆周卡测量。此时观察摄像机的输出信号，需用专用的精密黑白监视器，其视频带宽要达到 10MHz 方能胜任。

7.1.3 彩条卡

彩条卡与彩条信号的图像相同。用于检测摄像机对色度信号的幅度和相位的还原能力。

7.1.4 肤色卡

肤色卡图案为一青年女性头像。在标准光源 D_{65} 的照明下，其面颊肤色通过摄像机拍摄后，在矢量示波器上呈现的相位角应为 117°±1°。此卡用于检测摄像机对人脸肤色还原的正确性，这也是人眼观看电视图像最为敏感的颜色。

7.1.5 圆环波带卡

圆环波带卡由若干同心圆组成，由内向外看，同心圆的线条由粗到细、间距由疏到密按一定规律变化，形成由低到高连续变化的空间频率分布，可测量摄像机的空间频率特性、滤波特性等。当摄像机的分解力接近水平、垂直某一值时，便会在相应线数的位置上出现干涉条纹，因此可直观检验出摄像机 CCD 的二维空间频率特性。

7.2 插入测试行信号

在复合模拟电视广播系统中，利用常规视频测试信号对系统进行测量时，都要让系统停止传送电视节目，这会直接影响电视节目的正常播出。若利用场消隐期中的场同步后的一些空行，将测试信号插入其中，然后从系统的检测点将这些信号取出加以测量，就可以在不影响正常播出的前提下进行技术指标测量。这就是插入测试行信号(ITS)。

为了在有限的场消隐期的空白行中插入测量所需的各种测试信号，需将相关的信号组合后再插入相应的测试行。另外为减小插入测试行信号对电视图像的影响，一方面要使插入测试行信号中的副载波与色同步副载波锁相,另一方面要使插入测试信号的副载波与色同步相位差保持为低亮度颜色。使用插入测试信号发生器可满足这些要求。如 TEK148 产生的测试信号副载波与全电视信号副载波保持锁定,相位差为 60°(蓝紫色)。

国际电信联盟(ITU)规定,625 行系统的 17、18 及 330、331 行分别用于插入 4 种国际插测行信号,供国际间传送及交换节目。而 22 和 335 行不插入任何信号,称为静噪行,供测量消隐电平杂波使用。

除以上规定外,各国可根据自己国家情况规定本国所用的插入测试信号及位置,用于国内传送、交换节目。我国规定 19、20 和 332、333 行用于插入 2 种国内插测行信号,奇偶场的相应行均为同一种信号。第 22 行供杂波测试用,而第 335 行作为备用行。下面介绍具体的测试信号。

7.2.1 国际 17 行插入测试信号

如图 7-2-1 所示,国际 17 行插入测试信号共含有 4 种测试信号:10μs 宽度白条脉冲、2T 正弦平方波、副载波(60.7°)填充 20T 正弦平方波及 5 阶阶梯波。

7.2.2 国际 18 行插入测试信号

如图 7-2-2 所示,国际 18 行插入测试信号就是多波群信号。注意波群频率分别为: 0.5MHz、1.0MHz、2.0MHz、4.0MHz、4.8MHz、5.8MHz。

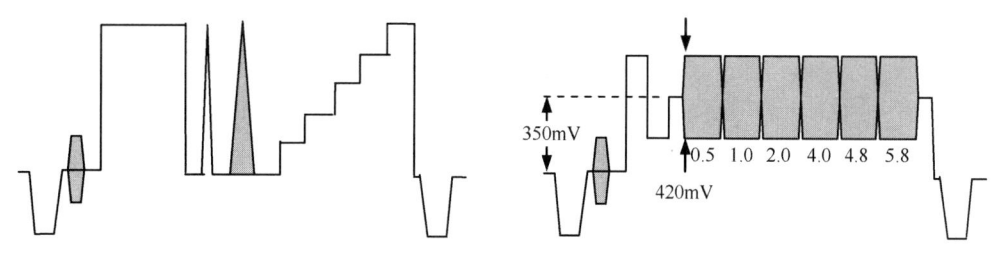

图 7-2-1　国际 17 行插入测试信号　　　图 7-2-2　国际 18 行插入测试信号

7.2.3 国际 330 行插入测试信号

如图 7-2-3 所示,国际 330 行插入测试信号共含有 3 种测试信号:10μs 宽度白条脉冲、2T 正弦平方波及叠加副载波(60.7°)阶梯波。

7.2.4 国际 331 行插入测试信号

如图 7-2-4 所示,国际 331 行插入测试信号共含有 2 种测试信号:三电平色度信号及

420mVp－p 幅度色条信号。其基线电平为 350mV、色度相位为 60.7°。

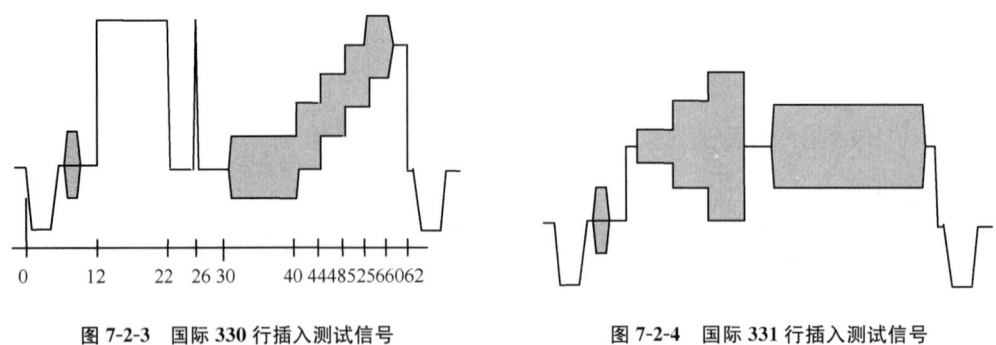

图 7-2-3　国际 330 行插入测试信号　　　图 7-2-4　国际 331 行插入测试信号

7.2.5　国内 19、332 行插入测试信号

如图 7-2-5 所示,国内 19、332 行插入测试信号共含有 4 种测试信号:白条方波、2T 正弦平方波、副载波填充 10T 正弦平方波、叠加副载波阶梯波。

7.2.6　国内 20、333 行插入测试信号

如图 7-2-6 所示,国内 20、333 行插入测试信号就是多波群信号。注意波群频率分别为:0.5MHz、1.5MHz、2.5MHz、4.0MHz、4.8MHz、5.8MHz。

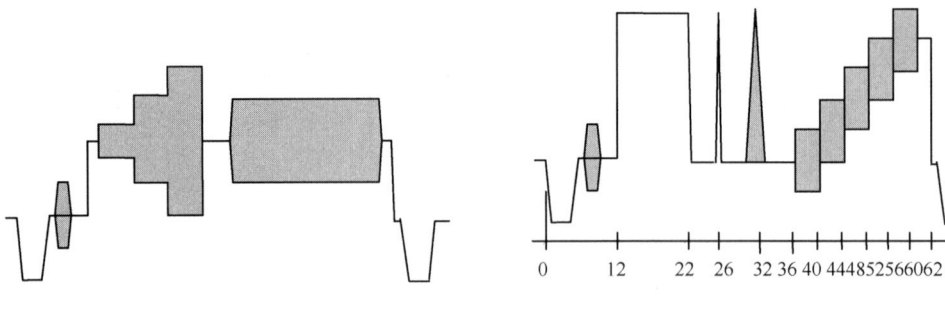

图 7-2-5　国内 19、332 行插入测试信号　　　图 7-2-6　国内 20、333 行插入测试信号

7.3　电视综合测试图

7.3.1　标准彩色测试图

为了方便电视工作者直观、快捷、全面地了解电视广播系统或设备运行的质量状况,在电视节目制作中心、播出中心、电视无线发射台、有线传输台,甚至在电视设备的生产线上或

维修等部门，GB2097—1997《彩色电视广播测试图》都是广泛用于模拟彩色电视广播工程中的标准综合测试图。特别是在每天早上，在大多数的电视节目频道正式节目播出之前，都在播放这种类似功能的测试图，其目的在于用这种测试图来观察评价整个电视系统（包括播出系统、发送/传输系统和接收显示系统）的质量情况，以便及时发现和解决问题，为播出正式的节目做好准备。标准彩色测试图见图 7-3-1。具体内容介绍如下：

图 7-3-1　我国标准彩色测试图(见彩图 19)

1. 黑白矩形边框

用于检查调整图像幅度、宽高比以及图像中心位置。右垂直边框可检查同步分离性能，性能不良时边框会出现水平位移。左垂直边框可检查色同步选通性能，性能不佳将使边框出现彩色。

2. 灰底白格背景

用于检查调整图像的几何失真（包括枕形、桶形、梯形失真等），扫描非线性失真（包括行、场两个方向）、动会聚及色纯等。

3. 中部大圆

用于检查调整图像的几何失真及扫描非线性失真。

4. 上部台标与台号

用于显示电视台的标志。

5. 台号两侧肤色带

左为男性、右为女性。供调整接收机的色调、色饱和度和亮度。在彩条颜色正确的前提下,使调整后的肤色自然、美观。

6. 台号下的清晰度线

清晰度线分为五级:1.8MHz(140 线),2.8MHz(220 线),3.8MHz(300 线),4.8MHz(380 线),5.63MHz(450 线),主要用于检测接收机的亮度清晰度、色度带宽及副载波与行频锁定的关系。图像的 3.8MHz 和 4.8MHz 部分应有彩色网纹,若无则表示色度通道带宽不足。若彩色网纹位置静止不动,则说明副载波与行频锁相良好。频率 F 与清晰度线 L(也称电视线)的关系如公式 7-1 所示。

$$F = \frac{1}{2} \cdot \frac{L}{T_h} \cdot \frac{W}{H}$$ （公式 7-1）

公式 7-1 中,T_h 为有效行周期(PAL 为 52ms,NTSC 为 52.55ms);$\frac{W}{H}$ 为图像宽高比(4:3),F 单位为 MHz。

计算后可得:1MHz 频率对应的电视线,PAL 为 78 线,NTSC 为 79 线。实际使用时都把它们近似为 80 线,即 1MHz 频率(或带宽)对应 80 线的清晰度。

7. 清晰度线下的灰度信号

灰度信号由黑到白分为 6 级,用以调整接收机的亮度和对比度,使各灰度层次分明。各灰度等级宽度一致表示扫描线性良好,不带任何彩色则表示白平衡调整良好。

8. 黑色背景上的白色中心十字线

用于调整图像的中心位置,并可检查静会聚及隔行扫描位置的准确性。

9. 彩条信号

为 75% 彩条。用于接收机色调及色饱和度的调整,并可检查自动消色电路的工作情况。

10. 彩条下的 250KHz 方波信号

用于检查接收机亮度通道的瞬态响应。

11. 方波下的白矩形和两条黑色针状脉冲

用于检查天线或电缆匹配不良等原因产生的高频反射。

12. 大圆两侧的彩色矩形信号

左上角方块为 −(R−Y)信号(270°),左下角方块为 +(R−Y)信号(90°)。

右上角方块为 −(B−Y)信号(180°),右下角方块为 +(B−Y)信号(0°)。

左中矩形为(G−Y)= 0,(326°)信号,右中矩形为(G−Y)= 0,(146°)信号。

这些信号主要用于解码电路及矩阵电路的检查与调整。当解码电路中直通信号与延迟信号的幅度或相位不正确时,各色块就会出现爬行现象。

7.3.2 史诺威斯测试图 SW2

图 7-3-2 为史诺威斯(S&W)公司研制的测试图,在其测试图发生器 TPG20/21 中作为

标准测试图之一。TPG20/21 采用 10 比特量化,将黑/白电平范围划分为 588 级处理,最后产生复合视频信号输出。

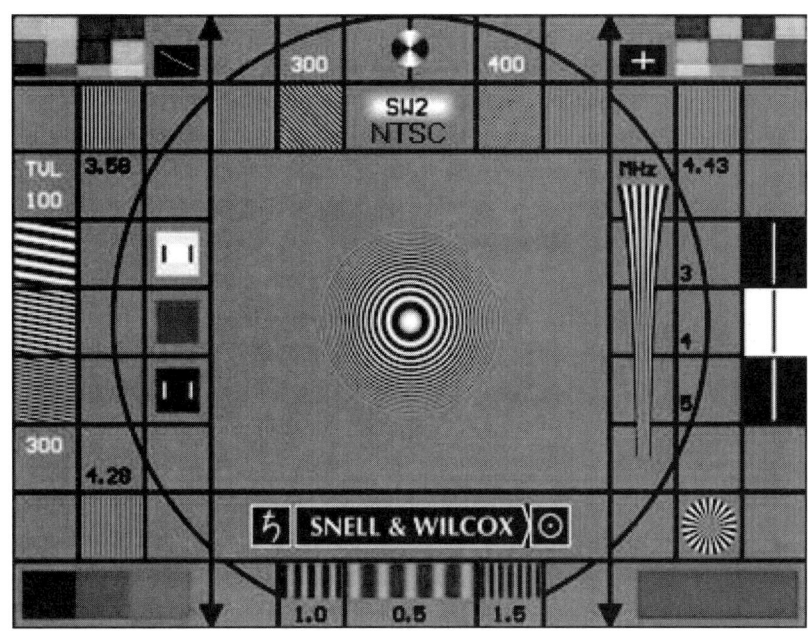

图 7-3-2 史诺威斯测试图

从全图看,灰色背景上的黑色方格线在水平、垂直方向上间距相等,线的波形为 2T 正弦平方脉冲(2T 脉冲半幅宽:NTSC 为 250ns;PAL 为 200ns),用于显示器的几何失真观测及三基色光栅的定位检查。中部的大圆直径为图像高度,圆周线的线宽为 168 ns,也可用于图像的几何失真观测。显示图像的上下边界由四个黑三角箭头标记出。注意图中的数字表示内容,白色数字单位为电视线 TVL,黑色数字单位为频率 MHz。其换算关系为:

NTSC 525/59.94/2:1 系统:1TVL(电视线)约为 0.01266MHz,1MHz 相当于 79TVL。

PAL 625/50/2:1 系统:1TVL(电视线)约为 0.01282MHz,1MHz 相当于 78TVL。

史诺威斯测试图各部分功能详述如下:

1. 隔行扫描检查

一个黑矩形中有一条细白斜线(线宽 168 ns),用来指示隔行扫描位置的正确性。当隔行扫描位置不正确时,该线就会呈现出锯齿状而非平滑的直线。

2. 格子彩条

该彩条为 75% 的格子彩条,以其彩色图形在垂直边缘的过渡部分表示 Y/C 梳状滤波器的性能。格子彩条下面有四个灰色格,其灰度电平分别为 20%、40%、60%、80%,用于亮度非线性失真测量。

3. 灰色圆锥状图形

当设备采用数字化方式处理时,此图形可用于视觉主观评价图像的量化损伤及抖动等。

4. 图形格式

指示该测试图的格式(如 PAL、NTSC 等)。各格式图形基本相同,只不过个别参数略有差异(如 2T 脉冲宽度等)。

5. 定位检查

在一个黑矩形上有一个白十字(线宽 200ns),用于光栅定位检查,水平/垂直轮廓校正(孔阑校正)平衡的测量。

6. 频率/垂直响应检查

图形为三组密度不同的细斜线,斜度很小,近乎水平,频率分别为 100、200、300 电视线,用于测试垂直轮廓增强效果及扫描定位准确度,能分辨的电视线越多表明性能越好。

7. 水平与倾斜(对角线)方向频响检查

图形为六组细线,自左至右分别为:3.58MHz(NTSC SC)竖线、300TVL 竖线、300TVL 斜线、400TVL 斜线、400TVL 竖线、4.43MHz(PAL SC)竖线。用于快速检查频响、水平/垂直轮廓校正(2D 孔阑校正)和彩色解码器的亮/色交调失真。

8. SECAM 钟形滤波器检查

图形为一组细竖线,频率为 4.286MHz,为钟形滤波器的中心频率。用于检查 SECAM 制彩色解码器的钟形滤波器。

9. 楔形频率响应

图形为一组楔形的上疏下密的线簇,频率范围为 1.5~5.5MHz,用于检查水平清晰度。

10. 放射状楔形

图形为一个由放射状楔形线组成的圆形,覆盖空间频率范围最高至 450TVL。用于检查彩色解码器亮/色交调和水平/垂直轮廓增强的平衡。

11. 移动环形区域

此区域为一个静止或移动的圆形光栅环(菲涅尔圆环),覆盖空间频率范围高至 429TVL(5.5MHz),光栅环半径为图像高度的 15%。用于检查基于行或帧的梳状解码器及扫描转换器的性能。

12. 色度频响与 Y/C 定时检查

图形为三组彩色竖条纹,频率自左至右分别为 1.0MHz(绿/紫)、0.5MHz(蓝/黄)、1.5MHz(绿/紫),用于色度分解力和 Y/C(亮/色)的定时检查。

13. PLUGE

由三个矩形图形组成,自上至下分别为:100%白矩形上有一个 93.75%的小矩形、35%

的灰矩形、0%黑矩形上有一个7.5%的深灰小矩形。百分数为基准白的相对电平。为使小矩形容易观察,其两侧以高对比度的短竖线标示出,用于调整亮度和对比度。

14. 脉冲和条测试

图形为三个不同的矩形,矩形中部有一条2T(200ns)脉冲宽度的竖线,分别为:黑矩形上加白竖线、白矩形上加黑竖线、20%灰矩形上加白竖线,用于脉冲振铃和反射测量。当被测设备的黑电平切割电路掩盖了黑电平以下的失真时,可以用第三个矩形(20%灰矩形上加白竖线)来测量。

15. 色度非线性测试

图形为由三电平色度台阶信号形成的三个紫色矩形,色度电平分别为:33.3%、66.6%和100%,用于色度非线性幅度/相位失真的测量。

16. 大面积色度测试

图形为红色的矩形,色度电平为100%,用于视觉主观评价色度噪声、大面积彩色闪烁和汉诺威(HANOVER)条形失真。

7.4 SDTV综合测试图

为了满足我国数字电视广播业务开展的实际需求,国家新闻出版广电总局广播电视规划院颁布了625/50系统SDTV综合测试图标准。SDTV综合测试图如图7-4-1所示。

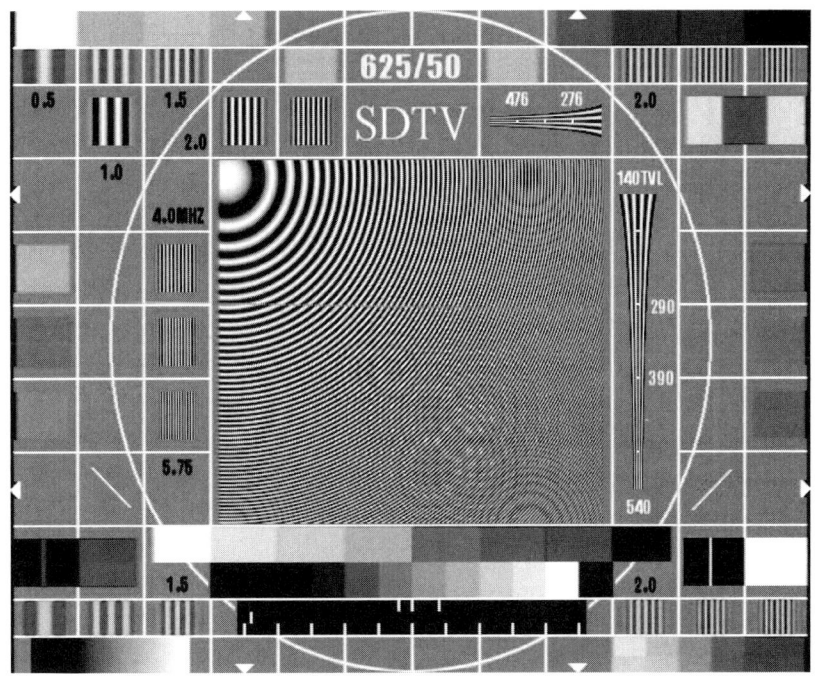

图7-4-1 SDTV综合测试图(见彩图20)

7.4.1 标准依据

SDTV 综合测试图的视频参数完全是按照 ITU-R BT.601 建议的 625/50 2∶1 SDTV 系统参数和国家标准 GB/T14857—93《演播室数字电视编码参数规范》的要求设计的：

- GB/T14857—93《演播室数字电视编码参数规范》；
- 参照 GB2097—1997《彩色电视广播测试图》相关的测试信号；
- 参照 GB3175—87《透射式肤色测试图》有关中国女性肤色的规定；
- 参照 Raft New Recommendation ITU-R BT.1729 Common High-Definition/Standard-Definition Digital Television Reference Test Pattern 有关音像同步的规定。

7.4.2 SDTV 综合测试图信号布局、技术要求及主要功能

SDTV 综合测试图包含 20 多种测试信号，主要包括：格子信号和圆信号、多波群信号（亮度和色差）、阶梯信号（亮度和色差）、彩条信号（100％和75％）、肤色和各种特殊色块信号、2T 正弦平方波和条脉冲信号（亮度和色差）、清晰度楔形条信号（水平和垂直）、斜波信号和斜线信号、色亮时延信号、音像同步信号和有效图像边框识别信号等图像内容以及运动测试图形和图像序列。

各种测试信号的位置、技术要求及主要功能分述如下：

1. 灰底白格线背景信号

(1) 要求

① 信号构成

灰底白格线背景信号是由 8 条等距离的水平白线（线宽为 1 行/场，即 2 行/帧）和 11 条等距离的垂直白线（线宽约为 192ns）把整个电视有效图像划分成水平 12 格和垂直 9 格的灰底方格背景图案。

② 信号电平

背景信号白格线的亮度电平为 100％视频幅度，灰底的亮度电平为 50％视频幅度。

(2) 用途

主要用于评价 SDTV 显示器图像的扫描非线性失真和几何失真，还可以检查显示器的会聚、色纯是否良好。

2. 圆信号

(1) 要求

① 信号构成

圆信号的圆心位于有效图像的中心位置，圆的直径为有效图像的高度，圆周线的宽度约

为 3 个像素。

② 信号电平

圆周线的亮度电平为 100% 视频幅度。

(2) 用途

主要用于检查 SDTV 显示器的扫描非线性失真和几何失真。

3. 多波群信号

(1) 要求

根据 SDTV 系统亮度和色差视频带宽的要求,确定多波群信号的频率。

① 亮度多波群信号

亮度多波群信号位于测试图垂直方向第 2 格/水平方向第 2、4、5 格以及水平方向第 3 格/垂直方向第 4、5、6 格中;多波群正弦信号的频率分别为:1MHz、2MHz、3MHz、4MHz、5MHz 和 5.75MHz。

② 色差多波群信号

色差 C_B 和 C_R 多波群信号分别位于测试图垂直方向第 1 格/水平方向第 1、2、3、10、11、12 格的下半格和垂直方向第 9 格/水平方向第 1、2、3、10、11、12 格的上半格中;色差多波群正弦信号的频率分别为:0.5MHz、1MHz、1.5MHz、2MHz、2.5MHz 和 2.75MHz。

③ 多波群正弦信号的峰峰值为 100% 视频幅度。

(2) 用途

主要用于观察和评价电视系统或接收、显示设备亮度信号和色差信号通道的频率响应。

4. 阶梯信号

(1) 要求

① 亮度十阶梯信号

亮度十阶梯信号位于测试图垂直方向第 8 格/水平方向第 4、5、6、7、8、9 格的下半格内;亮度十阶梯信号 11 个电平分别为 0%、10%、20%、30%、40%、50%、60%、70%、80%、90%、100% 的视频幅度。

② 色差五阶梯信号

色差 C_B 和 C_R 五阶梯信号位于测试图垂直方向第 9 格/水平方向第 10、11、12 格的下半格内;色差五阶梯信号电平分别为 −50%、−30%、−10%、+10%、+30%、+50% 的视频幅度。

(2) 用途

主要用于观察和评价 SDTV 系统亮度信号和色差信号的非线性失真,亮度十阶梯信号还可以检查电视接收机和显示器的灰度级、白平衡是否正确。

5. 彩条信号

(1) 要求

①100％彩条信号

100％彩条信号位于测试图垂直方向第 8 格/水平方向第 3、4、5、6、7、8、9、10 格的上半格内。

②75％彩条信号

75％彩条信号位于测试图垂直方向第 1 格/水平方向第 1、2、3、4、9、10、11、12 格的上半格内。

③彩条信号电平

彩条信号电平符合 GB/T18472－2001《数字编码彩色电视系统用测试信号》中有关 100％彩条信号电平和 75％彩条信号电平的规定。

(2) 用途

彩条信号主要用于评价电视系统或设备的色彩重现是否正确以及调整电视接收机或显示器的"色调"和"色饱和度"。

6. 肤色信号

(1) 要求

肤色信号位于测试图垂直方向第 5、8 格内；肤色信号电平符合国家标准 GB3175－87《透射式肤色测试图》中有关中国女性肤色色调和色饱和度的规定。

(2) 用途

主要用于观察和评价电视系统肤色重现性能以及调整系统或设备肤色的重现效果。

7. 特殊色块信号

(1) 要求

特殊色块信号包括色差 B－Y＝0、R－Y＝0 和 G－Y＝0 信号。

①B－Y＝0 信号

R－Y＜0 的 B－Y＝0 信号位于测试图垂直方向第 4 格/水平方向第 1 格中；

R－Y＞0 的 B－Y＝0 信号位于测试图垂直方向第 4 格/水平方向第 12 格中。

②R－Y＝0 信号

B－Y＜0 的 R－Y＝0 信号位于测试图垂直方向第 6 格/水平方向第 1 格中；

B－Y＞0 的 R－Y＝0 信号位于测试图垂直方向第 6 格/水平方向第 12 格中。

③G－Y＝0 信号

B－Y＜0、R－Y＞0 的 G－Y＝0 信号位于测试图垂直方向第 5 格/水平方向第 1 格中；

B－Y＞0、R－Y＜0 的 G－Y＝0 信号位于测试图垂直方向第 5 格/水平方向第 12 格中。

④信号电平:三种特殊色块信号的电平为亮度电平在 50% 视频幅度下的最大饱和度电平。

(2) 用途

主要用于评价电视系统或设备特殊色彩的重现性能和重现效果。

8. 2T 正弦平方波和条脉冲信号

(1) 要求

① 亮度 2T 正弦平方波和条脉冲信号

亮度 2T 正弦平方波和条脉冲信号位于测试图的垂直方向第 8 格/水平方向第 11、12 格中;2T 正弦平方波的半幅值宽度为 174ns;2T 正弦平方波和条脉冲信号的幅度为 100% 视频幅度。

② 色差 $2T_C$ 正弦平方波和条脉冲信号

色差 C_B 的 $2T_C$ 正弦平方波和条脉冲信号位于测试图的垂直方向第 8 格/水平方向第 1、2 格的上半格中;色差 C_R 的 $2T_C$ 正弦平方波和条脉冲信号位于测试图的垂直方向第 8 格/水平方向第 1、2 格的下半格中;$2T_C$ 正弦平方波的半幅值宽度为 364ns;$2T_C$ 正弦平方波和条脉冲信号的幅度为 50% 视频幅度。

(2) 用途

主要用于评价和测试电视系统亮度通道和色差通道的线性失真。

9. 清晰度楔形条信号

(1) 要求

① 水平清晰度楔形条信号

水平清晰度楔形条信号位于测试图水平方向第 10 格/垂直方向第 3、4、5、6、7 格内。

② 垂直清晰度楔形条信号

垂直清晰度楔形条信号位于测试图垂直方向第 2 格/水平方向第 8、9 格中。

③ 清晰度楔形条信号频率

水平清晰度楔形条信号的正弦信号频率:1.75MHz~6.75MHz,相当于水平清晰度 140TVL~540TVL。

垂直清晰度楔形条信号的正弦信号频率:2.38715KHz~7.8125KHz,相当于垂直清晰度 176TVL~576TVL。

④ 信号电平

清晰度楔形条正弦信号的峰峰值为 100% 视频幅度。

(2) 用途

主要用于观察和评价 SDTV 系统或设备及电视接收机和显示器图像的水平清晰度和垂直清晰度。

10. 亮度斜波信号

(1) 要求

亮度斜波信号位于测试图垂直方向第 9 格/水平方向第 1、2、3 格下半格中；其斜波信号峰峰值为 100% 视频幅度。

(2) 用途

主要用于评价和测试系统亮度通道的非线性失真和图像的亮度层次以及观察显示器白平衡是否良好。

11. 色亮时延信号

(1) 要求

①色亮时延信号位于测试图垂直方向第 2 格/水平方向第 11、12 格中，由黄色背景及其上面的红色条块组成。

②信号电平

黄色和红色条块的信号电平为 100% 饱和度电平。

(2) 用途

主要用于观察和评价 SDTV 系统或设备的色度信号和亮度信号之间的时延差。

12. 斜线信号

(1) 要求

①斜线信号位于测试图垂直方向第 7 格/水平方向第 2 格和第 11 格中，它们分别是倾斜角度约为 135°和 45°的白色斜线。

②斜线信号线宽约为 192ns。

③斜线信号电平为 100% 视频幅度。

(2) 用途

主要用于观察和评价 SDTV 隔行显示器的隔行扫描是否良好。

13. 音像同步信号

(1) 要求

根据 ITU-R BT.1729 "高清晰度/标准清晰度数字电视公共基准测试图样"的有关规定，提供了音像同步测试的图像信号和声音信号。

①图像信号

音像同步测试的图像信号位于测试图垂直方向第 9 格/水平方向第 4、5、6、7、8、9 格的上半格中，是黑底白条信号。

图像信号的时间标志：音像同步测试的图像信号区垂直分成三部分：上面三分之一部分有＋40ms(声音超前图像)、0ms 和－80ms(图像超前声音)三个白条时间标志，作为音像同步合格与不合格的标志范围；下面三分之一部分有 100ms 等间隔的 11 个白条时间标志；中间三分之一部分有一个水平移动的白条,该条每秒钟从左到右穿过一次,当白条通过中心点(0ms 标志)时出现声音同步信号。

图像信号电平:图像信号的黑底电平为 0%视频幅度,白条电平为 100%视频幅度。

白条信号的宽度:白条信号的宽度为 2 个像素。

②声音信号

音像同步测试的声音信号是连续的单音频正弦信号。

声音信号频率:左声道 392Hz,右声道 587.3Hz。

声音信号电平为标称音频电平(4dBu)。

③音像同步的时间

右声道信号结合图像信号每秒钟消失一次,持续时间为 25ms,音像同步点在声音消失期的起始点。

(2)用途

主要用于评价电视系统音像同步是否满足要求。

14. 有效图像边框识别信号

(1)要求

位于测试图的四边各有两个白色等腰三角形(共八个)作为有效图像的边框信号。其中上边框两个等腰三角形的顶点分别与垂直第 1 行/水平第 210 个像素和水平第 510 个像素相重叠;下边框两个等腰三角形的顶点分别与垂直第 576 行/水平第 210 个像素和水平第 510 个像素相重叠;左边框两个等腰三角形的顶点分别与垂直第 160 行和垂直第 416 行/水平第 1 个像素相重叠;右边框两个等腰三角形的顶点分别与垂直第 160 行和垂直第 416 行/水平第 720 个像素相重叠。白色等腰三角形的电平为 100%视频幅度。

(2)用途

主要用于观察和调整 SDTV 显示器标准幅型比 4∶3 的有效图像尺寸、图像中心位置和扫描幅度等。

15. 运动测试图形和图像序列

(1)要求

①运动测试图形和图像序列位于测试图中央水平方向第 4、5、6、7、8、9 格/垂直方向第 3、4、5、6、7 格中。

②运动波带图信号:运动波带图信号为四分之一波带图信号;波带图信号频率:0~5.75MHz;波带图信号幅度:100%视频幅度;波带图运动速度:45°/帧。

③测试图像序列包含细节和色彩丰富、颜色鲜艳、亮度高、对比度大、层次丰富并且具有复杂、运动快速等特点的场景,以及场景快速切换的视频压缩系统图像质量评价用标准测试图像序列中很严格的测试图像序列,主要有:

秋叶：是金黄色白桦树叶随着秋风摇动的场景序列，背景是蔚蓝的天空。主要用于评价编码系统对大范围随机运动的运动预测与补偿性能及块效应损伤。

花园：是摄像机水平慢速移动镜头拍摄 CCTV 演播厅楼前花坛的全景序列，图中色彩和细节丰富。主要用于评价编码系统的彩色细节损失。

篮球运动：是典型的篮球运动场景序列。前景为快速、复杂的篮球运动场面，背景是众多观众看台的高细节背景。主要用于评价编码系统的清晰度损失和高饱和色彩的重现能力。

京剧舞旗片段：是典型的京剧场景序列。少年京剧演员服饰色彩丰富、鲜艳，动作场景快速复杂，主要用于评价编码系统对典型京剧场景的处理能力。

溪水和石块：清澈的溪水急速流过纹理丰富的石块的场景序列。主要用于评价编码系统运动预测与运动补偿性能及块效应损伤。

④运动测试图形和图像序列总长度约 2 分钟。

(2)用途

运动测试图形和图像序列主要用于评价视频压缩系统的主观图像质量。

16.测试图像名称

(1)要求

①SDTV 综合测试图的名称"625/50I SDTV"位于测试图垂直方向第 1 格的下半格和第 2 格/水平方向第 6、7 格中。

②测试图名称"625/50I SDTV"为白色字体，其电平为 100% 视频幅度。

(2)用途

主要用于识别测试图的制式。

7.5 HDTV 综合测试图

7.5.1 标准依据

HDTV 综合测试图完全是按照 ITU-R BT.709 建议的 1125/50 2∶1 HDTV 系统参数和 GY/T 155-2000《高清晰度电视节目制作及交换用视频参数值》的规定设计制作的。参照 GB2097-1997《彩色电视广播测试图》相关的测试信号；参照 GB3175-87《透射式肤色测试图》有关肤色的规定；参照 Raft New Recommendation ITU-R BT.1729 Common High-Definition/Standard-Definition Digital Television Reference Test Pattern 有关音像同步的规定。

7.5.2 HDTV 综合测试图的组成内容

HDTV 综合测试图如图 7-5-1 所示。HDTV 综合测试图包含了"SDTV 综合测试图"中相关的基本信号内容,例如方格信号图和圆信号图、多波群信号图(亮度和色差)、清晰度楔形条信号图(水平和垂直)、阶梯信号图(亮度和色差)、彩条信号图(100%)、肤色及各种特殊色块信号图、2T正弦平方波和条脉冲信号图(亮度和色差)、斜波信号图(亮度和色差)、色亮时延信号图、斜线信号图和有效图像边框识别信号图等等,以便全面地观察和评价HDTV系统或设备的基本质量。

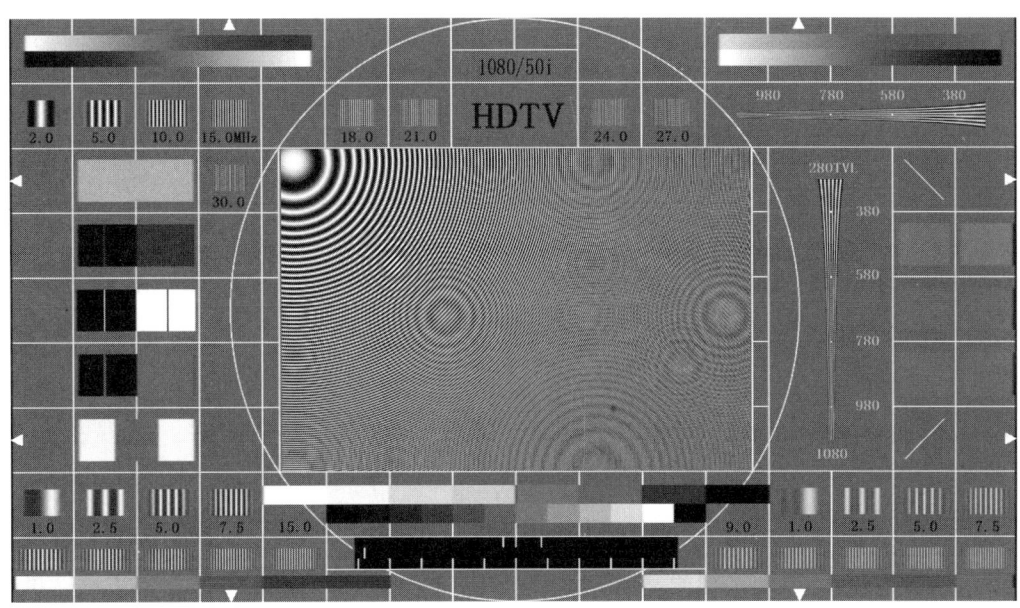

图 7-5-1　HDTV 综合测试图(见彩图 21)

同时,根据 HDTV 系统采用了视频压缩的信源编、解码技术,其系统图像质量与源图像素材信息的复杂程度紧密相关的特点,HDTV 综合测试图也包含一定长度、用于视频压缩质量评价的标准测试图像序列和测试图形序列,这对于数字视频压缩系统主观图像质量的评价是至关重要的;并且考虑到视频压缩系统或音频压缩系统可能造成的音像时延差,测试图中还增加了音像同步测试的图像信号和声音信号。

7.5.3　HDTV 综合测试图中各种信号的布局、技术要求及主要功能

1. 灰底白格线背景信号

(1) 要求

①灰底白格线背景信号是由 8 条等距离的水平白线(线宽为 2 行,即 1 行/场)和 15 条等距离的垂直白线(线宽为 42ns)把整个电视有效图像划分成水平 16 格和垂直 9 格的方格背景图案;

②其白格线的亮度电平为 100%视频幅度;灰底的亮度电平为 50%视频幅度。

(2) 用途

主要用于评价 HDTV 显示器图像的扫描非线性失真和几何失真，还可以检查显示器的会聚、色纯是否良好。

2. 圆信号

(1) 要求

在灰底白格背景图案的中央叠加圆线信号，其圆心位于有效图像的中心位置，圆的直径为有效图像的高度，圆线宽约为 3 个像素。

(2) 用途

主要用于检查 HDTV 显示器的扫描非线性失真和几何失真。

3. 多波群信号

(1) 要求

根据 HDTV 系统亮度和色差视频带宽的要求，确定多波群信号的频率范围。

① 亮度多群波信号：亮度多群波信号位于测试图垂直方向第 2 格/水平方向第 1、2、3、4、6、7、10、11 格和垂直第 3 格/水平第 4 格中；多波群正弦信号频率分别为：2MHz、5MHz、10MHz、15MHz、18MHz、21MHz、24MHz、27MHz 和 30MHz。

② 色差多群波信号：色差 C_B 和 C_R 多群波信号分别位于测试图垂直方向第 8 格/水平方向第 1、2、3、4 格和第 13、14、15、16 格中，其多波群正弦信号的频率为：1MHz、2.5MHz、5MHz、7.5MHz；色差 C_B 和 C_R 多群波信号分别位于测试图垂直方向第 9 格/水平方向第 1、2、3、4、5 格和第 12、13、14、15、16 格上半格中，其多波群正弦信号的频率为：9MHz、10.5MHz、12MHz、13.5MHz、15MHz。

③ 多波群正弦信号的峰—峰值约为 100% 视频幅度。

(2) 用途

主要用于观察和评价电视系统或接收、显示设备亮度通道和色差通道的频率响应。

4. 清晰度楔形条信号

(1) 要求

根据 HDTV 系统视频带宽和图像分辨率的要求，确定清晰度楔形条信号的频率范围。

① 水平清晰度楔形条信号：水平清晰度楔形条信号位于测试图水平方向第 13、14 格/垂直方向第 3、4、5、6、7 格内，是 4 个半周期的垂直楔形条信号；楔形条从上端到下端的正弦信号频率范围为：9.625MHz～37.125MHz，相当于水平清晰度 280TVL～1080TVL。

② 垂直清晰度楔形条信号：垂直清晰度楔形条信号位于测试图垂直方向第 2 格/水平方向第 12、13、14、15、16 格中，是 4 个半周期的水平楔形条信号；楔形条从左端到右端的正弦信号频率范围为：14.0625KHz～3.6458KHz，相当于垂直清晰度 1080 TVL～280 TVL。

③ 清晰度楔形条信号电平：清晰度楔形条正弦信号的峰峰值约为 100% 视频幅度。

(2) 用途

主要用于观察和评价 HDTV 系统或设备及电视接收机和显示器图像的水平清晰度和垂直清晰度。

5. 阶梯波信号

(1) 要求

亮度十阶梯信号：亮度十阶梯信号位于测试图垂直第 8 格/水平第 6、7、8、9、10、11 格的下半格内；亮度十阶梯信号的 11 个电平分别为 0%、10%、20%、30%、40%、50%、60%、70%、80%、90%、100%的视频幅度。

色差五阶梯信号：色差 C_B 和 C_R 五阶梯信号分别位于测试图垂直第 9 格/水平第 1、2、3、4、5、6 格和第 11、12、13、14、15、16 格的下半格中；色差五阶梯信号的 6 个电平分别为 −50%、−30%、−10%、+10%、+30%、+50%的视频幅度。

(2) 用途

主要用于观察和评价 HDTV 系统亮度信号和色差信号的非线性失真，亮度十阶梯信号还可以检查电视接收机和显示器的灰度级、白平衡是否正确。

6. 2T 正弦平方波和条脉冲信号

(1) 要求

根据 HDTV 系统亮度和色差通道视频带宽的要求确定 2T 正弦平方脉冲的半幅值宽度和条脉冲的上升时间。

亮度 2T 正弦平方波和条脉冲信号：亮度 2T 正弦平方波和条脉冲信号位于测试图垂直方向第 5 格/水平方向第 2、3 格中；2T 正弦平方波的半幅值宽度为 34ns；2T 正弦平方波和条脉冲信号的电平为 100%视频幅度。

色差 $2T_c$ 正弦平方波和条脉冲信号：色差 C_B 的 $2T_c$ 正弦平方波和条脉冲信号位于测试图的垂直方向第 4 格/水平方向第 2、3 格中；色差 C_R 的 $2T_c$ 正弦平方波和条脉冲信号位于测试图的垂直方向第 6 格/水平方向第 2、3 格中；色差 $2T_c$ 正弦平方波的半幅值宽度为 67ns；色差 $2T_c$ 正弦平方波和条脉冲信号的幅度为 50%视频幅度。

(2) 用途

主要用于评价和测试电视系统亮度信号和色差信号的线性失真。

7. 斜波信号

(1) 要求

① 亮度斜波信号：亮度斜波信号位于测试图垂直第 1 格/水平第 1、2、3、4、5 格和第 12、13、14、15、16 格的下半格中。

② 色差 C_B 斜波信号：色差 C_B 斜波信号位于测试图垂直第 1 格/水平第 1、2、3、4、5 格的上半格中。

③色差 C_R 斜波信号：色差 C_R 斜波信号位于测试图垂直第 1 格/水平第 12、13、14、15、16 格的上半格中。

④斜波信号电平：斜波信号峰峰值为 100％视频幅度。

(2)用途

主要用于评价和测试亮度通道和色差通道的非线性失真；亮度斜波信号还可以观察和评价图像的亮度层次及显示器白平衡是否良好。

8.彩条信号

(1)要求

100％彩条信号位于测试图垂直方向第 6 格/水平方向第 5、6、7、8、9、10、11、12 格内，其彩条信号电平符合 100/0/100/0 彩条信号的标准电平。

(2)用途

主要用于评价电视系统或设备的色彩重现是否正确以及调整电视接收机或显示器的"色调"和"色饱和度"。

9.肤色信号

(1)要求

肤色信号位于测试图垂直方向第 3 格/水平方向第 2、3 格内。肤色信号电平符合国家标准 GB3175－87《透射式肤色测试图》中有关中国女性肤色色调和色饱和度的规定。

(2)用途

主要用于观察和评价电视系统肤色重现性能以及调整系统或设备肤色的重现效果。

10.特殊色块信号

(1) 要求

特殊色块信号包括色差 $C_B=0$、$C_R=0$ 和 $G-Y=0$ 信号。

①色差 $C_B=0$ 信号：色差 $C_R<0$ 和 $C_R>0$ 的色差 $C_B=0$ 信号分别位于测试图垂直方向第 4 格/水平方向第 11 格和第 12 格中。

②色差 $C_R=0$ 信号：色差 $C_B<0$ 和 $C_B>0$ 的色差 $C_R=0$ 信号分别位于测试图垂直方向第 5 格/水平方向第 11 格和第 12 格中。

③色差 $G-Y=0$ 信号：色差 $C_B<0$、$C_R>0$ 的色差 $G-Y=0$ 信号位于测试图垂直方向第 6 格/水平方向第 11 格中；色差 $C_B>0$、$C_R<0$ 的色差 $G-Y=0$ 信号位于测试图垂直方向第 6 格/水平方向第 12 格中。

④信号电平：在三种特殊色块信号的亮度电平为 50％视频幅度下，最大色饱和度相应的视频信号电平。

(2)用途

主要用于评价电视系统或设备特殊色彩的重现性能和重现效果。

11. 色亮时延信号

(1)要求

①色亮时延信号:位于测试图垂直方向第 7 格/水平方向第 2、3 格中,由黄色背景及其上面的红色条块组成。

②信号电平:黄色和红色条块的信号电平为 100%饱和度电平。

(2)用途

主要用于观察评价 HDTV 系统或设备的色度亮度时延差。

12. 斜线信号

(1)要求

白色斜线信号位于测试图垂直方向第 3、7 格/水平方向第 11 格中,其斜线的倾斜角度约为 135°和 45°,斜线信号线宽约为 42ns,电平为 100%视频幅度。

(2)用途

主要用于观察和评价 HDTV 显示器的隔行扫描是否良好。

13. 音像同步信号

(1)要求

ITU-R BT.1729"高清晰度/标准清晰度数字电视公共基准测试图样"的有关规定提供了音像同步测试的图像信号和声音信号。

①图像信号

音像同步测试的黑底白条图像信号位于测试图垂直方向第 9 格/水平方向第 6、7、8、9、10、11 格的上半格中。

图像信号及时间标志:音像同步测试的图像信号区垂直分成三部分:上面三分之一部分有+40ms(声音超前图像)、0ms 和−80ms(图像超前声音)三个白条时间标志,作为音像同步合格与不合格的标志范围;下面三分之一部分有 100ms 等间隔的 11 个白条时间标志;中间三分之一部分有一个水平移动的白条,该条每秒钟从左到右穿过一次,当白条通过中心点(0ms 标志)时出现声音同步信号。

图像信号电平:图像信号的黑底电平为 0%视频幅度;图像信号的白条电平为 100%视频幅度。

白条信号的宽度:约为 3 个像素。

②声音信号

音像同步测试的声音信号是连续的单音频正弦信号,其频率分别为:

左声道	392Hz
中央声道	493.9Hz
右声道	587.3Hz

左环绕声道　　　784Hz

右环绕声道　　　987.8Hz

低频增强声道　　40Hz

声音信号电平为标称音频电平(4dBu)。

③音像同步的时间:右声道信号结合移动的白条图像信号每秒消失一次,持续时间为25ms,音像同步点在声音消失期的起始点。

(2)用途

主要用于评价电视系统音像同步是否满足要求。

14.有效图像边框识别信号

(1)要求

根据HDTV有效图像分辨率为1920×1080像素的要求,位于测试图的四边各有两个白色等腰三角形(共八个)作为有效图像的边框识别信号。其中上边框两个等腰三角形的顶点分别与垂直第1行/水平第420像素和水平第1499像素相重叠;下边框两个等腰三角形的顶点分别与垂直第1080行/水平第420像素和水平第1499像素相重叠;左边框两个等腰三角形的顶点分别与垂直第300行和垂直第779行/水平第1像素相重叠;右边框两个等腰三角形的顶点分别与垂直第300行和垂直第779行/水平第1920像素相重叠。等腰三角形的底边长为21像素,高为22像素。白色等腰三角形的电平为100%视频幅度。

(2)用途

主要用于观察和调整HDTV显示器标准幅型比16∶9的有效图像尺寸、图像中心位置和扫描幅度等。

15.运动测试图形和图像序列

(1)要求

运动测试图形和测试图像序列位于测试图中央垂直方向第3、4、5、6、7格/水平方向第5、6、7、8、9、10、11、12格中。测试图像序列包含细节和色彩丰富、颜色鲜艳、亮度高、对比度大、层次丰富并且具有复杂、运动快速等特点的场景,以及场景快速切换的视频压缩系统图像质量评价用标准测试图像序列(即未来的《HDTV图像质量主观评价用测试图像》标准)中很严格的测试图像序列。例如以下运动图形和图像序列:

①运动波带图:是满屏运动波带图的四分之一画面,主要用于评价系统动态清晰度和视频压缩损伤。

②运动测试图像序列

秋叶:是金黄色白桦树叶随着秋风摇动的场景序列,背景是蔚蓝的天空。主要用于评价编码系统对大范围随机运动的运动预测与补偿性能及块效应损伤。

花园:是摄像机水平慢速移动镜头拍摄CCTV演播厅楼前花坛的全景序列,图中色彩和细节丰富。主要用于评价编码系统的彩色细节损失。

溪水和石块：清澈的溪水急速流过纹理丰富的石块的场景序列。主要用于评价编码系统运动预测与运动补偿性能及块效应损伤。

③运动图形和图像序列的总长度约2分钟。

(2)用途

运动测试图形和图像序列主要用于评价视频压缩系统的主观图像质量。

16.测试图名称

(1)要求

HDTV综合测试图的名称"1125/50I HDTV"位于测试图垂直方向第1格的下半格和第2格/水平方向第8、9格中。测试图名称"1125/50I HDTV"为白色字体，其电平为100%视频幅度。

(2)用途

主要用于识别测试图的制式。

7.5.4 数字电视综合测试图主要应用范围

由于SDTV综合测试图和HDTV综合测试图分别综合了标清和高清电视主、客观测试的主要测试信号，以及视频压缩系统图像质量主观评价用测试图形和图像序列，因此，用这些综合测试图可以直观、快捷、综合地评价数字电视系统或设备的基本质量。SDTV综合测试图和HDTV综合测试图分别可以由录像带、图像数据文件、码流数据文件等多种方式提供，也可以置入某些信号发生器(例如：LEADER的LT 443D；Tek的TG700)中，只要信号发生器有足够的存储空间。数字电视综合测试图主要应用于以下范围：

- 电视台(数字节目)播出前对系统或设备进行直观综合评价及接收、显示设备的调整；
- 电视台其他技术部门对系统或设备进行调整和直观评价；
- 数字电视设备生产流水线或维修部门等对系统或设备进行调整和直观评价；
- 作为测试信号源，借助选行视频测试仪对系统或设备进行视频指标的客观测量；
- 作为测试信号源，借助选行视频测试仪对含信号格式转换处理的视频系统或设备进行客观测量。

SDTV和HDTV综合测试图作为测试信号源不仅可以用于高/标清电视系统直观、快速的综合质量评价，也可以用于系统视频指标的客观测量，同时还可以用于包含信号格式之间转换的特殊视频处理系统和设备(例如，上、下变换器、D/A转换器等)客观视频指标的测量。这是目前已有的数字视频测试信号发生器所提供的SDI测试信号不能做到的。

7.6 摄像机电性能技术指标测量

7.6.1 测量环境与条件

1. 测量场地与布局

理想的场地条件应该是全黑暗的无限空间。在有限的空间内也应是无反射和没有杂散光影响的环境。实际测量时可选择一个无布景、约 $250m^2$ 的空演播室,顶高 7m 以上,周围墙壁均为深灰色空心砖裸面,地面以乌色的无光水泥抹面为好。

测试卡和被测设备均置于演播室的中央。要有足够的高度和面积确保最低限度的反射。布局图如图 7-6-1 所示。在实测现场的地面上最好能按布局图的设计,画上线条(或贴上白色胶条),以防变动设备或移动灯位后找不到原位。特别是在用改变灯光距离的方法校准测试卡表面照度时更应注意,一定要使双灯同时沿 45°线移动,否则难以保持卡表面上的照度均匀。只用单灯,从摄像机上面或下面照向测试卡的办法均不合适。灯架高度应该可调,而且要使灯管高度与摄像机镜头光轴在同一水平面上(高度约为 130cm 为好,这样可以方便地从三脚架上更换被测机头)。测试卡的中心法线与镜头的光轴应重合。凡已调定的位置,最好都用宽胶条把它们固定好。如灯架、测试卡架和摄像机三脚架等都与地面粘牢。

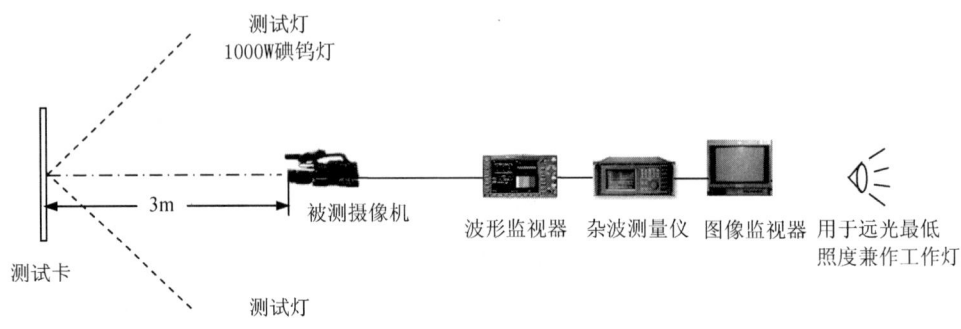

图 7-6-1 摄像机测量场地布局图

图 7-6-1 中的远光是专门为测量摄像机低照度特性用的,平时可作为工作灯使用。测试灯打开后,将它的照度一并计入,灯泡型号和电压都应与测试灯(主光)相同,以保证色温的一致。光强的调节依靠改变灯光距离、灯具角度和反射余量来变换。实测时,将灯架升高且远离测试卡,约至对面墙根。通过反向射光,利用各墙面仅有的一点反射能力取得测试卡面上所需的照度。通过转动灯架的下脚来微调照度值,控制量一般能够精确到 1~2lx。

2. 测试卡与测试仪器

测试卡分为反射型和透射型两类。其中反射型测试卡(后称反射卡)比较方便携带,依靠与摄像机同侧的灯光照明,常用于现场校准,如图 7-6-2 所示。而透射型测试卡(后称透射卡)带有灯箱或者漫反射球,其反差和测试区域光通量比较均匀,更适合实验室使用,如图 7-6-3 所示。两者可能都有同样测试内容的板卡,但是由于原理上的差异,测试数据可能有所不同,此点必须在测量报告中加以说明。

测试卡的保存要注意湿度、避光和避灰尘,使用时不要留下手渍。关于测试状态的色温,按照传统设计的摄像只测量 3200K 的情况,但是照明设备的误差和电压往往使得卤钨灯光色温时常远低于标准值,因此建议按照灯光功率加入一个自耦调压变压器,以便调整色温。至于现在逐渐流行的金属卤化物放电灯(HMI),因其短弧放电辐射的色温随灯管角度变化而有所不同,灯管的色温只是在积分球内测得,并且考虑光谱的连续性不如钨丝热光,且存在色温漂移,所以目前测量摄像机还是回避为宜。

 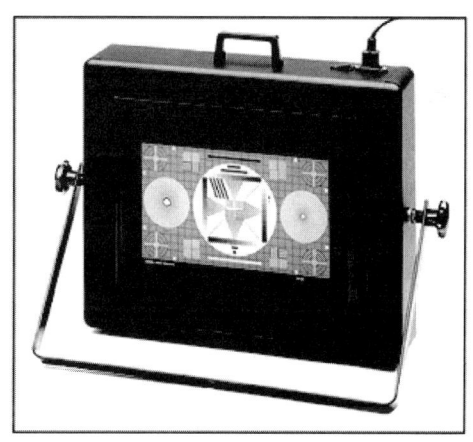

图 7-6-2　反射型测试卡　　　　　图 7-6-3　透射型测试卡及灯箱

测试卡

①灰度卡:从黑到白分为 11 级,γ=2.2,反射率为 89.9%。

②分解力卡:最高水平和垂直分解力记为 800 电视线。

③多波群卡(兆周卡):0.5~10MHz 分组标记。

④圆环波带卡:边缘分解力为 450 线(垂直)和 600 线(水平)。

⑤2T 脉冲卡:简单伪造标准的 2T 正弦平方波和条脉冲。

⑥彩条卡:按 GB 3175.1-87(反射式)、GB 3175.3-87(透射式)标准规定。

⑦肤色卡:按 GB 3175.2-87(反射式)、GB 3175.4-87(透射式)标准规定。

⑧白窗卡:白窗的宽高尺寸分别为图像宽高尺寸的 1/10。

⑨线性卡:按 GB 6996.3-86 规定。

⑩区域卡:按 GB 6996.11-86 规定。

测量仪器

①照度计:符合 CIE 标准,精度为±2%。

②色温计:符合 CIE 标准,在 3200K 时,读数误差不超过±20K。

③3100±100K 标准灯箱。

④彩色精密监视器:中心分辨力达 600 电视线,带有 R、G、B 通道选择。

⑤黑白精密监视器:水平中心分辨力≥800 电视线,水平边缘分辨力≥500 电视线,信杂比>46dB。

⑥波形监视器(用于检验标清摄像机分解力):应有选行功能(用于观察分解力卡、调制度)。

⑦视频杂波测量仪器:具有 6MHz 带宽、100KHz 高通滤波、5MHz 低通滤波和 fsc 限波器等可选滤波器。

⑧矢量示波器:矢量相位精度≤1°,矢量增益≤0.5%,正交相位调整范围为+2°～-2°。

⑨测试信号发生器:有格子信号输出。

3. 测量条件总体要求

应按前述要求将测量现场布置好。拍摄各种测试卡时,应取标准画面尺寸(宽高比 4:3 或 16:9)。为此,应将四个边上的定位三角对准监视器的画面边界。摄像机光轴与测试卡垂直误差≤5°。

照明条件:反射式测试卡的卡面照度为 2000±20lx,色温为 3100±100K;透射式测试卡的卡面亮度不作规定,测试灯箱的色温为 3100±100K。

测试时,摄像机标准工作状态如表 7-6-1 所示。

表 7-6-1 摄像机标准工作状态

状态设定	滤色片	增益选择	γ 开关	DTL 开关	Chroma 开关	MASKING 开关
状态Ⅰ	3200K	0dB	ON(0.45)	ON	—	—
状态Ⅱ	3200K	+18dB	ON(0.45)	ON	—	—
状态Ⅲ	3200K	0dB	ON(0.45)	OFF	OFF	—
状态Ⅳ	3200K	0dB	ON(0.45)	OFF	OFF	—
状态Ⅴ	3200K	0dB	OFF(1)	OFF	ON	OFF

4. 测试卡反射率校验

测试卡经过一段时间的使用或放置后应做校验。方法是从中国计量院光学室传递或购置经过标定的反射系数接近 89.9% 的标准白作为参照白,根据公式 7-2 计算反射系数。

$$R_C = \frac{L_2}{L_1} \times R_N \tag{公式 7-2}$$

公式 7-2 中，R_C 为欲求的反射率；R_N 为传递的标定白（例如标定白为 90.5%）；L_1 为拍摄测试卡后使用信号幅度达到 400mV 时的照度值；L_2 为拍摄标定白块时使用信号幅度达到 400mV 时的照度值（若 L_1 取 700mV，这里也要达到 700mV）。

例如，实际测量并求出测试卡的反射系数 R_C 为 86%，按比例折算，使用该测试卡在标准照度情况下信号幅度只需要达到

$$V_C = \frac{700\text{mV} \times 86\%}{89.9\%} = 676.4\text{mV}$$

便可以作为相当于 89.9% 反射系数的测试卡使用。测量的全过程都以 676.4mV 为准（等效于 700mV）。

7.6.2 摄像机电性能指标及测量方法

1. 灵敏度

① 定义：在照度为 2000±20lx、色温为 3100±100K 的照明条件下，摄像机增益置为 0dB，拍摄反射率为 89.9% 的灰度卡，当视频信号峰峰值达到 0.7V 时，镜头的相对孔径数（或光圈数）定义为灵敏度，以"F 数"表示。

② 测量方法：将摄像机设定为工作状态Ⅰ，摄取灰度卡，调节好白平衡后再调整光圈，使信号电平在校正过的波形监视器上峰峰值达到 0.7V，然后读取下述两种情况下的"F 数"：

a. 快门置于 OFF 时，所得结果即为灵敏度测量值。

b. 快门置于 1/125（或接近的数值）时，所得结果用以检验快门特性。

2. 最低照度

① 定义：摄像机增益置为 +18dB，取最大光圈，摄取反射率为 89.9% 的灰度卡，视频信号电平达到 100%（0.7Vp-p）时所需的照度称为最低照度。

② 测量方法：摄像机按工作状态Ⅱ设定，光圈开至最大挡，先以低照度拍摄灰度卡，然后缓慢增加照度。当波形监视器上信号电平达到规定值时，量出此时灰度卡的照度，并记下最大光圈数。

3. 分解力

① 定义：以亮度通道的中心分解力为代表，以在精密黑白监视器上人眼能够分辨的分解力卡水平方向和垂直方向最高读数（电视线）来表示。

② 测量方法：摄像机设定为工作状态Ⅲ，镜头光圈约置于 F5.6 至 F8 之间，拍摄分解力卡。在镜头最佳聚焦状态下，从精密黑白监视器上读取分解力数（以电视线表示）。

4. 调制度（MTF）

① 定义：以 0.5MHz 的调制度为 100%，读取 5MHz 的调制度作代表。另读取 6MHz 的调制度作参考。

②测量方法:摄像机设定为工作状态Ⅲ,镜头光圈约置于 F5.6 至 F8 之间,拍摄多波群卡。镜头调到最佳聚焦状态,在波形监视器上选取隔开的若干行,按照图 7-6-4 读取多波群 0.5MHz 的幅度 A 以及多波群 5MHz 的幅度 B_1 和 6MHz 的幅度 B_2,按公式 7-3 求调制度,并分别取平均值。

$$MTF = \frac{B_x}{A} \times 100\%$$ （公式 7-3）

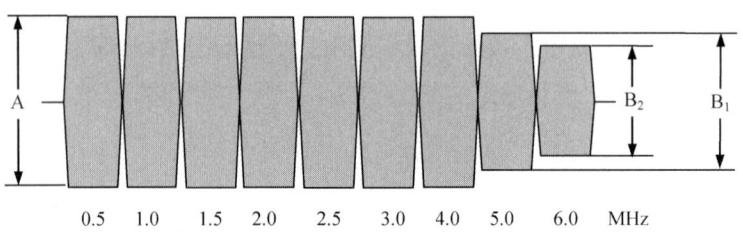

图 7-6-4　调制度测量的幅度值读取点

5. 信杂比

①定义:以亮度通道标准增益的不加权信杂比 S/N 表示。

②测量方法:摄像机设定为工作状态Ⅲ,先拍摄灰度卡,调好黑白平衡,接着调整光圈将亮度信号幅度调至 100%(0.7Vp-p)。然后盖上镜头(或关闭光圈)切断光路,在波形监视器上确认黑电平为 5%(35mVp-p)。由接入 100KHz 高通滤波器和 5MHz 低通滤波器及负载波 f_{sc} 陷波器的视频杂波仪读取增益分别为 0dB、+9dB、+18dB 时的不加权 S/N。

6. 固定图形杂波

①定义:在黑白监视器上可能见到的黑条纹、白条纹或各种固定形态的污斑,与随机杂波混叠在一起,这是 CCD 摄像机特有的现象。这些条纹或污斑称为固定图形杂波(FPN)。

②测量方法:可按下述两种方法之一进行测量。

a. 摄像机设定为工作状态Ⅱ,拍摄灰度卡,黑电平取 5%,降低照度,使亮度信号电平降至 80%(210Vp-p)。在黑白监视器上观察 FPN。以随机杂波的大小作参考,采用 5 级评分法来评定 FPN 的大小。

评分标准如下:

1 分:FPN 为主要杂波成分;

2 分:FPN 略强于随机杂波;

3 分:FPN 与随机杂波程度相当;

4 分:FPN 略弱于随机杂波;

5 分:FPN 不是主要杂波成分;

b. 摄像机设定为工作状态Ⅱ,盖上镜头盖,切断进光。在黑白监视器上观察 FPN,评分办法同前。

7. 波形响应

①限于 2T 脉冲卡,只是简单仿造而不是完全模拟 2T 正弦平方波和条脉冲信号,故目前本项测量只包括亮度通道的"过冲失真"和"短时间波形失真"两项。计算公式参照 GB 8659 中的有关规定。

"过冲失真"由公式 7-4 计算:

$$过冲失真 = \frac{\alpha}{L} \times 100\% \qquad (公式 7\text{-}4)$$

公式 7-4 中,L 为"条脉冲"波形幅度,α 为最大过冲量。

"短时间波形失真"由公式 7-5 计算:

$$短时间波形失真 = \frac{L-P}{L} \times 100\% \qquad (公式 7\text{-}5)$$

公式 7-5 中,P 为"2T"波形幅度,L 为"条脉冲"波形幅度。

②测量方法:摄像机设定为工作状态Ⅳ,拍摄透射式 2T 脉冲卡,调至最佳聚焦。在波形监视器上将条脉冲波形幅度置于 100%,然后读出预冲、上冲和下冲三者中的最大值以及"2T"波形幅度,再由前述公式分别计算过冲失真和短时间波形的幅度失真。

8. 色度特性

①定义:测量摄像机拍摄透射式彩条卡所得信号的相位和幅度以表示色度特性。

②测量方法:摄像机设定为工作状态Ⅴ,拍摄透射式彩条卡,调好摄像机的黑、白平衡。黑电平保持 5%(35mVp−p),调整光圈,使波形监视器上的亮度信号幅度为 100%(0.7Vp−p),然后在矢量示波器上显示 PAL 矢量图(N 行或 P 行),使色同步信号对准 100%位置,绘图记录各彩条的相位,并从波形监视器上读取各彩条信号的幅度。必要时,还可拍摄肤色卡,以作主观评定。

9. 垂直拖影

①定义:拍摄过亮物体时,由 CCD 器件的结构特点而引起的垂直亮带称为垂直拖影。

②测量方法:摄像机设定为工作状态Ⅲ,拍摄透射式白窗卡,高亮度灯箱照明。先在摄像机镜头前插入一块 ND3(1/1000 衰减)的中性减光片,手动调整光圈,使波形监视器上白信号幅度达 100%(0.7Vp−p),然后移开中性减光片,用波形监视器选取靠近底部或顶部的一行信号,读出拖影信号的幅度值 hmV,设此值为 S%,则

$$垂直拖影\ S\% = \frac{h}{700} \times \frac{1}{1000} \times 100\% \qquad (公式 7\text{-}6)$$

或者以 dB 数表示:

$$垂直拖影(dB) = -20\lg \frac{5}{1000 \times 100}(db) \qquad (公式 7\text{-}7)$$

10. 几何失真

①定义：线性卡的各区域标志圆相对于锁相测试信号发生器所提供的格子信号交叉点的偏离量即为几何失真。

②测量方法：摄像机设定为工作状态 I，拍摄线性卡（注意保持镜头光轴垂直于测试卡），将所拍线性卡信号与格子信号叠加一并显示在精密黑白监视器上。调整格子信号图形的上下左右位置，使中间格子交叉点重合于线性卡中间标志圆的圆心上。当存在几何失真时，可适当调整格子的位置，尽量使2区各处的失真均匀对称于图像中央。失真量的读取方法依照线性卡 GB6996.3 的规定。

11. 动态范围

①定义：高档 CCD 摄像机中设有的动态对比度控制（即自动拐点控制）电路（简称 DCC）可将动态范围扩展到 600%，但伴随而来的是可能会引起过荷开花现象，致使灰度卡图像的头两阶亮条无法区分开，因此对此现象的观测可用来判断 600% 动态范围的优劣。

②测量方法：摄像机设定为工作状态 I，镜头光圈置于 5.6 挡，拍摄灰度卡。调整照度，白电平达到标准值（0.7Vp－p），在黑白图像监视器上显示正确的灰度卡图像。然后增大光圈两挡半（即置光圈刻度于 2.8 至 2.0 中间，则约增大进光量至 600%），并将 DCC 开关置于 ON。此时图像监视器若仍能够区分最亮的两阶亮条则说明动态范围足够。否则，缩小光圈直至能分清此两阶亮条为止，记下此时的光圈数，计算出实际动态范围。

12. 疵点

①定义：CCD 上失去感光作用的像素传感器在画面上形成的斑点称为疵点。

②测量方法：与 FPN 的测量方法 a 基本相同。

由 ENC 输出信号，在彩色监视器上观看疵点对图像质量的损伤程度，参考 ITU－R.BT 500/3 的评分标准：

5 分：觉察不到；

4 分：可觉察到，但损伤不明显，不使人讨厌；

3 分：有轻微损伤，使人略感讨厌；

2 分：有明显损伤，使人讨厌；

1 分：损伤很明显，非常使人讨厌。

本章重点小结

1. 介绍了部分模拟标清电视系统中常见的电视测试卡。

2. 介绍了国内和国际插入测试行及相应的测试信号。

3. 介绍电视综合测试图的特点及测试功能，详细介绍国标标清和高清数字电视综合测试图。

4. 介绍了摄像机电性能技术指标的定义、测试环境和条件以及测试方法。

习题与思考

1. 测试卡有什么作用？有哪两种类型的测试卡？

2. 什么是插入测试行？我国规定的复合模拟电视广播插入测试行中都有哪些测试信号？

3. 在史诺威斯测试图中指出 2T 正弦平方脉冲和 PLUG 信号的位置，这两个信号在测试测量中有什么作用？

4. 史诺威斯测试图中的移动环形区域图形有什么作用？

5. 分别指出 100% 彩条、75% 彩条、10 阶梯波、2T 正弦平方波和条脉冲在 SDTV 综合测试图中的位置。这几个测试图形各自有什么作用？

6. 分别指出 100% 彩条、10 阶梯波、2T 正弦平方波和条脉冲、斜坡和多波群在 HDTV 综合测试图中的位置。这几个测试图形各自有什么作用？

7. 指出音像同步信号分别在 SDTV 和 HDTV 综合测试图中的位置，如何利用音像同步信号判断出系统视音频延时量？

8. 什么是摄像机的灵敏度？怎样测量？

9. 什么是摄像机的最低照度？怎样测量？

10. 什么是摄像机的分解力？怎样测量？

11. 什么是摄像机的动态范围？怎样测量？

12. 什么是 CCD 摄像机的垂直拖影？怎样测量？

第8章 MPEG-2 压缩视频码流分析

8.1 MPEG-2 视频压缩

MPEG-2 标准因其多层次的图像质量和传输速度,以及具有可分级性、灵活性和广泛的适应性,已成为 DVB、HDTV 信源编码的公认标准。近年来,在电视中心采集、制作和播出系统以及多媒体领域得到了广泛的应用。

MPEG 视频压缩技术实质是利用人类的视觉特性,去除图像信息中的冗余信息,主要是去除图像的空间和时间冗余。这样就形成了两种压缩手段:帧内编码(空间压缩)和帧间编码(时间压缩)。通常将这两种技术有机地结合起来,从而实现高效的数据压缩,这是实现 MPEG 的关键。

帧内编码以 8×8 的像素块为单位,经过 DCT 离散余弦变换,将图像信号从像素域变换到频率域,使 DCT 系数按照空间频率的大小进行分布。由于人眼对高频信息的不灵敏,可以通过对空间频率系数进行加权处理,提高低频系数的精度,降低高频系数的精度。结果,代表低空间频率的系数用相对较小的步长量化,其量化噪声较小。代表高空间频率的系数用较大的步长进行量化,但带来较大的量化噪声。较大的步长可以使数据获得压缩。然后进行"之"字形扫描,将系数按可能出现的大小进行降序排列传输,在此基础上,进行 RLC(RUN-LENGTH-CODE)游程长度编码将重复出现的数字传输一次。此外,利用系数出现的统计特性,用可变长度编码(VLC)实现进一步压缩,经常出现的数值使用较短码字,不常出现的数值使用较长码字。

帧间编码主要利用相邻两幅图像的相似性,依靠传输图像差值来提高压缩效率。由于物体运动会降低图像之间的相似性,从而增加差值数据量,可以通过运动补偿来减低图像差值的数据量。为了进一步提高压缩效率,采用双向编码,在单个宏块的基础上,双向编码图像可以从前面图像或后面图像,或前后图像数据的平均值上获得运动补偿数据,能够在很大程度上降低双向编码图像的数据量。

MPEG 规定了三种不同类型的图像来支持差值和双向编码。I 帧图像是指帧内编码图像，数据量比较大，解码时不需额外信息，不包含矢量。P 帧图像是从前一帧图像中得到的预测图像，前一帧图像可以是 I 帧或 P 帧。P 帧图像数据量比 I 帧约少一半。B 帧图像是指从前后的 I 帧图像或 P 帧图像上双向预测的图像，包含有运动矢量。B 帧图像的数据量最小。

多个或单个不同类型的图像组成一个 GOP(Group of Picture)，一个 GOP 结构由 I 帧图像开始，然后是间隔排列的 P 帧图像，余下的是 B 帧图像，以下一个 I 帧图像的前一个图像为结束。GOP 的长度比较灵活。由于 B 帧图像的解码数据需要从后面的 P 帧图像中得到，因此，GOP 中的图像不是按顺序进行发送的，而是在 I 帧图像发送之后，P 帧图像在 B 帧图像之前发送。如图 8-1-1 所示。

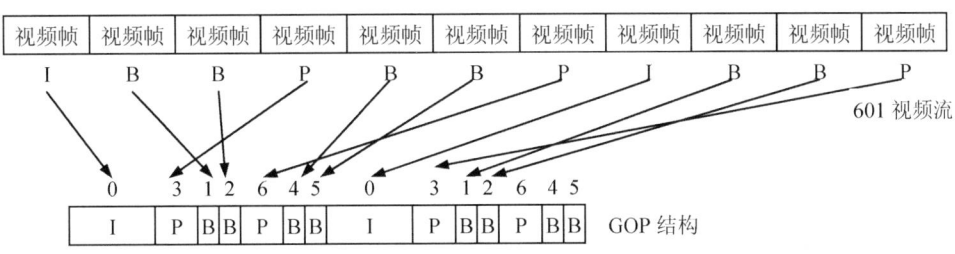

图 8-1-1 GOP 的结构示例

为了便于对图像序列进行随机访问和编辑，MPEG 规定了视频基本数据流的分层结构，如图 8-1-2 所示。从顶层开始依次规定了详细的语法和语义：第一层是图像序列层，它包含序列头、若干个图像组层数据以及序列终止符；第二层是图像组，它由定义的一组或多组帧内编码帧(I 帧)以及/或非帧内编码帧(P 帧以及/或 B 帧)图像组成，每组包括组头和图像层数据；第三层是图像层本身，由图像头和宏块条层数据组成；第四层是宏块条层，它由条层头和若干个连续的宏块组成；第五层是宏块层，由宏块头加块层数据组成，图像以亮度数据矩阵为基准，分为 16×16 像素的宏块，作为运动补偿的基本单元宏块分为亮度宏块和色度宏

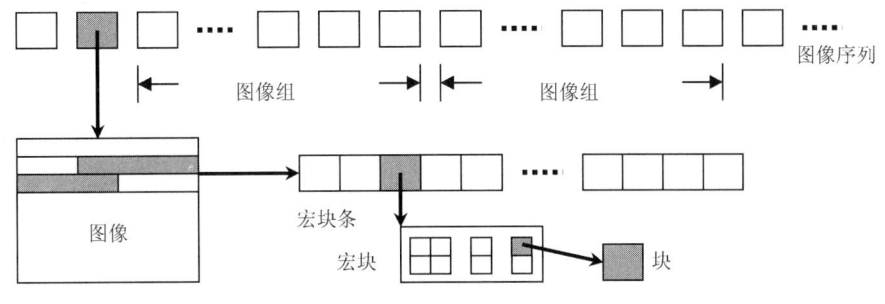

图 8-1-2 MPEG 视频数据流结构

块,色度宏块大小与抽样格式有关;第六层是块层,由图像数据和块结束符组成,是进行离散余弦变换的单元。在这六层数据结构相应的序列头、图像组头、图像头、宏块条头、宏块头等头部包含了对 MPEG 码流进行解码所需的起始码、定时,以及其他相关的参数和信息。

"块"是 DCT 变换运算的基本单位,代表亮度或色度的 8×8 矩阵。在基本视频码流中,首先发送直流系数,然后是其他频率系数,最后以 EOB 结束。块组合成宏块,MPEG-2 编码算法的基础是混合的 DCT/DPCM 编码方法与宏块结构、运动补偿的结合。宏块是运动估计和运动补偿的基本单元,分为亮度宏块和两个色度宏块。色度宏块的大小与抽样格式有关,抽样格式为 4∶2∶0 的色度宏块大小为 8×8,4∶4∶4 格式的色度宏块大小为 16×16,4∶2∶2 格式的色度宏块大小为 8×16,如图 8-1-3a、b、c 所示。

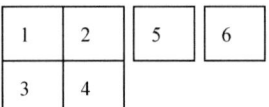
图 8-1-3a　4∶2∶0 宏块结构

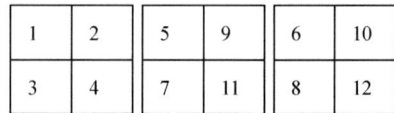
图 8-1-3b　4∶2∶2 宏块结构　　　　图 8-1-3c　4∶4∶4 宏块结构

每个宏块在包头信息中含有二维运动矢量。在 B 帧图像中,运动矢量还可以是前向和后向的,运动补偿可以以场或帧为基础,并在包头信息中标明,系数重新量化使用的量化尺度也已经标明。宏块组合成宏块条,在 MPEG 中,宏块条可以从任何地方开始,并且大小任意。宏块条是可变长度同步和差值编码的基本单位。宏块条的第一个运动矢量必须以完整的方式发送,而剩下的矢量则以差值方式发送。在 I 帧图像中,宏块条的第一个直流系数以完整的方式发送,其余的直流系数则以差值方式发送。宏块条组合起来构成有效的图像帧,图像的包头信息表明了图像是 I、P 或 B 编码,还包含时间标记,以确保图像在正确的时间显示,同时还包含一个总的运动矢量,而单个宏块的运动矢量则用其与总的运动矢量的差值来表示。图像组成一个由 I 帧开始的 GOP(图像组),GOP 是帧间编码的基本单位。GOP 可以是开放的,也可以是封闭的。在封闭的 GOP 中,最后一个 B 帧图像不要求用下一个 GOP 的 I 帧图像来解码,这样数据流可以在 GOP 的末端被剪断。若干个 GOP 可以组成一个视频序列,视频序列由序列起始码开始,然后是序列头,最后以序列结束码终止。在序列中还可以设置额外的序列头信息,这样,可以使解码从序列的某段开始。序列头指定了图像的垂直和水平尺寸、宽高比、色度取样格式、帧频、图像的类和级、帧内编码和帧间编码使用的量化矩阵等。没有序列头信息,解码器无法解码数据流,序列头是解码器开始正确操作的进入点,序列头的间隔会影响观众变换频道的解码延时。这样,从 DCT 数据块到序列的分层结构形成了视频基本码流。

8.2 MPEG-2 系统层

图像和声音信号经编码后生成了各自的基本流(Elementary Stream,后简称 ES),这些 ES 流以及辅助数据必须复合在一起才能构成一路实际的电视节目传送信息流。由于一路节目的传输流码率与节目内容密切相关,体育节目的传输流码率要远高于采用同样编码器的新闻节目的传输流码率,因此在电视节目传输和交换时,将多路节目复合在一起传输,根据节目内容动态分配其传输带宽,可以大大节省实际所需的传输频带。上述信息复合需要有标准的复合方式和复合格式,以便在不同地区和不同厂商的设备之间建立一种统一的、开放的数字电视交换和传输标准,使任何符合标准的接收机都能够正确地分离多路节目的传输流以及每路节目内不同信息的 ES 流。在 MPEG-2 系统中,信息复合/分离的过程称为系统复用/解复用,由视频、音频的 ES 流和辅助数据复用生成的用于实际传输的标准信息流称为 MPEG-2 传输流(Transport Stream,后简称 TS),实现复用/解复用功能的系统称为传输系统(Transport System)。图 8-2-1 描述了传输系统在一个通用的数字电视系统中的功能。

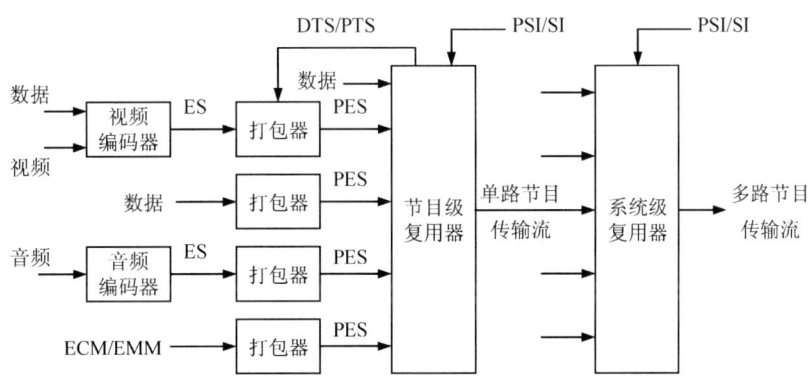

图 8-2-1　MPEG-2 系统复用的层次

从图 8-2-1 中可以看出,MPEG-2 系统复用/解复用可分为两个层次:节目级的复用/解复用和系统级的复用/解复用。节目级的复用/解复用是指从各 ES 流到单路节目 TS 流的复合/分离,系统级的复用/解复用指多路节目 TS 流间的复合/分离,这两级复用所生成的都是标准的 MPEG-2 的 TS 传输码流。

另外,收发两端的系统同步、条件接收的加密、本地节目的插入、新业务的扩展等功能也是传输系统要求提供的。

在 MPEG-2 中,有关系统复用的方式和格式的标准在 MPEG-2 的第一部分——ISO/IEC13818-1System 中作了系统规定,本节将以此为基础全面介绍 MPEG-2 中的传输系统。

8.2.1 数字复用/解复用

在介绍传输系统前,我们首先讨论一个基本概念:数字信号的复用与解复用。在传统的模拟电视系统中,多路模拟信号是通过频分复用——FDM 方式复合在一起的:亮度、色度和伴音信号分别被调制到不同频率的载波上,然后合成为一路节目共同发送。FDM 的缺点是容易引起各信号间相互干扰,而且频谱利用率比较低。而在数字电视系统中,经过压缩编码后生成的图像和声音的 ES 流都是由"0"和"1"构成的二元数字比特流,与普通的数据信号在信号形式上没有任何区别,唯一的差别只是数据比特率有所不同。因此数字电视中的多路 ES 流的复合和多路节目传输流的复合均采用数字通信系统中的时分复用——TDM 方式:图像、声音的 ES 流和辅助数据按所需频带被分配到复合的高速二元数字比特流的各传输时隙中,构成一路 TS 流进行传输,从时间上看 TS 流中各路 ES 流是分时轮流传输的;多路节目的 TS 流也以同样方式复合构成更高速率的传输流。在多路数字信号间实现 TDM 的过程称为数字复用,逆过程称为数字解复用。图 8-2-2 描述了这一过程。

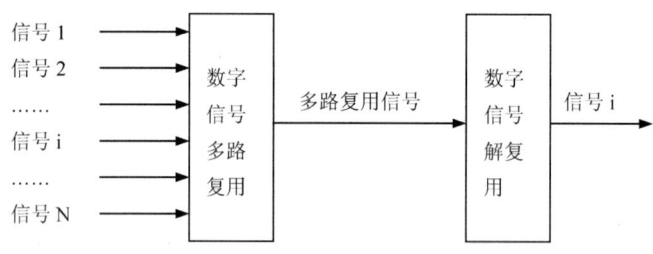

图 8-2-2 数字复用和解复用过程

TDM 中一个比特周期称为一个传输时隙。时隙是多路信号间分配频带的最基本单位。数字复用/解复用中的一个重要概念是"包结构"。为了使接收端的解复用器能够正确地从复合信息流中分离出各路信息,以便进行相应的解码处理,要求发送端的复用器按照规定的结构对复合信息流进行打包。

数据打包

所谓"数据打包",就是先将按顺序连续传输的复合信息流按一定的时隙长度分段,在每段数据流前加入规定的同步比特信息以及描述段内信息类型和用户类型的标志比特信息,构成具有特定结构和时隙长度的传输单元,称之为"包",然后按先后顺序将这些包组成一个连续的包序列,实际在媒体中进行传输的信息流(包括 TS 流)就是这种包序列。在一个包中,同步及标志信息称为"包头(Header)",后面跟随的传送给用户的信息称为"净荷(Payload)",包的长度可以是固定的,也可以是变化的。由于包头是由收发两端约定的,具有特定的格式,因此解复用器可以从传输信息流中找出各包头,分离各传输包,再按照规定的包结构就可以正确地分离复用的各路信息。以"包"为基础对信息进行复用/解复用的方式有两种：

第一种方式是在包内部，按照与包头间的相对时隙位置将净荷中的各时隙分配给不同路的信息，每路信息所占时隙的数量由其所需的频带决定，各个包均按相同的结构分配时隙。解复用器在找到包头后，按规定的包结构从净荷的各时隙中提取各路的信息。采用这种方式的包一般是固定长度的，目前电话通信系统中采用的就是这种复用方式。

第二种方式是将整个包的净荷只分配给某一路信息，不同路信息分配在不同的包内，用包头中的标志信息来说明包净荷中的数据属于哪一路信息，每路信息所占用的包的数量由其所需的频带决定。解复用器在找到包头后，根据包头中的标志信息将净荷中的数据进行分类，送入相应的解码器中。采用这种方式的包可以是固定长度的，也可以是可变长度的，目前分组数据通信中采用的是这种复用方式。

MPEG-2 中采用的是第二种复用方式，图像、声音和辅助数据被分配在不同的 TS 包内，TS 包的长度为 188 个字节，$188 \times 8 = 1504$ 个比特时隙。TDM 是在数字基带域内实现的，可以通过数字处理技术在各路信号间灵活地分配时隙，从而准确地分配各路信号所需的频带；而且只需要最后对复用完的数字信号进行一次模—数变换和滤波处理即可生成所需的传输波形，不像 FDM 那样必须在各路信号之间加保护带，有利于提高频谱利用率。

8.2.2 传输系统结构

根据传输媒体的质量不同，MPEG-2 中定义了两种复合信息流：传输流（TS）和节目流（Program Stream，后简称 PS），其形成过程如图 8-2-3 所示。

无论对于哪种码流，MPEG-2 系统复用都分为两个步骤：

首先，视频和音频的 ES 流分别按一定的格式打包，构成具有某种格式的打包的基本信息流（Packetized Elementary Stream，后简称 PES），分别称为视频 PES 和音频 PES。这一步骤在打包器内实现，PES 的长度可在一定范围内变化。

其次，将视频、音频的 PES 流以及辅助数据按不同的格式再打包，然后进行复用，即分别生成了 TS 流和 PS 流。

TS 流与 PS 流的区别在于 TS 流的包结构是固定长度的，而 PS 流的包结构是可变长度的。

节目流是将完整的视频和音频 PES 包进行复用形成的。由于视频、音频编码器本身的特性，PES 包的长度是可变的，因此 PS 包的长度也是可变的。而传输流是将视频和音频的 PES 包作为固定长度的 TS 包的净负荷，然后对 TS 包进行复用形成的。

PS 包和 TS 包在结构上的差异，导致了它们对传输误码具有不同的抵抗能力，因而应用的环境也有所不同。由于 TS 流的包结构具有固定长度，当传输误码破坏了某一 TS 包的同

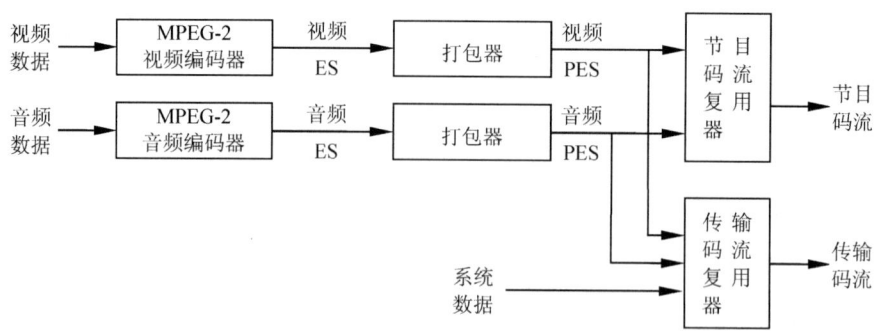

图 8-2-3 MPEG-2 的两种复合信息流

步信息时,接收机可在固定的位置检测它后面包中的同步信息,从而恢复同步,避免信息丢失。而由于 PS 包长度是可变的,一旦某一 PS 包的同步信息丢失,接收机无法确定下一包的同步位置,就会造成同步丢失,导致严重的信息误码。因此,在信道环境较为恶劣、传输误码较高时,一般采用 TS 流;而在信道环境较好、传输误码较低时,一般采用 PS 流。

由于 TS 流具备较强的抵抗传输误码的能力,因此目前在传输媒体中进行传输的 MPEG-2 码流基本上都采用了 TS 流的包格式。此外,采用固定长度包格式的 TS 流在将多路数据进行复用时提供了显著的灵活性和优点:

(1)动态带宽分配

由于承载视频、音频和数据的 TS 包的长度都是相同的,因此通过包识别标志(PID)就可以将规定的信道总频带在视频、音频和数据信息间进行实时、灵活的分配,不需要预先进行规定。利用这一特性,可在广播付费节目前实时地将解密钥匙插入 TS 流中传送给广大用户。

(2)可分级性

TS 包的格式允许一个复用的传输码流与另外一些视频、音频的基本码流进行二次系统复用,生成占用频带更宽的更高一级的传输码流。这一特性在电视节目的网络传输中具有重要作用,使得在网络的每一节点处都可以灵活地复合或分离多路节目。

(3)可扩展性

由于无法预料的未来发展的种种新业务,对于传输码流的格式来说,提供一种能够对新业务"后向兼容"的开放的业务扩展环境就显得格外重要。对于新业务的基本码流,只需在发送端赋予其新的包标识标志 PID,就可将其复用到传输码流中,而不必进行硬件上的改动。

(4)抗干扰性

由于 TS 包具有固定的长度,所以传输系统中的误码纠正和检测处理就可以与 TS 包同步,以 TS 包为单位进行。这样当传输过程中出现误码时,解码器就可以从第一个完好的 TS 包开始恢复数据。

(5)接收机成本低廉

固定长度的 TS 包结构使得系统解复用非常简单,解复用器只需识别出每个 TS 包中的 PID 即可,无须了解更多的信源比特率方面的信息。一旦 TS 包一级的同步及比特一级的同步建立,系统就可正常工作。

8.2.3 MPEG-2 的 TS 传输码流的包格式和功能

1. PES 包的格式与功能

PES 包在理论上属于传输层功能的一部分,应该在复用器中产生,但在实际中一般由信源编码器产生。PES 包中包含码率、定时及数据描述等由编码器设置的信息。

(1)PES 包的格式

一个 PES 包由包起始码、PES 头标志、PES 包头域和净负荷组成,如图 8-2-4 所示。

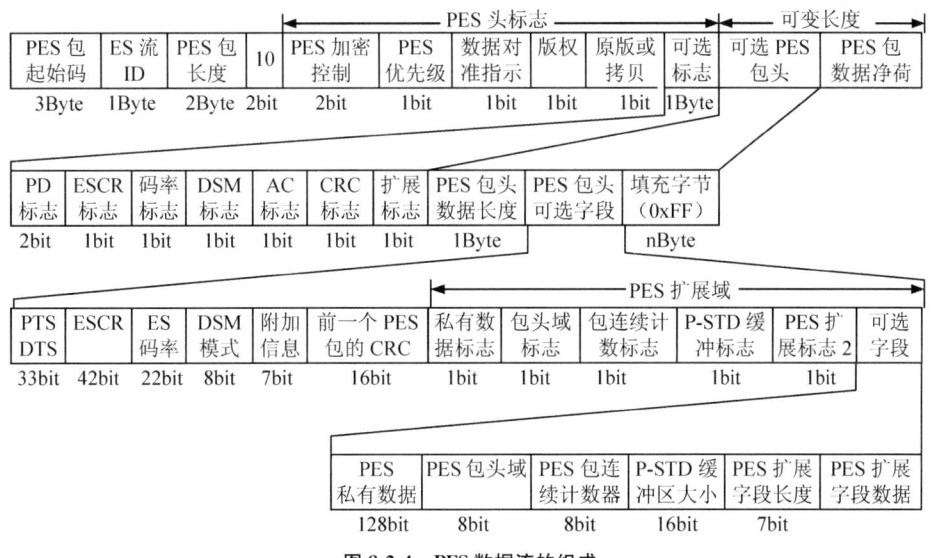

图 8-2-4 PES 数据流的组成

(2)PES 包的功能包起始码

这是一个固定的码字结构,用于收发两端对 PES 包进行同步。

(3)ES 流的 ID

编码器所生成的每一个 ES 码流均被分配了唯一的识别标志——ID 号。依据这个 ID 号,可对多达十几路的视频 ES 流和几十路音频 ES 流进行识别和复用。它是 PES 中承载的 ES 流的标志。

(4)PES 包的长度

PES 包的长度是可变的。PES 包的长度标志有两个字节,共 16 个比特,因此 PES 包的最大长度应为 2^{16} 字节。但对于视频 PES 包而言,这个包长度值设置为 0,表明对包的大小是没有限制的。视频 PES 包是由一帧编码图像数据构成的，因此视频 PES 包的起始与一帧图像、一个图像序列或一个 GOP 的起始码是对齐的，即视频 PES 包的净数据负荷的第一个字节要么是一帧编码图像的起始码，要么是一个图像序列的起始码，要么是 GOP 的起始码。

(5) PES 的头标志

头标志指示 PES 流中是否包含有描述比特流特性的参数，如码率等信息。

(6) PES 头

PES 头中的功能根据特定的应用场合而有所不同，但其中有两个是必需的，也是最重要的，即显示时间标记和解码时间标记。

(7) 时间标记

在压缩之后，由于双向编码的缘故使图像帧未能按顺序发送。这些图像帧需要不同的数据量，因为复用和传输会造成可变的延时。为了保持音频和视频锁定在一起，在视频图像帧中需定期插入时间标记。

时间标记能够指明特定的进入单元属于哪一个时间段。时间标记是一个 33 比特二进制数字，它是由 90KHz 时钟驱动的计数器的取样。这个时钟是对 27MHz 节目时钟进行 300 分频后获得的。时间标记出现的次数是平均分布的，不必在每个显示单元中都插入时间标记，无论是节目流还是传输码流，两个时间标记的间隔不能超过 700ms。

通过在视频或音频数据包的包头插入时间标记能够获得边沿同步。当解码器收到所选择的 PES 数据包时，它便对每个进入单元进行解码，并缓存到 RAM 中。当时间计数到达时间标记的值时，便读出 RAM 中的数据。时间标记有两个作用，首先，每个基本数据流都能获得有效的时基校正；其次，视频和音频基本数据流可以同步到一起形成节目。

显示时间标志 PTS(Presentation Time Stamp) 和解码时间标志 DTS(Decoding Time Stamp)，这两个信息对于数字电视的解码和显示是非常重要的，PTS 用于通知解码器何时显示一帧已解码的图像，而 DTS 指示解码器何时对接收到的一帧图像的编码码流进行解码。由于一个 PES 包对应一帧图像，因此在每个 PES 包中均应设定与该帧图像对应的 PTS 值。至于 DTS，它不能独立出现，必须与 PTS 一起发生。DTS 的值可由 PTS 的值得到，除非对解码过程有特殊要求，一般不设定也不传送 DTS。当编码图像帧是 B 帧时，也就是说不需要对编码帧顺序进行重排时，DTS 值与 PTS 值是相同的。PTS 是 PES 头中最重要的信息，PTS 的差错将导致出现图像与伴音不同步之类的错误。

由于在 MPEG-2 中使用双向编码，一个图像(如 I 帧和 P 帧)需要在显示前的一段时间被解码，作为解码 B 帧图像的数据源。例如，GOP 结构为 IBBPBBP 的视频序列，传输则按照 IPBBPBB 的顺序，如图 8-2-5 所示。由于 B 帧图像是同时被解码和显示的，所以只含有 PTS。当接收到 IPBB 序列时，I 帧和 P 帧图像必须在第一个 B 帧图像之前被解码。解码器一次只能解码一幅图像，所以 I 帧图像先被解码并储存。当 P 帧图像被解码时，已被解码的

I 帧图像就是输出,所以后面可以接 B 帧图像。如图 8-2-5 所示,当接收到含有 I 帧图像的进入单元时,在包头会同时有 DTS 和 PTS,这些时间标记由一个图像的时间作间隔。如果使用双向编码,后面必须跟随 P 帧图像,并且该图像也有 DTS 和 PTS 时间标记,这两个时间标记的间隔为三个帧的时间,可以容纳插入两个 B 帧图像。因此,收到 IPBB 序列,I 帧图像被延时一帧时间显示,P 帧图像被延时三帧时间显示,两个 B 帧图像则没有延时,这样,显示序列则变为 IBBP。可见,如果 GOP 结构发生改变,在 I 帧图像和 P 帧图像之间有更多的 B 帧图像,那么在 P 帧图像中 DTS 与 PTS 之间的差异就会增大。在数据包的包头设置 PTS/DTS 标记是为了指明只有 PTS 存在,或是 PTS 和 DTS 时间标记同时存在。音频数据包可能含有多个进入单元,数据包头部含有一个 PTS。由于音频数据包总是按顺序发送的,所以音频数据包中没有 DTS。

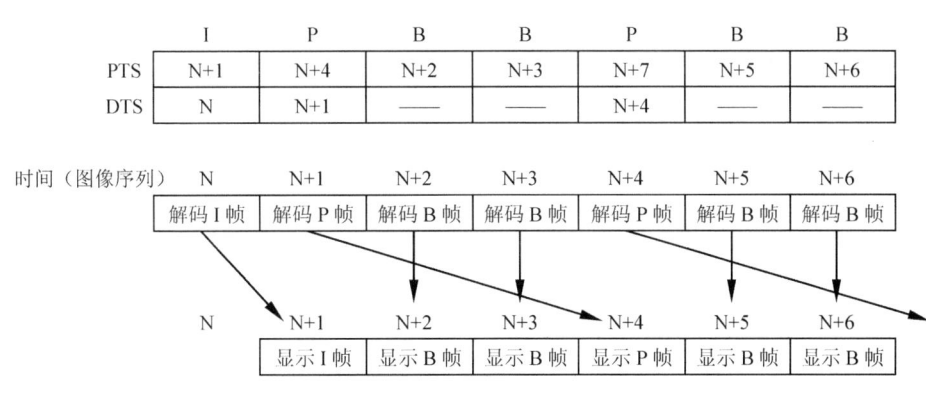

图 8-2-5 MPEG-2 码流的解码和显示顺序

2. 传输流数据包结构

图 8-2-6 是传输流数据包的结构。其大小是固定的 188 个字节,常常被分为包头和有效负荷。

(1)包头

图 8-2-6 中的 a 显示的是 4 个字节的最小包头。在这个头部中的重要信息是:

① 同步字节,该字节由解码器识别,使包头和有效负载可相互分离。

② 传输误码指示器,当传输层上面的误码纠错层遇到过高而无法纠错的原始数据误码时才设定该指示器,用以指出可能存在误码的数据包。

③ 数据识别(PID),这个 13 比特编码用以识别不同类型的数据包。解多路复用器用 PID 来区分含有不同信息类别的数据包。由于传输流的数据率是不变的,而不同数据流的数据率通常会有所变化,通常使用空数据包来实现。空数据包的有效负载中全部是零。如果有效负载下降引起数据率下降,则在传输流中插入更多的空数据包。空数据包的 PID 总

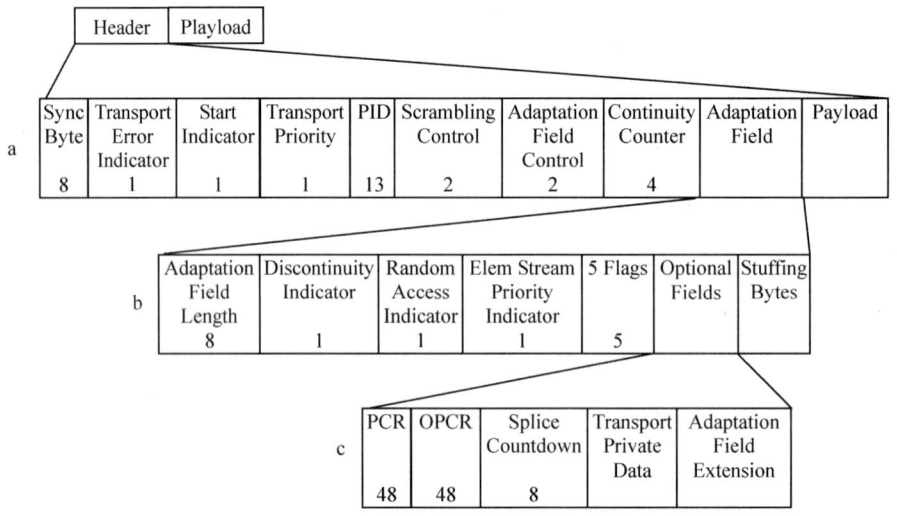

图 8-2-6 传输数据包头结构

是相同的,是 13 个 1。在给定的传输流中,所有属于同一基本数据流的数据包都具有相同的 PID。另一个基本数据流则有不同的 PID。解多路复用器只要选择正确的 PID 包就可以很容易地从给定的基本数据流中选出所有的数据。通过使用与视频、音频和图文数据相关的 PID 便可选择对应节目的数据。只要数据包与其从属的传输流正确关联,那么解多路复用器就能正确地选择数据包。解多路复用器只要知道正确的 PID 就能完成该项任务,这主要是通过节目专用信息(PSI)完成的。

④ 数据连续计数器,每次发送含有相同 PID 的新数据包时,编码器便递增这个计数器的数值,用来判断是否有数据包丢失、重复或次序发生变化。

在某些情况下,需要更多的包头信息,就需要设置适应头控制比特来指出包头信息比常规的要大。图 8-2-6 中的 b 显示在这种情况下额外包头长度由适应头长度的编码来表达。包头延伸时,有效负载就变小,以保持数据包的长度固定。

(2)适配域

适配域是一个可变长度的域,它在 TS 包中是由存在链接头中的适配域控制比特来标识的。当利用链接层的信息将各基本比特流提取出来后,适应头便提供基本比特流解码所需的同步及时序等功能,以及编辑节目所需的各种机制,如本地节目插入等。适配域的结构如图 8-2-6 中的 b 和 c 所示。

适配域的主要功能如下:

① 视频音频编解码器的同步

数字电视系统与模拟电视系统不同,视频和音频信号经过编码后变为串行比特流形式,模拟电视中的行、场等信息在这里已不存在。我们知道,模拟电视中的图像信息是以同步方式传输的,这样接收机就可以直接提取出帧同步脉冲。而在数字电视中,由于图像编码方式(I、B、P 帧等)和图像复杂程度的不同,编码后每帧图像产生的数据量是不同的,无法从编码比特流中直接获取帧同步信息,导致了解码与显示过程无法同步。

为了解决这一问题,每隔一定的传输时间,在经过选择的 TS 包的适配域中,将系统时钟 27MHz 的一个抽样值传送给接收机,作为解码器的时钟基准信号,称为节目时钟基准(Program Clock Reference,后简称 PCR)。PCR 通常每隔 100 毫秒至少要被传输一次。PCR 的数值所表示的是解码器在读取完这个抽样值的最后那个字节时,解码器本地时钟所应该达到的状态。通常情况下,PCR 不直接改变解码器的本地时钟,而是作为参考基准来调整本地时钟,使之与 PCR 趋于一致。

PCR 在 MPEG-2 系统中是非常重要的,因为解码器中的视频和音频抽样时钟都锁定于与 PCR 锁相的本地时钟,也就是说,视频和音频解码过程能否正常进行,首先取决于解复用器能否准确恢复 PCR。但在 MPEG-2 标准中,仅规定了传送 PCR 的信息格式,并未对 PCR 恢复的方法及过程进行规范。在单路节目顺序传输时 PCR 较容易处理,但在信道发生变化(如用户切换频道)时或进行多路节复用(包括本地节目插入)时,就需要对 PCR 值进行调整,这一调整过程是十分复杂的。各厂商的 MPEG-2 系统中可能会采用各自不同的 PCR 复算法,目前不同厂商的 MPEG-2 编解码器间兼容性不佳很大程度上就是由此引起的。

② 压缩比特流随机进入机制

经过编码的视频音频码流具有规定的格式,尤其是视频码流中,存在着 I、P、B 三种编码帧类型。其中只有 I 帧编码数据是可以独立进行解码的,P 帧和 B 帧数据的解码必须依赖临近的 I 帧或 P 帧解码图像。因此数字电视压缩编码信号不像模拟电视那样,可在任意帧处进行剪切、插入或节目切换,只有在某些特定位置上,TS 包中携带的数据才可以独立进行解码,才允许对节目进行调整和切换,这样的位置称为"随机进入点"。适应头中的"随机进入指示"就是表明随机进入点的位置的。当"随机进入指示"设置为"1"时,说明从 TS 包开始,可对编码码流进行节目调整和节目切换。随机进入点与视频音频的 PES 包的起始保持一致,通常为 I 帧之前的视频序列头信息的起始位置。

③ 本地节目插入机制

在电视广播中,常需要进行本地节目(如紧急告警等)和广告的插入,在 MPEG-2 传输系统中是通过使用 TS 包适应头中的一些标志来支持上述功能的。在进行本地节目插入时,插入节目的 PCR 值与插入前节目的 PCR 值是不同的,因此需要有指示信息通知解码器 PCR 值将发生变化,以便解码器能够及时改变时钟频率和相位,与插入节目尽快建立同步关系。

在适应头中,"不连续指示"标志就是通知解码器 PCR 值将从某一个 TS 包开始发生间断,即与前一个 TS 包的 PCR 值相比将发生变化,不再是与其连续的下一个值。至于具体从哪一个 TS 包开始 PCR 值发生变化,则依据"剪接点标志"和与之相对应的"剪接点倒计数器"共同决定。

显然,节目插入点一定是随机进入点,但并不是所有的随机进入点都适合作为节目插入点,主要限制在于将要插入的比特流的长度,应使插入点前后节目缓冲的容量保持一致,同时在节目插入开始时缓冲器的容量应保证不致使解码端缓冲器出现上溢或下溢。

此外,适配域还可传输一些辅助信息:适配域长度通知解码器适应头的长度,单位是字节。只要适应头存在,就最少具有两个字节的基本长度。当适应头被扩展时,通过这个长度信息可以知道扩展的长度。OPCR 标志即原始节目时钟参考,用于指示单路节目在解码器中 OPCR 的最后一个比特的理想到达时刻。这个域在传输过程中不发生变化,而且可用于单路节目的存储和回放。解码器在解码过程中并不使用 OPCR。传送私有数据标志表明在扩展适应头中是否传送私有数据。这种机制为传送条件接收中的密钥提供了一种可能,当然,也可以传送用户定义的其他私有数据。

(3) 净荷

TS 包的净负荷传送的信息包括三种类型:视频、音频的 PES 包以及辅助数据,描述单路节目复用信息的节目映射表(Program Map Table,后简称 PMT),以及描述多路节目复用信息的节目关联表(Program Associate Table,后简称 PAT)。下面分别论述它们的传输格式和相应的功能。

① 基本业务流的 PES 包

TS 包的净负荷所承载的信息中最主要的就是构成数字电视节目的各种 ES 流。在系统复用时,视频、音频的 ES 流需要进行打包,形成视频、音频的 PES 流,而辅助数据(如图文电视信息)不需要打成 PES 包。视频、音频的 PES 包一般是以一帧编码图像为单位生成的,因此音频 PES 包是固定长度的,而视频 PES 包的长度是可变的。PES 包的长度通常总是远大于 TS 包的长度,也就是说,一帧编码图像的 PES 包需要通过许多个 TS 包来传送。MPEG-2 系统层规定,一个 PES 包必须由整数个 TS 包来传送。如果承载一个 PES 包的最后一个 TS 包没有装满,则用填充字节来填满;当下一个新的 PES 包形成时,需用新的 TS 包来开始传送,如图 8-2-7 所示。

② 节目映射表 PMT

PMT 表包含了与单路节目复用有关的控制信息。前面介绍过,单路节目的 TS 流是由具有相同时基的多路 ES 流复用构成的,典型的构成包括 1 路视频 ES 流,2 至 5 路音频 ES 流,以及 1 路或多路辅助数据,当然也可以只由上述 ES 流中的一种构成。在进行 TS 流复用时,各路 ES 流分配了唯一的 PID,ES 流与被分配的 PID 值之间的关系构成了一张表,称为节目映射表 PMT。PMT 完整地描述了一路节目是由哪些 ES 流组成的,以及它们的 PID 分别是什么等。

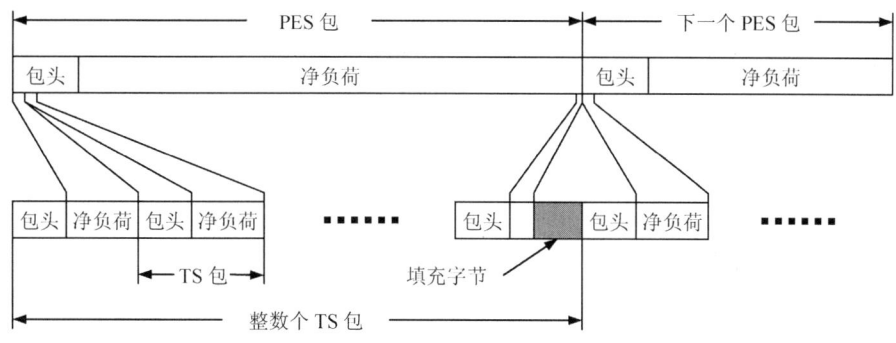

图 8-2-7 通过 TS 包传送 PES 包的数据结构

为了使解复用器能够根据 PID 恢复各路 ES 流,需要在传送节目前将 PMT 表传送给解复用器。在 MPEG-2 传输层中,传送 PMT 表的码流被称为系统控制比特流,它与其他 ES 流一样作为一个独立的码流,被装载在 TS 包的净负荷中进行传输,并且被分配了一个唯一的 PID。如图 8-2-8 所示,承载 PMT 的 TS 包有自己独特的 PID=PIDn。PMT 表的内容包括表识别号(以区别于 PAT)、表的长度指示、所描述节目的编号、用于提供本节目收发同步参考的 PCR 值所在的 ES 流的 PID 值、节目描述信息长度标识及随后的节目描述信息,还有一个或多个组成该节目的 ES 流描述信息,包含了该 ES 流的类型(如是视频、音频还是数据)提示、PID 值,及具体的描述信息等。

③ 节目关联表 PAT

PAT 包含了与多路节目复用有关的控制信息。由于实际传输频道的带宽常大于一路数字电视节目信号的带宽,为提高频道资源的利用率,需要将多路节目用在一起后进行传输;此外,当数字电视在通信网中进行传输时,动态的多节目复用/解复用也是不可避免的。这种多路节目的复用称为系统级复用,PAT 描述了系统级复用中传送每路节目 PMT 的码流的 PID 值。

PAT 的传送也如 PMT 一样,作为一个独立的码流,被装载在 TS 包的净荷中进行传输,并且被分配了一个唯一的 PID 值。所不同的是,传送 PAT 的码流的 PID 值被定义为固定的数值"0",即 PID=0。

节目关联表(PAT)数据包(PID=0)中列出了传输流中存在的节目流,PAT 指定了所有节目映射表(PMT)数据包的 PID。PAT 的第一项即节目 0,总是留给网络数据,包含了网络信息表(NIT)数据包的 PID。

授权控制信息(ECM)的 PID 和授权管理信息(EMM)的 PID 列在有条件进入表(CAT)数据包(PID=1)中。图 8-2-8 显示,属于同一节目流的视频、音频和数据基本码流的 PID 都列在节目映射表(PMT)数据包中。每个 PMT 数据包都有自己的 PID。一个给定的网络信息表所包含的内容不仅仅是传输它的传输流本身的信息,还包括同一解码器所能获得的其他传输流的相关信息,比如调谐到不同的射频频道或接收天线对准不同的卫星。NIT 可以列出其他传输流数目,每个传输流都有对应的描述符,指示该传输流所用的无线电频率、轨道位置等参数。在 MPEG 中只有 NIT 是强制性设定的。在 DVB 中还包括 DVB-SI 数据,NIT 也是 DVB-SI 的一部分。

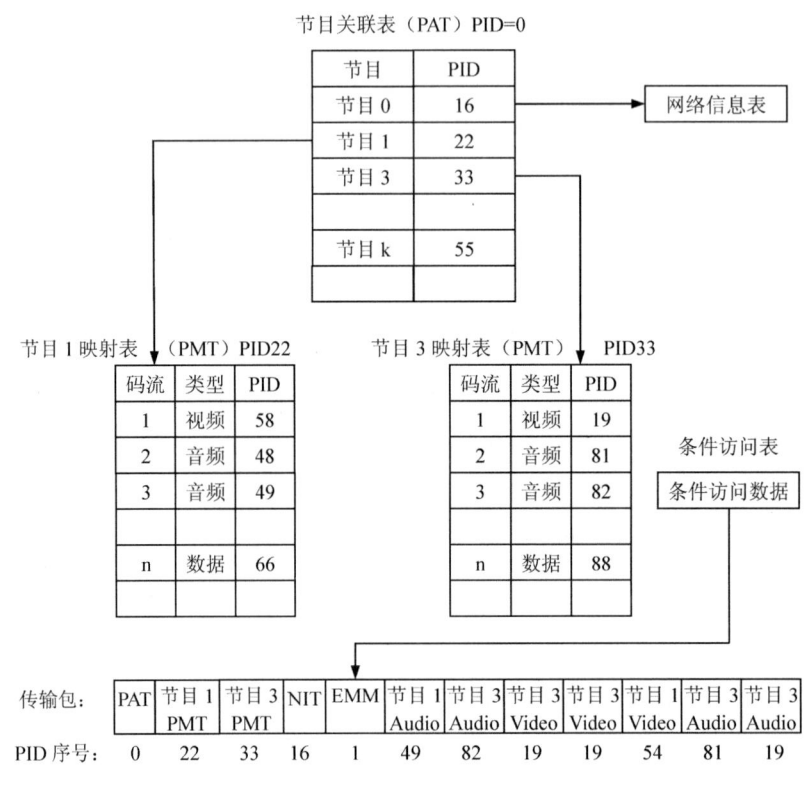

图 8-2-8　节目服务信息的表格结构

需要注意的是,在系统级复用器的输入端,可能有不同节目码流的 PID 值是相同的。由于不同码流的 PID 值必须是不同的,为解决这一问题,在进行系统级复用之前,要对那些相同的 PID 值进行修改,同时必须对 PAT 和 PMT 进行相应的修改。

系统级复用是可分级的,如果有更宽的频带可利用,则可对更多路节目进行复用。此时只需将原系统级复用码流中的 PAT 取出,并重新建立新的 PID=0 的 PAT 码流即可。

以上我们介绍了 TS 的三个组成部分:链接头、适配域和净荷,从中可以发现 TS 码流的结构具有如下显著特征:允许单路数字电视节目可由任意组合的 ES 码流构成,可根据需要对节目的 ES 码流进行增加或删除;允许对多路节目进行灵活的复用,如果其中某些节目码流发生了变化,比如某路节目增加了 ES 码流,或某路节目被删除不再传输了,则只需将

PAT 及 PMT 作相应的修改，接收机根据 PAT 和 PMT 可获得码流修改信息，而不需要对复用/解复用设备的硬件系统作任何修改。能够在 TS 级上提供本地节目插入和条件接收等是数字电视系统一项非常重要的功能。

3. 单路节目的复用和解复用

目前，单路节目的复用/解复用的实现已较为成熟，一般与编解码器设备做在一起。而多路节目的复用/解复用的实现较为复杂，其设备与编解码器是独立的，成本也远高于编解码器。

(1) 单路节目复用

上面我们介绍了 MPEG-2 的 TS 传输流的结构和复用方法，发送端就是按照这个结构将各种 ES 流和辅助信息复用成一个标准的 TS 码流的。TS 流结构的最大优点是能够适用于不同构成的传输流，接收机只需根据 PAT 表、PMT 表及 PID 即可对接收到的节目传输流进行识别、解复用和解码，而无须对硬件设备进行任何修改。

(2) 单路节目 TS 流解复用的过程

单路节目的解复用过程可分为两个阶段：

首先，使用 PID=0 的码流中的 PAT 表，找出携带了 PMT 表的码流的 PID 值。在 TS 流中，携带 PAT 的码流的 PID 总是被设为"0"，解复用器可以直接识别，而携带 PMT 的码流的 PID 是不定的，因此解复用器需要首先从 PAT 中找出携带所需节目的 PMT 的码流的 PID 值。

然后，根据上述 PID 值找出描述所需节目结构的 PMT 码流，从 PMT 中就可以找出组成该路节目的各 ES 流的 PID 值。根据这些 PID 值就可从 TS 包中将各 ES 流的数据解复用，并重新组成各 ES 流送给相应的解码器进行解码。如果节目被加密，则需要进入 CAT。

8.3 MPEG-2 码流协议分析

MPEG 压缩技术与它之前的技术有很大的不同，但是测试要求基本是一样的。在系统运行环境下，工程技术人员需要进行简单、常规的检测以确保系统正常运行。一旦出现异常情况，就需要在系统中快速确认错误出现的位置。对于设备设计者而言，则需要进一步深入研究问题的实质。

MPEG 与传统电视广播设备最大的不同是：MPEG 存在多个信息层，在 MPEG 中每一层对于其下一层都是透明的。MPEG 传输流是一个相当复杂的结构，它使用关联表和数据包识别符在传输流中区分节目与基本数据流。每个基本数据流都有复杂的结构，允许解码器区分矢量、系数和量化表等。

MPEG 系统故障通常分为两大类：第一类，传输系统正确地进行复用并将信息从编码器送到解码器，不存在误码和增加的抖动，但编码器和解码器本身有错误；第二类，编码器和解码器状态良好,但是传输层破坏了数据。另外,还存在同步问题,如果同步标志丢失或中断,会导致无法接收完整的传输流。传输协议错误会导致解码器不能找到节目的所有数据,比如接到了视频图像却没有声音。数据正确传输但伴随有过度的抖动会引发解码器的定时问题。因此,能够确认错误发生在哪一层从而避免无结果地搜寻错误显得十分重要。在 MPEG 解码器的图像监视器上会出现可见的缺陷,这些缺陷可能由多种原因引起,可能因为解码器不能工作于太高的比特率;或者,编码器发生错误从而造成传输码流的错误;再或者,编码器可能正确运行,但是传输层破坏了数据。在 DVB 系统中还存在诸如能量扩散、误码校正和交织等多个信息层。这种复杂性需要我们使用正确的工具,运用结构的方法查找错误,这就要对压缩的数据进行协议分析。

根据 MPEG 传输码流的构成,可以把 MPEG 协议分析分成三个层面:针对传输码流的分析,如节目服务信息 PSI/SI、节目时钟基准 PCR 以及传送带分析等内容;针对打包的基本码流分析,包括对视频、音频以及时间标记等的分析;针对基本码流的协议分析,如视频基本码流分析、音频基本码流分析和数据基本码流分析。其基本构成如图 8-3-1 所示。

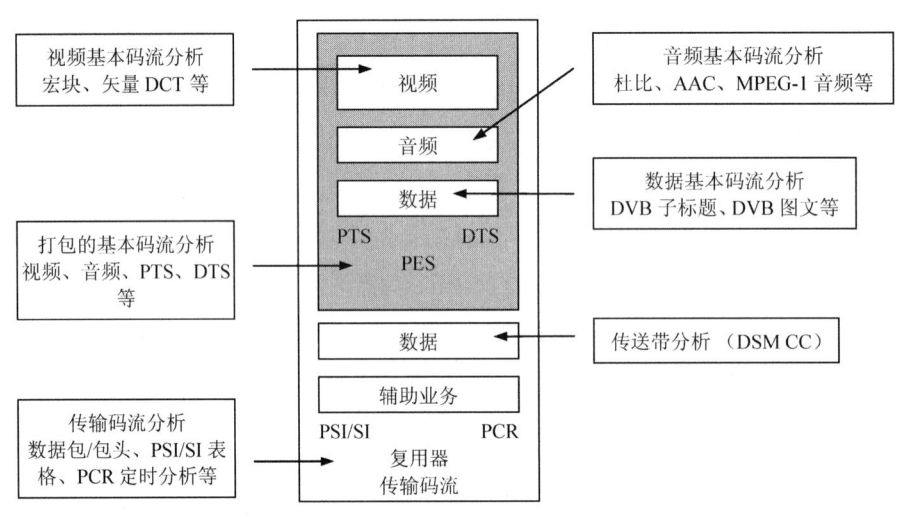

图 8-3-1　MPEG 传输码流分析基本内容

8.3.1　TS 流分析

MPEG 传输码流有着极其复杂的结构,但是 MPEG 协议分析工具可以用逻辑方式解析结构,从而使得使用者可以观察任何结构上的细节。MPEG 协议分析工具可以对实况传输码流进行多种实时分析。这包括可以显示传输码流中的节目层级,以及分配到每个数据流的比特率的比例,还可以将部分传输码流记录下来,用于对各项参数进行进一步详细分析。这种技术称为延时测试,可以用于检测时间标记的内容。

当用于延时测试时，MPEG 传输码流分析仪通过提供一种专用于 MPEG 的数据解释工具进行分析。这需要实时触发机制来决定数据采集发生的时间和条件。图 8-3-2 显示了一个包括一个定时区、一个存储区和一个延时区的 MPEG 传输流分析仪的基本组成。在进行实时分析时，只有实时区工作，但需要接入一个信号源，用于采集时决定何时触发采集卡。分析仪还包括过滤工具，过滤可以用来对采集前后的信号进行有选择的分析。数据采集完成之后，延时区对采集的数据进行分析，不再需要输入信号。下面以 AD953 码流分析仪为例介绍 TS 分析的主要内容。

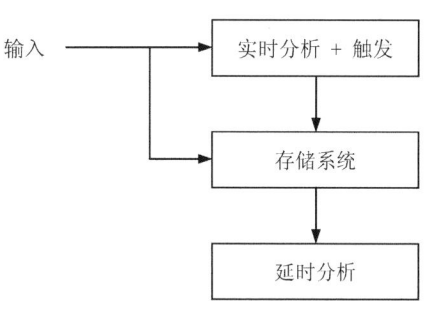

图 8-3-2 MPEG 码流分析仪的基本组成

在分析一个未知的传输流时，对传输流进行分层观察是整个协议分析工作的开始，分层观察将码流中的每个成分用树形导航图的形式显示出来。图 8-3-3 是分层观察的一个例子。从整个传输流的左上方开始，每个树状分支代表了传输流中的不同成分。通过分层观察可以很容易观察到传输流中出现了多少节目流，以及每个节目流中承载的视音频内容。

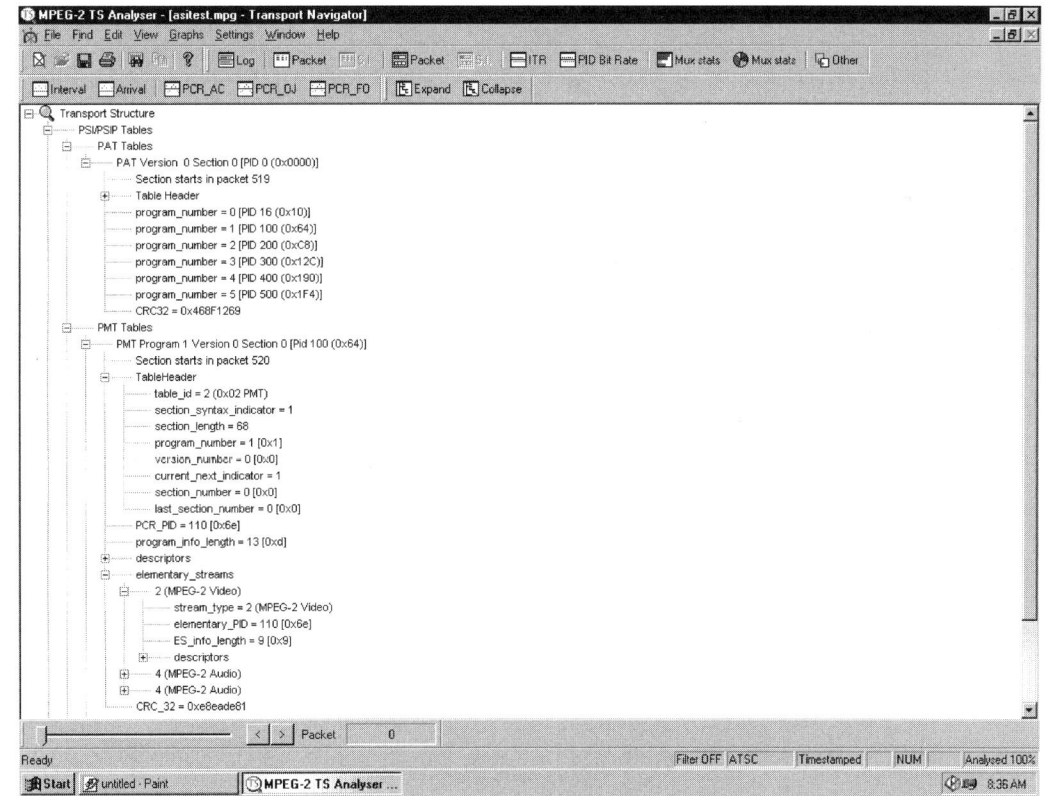

图 8-3-3 利用树形导航图显示的码流成分

分析仪是通过传输流中的节目参数信息(PSI)数据中的节目关联表(PAT)和节目映射表(PMT)来创建分层观察的。这些表中的PID信息显示在对应的树形导航图中。分层观察的创建过程与解码过程类似,如图8-3-4所示,首先从PID为0的数据包中找到PAT,然后从PAT中得到各个节目映射表(PMT)数据包的PID号,最后根据各个节目映射表中各码流数据包的PID号对应的不同内容分别显示出树形导航的分层观察图。对于任何MPEG-2复用器或解码器的运行而言,节目联系表(PAT)和节目映射表(PMT)是必不可少的,如果分析仪不能显示出分层观察或分层观察有明显的错误,那么被测试的传输流就存在PAT/PMT错误。

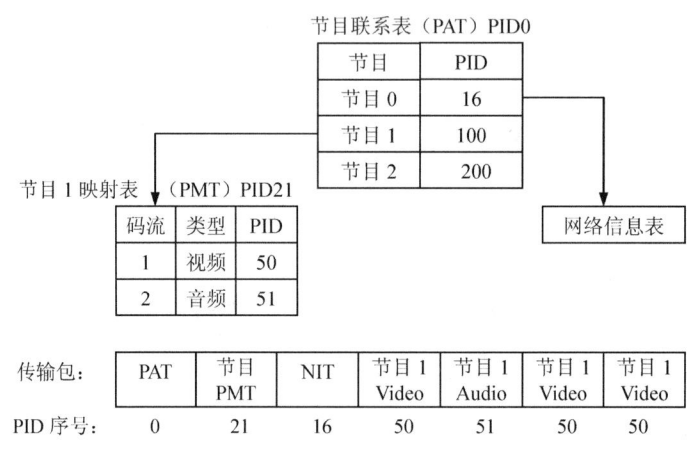

图 8-3-4 节目服务信息的表格结构

解复用器或解码器锁定传输流的能力取决于节目服务信息数据(PSI)发送的频率。图8-3-5显示了各个PSI/SI信息的传输比特率情况。这项显示用不同的方式给出了各个子表格如PAT、PMT、NIT、SDT、BAT、EIT等的传输比特率,可以判断节目中PSI信息的传输情况。另外,PSI/SI信息还应该与比特流中的实际信息相一致。例如,如果一个给定的PID能在PMT中找到,那么还应能在比特流中找到这个值的PIDS。一致性检验功能可以完成

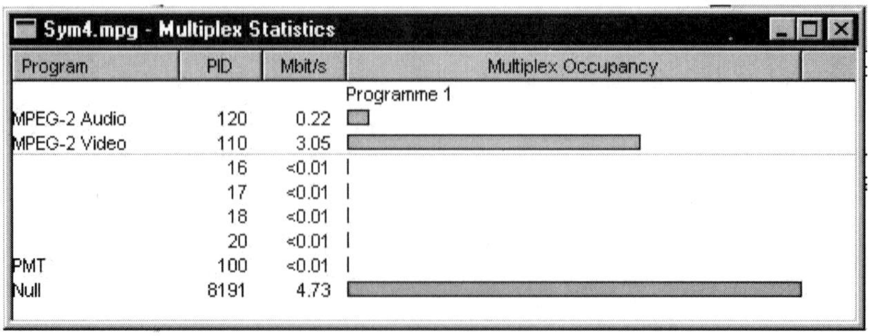

图 8-3-5 传输流中的节目及 PSI/SI 信息的传输码率

这种比较,可以显示 PSI/SI 信息与比特流中的实际信息不一致的错误。

复用分配图用饼图的形式显示了传输流分配给每个 PID 或节目的带宽比例。图 8-3-6 是复用分配图的一个例子,显示了组成传输流的各个 PID 的数据包的数量、所占传输流的百分比、PID 数据包的传输有效码率,并指示在相应的数据包中是否出现 PCR 信息。分层观察和复用分配图显示了传输流中各基本元素的数目和带宽分配比例,但不显示不同的基本元素在复用时是如何被分配的。PID 映射功能可以按照接收的顺序显示在传输流中每个数据包的 PID 列表,每个 PID 的类型用不同的颜色代表。因此,可以评估多路复用的一致性。在传输码流中连续的 SI 数据包传输可能会导致解码器产生缓存溢出。

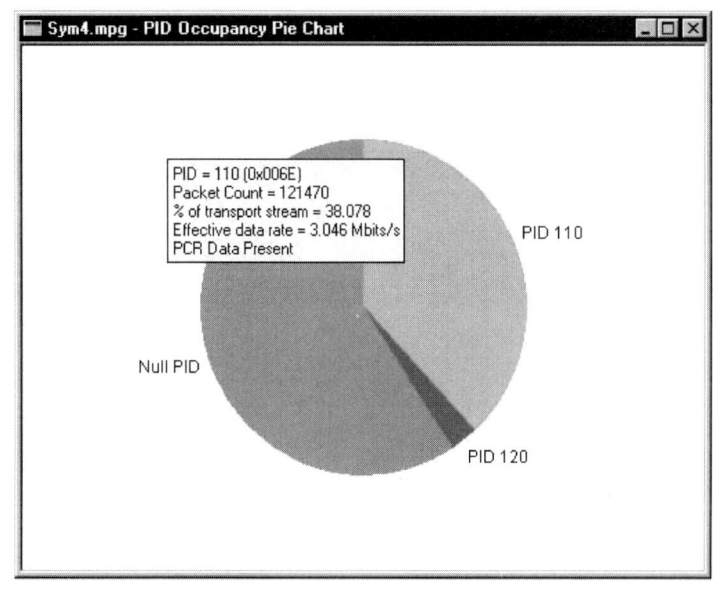

图 8-3-6　复用分配的饼图显示

解释观察可以分析 MPEG 码流中的数据,包括单个的传输流数据包、表格或节目基本码流数据包。分析仪能自动捕获和解码数据,然后显示其含义,这种分析称为解释观察。图 8-3-7 和图 8-3-8 分别显示了对传输流数据包、PSI/ SI 信息表格的解释观察。随着选择项目的改变,可以在屏幕上显示出相对于传输码流开始的字节计数,还可以对解释观察进行扩展,这样可以给出解释项目中任何一个字段的完整意义解释。因为 MPEG 有许多不同的参数,字段解释可以帮助人们回忆和理解各参数的意义。此外,还可以用十六进制格式显示出数据包的内容,帮助分析者深入了解传输流的数据结构。

传输流完全依靠通过编码器对语法的精确使用来传输节目素材。如果没有正确设置固定标志比特位、同步类型数据包起始码以及数据包计数,解码器可能会错误解释比特流。句法检查功能检查非节目素材以外的全部比特位,并显示所有的不一致。不合逻辑的不一致

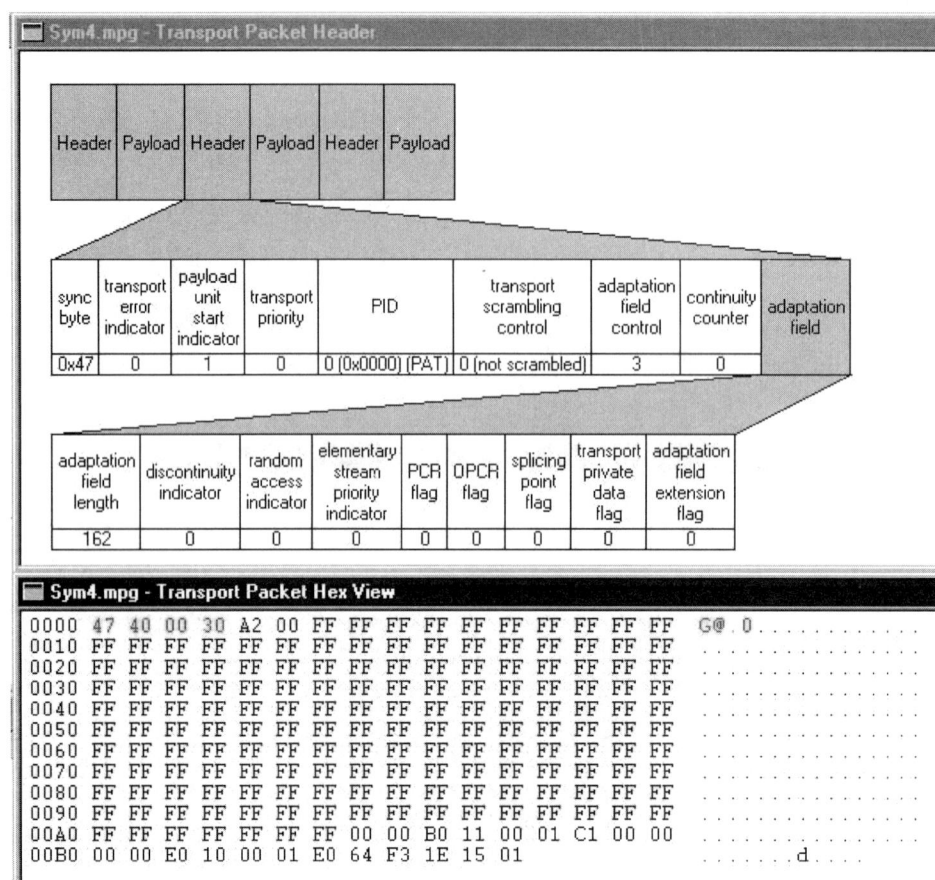

图 8-3-7　传输流数据包的解释观察

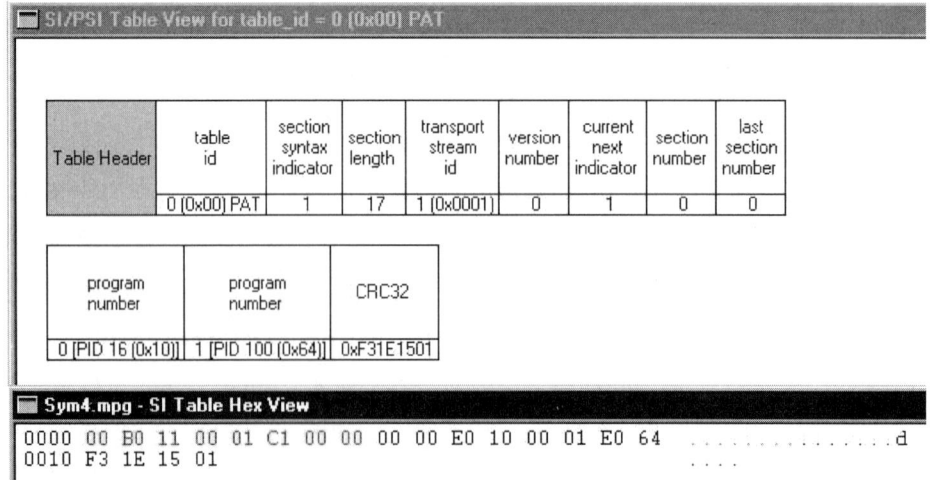

图 8-3-8　PSI/SI 信息的解释观察

可能由于传输错误导致；连续(持续)的不一致可能由于编码器或复用器出错导致。TS 分析仪依据 TS 流的协议及一致性要求对码流文件进行分析,并将分析的结果以列表方式显示出来,图 8-3-9 是一个错误事件列表分析的显示结果,分别有处理信息、一般告警信息和严重错误信息。

Sym2.trp - Message Log		
Category	Reference	Comment
Time	15:29:33	Starting Transport Stream Analysis.
Conf. Violation	Pid 310 [0x136]	PCR_accuracy_error. PCR accuracy for selected program is not within ±500ns
Conf. Violation	Pid 410 [0x19A]	PCR_accuracy_error. PCR accuracy for selected program is not within ±500ns
Warning	Pid 610 [0x262]	PCR repetition interval must be less than 40ms (DVB 2.3)
Time	15:29:56	Analysis Complete.
Information		319000 Packets Analysed, 2 Total Errors
Information		19 PIDs, 24 SI Tables Found
Information		Analysis interval 00:00:18 (Analysis Rate 26.654222 Mbit/s)

图 8-3-9 TS 流错误事件列表分析显示

另外,许多 MPEG 表都有附加的奇偶校验和或 CRC 循环冗余校验用来检测误码。分析仪能重新计算校验和,并将结果与实际的校验和进行比较。同样,不合逻辑的 CRC 不一致可能是由于码流比特误码引起的,而持续的 CRC 误码则表明硬件错误。

8.3.2 PCR 测量

前面描述的测试主要用于检查传输码流中出现的单元和句法是否正确。为了正确实时显示视音频信号,传输码流必须向解码器传输正确的定时信息。这主要通过分析 PCR 节目时钟基准和时间标记数据来检查定时是否正常。

数字电视的同步处理的一个主要问题是同步处理的输入信号源产生抖动,数字电视信号极易受到这类问题的影响。由于模拟电视信号和数字电视信号的差异,抖动产生的问题也有不同的表现形式。

随着 MPEG 压缩技术的应用,几路不同的电视节目共享同一传输流进行传送成为现实。人们开发了一种同步机制来接收节目,这种同步机制的原理是通过发送原始时钟频率的数字取样值实现同步。这些原始时钟频率的取样值被称作节目时钟基准(PCR),应用节目时钟基准需要一种全新的抖动效果测量方法。

如果各路节目最初是同步生成的,那么 TS 流的各路节目共享同一套 PCR 取样值。实际上各路节目不一定相互关联,它们之间不一定互相同步。在这种情况下,每一路节目都应有一套独立的 PCR 取样值。压缩视频信号通常使用两种同步信号:一帧或一场的显示时间;重建压缩前原始信号所用的取样时钟。这些同步信息都被嵌入压缩数据流中,显示时间标记(PTS)提供了帧同步,节目时钟基准(PCR)主要用于恢复取样频率。这里主要介绍

ETR290 文件的 TR101 290 推荐的 PCR 抖动测量方法。

1. PCR 的产生

当输出比特率和 PCR 间隔值(DVB 推荐的间隔不能大于 40ms)设置到复用器后,复用器可以计算出哪个传输包需要包含 PCR 值以及具体的 PCR 值的大小。

PCR 值被嵌入传输流中称为 PCR-base 和 PCR-ext 的两个区域,并用 27MHz 时钟作为单位的时间 t(i) 指示,这里的 i 是包含 PCR-base 最后一个比特的字节索引号。PCR(i)的计算公式如下:

$$PCR(i) = PCR\_base(i) \times 300 + PCR\_ext(i)$$

$$PCR\_base(i) = \{[system\_clock\_frequency \times t(i)] DIV\ 300\} MOD\ 2^{33}$$

$$PCR\_ext(i) = \{[system\_clock\_frequency \times t(i)] DIV\ 1\} MOD\ 300$$

图 8-3-10 显示了对 601 数字视频信号进行编码时产生和插入 PCR 值的过程框图。我们可以看到在相应的 PCR 区域编码的 PCR 值是从输入的视频信号本身提取的,没有使用稳定的主时钟基准。实际上,使用输入视频信号来提取时钟基准,为了适当地解码和显示信号,传输链末端的解码器必须准确地锁定这个信号。

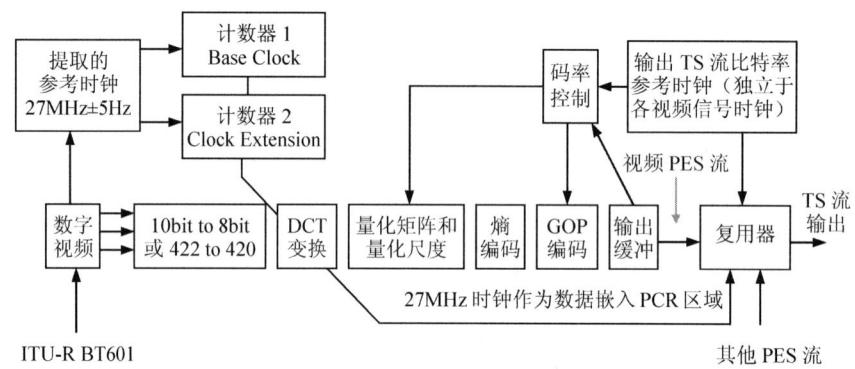

图 8-3-10 从 601 数字视频信号中产生 PCR 值

27MHz 时钟是从 27MHz 或 270MHz 数字分量信号或复合模拟视频信号的副载波中提取的。这个从视频信号中提取并用于 MPEG-2 压缩处理的 27MHz 参考时钟会与标称频率存在小的偏差。随着时间变化,这个参考时钟可能在频率和速度或漂移率方面存在变慢的情况,同时还可能带有称为"抖动"的小幅度快速频率变化,抖动的幅度是测量的项目。

从图 8-3-10 中可以看出,在一个 TS 流中至少需要为每个节目提供两个独立的时钟:与节目相关的 PCR 值和 TS 流本身的码率。在接收端的解码器需锁定 TS 流码率,而重建的视频信号应与 PCR 值锁定。

在测量时需要考虑测量基准,对于频率偏置、漂移率和总的抖动的测量,应该使用一个独立、精确和稳定的时钟基准。对于 PCR 精度测量,使用标称 TS 码率。

2. PCR 抖动的来源

在输入视频信号中出现的各类频率变化都被传递到编码的 PCR 值。但是,这不是嵌入 TS 流的 PCR 值的抖动的唯一来源。

下面是引起 PCR 误差和 PCR 抖动的来源:

(1)计算过程中的算法误差。这种情况下,在 ISO/IEC13818 中被称为 PCR 精度,应限制在 500ns 以内。

(2)PCR 数字的取舍。通常发生在编码复用、再复用和重新进行 PCR 编码阶段。

(3)载有 PCR 信息的 TS 包在 TS 流的再定位和移动。可能发生在输入输出码率相同的再复用阶段,本地节目插入后,没有携带二次时间标记。

(4)当通过包交换网络传输 TS 流时,携带 PCR 信息的字节在 TS 流中再定位和移动:

①PDH 填充过程;②ATM 信元分配;③SDH/SONET 指针移动;④ASI 填充字节插入;⑤从解码器中提取的 TS 流再次用来传输时公共接口间隙的插入和删除;⑥再复用过程。

(5)在复用和解复用过程中,用于产生 PCR 的时钟中存在的物理抖动。

3. PCR 测量参数

DVB-MG 定义了四种 PCR 测量参数来检测包含在 TS 流中的节目 PCR,这四种 PCR 测量参数定义如下:

PCR 准确度(Program Clock Reference-Accuracy)是指实际的 PCR 值和根据该字节在 TS 流中实际位置的索引所应具有的 PCR 值之间的差值。PCR 数值不准或者复用过程中的 PCR 值的变更均可导致 PCR 不准确。PCR 数值的不准可能由 27MHz 参考时钟频率的误差或者是计数器的错误引起。PCR 准确度使用 ns 作为度量单位。ISO/IEC13818 规定的 PCR 不准确度容限是±500ns。图 8-3-11 显示了测量 PCR 准确度的原理方框图,对可变比特率传输流的 PCR-AC 测量结果没有实际意义。

PCR 频率偏置(Program Clock Reference-Frequency Offset)是指节目时钟频率和按照绝对基准所测得的标称时钟频率之间的差值。以 Hz 为单位的 PCR 频率偏置计算公式为:测得的频率-标称频率。用 ppm 的 PCR 频率偏置计算公式为:[测得的频率(Hz)-标称频率(Hz)]/标称频率(MHz)。ISO/IEC13818-1 规定的容限是±810Hz 或±30ppm。

PCR 漂移率(Program Clock Reference-Drift-Rate)是指测量频率对节目时钟频率和标称时钟频率之差的低频分量的一阶导数。PCR 漂移率参数的测量单位为 MHz/sec(在 27MHz 处)或 ppm/hour。ISO/IEC13818-1 规定的容限是±75MHz/sec(在 27MHz 处)或±10ppm/hour。

PCR 全抖动(Program Clock Reference-Overall Jitter)是指应该到达某一测量点的 PCR

234 数字视频测量技术

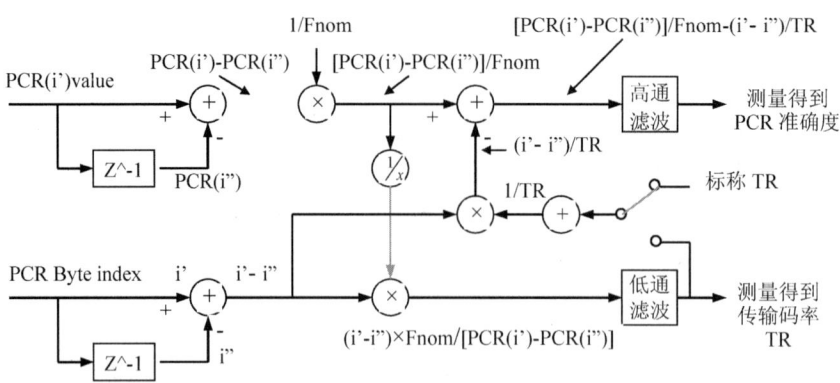

图 8-3-11 PCR 准确度测量原理方框图

值与已到达该点的 PCR 值之差的高频分量的瞬时值。PCR 全抖动包括了 PCR 不准确度、物理链路抖动和 PCR 到达时间抖动。由于数据率和线路速率不同步可能会引起不确定的网络延时,会造成 PCR 到达时间抖动。PCR 全抖动的度量单位为 ns,没有规定的容限大小,如果传输过程中的抖动为零,这个参数相当于 ISO/IEC13818 规定的 PCR 准确度的最大容限即±500ns。上述三个参数 PCR-OJ、PCR-FO 和 PCR-DR 的测量原理框图如图 8-3-12 所示。

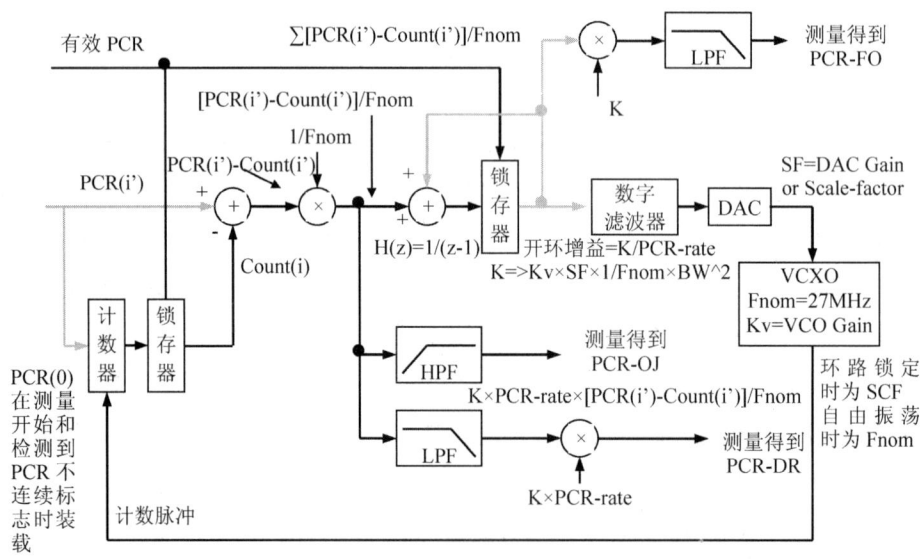

图 8-3-12 PCR 频率偏置、漂移率、全抖动的测量原理方框图

正确传送节目时钟数据是非常重要的,这是因为这一数据控制解码过程的全部定时。视频和音频解码过程能否正常进行,首先取决于能否正确恢复出 PCR。PCR 分析表明,PCR 数据所能达到的精度与 PCR 数据在节目码流中的发送码率有关。使用 Tektronix 的

MTM300 测试仪器可以测量 PCR 参数。图 8-3-13 显示了包含有 PCR 信息的传输流数据包。图 8-3-14 显示了包含 PCR 信息的传输流的瞬时传输比特率。

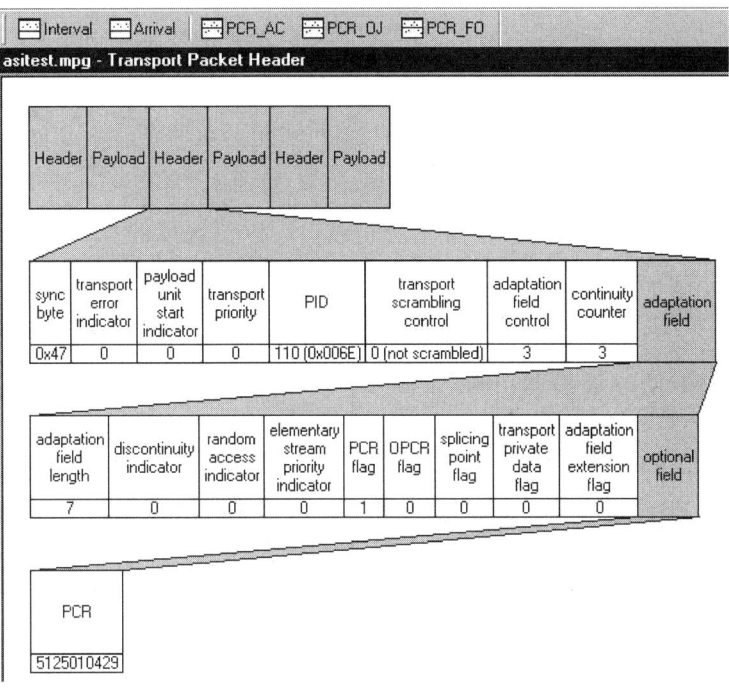

图 8-3-13　包含 PCR 信息的数据包分析显示

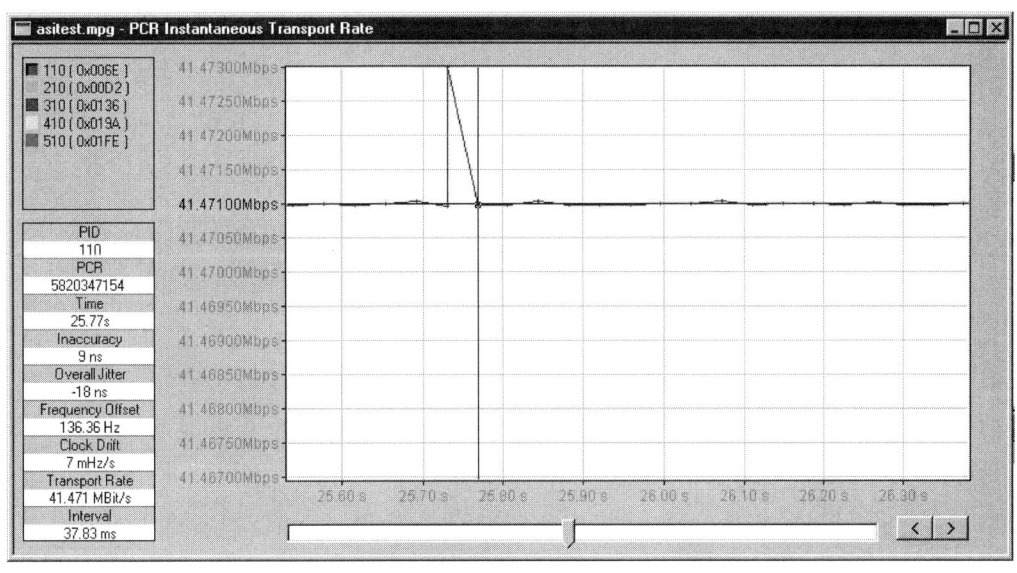

图 8-3-14　包含 PCR 信息的传输包瞬时传输码率

来自复用器输出的 PCR 数据可能是精确的,但是再复用可能会把给定节目的数据包放在时间轴上的不同位置,再复用器会对 PCR 数据重新进行编辑。所以,在数据复用之后,对 PCR 抖动进行测试显得很重要。在 TS 分析仪中可以对 PCR 的发送间隔、到达时间抖动、不精确度、总抖动及频率偏移进行分析。图 8-3-14 中分别对 PCR 的发送间隔参数进行了分析,左上方用色块列出传输流中包含有 PCR 的传输包的 PID,下边依次列出了当前光标对应的传输包的 PID 号、传输包中 PCR 的数字、该传输包与该码流中首个同类型传输包之间相差的时间、PCR 的不准确度、PCR 的总抖动、PCR 的频率偏移、PCR 的时钟漂移、PCR 的传输码率、PCR 的发送间隔。图 8-3-15 的分析窗口可以对选择的含有 PCR 的某一 PID 数据包的 PCR 到达间隔进行分析,坐标垂直轴是 PCR 的到达时间间隔,水平轴是 PCR 的到达时间,100ms 是 MPEG 标准对 PCR 到达时间间隔的最低门限,40ms 是 DVB 及 ATSC 标准对 PCR 到达时间间隔的最低门限,根据相应的标准 PCR 到达时间间隔不应超过最低门限。

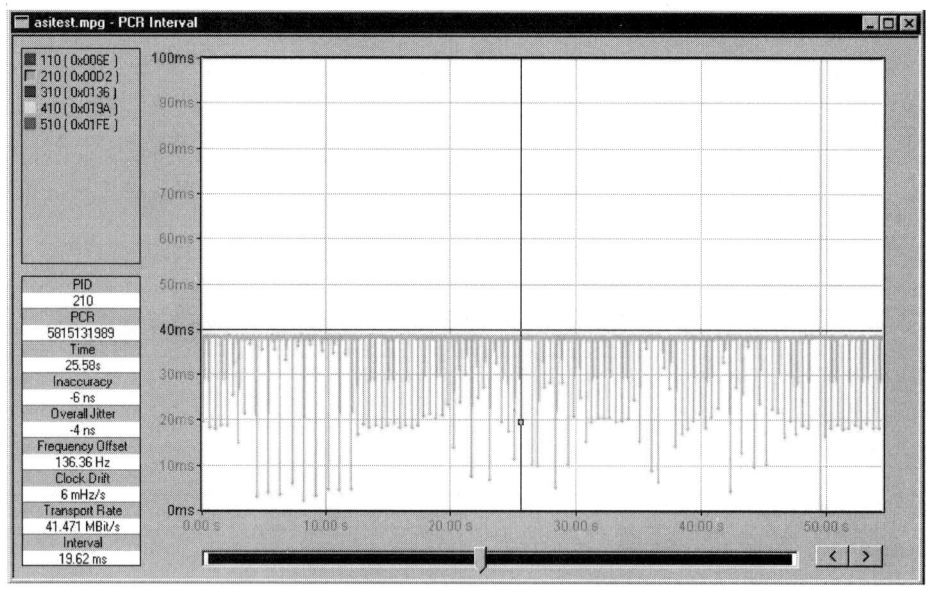

图 8-3-15　PCR 的发送间隔分析

图 8-3-16 是 PCR 的到达时间抖动分析,PCR 到达时间抖动是 PCR 数据包实际到达时间与根据字节信息得到的期望的 PCR 数据包到达时间之差。图 8-3-17 是 PCR 的不准确度分析,PCR 不准确度是指实际的 PCR 值和期望的 PCR 值之间的差值,MPEG、DVB 以及 ATSC 标准规定实际传输流的 PCR 不准确度应该在±500ns 之间。图 8-3-18 是 PCR 的频率偏移分析,PCR 频率偏移是实际的节目参考时钟与 27MHz 标称时钟频率的差值,MPEG 标准规定该参数应在±810Hz 之间。

第 8 章　MPEG-2 压缩视频码流分析　237

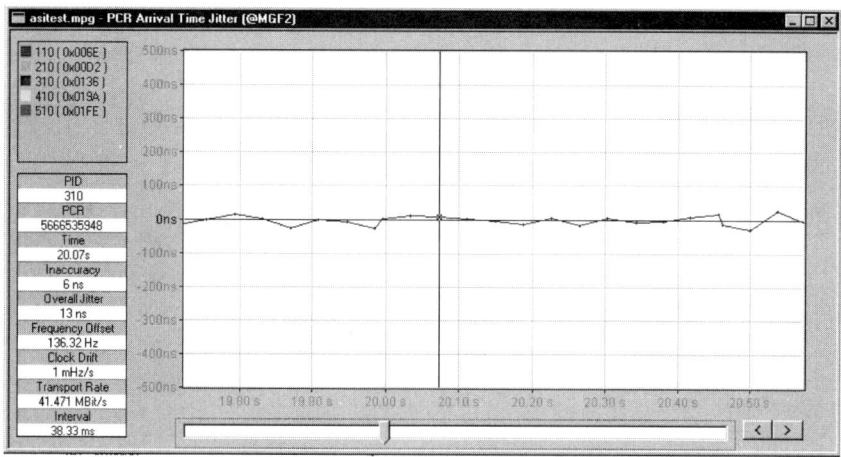

图 8-3-16　PCR 的到达时间抖动分析

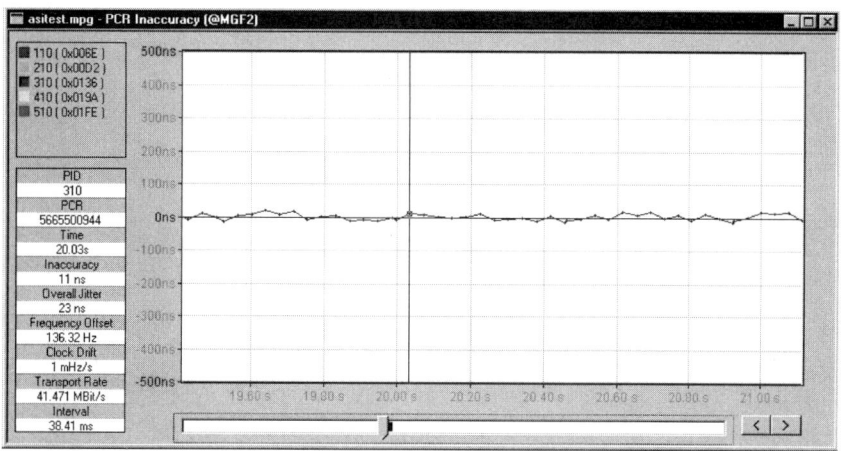

图 8-3-17　PCR 的不准确度分析

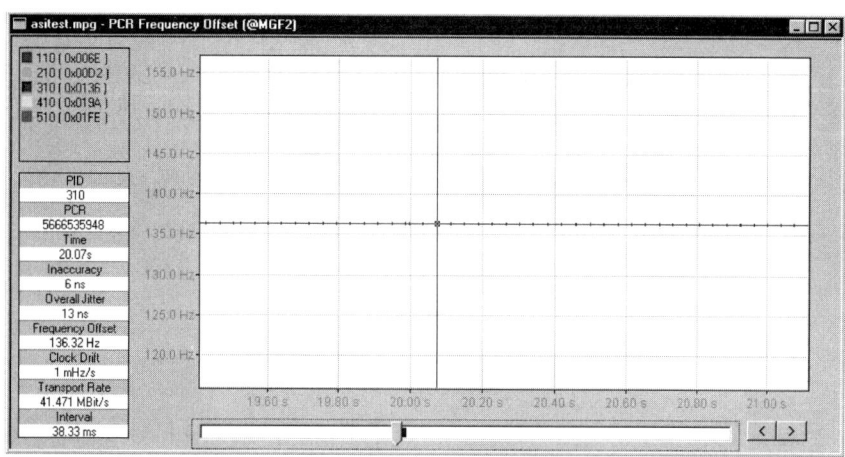

图 8-3-18　PCR 的频率偏移分析

8.3.3 PES 分析

根据 MPEG 协议标准,在完成传输层分析后,就可以进入下一层 PES 分析。PES 分析包括查验 PES 图像格式包头和控制标记,检查使视频、音频同步的 PTS/DTS 时间标记,传输目标解码器(T-STD)缓冲器分析等。

由于传输流包含了大量的数据,在实际情况下,除非存在严重问题,通常大部分数据是有效的,可能只有一个基本码流或一个节目码流受到影响。在这样的情况下,如果进行有选择性的测试,就更为有效。这也是过滤功能的目的。实质上,过滤功能允许分析仪的使用者在检查传输的时候有更多的选择性,它可以分析满足特定条件的那一部分数据。

过滤包头的条件是只分析带有特定 PID 的数据包。通过选择 PID0 就很容易检查 PAT,并且通过这种方法可以读出其他所有的节目识别号。如果知道一个待检查码流的节目识别号,就可以很容易地选择一个 PID 用来分析。

在实际中,能够将过滤组合起来是有用的,换句话说,不仅可以过滤含有特定 PID 值的包,而且可以过滤包含 PES 头部信息的 PID 值的数据包。通过这种方法组合过滤可以有针对性地显示码流中的数据。当进行故障查找时,这种过滤方法能使故障搜寻过程更为合理。

PES 包在理论上属于传送层功能的一部分,实际中,它由信源编码器产生,PES 包中包含有码率、定时以及数据描述等由编码器设置的信息。图 8-3-19 显示了 PES 数据包的包头信息内容,数据包的开头是一个 24 位的开始前缀和一个数据流 ID,用来识别数据包的内容

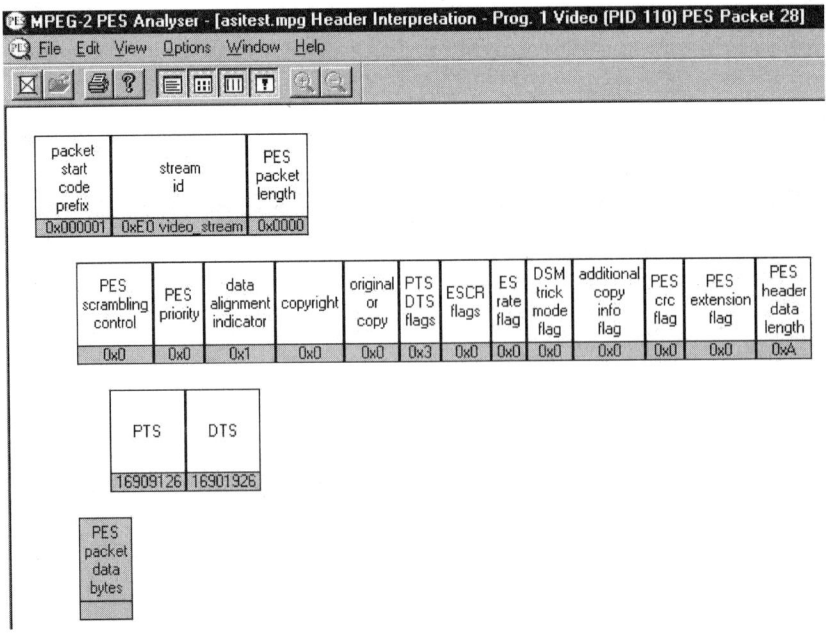

图 8-3-19 PES 数据包头信息分析

是视频还是音频,通常由这两个参数来识别 PES 数据包的开始。与前面的传输码流分析一样,也可以对 PES 数据包头进行解释观察,显示字段的解释意义。此外,还可以用十六进制格式显示出 PES 数据包的内容,帮助分析者深入了解 PES 的数据结构。

如果知道 PCR 数据是正确的,可以进行时间标记的分析。由于视频和音频的显示单元并不一致,比如音频每秒 44100 个取样点,每个显示单元为 1152 个取样,则显示单元的持续期为 26.12ms;而视频的显示单元可以是 25Hz 的帧频,持续期为 40ms。可见,视频和音频显示单元的持续期起始边界很少一致,PTS 用来传递音频和视频之间的定时关系。利用时间标记、DTS、PTS 可以对基本数据流进行有效的时基校正,同时还可以解决视频、音频之间的同步问题,保证图像和声音的正常播放次序。图 8-3-20 是所选择的基本码流的时间标记显示,并在适当的位置显示了进入单元(Access Unit)的开始和结束时间,以及解码时间(DTS)和显示时间(PTS)。

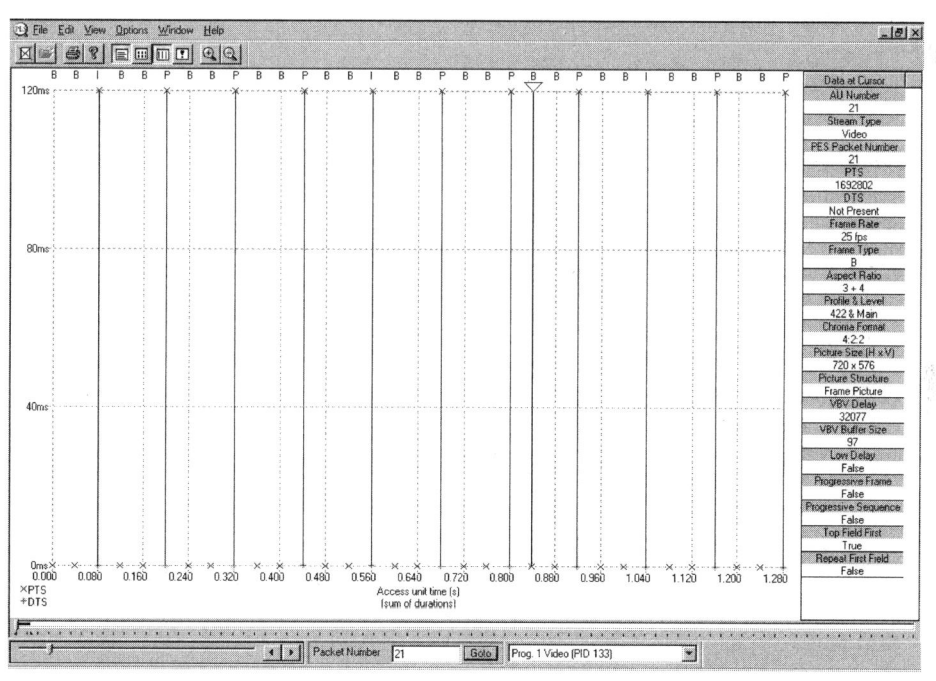

图 8-3-20 时间标记分析

图 8-3-20 中,从下面标有"0ms"的位置开始沿水平轴方向是每个进入单元的时间,一个进入单元通常为一个视频帧,其持续时间为 40ms。因此,在水平方向每隔 40ms 为一帧图像,第一帧进入单元初始时间设定为 0ms。每个进入单元的解码时间(DTS)和显示时间(PTS)则沿垂直轴方向标出,也以 40ms 作为刻度单位,这两个时间 PTS 和 DTS 是相对于该进入单元时间的延时时间。以当前三角形光标所在的 B 帧进入单元为例,其进入单元时

间为 840ms，这个 840ms 是相对于第一个进入单元的时间。图 8-3-20 中 PTS 显示的绝对值为 1692802 个 90KHz 时钟，该数值除以 90KHz 得到的时间为 18808.911ms，相对于第一个进入单元的时间 17968.911ms 正好是 840ms。B 帧的 DTS 和 PTS 是同一值，所以只有 PTS。光标的前一个 P 帧进入单元，它的解码时间（DTS）相对于第一个进入单元为 800ms，显示时间 DTS 相对于该进入单元为 120ms 延时。因此，相对于第一个进入单元则是 920ms，即解码后延时 2 帧再显示。

与 TS 分析相类似，PES 分析仪依据 TS 流的协议及一致性要求对码流文件进行分析，并将分析的结果以列表方式显示出来。图 8-3-21 是一个分析的错误事件列表显示，分别有处理信息、一般告警信息和严重错误信息。

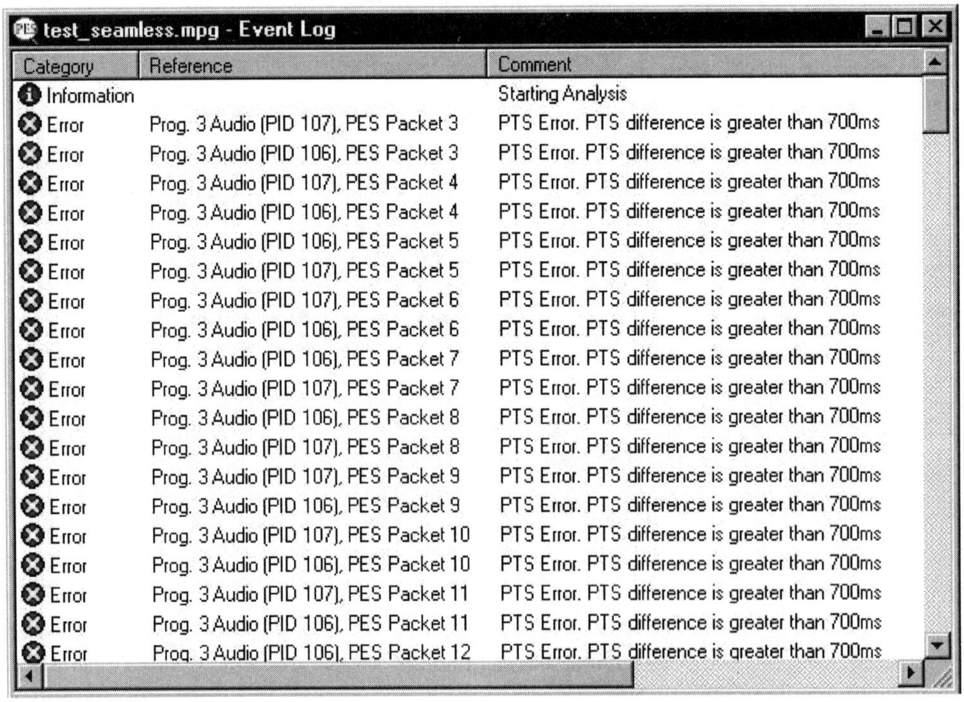

图 8-3-21　PES 错误事件列表显示

8.3.4　传输目标解码器（T-STD）缓冲器分析

在 MPEG 中，不同 GOP 类型的图像帧在编解码时重新排列和使用会造成延时，并需要在编码器和解码器中加缓冲器。一个给定的基本码流必须满足解码器的缓冲能力。MPEG 定义了传输目标解码器（T-STD）作为描述重建传输码流的解码过程的模型，如图 8-3-22 所示。编码器或复用器不能超出 T-STD 的缓冲能力，以免使数据失真。

第 8 章 MPEG-2 压缩视频码流分析

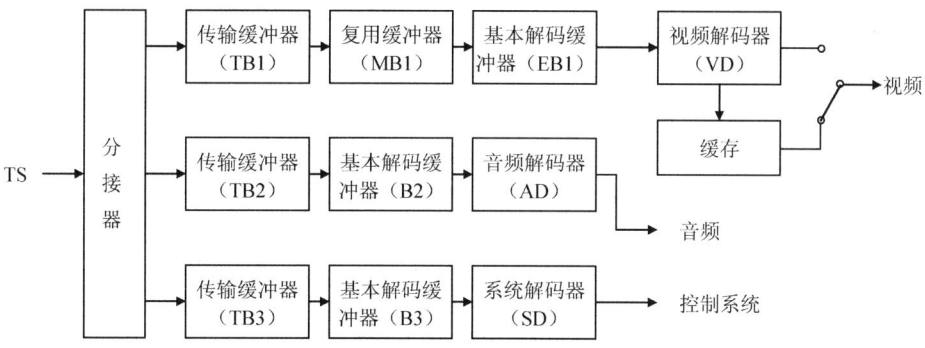

图 8-3-22 T-STD 解码器模型

传输流包含了 VBV（视频缓冲校验）的系数，规定了一个基本数据流需要的缓冲量。图 8-3-23、图 8-3-24、图 8-3-25 分别显示出视频、音频和系统的各个缓冲器的占有率，这样，可以很方便地从曲线图中观察到上溢和下溢。

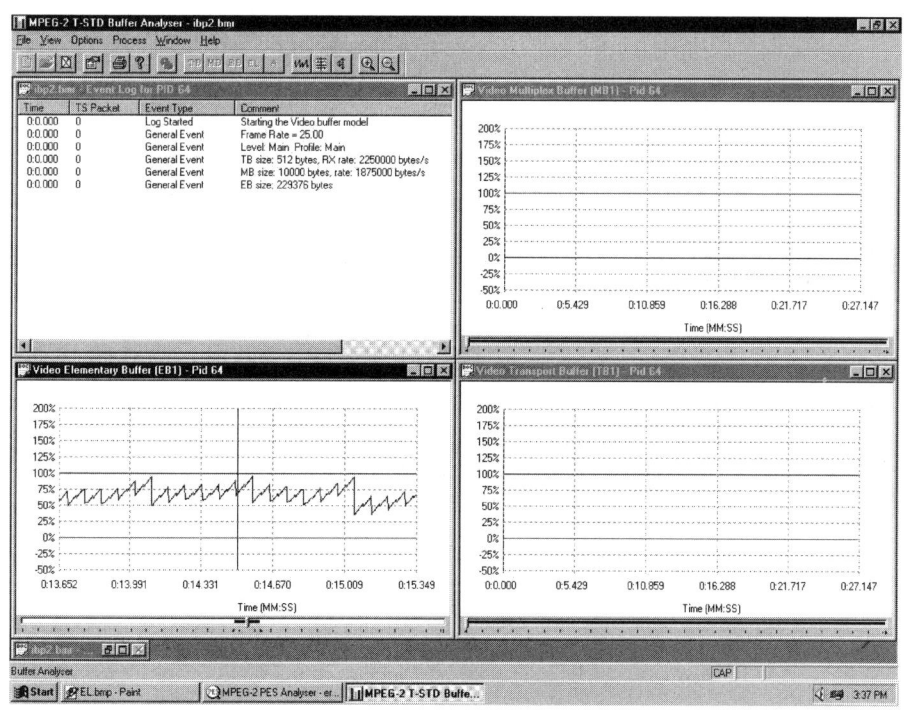

图 8-3-23 T-STD 视频缓冲器分析

242　数字视频测量技术

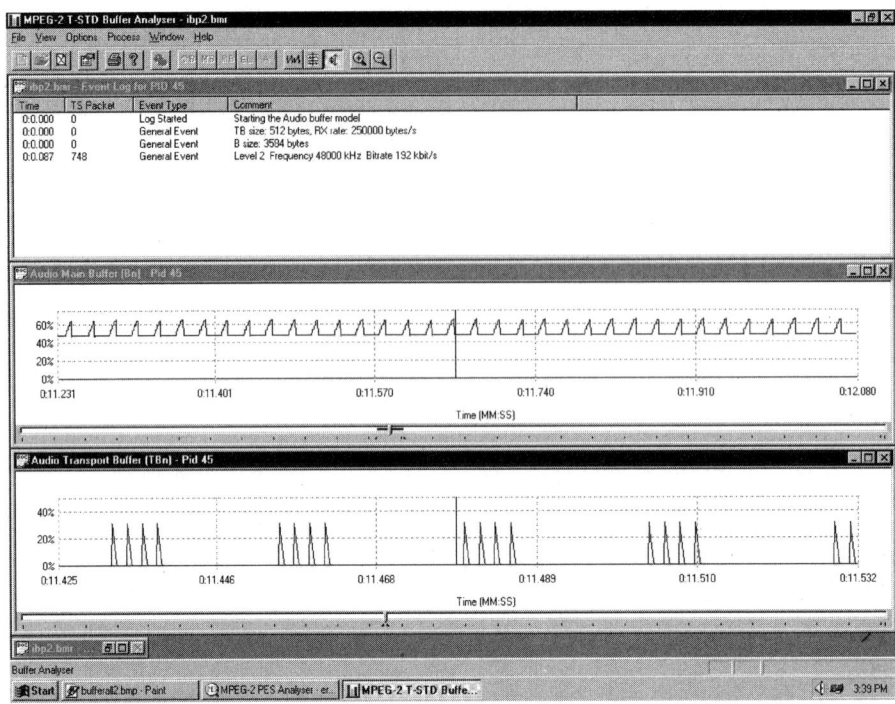

图 8-3-24　T-STD 音频缓冲器分析

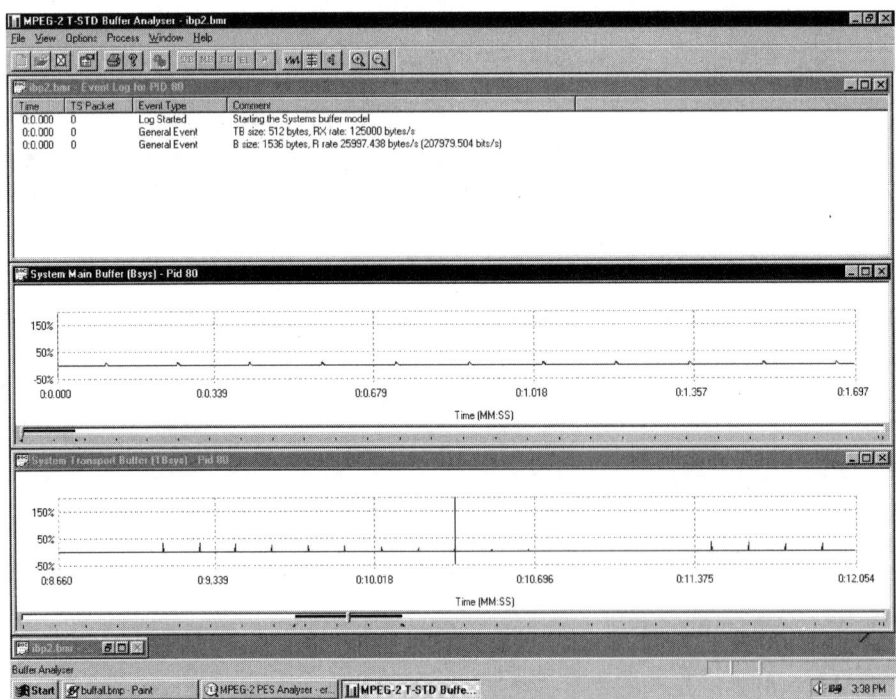

图 8-3-25　T-STD 系统缓冲器分析

8.3.5 ES 码流分析

对于 ES 码流分析,下面主要结合 AD953 码流分析仪中的基本码流测试和分析这一项功能,介绍基本码流结构以及测试分析的基本内容。

1. 视频基本码流分析

主要依据 ISO/IEC13818-2 标准规定的数字视频压缩协议对视频基本码流进行分析,分析视频 ES 流的序列、图像组、图像、像条、宏块、块这六个层次的头部信息及内容。运行码流分析仪主界面里的 ES Analyser 分析软件,出现视频基本码流分析初始界面,如图 8-3-26 所示,这样在基本码流分析窗口的 File 菜单中就可以打开传输流文件进行测试和分析。

图 8-3-26　基本码流分析初始界面

在基本码流分析仪中打开传输码流文件后,如图 8-3-27 所示,在界面的左侧区域显示码流的树形结构图。通过鼠标点击选择树形图中的不同内容,可以对码流的各个层次进行分析,右侧区域为分析的主窗口。比如选中"TPT"后,分析软件会从传输码流中提取并在主窗口中显示相应的传输包头信息,选中"PES[PID=64],MPEG2 Video"后,分析软件会从传输码流中提取并在主窗口中显示相应的 PES 包头信息。其实这部分显示内容与前面介绍的 TS 流和 PES 流协议分析的内容相同,在此不作深入介绍。

对于视频 ES 流分析部分,通过鼠标点击选择树形图中的"VES[224]"后,即可进行基本码流序列头的分析,在如图 8-3-28 所示的码流分析主窗口中从上到下依次显示视频基本码流的序列头、序列扩展及序列显示扩展的信息。根据 MPEG-2 协议要求,序列头(Sequence Header)信息由序列头部分和序列扩展组成。序列头部分是 MPEG-1 和 MPEG-2 公用部分,这部分内容依次为图像水平像素、图像垂直像素(14 位中的低 12 位)、画面宽高比、样点高宽比、帧频、码率(30 位中的低 18 位)、视频缓冲校验器大小(18 位中的低 10 位),以及是否载有量化矩阵等信息。

244　数字视频测量技术

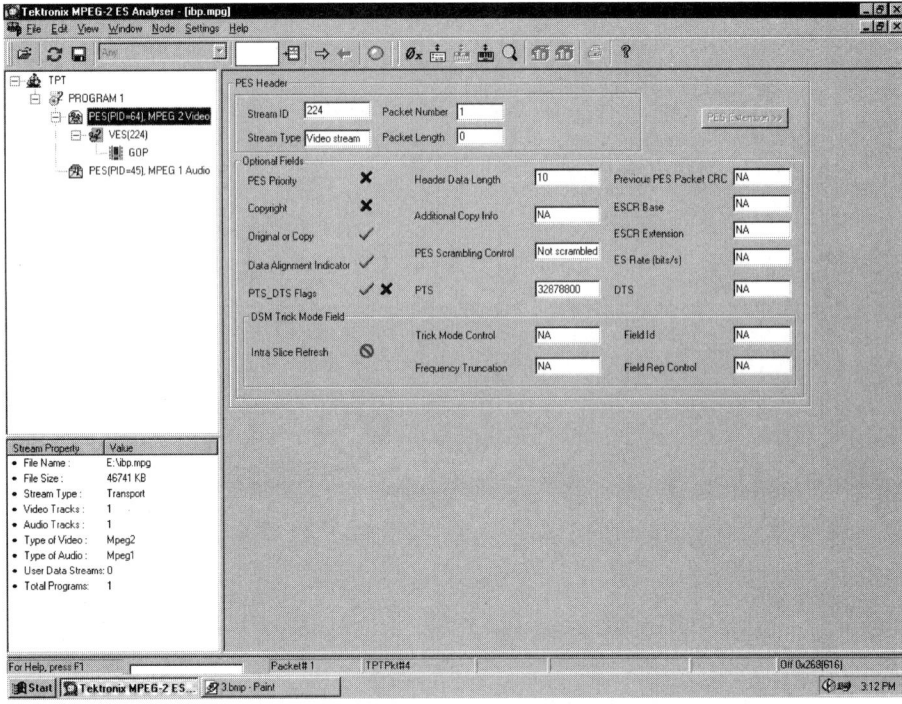

图 8-3-27　基本码流分析窗口

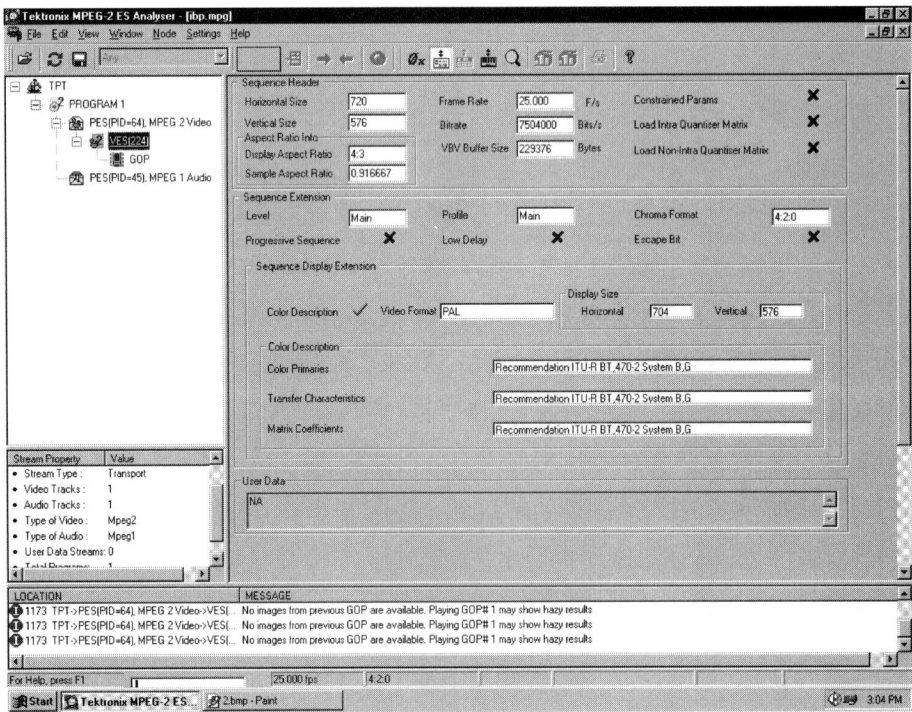

图 8-3-28　序列头部信息显示窗口

序列扩展是 MPEG-2 的标志,显示的各项依次说明视频基本码流是哪个类(profile)哪个级(level);显示有帧图像和场图像还是只有帧图像;显示亮色取样结构是 4∶2∶2 还是 4∶2∶0 或 4∶4∶4。余下部分依次为图像的水平像素、垂直像素、码率、视频缓冲校验器、Low Delay、帧频等参数的高位部分信息扩展,用于构成 MPEG-2 序列头的完整信息。

序列显示扩展主要包括视频的制式、显示的水平、垂直像素数和彩色描述信息。

通过鼠标点击选择树形图中的"GOP",可以进行基本码流的图像组头和图像头这两个层次的分析和显示。如图 8-3-29 所示,在基本码流分析主窗口的"GOP And Picture"中,上部分显示了图像组头(GOP Header)信息,包括丢失帧标志、用于录像的时间码和控制码,还有涉及 B 帧处理的 Closed GOP 和 Broken Link。

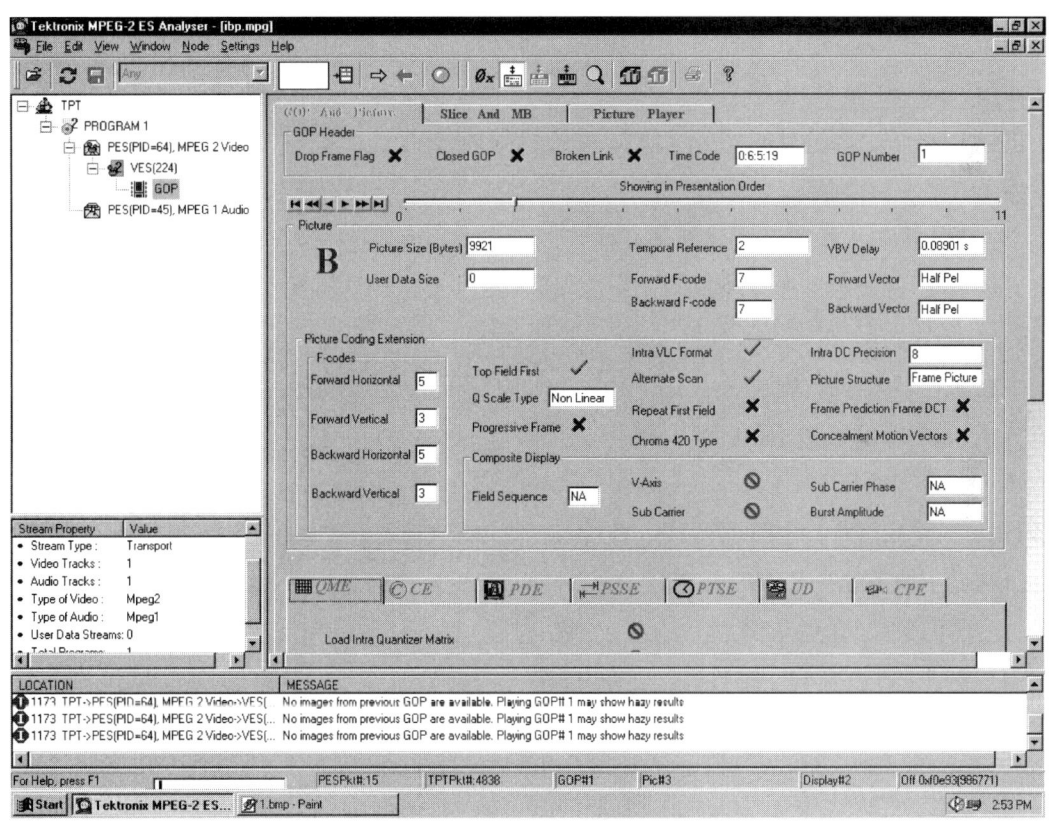

图 8-3-29　图像组头和图像头信息

在基本码流分析主窗口的下方显示图像头(Picture Header)信息,图像头信息包括两个部分,即图像头自身信息和一些扩展信息。

在图像头自身信息区域内,这些显示的参数依次为以下四个部分:第一,时间基准(Temporal Reference),是以图像组头后的第一个图像编号为"0",以后每输入一个图像,时间基准编号加 1；第二，图像编码类型，用于表明图像是 I 帧、P 帧还是 B 帧；第三，视频缓冲延时，用于显示解码器作用时缓冲器的占有率，以确保解码时缓冲器不会上溢和下溢；第四，前向和后向运动矢量精度。

在基本码流分析窗口中的"Picture Coding Extension"所示的图像扩展信息框中，其内容依次包括如下几个方面：首先是四个运动矢量编码参数 Forward Horizontal、Forward Vertical、Backward Horizontal、Backward Vertical 分别表示运动矢量在正向、反向、垂直、水平方向的变动范围。其次是顶场是否在前，是否线性量化，是否为连续帧，是否帧内可变长编码，是否隔行扫描，第一场是否重复，色度是否为 4∶2∶0 格式，帧内直流系数的精度是 8/9/10/11 比特中的哪一种。再次是图像结构，说明是顶场（top field）还是底场（bottom field），或者是帧图像（frame picture）；是否为预测帧 DCT 系数；是否掩蔽运动矢量，这里的掩蔽实际是指掩盖误码，当解码时遇到误码，将有误码的宏块丢掉，靠相邻的宏块来生成，这就要用到运动矢量，如果相邻块是帧内编码的宏块，没有运动矢量，则需要在帧内编码的宏块也加上运动矢量，这就叫掩蔽运动矢量。最后是宏块量化参数类型，是否为帧内可以变长度编码格式、复合视频显示标志等。

在图像编码扩展的下面分别是其他扩展信息：QME（量化矩阵扩展）、CE（版权保护扩展）、PDE（图像显示扩展）、PSSE（图像空间可分级扩展）、PTSE（图像时间可分级扩展）、UD（用户数据）、CPE（摄像机参数扩展）等。

在基本码流分析窗口里，点击"Slice And MB"项，将进入像条、宏块、块等层次的基本码流分析，如图 8-3-30 所示，在图中可以分别进行"Slice Display""MB Size Display""Q-Scale Code Display""Motion Vector Display""Picture Display""Closed Caption Display"内容的显示，也可以选中"Picture Display"后，将所有信息在一个窗口中重叠显示。在该窗口的下半部分则显示像条的头部（Slices）和宏块头部（Microblock）信息。像条的头部（Slices）显示当前选中的像条头部信息依次为：断点优先级、量化尺度码、像条扩展标志、帧内像条标志、图像 ID、按照垂直位置编号的像条数目等内容。

在像条（Slices）信息的下面是宏块头部（Macroblock）信息，这里从左到右三列依次显示当前选中的宏块头部信息：帧内宏块标志、宏块类型标志、宏块前向运动矢量、宏块后向运动矢量；宏块量化、量化器尺度、DCT 类型、宏块大小；预测类型、运动矢量格式、运动矢量数量、差分运动矢量标志、宏块地址计数、宏块 Escape、STW（Spatial Temporal Weight Code Flag）编码标志、STW 类（级）、STW 编码、编码的块类型。也可以将鼠标移到视频播放区，选择某一宏块后，如图 8-3-31 所示，弹出的说明框里注明了相应宏块的信息：宏块的计数、以像素值表示的运动矢量参数，其他参数：帧内宏块标志、DCT 类型、宏块量化器尺度、编码块类型、用比特表示的宏块大小等。

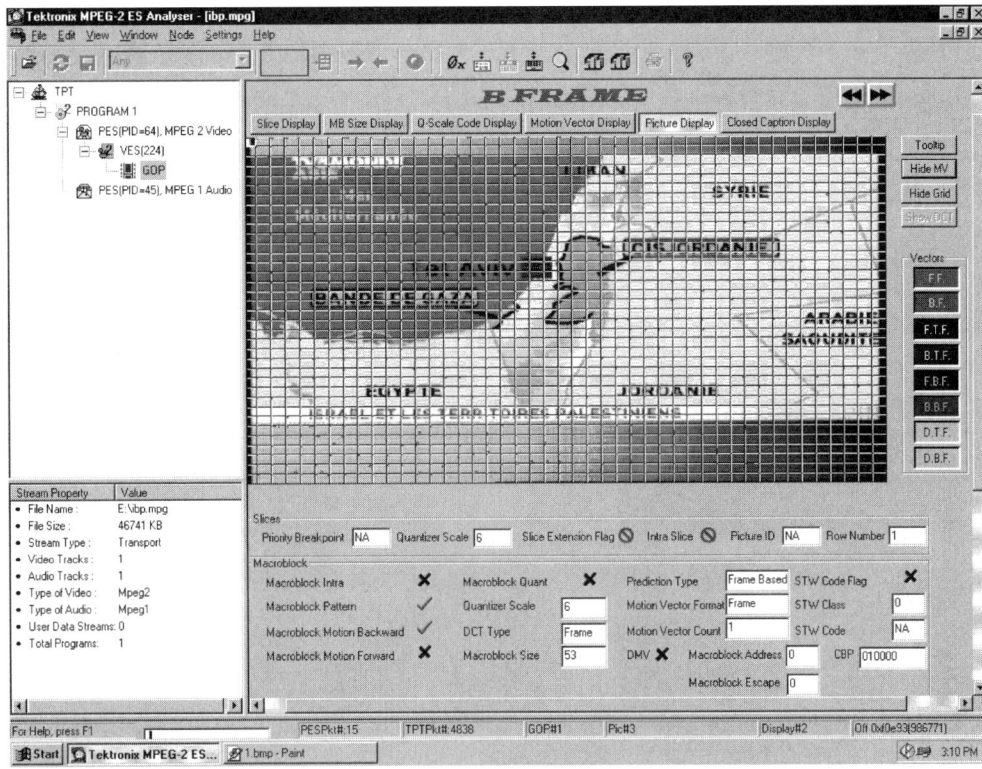

图 8-3-30　像条和宏块分析（见彩图 22）

图 8-3-31　宏块简单分析（见彩图 23）

通过点击选中图 8-3-32 右侧“Tooltip”下的“Show MV”和“Show Grid”选项，可以在图像区显示宏块及其运动矢量。运动矢量的类型及大小方向分别用图像区右侧显示的颜色在相应的宏块中表示出来。不同的颜色分别表示前向帧运动矢量(F. F.)、后向帧运动矢量(B. F.)、前向顶场运动矢量(F. T. F.)、后向顶场运动矢量(F. T. F.)、前向底场运动矢量(F. T. F.)、后向顶场运动矢量(F. T. F.)、差分顶场运动矢量(D. T. F.)、差分底场运动矢量(D. T. F.)。

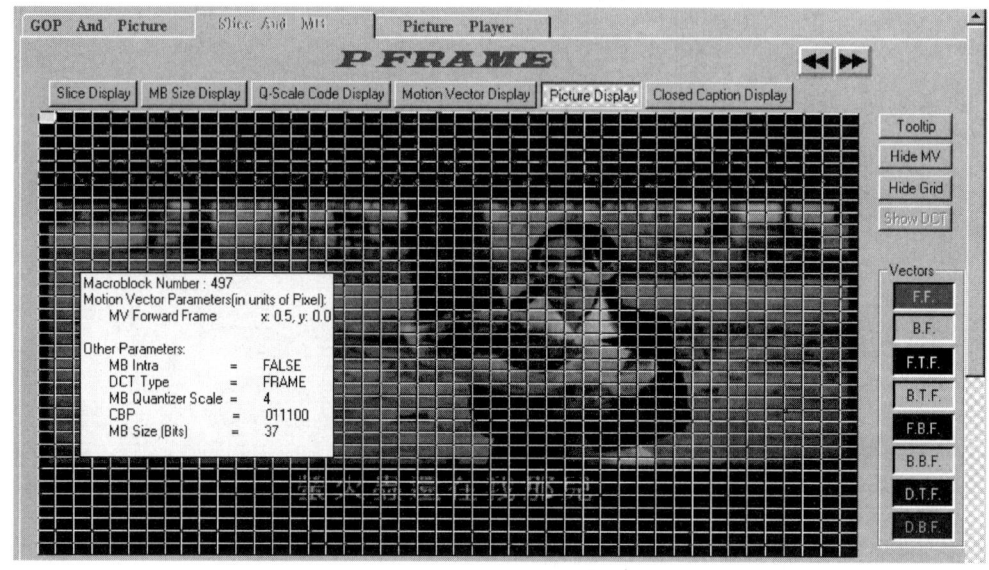

图 8-3-32 宏块运动矢量分析与显示(见彩图 24)

通过点击 ES 分析主窗口中的“Setting”菜单选中该菜单下的子菜单“Show DCT”项目，可以显示宏块的各个编码块信息，如图 8-3-33 所示。此时，只要用鼠标选择相应的宏块，在弹出的信息框内便可以显示宏块的各个亮度块和色度块的量化 DCT 系数及反 DCT 变换后的系数，如选择 1、2、3、4 其中之一，可以显示四个亮度块中的一个块的系数；如选择 5 或 6，则显示两个色度块中的一个块的系数。

Decoded DCT Values

0	6	0	0	0	0	0	0
0	0	6	0	0	0	0	0
0	0	0	0	0	6	0	0
0	0	0	0	0	0	0	0
0	0	0	0	0	0	0	0
0	0	0	0	0	0	0	0
0	0	0	0	0	-6	0	0
-6	0	0	0	0	0	0	0

Inverse DCT Values

3	0	0	-1	-2	-2	0	0
4	0	1	1	-2	-1	2	0
0	2	-1	-3	0	-1	-3	0
2	3	1	0	1	0	-1	1
-1	1	0	-1	0	-1	-3	-2
0	3	1	0	3	1	-2	0
0	-2	1	2	-1	-1	0	-4
0	0	2	2	1	0	0	-3

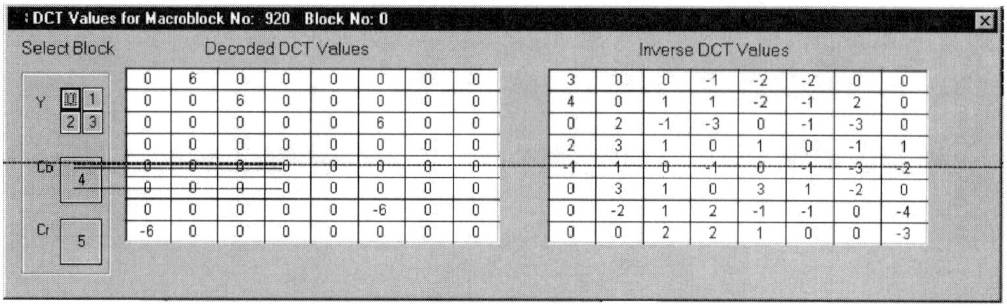

图 8-3-33 编码块的 DCT 系数及反 DCT 系数显示

2. 比特利用的图显示

视频基本码流分析仪还提供了每帧数据字节占有率的显示。如图 8-3-34 所示，每帧数据比特占有率图显示每帧图像数据使用的字节数的多少，分别用绿、蓝、红三种颜色表示 I 帧、P 帧、B 帧。垂直轴是以 KB 表示的字节数，水平轴为图像的帧编号。通过这种形式的图表显示可以了解所分析的基本码流的帧结构、每一帧的字节总数及填充的字节数。

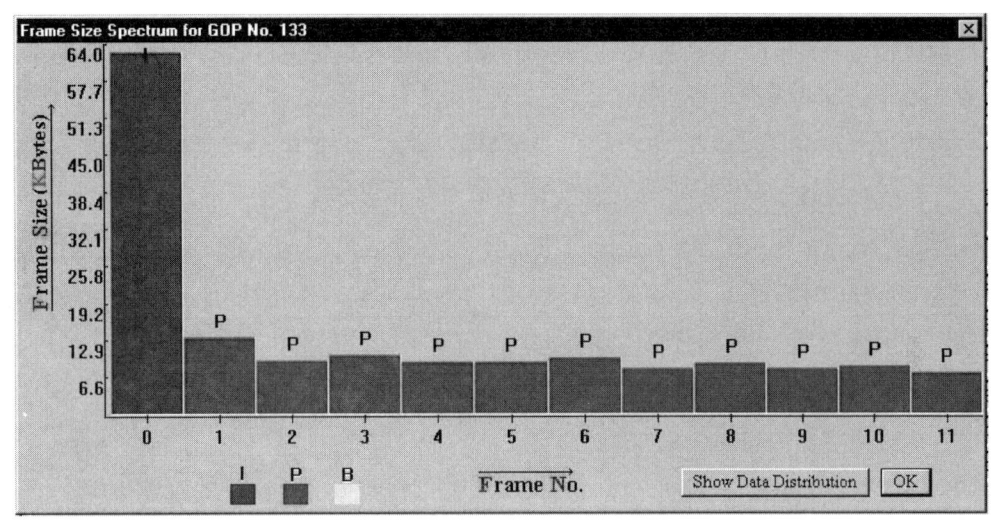

图 8-3-34　比特利用的图显示(见彩图 25)

3. ES 码流错误事件的列表显示

MPEG 码流完全依靠编码器对 MPEG 语法和语义的准确使用来处理节目素材，如果没有正确设置固定标志比特位、同步类型、数据包起始码等，解码器就可能错误解释 MPEG 码流。逻辑检查功能主要检查非节目素材的全部比特位，同时显示不合逻辑的地方。打开基本码流分析窗口菜单设置允许显示的错误事件，选中 Error Log 图标，可以观察视频基本码流的错误列表。图 8-3-35 是一个错误事件的列表显示，图中“I”只是表示处理时的信息，“E”表示协议规则错误，“S”表示语义参数或数据范围错误。

LOCATION	MESSAGE
I TPT->(PSI)->	Packet# 14300: Program# 9001: Reading PMT...
I TPT->(PSI)->	Packet# 15500: Program# 9003: Reading PMT...
E TPT->(PSI)->	Packet# 15500: Error in PMT: coded ES_info_length exceeds remaining valid length of the packet
S TPT->(PSI)->	Final CRC value = 3814649399. (should be 0)
I TPT->(PSI)->	Packet# 16485: Program# 9005: Reading PMT...
E TPT->(PSI)->	Packet# 16485: Error in PMT: coded ES_info_length exceeds remaining valid length of the packet

图 8-3-35　错误事件的列表显示

ES 分析还包括对音频及其他数据协议的分析，在此不作介绍。对 MPEG 视频基本码流的分析和测试过程表明,一方面测试者要对 MPEG 码流的逻辑结构及协议有比较完整的了解,另一方面还需要在实践中不断探索,总结出简单、实用、可靠且适合数字电视广播系统特点的测试和监测方法。

8.3.6 数字电视信号质量的监测

由于 MPEG-2 传输流是数字电视信号的基带信号,所以在日常运行环境中,通常需要连续或周期性地监测 MPEG-2 传输流,检查 MPEG-2 传输流的完整性,对 TS 流中的重要参数进行快速检查。这些参数主要由 MPEG-2、DVB 和 ETR101290 标准规定。

针对数字电视信号的特点,根据错误对信号的影响,在 ETR101290 标准中将基带错误划分为三个优先级:第一优先级、第二优先级和第三优先级。发生第一优先级错误通常会使得解码器无法进行解码;出现第二优先级错误时,会损伤已解码的图像,或者引起断续解码;第三优先级错误指示编码器、复用器的问题,但不影响可解码性,对图像质量影响较小。每一级错误可以分为具有严重和致命的错误特性、具有一般性质的错误特性、属于告警性质三个属性。下面分别介绍这三个优先级的监测参数内容。

第一优先级参数内容和含义如下:

TS 传输流同步丢失(TS-Sync-Loss):同步丢失是判断传输流质量的重要指标。传输流失去同步,说明传输过程中已有部分数据丢失,这将直接影响到信号的解码。如果出现严重的同步丢失则表示传输出现中断,引起同步字节完全出错。

同步字节错误(Sync-Byte-Error):传输的数据包长度是 188 或 204 字节,但同步字节数值发生了变化,不是标准的 0X47,表明传输过程中有部分数据发生了误码,严重时将导致解码器无法解码。

节目关联表错误(PAT-Error):只有 PID 为 0X0000 的数据包含有 PAT,PAT 用于指示节目及其数据流在 TS 流中的位置。如果 PAT 丢失,将导致解码器无法搜寻到 PMT 及相应的节目数据包,从而无法解码 TS 流中的任何节目,造成接收端接收不到图像。

连续计数错误(Continuity-Count-Error):传输包头连续计数不正确,用于指示当前传输流中的丢包、错包和包重叠现象,会导致解码器不能解码。测试设备不必区分这三种情形,只需用一个指示器指明连续计数错误。

节目映射表错误(PMT-Error):PMT 在传输流中用于指示组成某一套节目的视频、音频和数据在传输流中的位置。某一套节目的 PMT 丢失,将导致解码器找不到组成该套节目的视频、音频和数据,造成接收端接收不到该套节目。PMT 超时传输会影响解码器切换节目的时间。

包识别符错误(PID-Error):检测数据流中的数据包是否正确。TS 流经过复用、解复用、再复用后会发生包识别符错误。

第二优先级参数内容和含义如下：

TS 传输错误(Transport-Error)：TS 包数据在复用/传输过程中出错，包头标志被置为 1，表明包已损坏。通过检测这个参数，可以检测到码流是否连续，信道是否稳定。另外，通过对每个节目码流的传输错误计数，可以对误码的数据包进行深入的分析。

循环冗余校验(CRC-Error)：用于节目专用信息(PSI)和服务信息(SI)中的有条件进入表(CAT)、节目关联表(PAT)、节目映射表(PMT)、网络信息表(NIT)、时间信息表(EIT)、节目组关联表(BAT)、业务描述表(SDT)和时间日期表(TDT)的循环冗余校验，指示这些表格是否出现错误。

节目时钟基准错误(PCR-Error)：PCR 用于再生 27MHz 系统时钟。如果 PCR 不能以足够小的间隔到达，系统时钟便会发生抖动或漂移，严重时，甚至会引起接收机/解码器的系统时钟失锁。DVB 中推荐的 PCR 间隔小于 40ms。

节目时钟基准重复周期错误(PCR-Repetition-Error)：影响系统时钟的正确恢复。

节目时钟基准不连续指示错误(PCR-Discontinuity-Indicator-Error)：PCR 值不连续，但在不连续指示位中没有表明。

节目时钟基准精度错误(PCR-Accuracy-Error)：影响接收端系统时钟的正确恢复，这一测试只对恒定比特率的 TS 流进行。

播放时间标记错误(PTS-Error)：在 DVB 中，PTS 至少每 700ms 传输一次，PTS 出错会影响图像的正常显示。

条件进入表错误(CAT-Error)：集成综合解码器依靠条件进入表(CAT)找到与条件接收系统相联系的授权管理信息(EMM)，如果传输流中没有出现条件进入表(CAT)，那么接收机接收不到管理信息，观众则无法收看加密节目。

第三优先级错误参数内容和含义如下：

网络信息表错误(NIT-Error)：DVB 定义的网络信息表中包含有解码器所需的各个节目所使用的频率、码率、调制方式等信息。主要检测 TS 流中是否存在网络信息表，以及网络信息表是否出错。网络信息表标识出错或传输超时，将导致解码器无法显示网络状态信息。

服务信息重复周期错误(SI-Repetition-Error)：TR101 211 中规定了服务信息表的最大和最小重复周期，这一错误指示检测服务信息重复周期是否超出规定的范围。

缓存器错误(Buffer-Error)：检测 MPEG-2 标准解码器的一系列缓存器是否出现上溢和下溢。

未引用包识别符错误(Unreferenced-PID)：所有非私有节目数据码流应将其 PID 列在 PMT 中。

业务描述表错误(SDT-Error)：业务描述表描述提供给观众的业务，它分成不同的子表格，分别包含当前 TS 和其他 TS 流的详细内容。没有业务描述表，解码器就不能给观众提供有关业务信息,也不可能在同一 PID 中传输节目组关联表(BAT)。

事件信息表错误(EIT-Error):事件信息表描述当前和下一时刻的各个业务信息,EIT 分成几个子表格,只有当前 TS 流的信息是必须描述的。如果没有当前和下一时刻的业务信息,可以传送空的 EIT 字段。

运行状态表错误(RST-Error):运行状态表指示播出时间的改变,指出节目提前或延时播出的情况。

时间日期表错误(TDT-Error):时间日期表带有 UTC(Universal Time Co-Ordinated)时间和日期信息。

空闲缓存器错误(Empty-Buffer-Error):传送缓冲器(TB)、系统信息传送缓冲器(TB-sys)或复用缓冲器(MB)至少每秒不会出现一次下溢。

数据延时错误(Data-Delay-Error):通过 TSTD 缓冲器的数据延时超过 1 秒,或通过 TSTD 缓冲器的静止图像视频数据延时超过 60 秒。

对于 NIT、SDT、EIT 的错误还分成不同的子表格,如 NIT－实际－错误和 NIT－其他－错误,SDT－实际－错误和 SDT－其他－错误,EIT－实际－错误和 EIT－其他－错误等。在这里,实际(Actual)是指需要以较快速度传送给解码器的信息,其他(Other)是另外的频道或服务的信息,可以以较低的速度进行传输。

图 8-3-36 是对 DVB 传输码流的三个优先级参数的监测显示,红色指示出错,绿色表示没有出错,黄色指示告警。

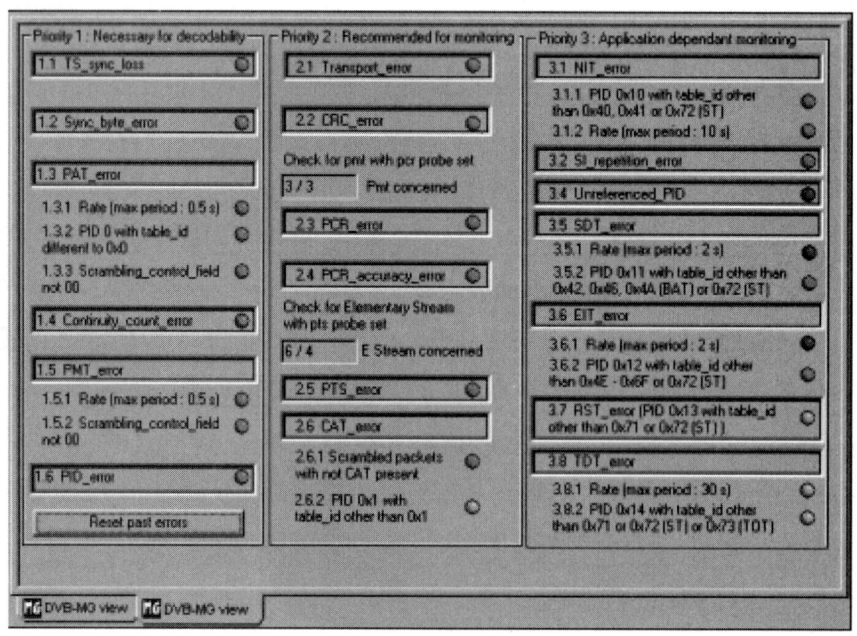

图 8-3-36　DVB 三个优先级参数的监测显示(见彩图 26)

上述三个优先级参数对数字电视节目的解码有着直接的影响,第一优先级参数直接影响节目图像和伴音的内容,第二优先级参数直接影响传输的可靠性,第三优先级参数影响显示结果。将这三个优先级的参数作为数字电视系统监测的客观技术指标,在此基础上可以构建数字电视监测系统。

本章重点小结

1. 介绍 MPEG-2 视频压缩层和系统层协议格式。
2. DVB-SI 业务信息。
3. TS 流分析及 PCR 测量。
4. PES 流及目标缓冲器分析。
5. ES 流分析。
6. 数字电视传输码流监测。

习题与思考

1. 根据 MPEG 传输码流的构成特点,可以把 MPEG 协议分成哪几个层面进行分析?
2. MPEG 压缩码流中存在的 PCR、PTS/DTS 信息分别有什么作用?
3. 数字电视系统中的 PCR 抖动是如何产生的?
4. 什么是 PCR 准确度、频率偏置、飘移率、全抖动?说明 ISO/IEC 13818 对这些参数规定的最大容限分别是多少?
5. ETR 101 290 依据什么将基带错误划分为三个优先级?这三个优先级分别有什么影响?
6. 请使用 MATLAB 工具验证图 8-3-37 码流分析界面中的 DCT 系数和反 DCT 系数之间的关系。

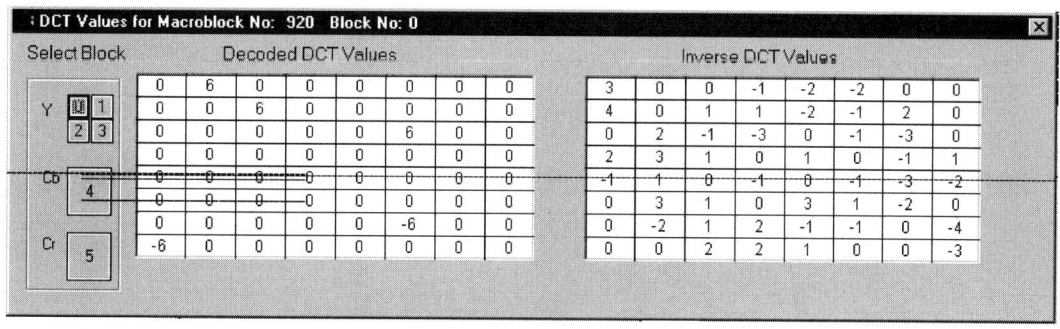

图 8-3-37 码流分析界面

7. 根据图 8-3-38 中的时间标记分析界面给出的相关信息,计算三个 I 帧的 DTS 和 PTS 的值。

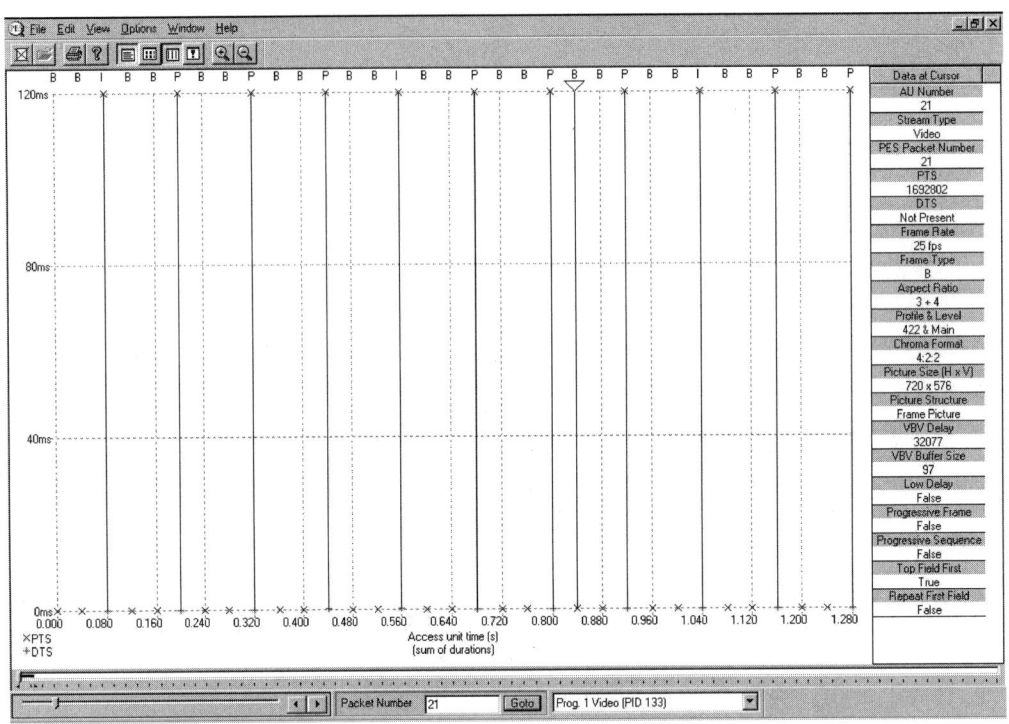

图 8-3-38 时间标记分析界面

第9章 数字电视图像质量主观评价

电视节目主要为满足观众的观赏需求而制作,因此,观众对视频图像的主观感受是判断质量好坏的最终依据,这就为采用主观测试评估电视系统性能提供了充分的理由。即使在模拟和无压缩基带数字视频系统中已经形成了一整套完善的客观测试方法,但是客观测量依然不能全面表征电视系统的性能特征。仪器不易测出的图像中的某些缺陷类型,对于人眼来说却很容易察觉,因而采用主观测量评价图像质量仍然是完整测量过程中的一个重要环节。随着现代数字视频压缩技术的应用,这种情形依然存在。目前适合压缩数字视频的客观测量技术和测量方法正处于研究和开发之中,主观评价依然是视频压缩系统质量最有效的评价方法,也是研究开发客观测量技术和测量方法的重要基础。主观评价(Subjective Assessment)是直接利用观察者对被测系统质量的直接反应,来确定电视系统性能的测量方法。在ITU-R BT.500《电视图像质量主观评价方法》问世之前,主观测量实际上已经相对稳定地使用了很多年。本章将结合我国广播电影电视行业标准 GY/T134—1998《数字电视图像质量主观评价方法》和国际电信联盟 ITU-R BT.500《电视图像质量主观评价方法》,介绍主观评价的一般要求、评分制、主观评价方法,以及数据的统计方法。

9.1 主观评价的一般要求

客观测量方法不可能完全反映电视系统的全部性能,因而,需要使用主观评价对客观测量方法加以补充和完善。总的来说,主观评价方法可以分为两种类型:一种是在最佳条件下(即理想接收条件下)确定电视系统的性能,通常被称为基本质量评价(Quality Assessment);另一种是在非最佳条件下(如发送系统和传输条件下)确定电视系统保持质量能力的评价,也叫损伤评价(Impairment Assessment)。

由于主观评价结果除了直接与被测系统或设备的性能有关外,还受到观看条件、信号源、显示设备、测试图像序列、评价观看员、评分方法和评分标度、数据统计方法及结果表达方式等因素的影响。为了确保这些因素尽可能小地影响评价结果,在主观评价标准的一般要求中对这些影响因素进行了严格的规定。

9.1.1 观看条件

在进行主观评价时,需要满足一定的观看条件,最好建立专门的观看室。国际上规定,观看室内前、左、右三面应挂上有褶的白色漫反射布,背后一面应为灰色的低反射率幕布。前方监视器背后要有适量的衬托光,左右两侧要有适量的漫反射照明光。在这样的亮度环境下,既可以避免观看明亮荧光屏时眼睛发生疲劳,同时又便于观看员在评分卡上打分。在 ITU-R BT. 500 标准中规定了两种不同观看条件下的观看环境:实验室观看环境提供一个苛刻的观看条件来检查系统;家庭观看环境用来评价电视系统用户终端质量,标准中规定的有关家庭观看环境的条件参数比实际的家庭观看情形更为严格。

实验室环境下主观评价的一般观看条件如下:

(1) 显示图像(对角线尺寸)   ≥50cm(高清≥140cm)
(2) 屏幕峰值亮度 $70cd/m^2$(高清 $150cd/m^2 \sim 200cd/m^2$)
(3) 电子束截止时,屏幕亮度与峰值亮度之比   ≤0.02
(4) 暗室中,黑电平亮度与峰值亮度之比   约 0.01
(5) 显示器亮度和对比度   使用 PLUGE 信号调整
(6) 显示器背景亮度与峰值亮度之比   约 0.15
(7) 背景光和照明光光源色温 D_{65}
(8) 观看室的环境光照度   低
(9) 背景光对观看员的张角   H:≥43°,W:≥57°(高清 H:≥53°,W:≥83°)
(10) 观看员座位布局   水平方向在中垂线±30°内

家庭环境下主观评价的一般观看条件如下:

(1) 电子束截止时,屏幕亮度与峰值亮度之比   ≤0.02
(2) 显示器亮度和对比度   使用 PLUGE 信号调整
(3) 最大观看角度   30°
(4) 4/3 格式屏幕尺寸   应符合最佳观看距离
(5) 16/9 格式屏幕尺寸   应符合最佳观看距离
(6) 监视器处理   无数字处理
(7) 监视器的峰值亮度 $200cd/m^2$
(8) 屏幕上的环境光照度   200lux

观看距离和屏幕尺寸的选择应符合最佳观看距离(PVD),表 9-1-1 和图 9-1-1 显示了最佳观看距离和屏幕尺寸的函数关系。对于标准清晰度电视和高清晰度电视来说,这些数据同样有效,只有微小的差别。这样,通过表 9-1-1 和图 9-1-1 可以确定屏幕尺寸和观看距离。

根据上述条件,即可建立主观评价观看室,实际上需要考虑观看室照明的色温、照度等光学条件,然后确定最佳观看距离和监视器屏幕尺寸,结合最大观看角度对观看座位进行合理安排,选择符合条件的监视器,最后要对监视器作包括亮度、对比度以及饱和度在内的日常调整,需要在观看的照明条件下使用 PLUGE 信号进行调整,具体调整方法可参看 ITU-R BT.818 和 ITU-R BT.815 标准。

表 9-1-1 屏幕高度与最佳观看距离

屏幕对角线		屏幕高度(H)	PVD
4:3	16:9	(m)	(H)
12	15	0.18	9
15	18	0.23	8
20	24	0.30	7
29	36	0.45	6
60	73	0.91	5
>100	>120	>1.53	3~4

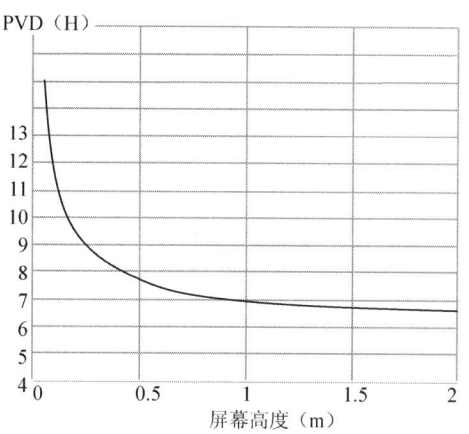

图 9-1-1 最佳观看距离和屏幕高度的函数关系

9.1.2 信号源及设备

信号源为被测试系统的输入提供直接的基准图像。信号源应具有所用制式的最佳图像质量,在显示的一对图像中的基准图像上应避免出现缺陷,这样有助于获得稳定的测试结果。数字化存储的图像和序列是最易再生的信号源,可以优先考虑使用。这些信号源可以在实验室之间交换使用,使系统对比更有意义,也可以使用视频或计算机格式的信号源。

目前,35mm 幻灯片扫描器通常用作静止图像信号源,它提供的图像分解力足够用来评估传统电视系统。胶片的色度和其他特性可能会给出与演播室摄像机图像不同的主观特征。如果这些特征对主观评价结果有影响,应该使用直接的演播室信号源。

另外,通常还需要考虑信号在前一阶段进行的任何处理对被测试系统性能的影响。当对一个可能引入处理失真(虽然不可见)的信号传输链路进行主观测量时,应该忠实地记录处理后的信号,以便给后面的信号提供链路测试,可以用来检查通过链路处理引起的图像损伤累积。这些包括详细的记录说明在内的信号可以保存在测试素材库中,方便测试时使用。

在主观评价中,信号源的播放、采集和显示设备是评价系统的重要组成部分。信号源的播放、采集和显示设备应该采用最高质量的设备,以免这些环节给测试图像序列带来损伤而不能获得稳定的测试结果。

9.1.3 测试素材选择

视频测试序列是进行主观评价的重要基础,数字视频压缩编码系统的图像质量不仅与系统处理算法以及参数有关,还与视频序列的内容有关,因此测试素材的选择对评价结果会产生相当大的影响。不同内容的视频测试序列各有用途,不同的主观评价目标需要使用不同类型的视频测试序列。表 9-1-2 给出了典型的主观评价目标和相应的测试素材要求。

表 9-1-2 主观评价目标和相应的测试素材要求

主观评价目的	使用测试素材
全面性能评价	采用"严格但又不过分"的素材
系统(如演播室、分配、后期制作)的性能评价	包括对被测系统非常苛刻的一系列素材
自适应系统性能评价	对所用的自适应机制要求非常严格的素材
确定系统弱点及改进的可能性	严格并具有特殊性质的素材
鉴别系统可察觉到变化的因素	大量内容丰富的素材
不同制式标准之间的转换	对标准间差别要求严格的素材(如场频)

某些处理参数会使得大多数视频图像序列产生相同的损伤,在这种情况下,使用几个视频图像序列进行主观评价就能获得有意义的测试结果。但数字视频压缩编码系统常常存在严重依赖于视频图像序列内容的损伤,在这种情况下,在一个大的节目时段内,损伤概率与视频图像序列内容服从统计分布关系。因此,必须谨慎选择测试素材并分析测试结果。

在视频序列内容影响评价结果的情况下,应该以"严格而不过分"的准则为被测系统选择测试素材。为了全面的系统性能评价,选择的一系列测试图像序列应包含对各种评价因素具有比较敏感特点的内容,如静态、动态、细节和色彩丰富、颜色鲜艳、亮度高、对比度大、层次丰富、复杂快速运动、镜头快速切换的视频图像序列等。为了获得一致有效的评价结果,方便不同主观评价部门之间的技术交流,主观评价应采用世界范围统一的标准测试序列。国际电信联盟在 ITU-R BT.1129 和 ITU-R BT.1210 建议书中给出了一些国家和地区组织使用的标准测试序列,国内也在着手这方面的工作,广电行业标准 GY/T 228—2007 给出了标准清晰度数字电视主观评价测试序列。主观评价时根据主观评价的目标可从这些测试序列中选择。

9.1.4 观看员

观看员是指参加主观评价的评分人员。观看员通常有专业观看员和非专业观看员两种类型。专业观看员是指具有电视专业知识、从事电视专业工作的人员。评分时，一般由非专业人员进行质量评分，当需要精确判断时，比如确定某种图像损伤的可察觉阈值，或者精细比较两种制式图像质量的差异时，可由受过专业训练的专业观看员来进行评价和分析。

由于观看员的个人主观因素直接影响评价结果，应慎重挑选非专业观看员。选择的观看员应具有广泛的代表性，最好涵盖不同性别、年龄、职业、民族、文化层次的收视群体，同时通过视力检查确保观看员具有正常的视力（含矫正视力）和辨色能力，并且具有一定的判断分析能力，能够较快地接受和掌握评价方法。按照统计学原则，统计样本数量越多，统计结果越接近准确值。为了使所得数据具有统计特性，主观评价观看员的人数应不少于15人，人数多时可分批参加实验。

9.1.5 评价方法的确定

主观评价的关键在于所采用的评价方法能否获得稳定、可靠的测试结果。因此，对于不同的评价目的，应采用相应的评价方法。ITU-R BT.500制定的GY/T135—1998《数字电视图像质量主观评价方法》给出了两种评价方法：数字电视系统基本图像质量主观评价采用双刺激连续质量标度法（DSCQS）；数字电视发送、传输系统质量损伤主观评价采用双刺激损伤标度法（DSIS），即EBU方法。

9.1.6 评分制和评分等级

国际上推荐使用的评分制有三种：质量制、损伤制和比较制。质量制是从被测图像综合质量的优劣出发进行评分，适合于多种失真和干扰同时存在时对图像进行评定。损伤制是根据图像质量的受损程度对被测图像进行主观评价，适合于评价单项失真造成的图像损伤情况，也可用于多项失真场合。比较制是将被测图像进行比较，给出相对性的评分，适合于对两个系统、两种制式的质量进行优劣判断。

在评分等级方面，常用的有五级分制、七级分制、连续100分制等，还有些在五级制基础上增加了半级等。通常情况下，质量制采用五级分制或连续100分制，损伤制采用五级分制，比较制采用七级分制，也有使用无数字连续标度。三种评分制如表9-1-3所示。

表 9-1-3 主观评价使用的评分制

五级质量制		五级损伤制		七级比较制	
5分	图像质量极佳,十分满意	5分	从图像上察觉不出有失真或干扰存在	+3分	比基准图像质量好得多
4分	图像质量好,比较满意	4分	图像有稍微可察觉的失真或干扰,但并不令人讨厌	+2分	比基准图像质量显得好
3分	图像质量一般,尚可接受	3分	图像有明显的失真或干扰,令人讨厌	+1分	比基准图像质量稍好些
2分	图像质量差,勉强能看	2分	失真或干扰严重,令人相当讨厌	0分	与基准图像质量相同
1分	图像质量低劣,不能观看	1分	失真或干扰极严重,不能观看	−1分	比基准图像质量稍差些
				−2分	比基准图像质量显得差
				−3分	比基准图像质量差得多

9.1.7 评价测试流程

每次主观评价应按照一定的测试流程进行测试,通常分为说明示范阶段和评价打分阶段。说明示范阶段,即向就座的观看员详细介绍评价方法和测试中可能存在的损伤类型和质量要素、使用的评分标度以及图像显示、评分时间和顺序,并可进行评价示范显示。示范说明可采用播放录制的音像素材,播音语气应平稳且无偏向性,避免带有任何影响观看员评分的暗示。对损伤类型和范围进行评价示范的图像或序列应不同于正式测试使用的图像或序列,但在损伤的灵敏度方面应与正式测试中使用的图像或序列具有可比性。

一个评价测试阶段包括示范说明在内,一般不超过半个小时。在正式测试开始前,需要引入 3 到 5 个测试周期来稳定观看员的判断力,这些测试数据不纳入测试结果的统计之中。为了检测相关性,一些测试可以重复进行,但要避免相同测试图像在相继测试周期中出现,重复的测试阶段可以在三个测试周期后开始。测试阶段的显示流程如图 9-1-2 所示。

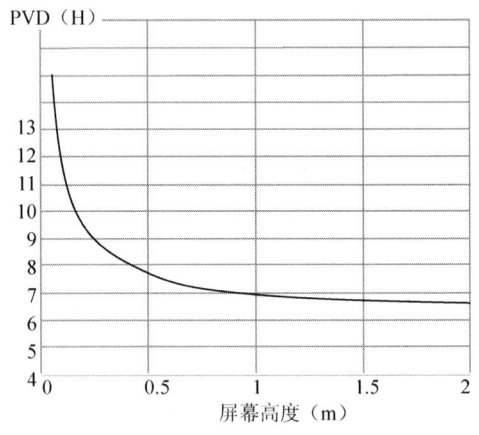

图 9-1-2 测试阶段的流程图

9.1.8 数据统计及结果分析和表达

主观评价测试得到的最终数据需要进行处理,通常利用数理统计和概率分布理论进行统计和分析,包括理论概率分布类型的选择、置信度的确定、逻辑函数类型的选取,以及正交设计、方差分析、回归分析等。在图像显示端,对实际的电视传输环节和系统的电视图像质量进行主观评价时,可根据各位观看员对每幅图像的评分值分别计算出评分平均值,因为图像的总评分值近似于正态分布,所以通常用数理统计中由小样本估计总体平均值的方法确定在95%置信度下的平均值变化区间。

平均分值:
$$U = \frac{1}{N}\sum_{i=1}^{N} u_{ijkr} \tag{公式 9-1}$$

其中,u_{ijkr}代表观看员 i 在测试条件 j 下,对重复次数为 r 的序列/图像 k 的评分值;N 代表观看员的数目。

标准偏差:
$$S_{jkr} = \sqrt{\sum_{i=1}^{N} \frac{(U - u_{ijkr})^2}{(N-1)}} \tag{公式 9-2}$$

95%置信度区间:
$$[U - S_{jkr}, U + S_{jkr}] \tag{公式 9-3}$$

其中 $S_{jkr} = 1.96 \frac{S_{jkr}}{\sqrt{N}}$

在主观评价测试报告中除了给出每项测试的评分平均值和95%置信度下的平均值变化区间,还必须给出与本次测试相关的信息:测试配置的详细描述、测试素材的详细描述、信号源和显示监视器型号、观看员的数量和特征信息(如年龄、性别、受教育程度和职业等)、使用的参考系统、主观评价测试得出的总平均分值。如果数据分析过程中,根据ITU-R BT500的数据筛选程序(参见 ITU-R BT.500 建议书附录1附录2)删除了一个或几个观看员的评价数据,应分别给出原始和调整后的评分平均值和95%置信度下的平均值变化区间。

9.2 图像质量主观评价方法

电视图像质量主观评价使用了许多基本的测试方法。在实际中,不同方法可以解决不同的评价问题。下面介绍双刺激连续质量标度法和双刺激损伤标度法。

9.2.1 双刺激连续质量标度法

双刺激连续质量标度法(The Double-Stimulus Continuous Quality-Scale Method)可以用来评价一个新系统的质量或者传输通道对图像质量的影响,即在最佳条件下确定电视系统性能。在双刺激连续质量标度法中,要求观看员对每个测试图像的两种状态,即基准状态和被测状态的图像总体质量进行评价,并在评分表上进行标记。一个测试周期最长为半个小时,以随机方式交替显示基准图像和被测图像,测试结束后,对每个测试条件和测试图像计算均值。评价系统的方框图如图9-2-1所示。

一个测试周期是对一个测试图像(或图像序列)进行评分操作的过程,是组成评价测试阶段的基本单元,它包括显示图像和评分两部分。对于静止图像,其基准图像和被测图像交替显示5次,每次分别持续3~4秒钟,最后两次为评分期;对于运动图像,其基准图像和被

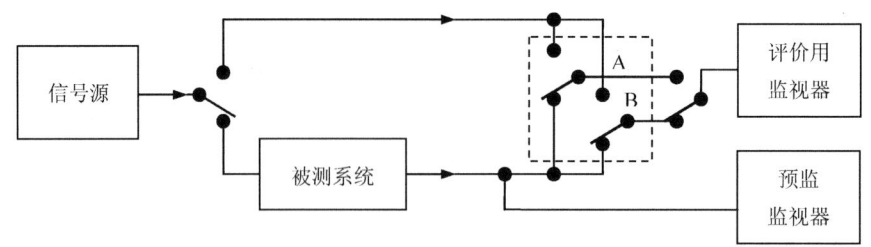

图 9-2-1 双刺激连续质量评价系统方框图

测图像交替显示 2 次,每次分别持续约 10 秒钟,然后评分。

图像序列显示的评分的顺序如图 9-2-2 所示。这种方法需要对基准图像和测试图像进行评分,每对测试图像中,一个是无损伤的图像,另一个显示图像可能包含损伤也可能不包含损伤。无损伤图像是作为参考,但是并不告诉观看员哪个是基准图像哪个是测试图像。在不同测试图像的一连串显示评分过程中,基准图像与被测图像的先后次序以伪随机方式变动。在评分期内,要求观看者将 T_1 期间显示的图像评分和 T_3 期间显示的图像评分分别记录在评分表相应序号的某对标度线 A 和 B 上。

评分表由若干对纵向标度线组成,纵向标度线成对地排列,以适应对每个测试图像序列的两种状态的评价。为了避免定量误差,纵向标度提供连续的图像质量度量,且被分为 5 个等分,相当于标准 ITU-R 的 5 级质量范围,并在评分表的左边标有与不同等级相对应的质量术语,包括优、良、中、差、劣,可作为观看员评分时的一般性指导,图 9-2-3 显示了双刺激连续质量评分法的评分表。为了避免混淆刻度和评分标记,观看员使用的记分笔的颜色应与标度线的印刷颜色有所区别。

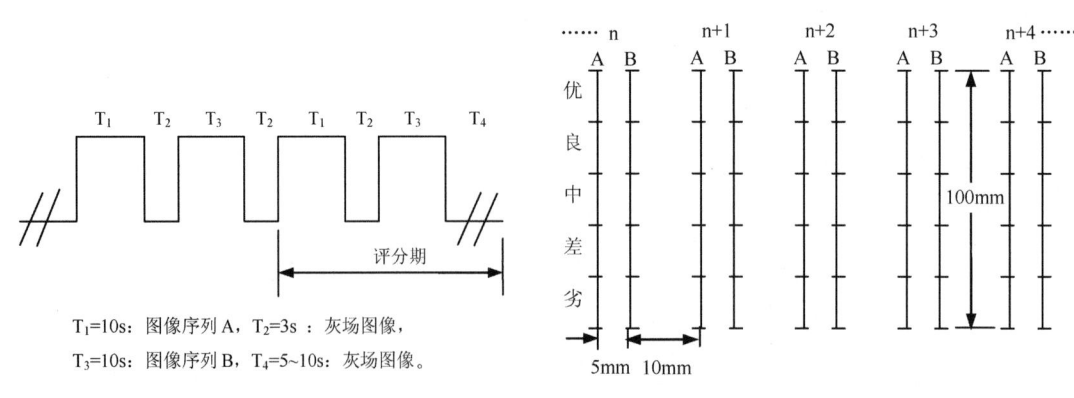

T_1=10s:图像序列 A,T_2=3s:灰场图像,
T_3=10s:图像序列 B,T_4=5~10s:灰场图像。

图 9-2-2 双刺激连续质量标度法图像序列显示和评分顺序

图 9-2-3 双刺激连续质量评分表

测试结束后,将评分表中的基准图像和测试图像在标度线上的长度转换成 0～100 之间的评分值。然后,计算出基准图像和测试图像之间的评分差值。实验表明,对不同测试序列所得到的评分值依赖于所使用素材的临界状态。对不同测试序列分别得出的评价结果可以给出更加全面的性能指示。

必须注意,双刺激连续质量评分法得出的测试结果不是绝对值,而是基准图像和测试图像之间的评分差值。把评价结果与图像质量描述术语(优、良、中、差、劣)相联系是不正确的。在任何一个测试过程中,在评分之前决定可接受的标准很重要,尤其是在使用双刺激连续质量评分法时,这一点显得尤为重要,因为不熟练的使用者容易错误理解双刺激连续质量评分法产生的质量标度值的含义。

9.2.2 双刺激损伤标度法

双刺激损伤标度法(The Double-Stimulus Impairment Scale Method)也被称作 EBU 法,可以用来评价一个新系统或传输通道的损伤效果,即确定系统在非最佳条件下保持图像质量的能力。测试组织者首先要选择足够的测试素材、建立测试所需的条件,以确保主观评价测试的有效性。在双刺激损伤标度法中,循环地给观看员提供一个无损伤的图像序列,然后是有损伤的同一内容图像序列。接着,要求观看员根据大脑中记忆的第一次看到的图像或序列对第二次看到的图像或序列进行评分。整个测试过程最长可以持续半个小时,向观看员显示一系列按随机顺序播放的图像序列(包括无损伤的基准图像序列和含有损伤的测试图像序列),测试结束后对每个测试条件和测试图像计算平均值。总的测试系统框图如图 9-2-4 所示。

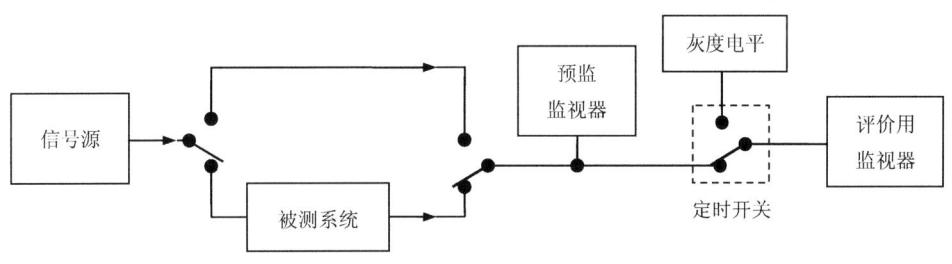

图 9-2-4 双刺激损伤评价系统框图

观看员看到的是通过一个定时开关的信号显示的图像。连到定时开关的信号可以直接来自信号源,也可以经过被测系统。提供给观看员观看的一系列测试图像或序列是这样安排的:第一个图像或序列直接来自信号源,第二个图像或序列是通过测试系统的同一图像或序列。

测试序列由一系列显示组成。双刺激损伤法有两种显示结构:基准图像或序列和测试图像或序列只显示一次,如图 9-2-5(a)所示;基准图像或序列和测试图像或序列显示两次,如图 9-2-5(b)所示。

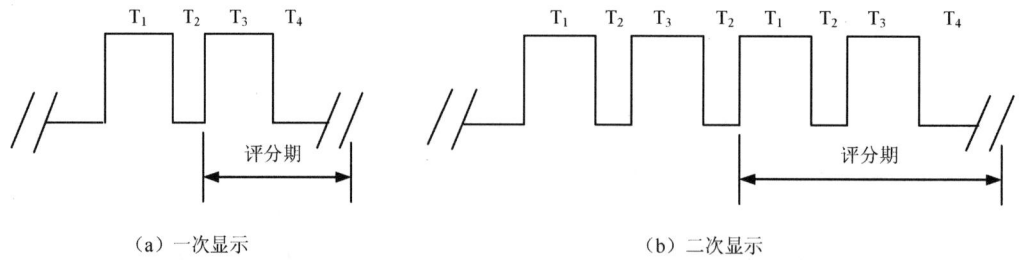

$T_1=10s$ 图像序列 A，$T_2=3s$ 200mV 视频电平灰场图像，$T_3=10s$ 图像序列 B，$T_4=5\sim11s$ 灰场图像

图 9-2-5　双刺激损伤标度法图像序列显示和评分顺序

第二种显示结构需要较长的测试时间，可以用于分辨很小的损伤或运动序列的损伤。

双刺激损伤标度法使用 5 级损伤评分制，要求观看员根据被测图像质量的受损情况给出适当的等级评分。

9.2.3　其他主观评价方法

除了前面介绍的两种主观评价方法以外，还有其他供选用的主观评价方法：如单刺激方法(Single-Stimulus Methods, SS)、刺激比较法(Stimulus-Comparison Methods, SC)、单刺激连续质量评价法(Single－Stimulus Continuous Quality Evaluation, SSCQE)、同时双刺激的连续评价法(Simultaneous Double Stimulus for Continuous Evaluation, SDSCE)等。由于具体的测试步骤、评分方法、测试内容的不同，每种方法还可以进一步细分，如单刺激方法可以分为：定性绝对判断法(Adjectival Categorical Judgement Methods)、定量绝对判断法(Numerical Categorical Judgement Methods)和性能法(Performance Methods)。刺激比较法可以分为：定性绝对判断法(Adjectival Categorical Judgement Methods)、非绝对判断法(Non-Categorical Judgement Methods)和性能法(Performance Methods)等。详细的评价方法可以参看 ITU-R 建议书的相关内容。目前我国广播电视电影行业标准 GY/T 143—1998《数字电视图像质量主观评价方法》采用了双刺激连续质量标度法和双刺激损伤标度法这两种主观评价方法。

所有这些主观评价方法都有其优点和局限性，目前还难以推荐出一种可以超过其他方法且通用性强的主观评价方法。因而，仍然需要依靠研究者自身的判断力去选择最适合实际情况的主观评价方法。各类主观评价方法的局限性表明，过分强调某一种方法都是不明智的，可以考虑选择使用几种不同的主观评价方法共同进行评价。

本章重点小结

1. 介绍主观质量评价方法的一般要求。
2. 介绍双刺激连续质量标度法。
3. 介绍双刺激损伤法。

习题与思考

1. 为什么需要采用主观质量评价方法来评价电视系统质量?
2. 双刺激连续质量标度法和双刺激损伤标度法各有什么特点?分别适用于哪种测试评价目的?
3. 主观评价对观看条件有什么要求?
4. 主观评价对观看员有什么要求?
5. 确定主观评价测试目的后,应如何选择测试素材?

第10章　压缩数字电视图像主观评价质量的客观化测试

本章是在对包括制作、压缩、解压缩、显示，以及原始素材的再创作在内的完整的电视系统理解的基础上，讨论当前视频测量的状况。随着各种视频压缩方法的开发和应用，迫切需要一种独立于图像压缩算法的图像质量评价手段。由于主观测试方法的复杂性和不确定性，因此需要一种类似于用于传统电视系统的客观测试仪器。使用客观图像质量测量可以提高测量效率，得到更加精确的测量结果。本章着重介绍了几种不同类型的客观图像质量测试算法，同时探讨了使用图像质量分析系统对数字压缩视频系统进行测量和分析的方法。

10.1　数字电视图像质量客观评价方法

为了更好地测试压缩视频系统，人们研究开发了多种图像质量客观测试方法，这些方法大致可以分为两类：特征提取法和图像差值法。在很多时候，两者可以起到互补的作用。

特征提取法使用数学计算提取一幅图像（空间特征）或一组图像序列（时间特征）的特征，通常每帧图像会得到一定量的数据（比如几百个字节数据），这些数据要比用来传送的压缩图像数据少得多，比较计算得到的参考图像和劣化图像的特征值可以得到客观质量评分，如图10-1-1所示。

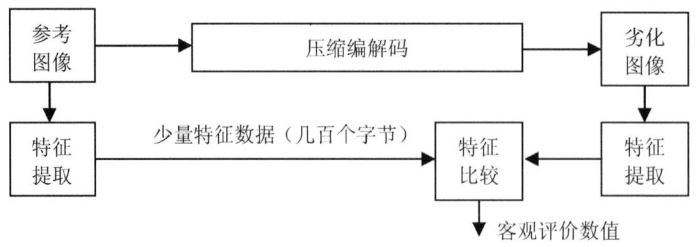

图 10-1-1　特征提取方法

图像差值法使用一个基于矩阵的数学运算来处理每帧图像或图像序列，处理后的数据代表滤波后的图像数据，包含有与原始图像数据相似的大量数据。通常用滤波后的参考图像和劣化图像之间的各样点差值来形成客观质量评分。有时也可以用参考图像和滤波后的劣化图像的各样点差值来形成客观质量评分,如图 10-1-2 所示。

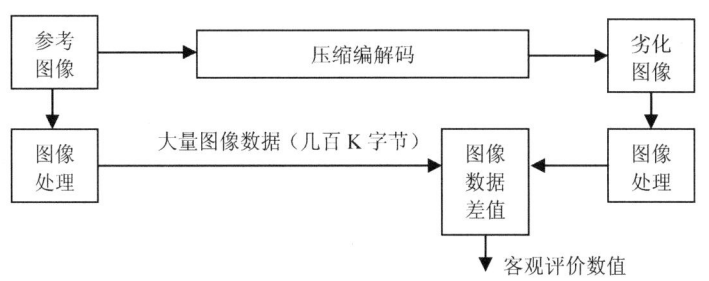

图 10-1-2　图像差值法

图 10-1-1 和图 10-1-2 显示了可以用于客观测试系统的两种基本方法。特征提取法的优点是计算出的参考图像的特征值可以与用来客观评价的压缩图像一起通过传送通道送到接收端,可以进行不停播测试,如图 10-1-3 所示。由于这一优势,特征提取法曾经一度受到研究者的重视。这种方法有时也与图像差值法相结合。实验表明某些特定的图像差值法得出的客观评分与主观评价结果具有较大的相关性。

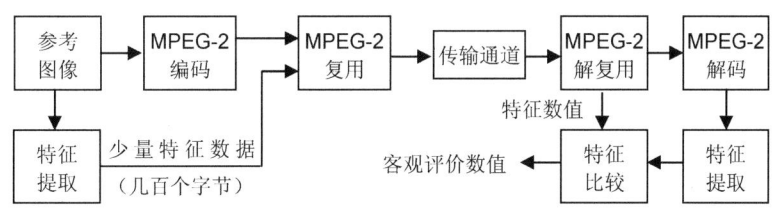

图 10-1-3　特征提取方法在不停播测试中的应用

任何系统都会导致图像劣化,但是,无论哪一种测试方法都不能保证总能给出正确的图像质量变化趋势。比如,带有噪声或其他缺陷的图像在压缩系统的输入端经过滤波处理后,会使得压缩/解压缩处理后的图像的主观质量得以改善。

目前存在几种视频质量客观测量方法,根据测量时对无失真视频的依赖程度,可以将视频质量客观测量方法分为以下三种。

1. 全参考(FR)视频质量客观评价

全参考视频质量客观评价方法就是在全部原始视频和失真视频信息已知的条件下,通过计算二者之间的差异以获得相对评估的指标值,并根据这些指标值评估图像质量,准确性高。该方法通常分为两步,首先计算原始与失真图像之间的误差,然后综合这些失真得到全图的质量分数。传统上最常用的全参考视频质量客观测量方法是均方误差(Mean Square Error,MSE)和峰值信噪比(Peak Signal-to-Noise Ratio,PSNR)。二者因为简明的数学意义和简单的计算方法而得到了人们的青睐。但是由于其舍弃了图像内容和位置信息,仅仅计算像素间的相关性,故并不能全面地反映人眼对于图像质量的感知特性。因此,人们提出了基于误差敏感度的算法,用来分析和度量误差信号中刺激人眼视觉误差感知特性的部分。萨诺夫(Sarnoff)的 JNDmetric 视觉模型就是对失真视频和参考视频进行逐点对比,这种对比是在每个视频流通过一个具有人类视觉系统模型的模拟视觉通道后进行的,这个模拟视觉通道可以评估诸如视觉掩蔽、闪烁、对比度等符合生理心理效应的图像质量。Zhou Wang 等人从图像的结构信息入手,提出了一种基于结构相似度(Structural SIMilarity, SSIM)的图像质量测度方法。这种方法基于"人类视觉系统,主要用于且非常适用于从视场中提取结构信息"的理念,从而把图像质量评价的标准从对误差的度量变成了对结构失真的度量,并将图像的退化看作图像结构信息的丢失。该方法能有效避免客观质量评价方法的缺陷,且与人的主观感受一致,计算简单,易于系统实现。

全参考视频质量客观测量方法最大的优点是对失真图像质量的准确预测。在能够提供无失真图像序列的场合,如电视台的演播室,可以使用全参考视频质量客观测量方法来评价图像处理和压缩技术,测出各项技术参数改变对图像质量的影响。同时全参考图像质量客观测量对于图像在时间和空间上的偏置十分敏感,即使是小到十几分之一像素的偏置。人类视觉系统对这些偏置非常敏感,使用这类模型预测图像质量失真时,需要在时间和空间以及灰度电平方面对图像序列进行必要的重合调整。

因为该方法是基于原始与失真图像对应区域的比较,无论是在空域还是频域,都需要原始图像完整的先验知识。存储和传输的数据量较大,限制了其在许多实际领域中的应用。

2. 部分参考(RR)视频质量客观评价

部分参考视频质量客观评价方法仅利用原始图像的部分信息来估计失真图像的视觉感知质量,其只需要提取原始图像的特征(数据量很少)传递到系统的输出端,与处理过的图像(压缩或经传输)对应特征进行比较以获得相对评估的指标值,并根据这些指标值评价图像质量,准确性介于全参考型和无参考型之间。典型的例子是 NIST NTIA 开发的 Voran-Woff 模型。在某些应用领域 RR 型图像质量评价方法十分有用。例如,在实时视频通讯系统中,可以通过监控图像质量来控制码流资源,从而满足不同的需要。一个成功的 RR 图像质量评价方法必须在 RR 特征数据率和图像质量的预测精度上取得很好的平衡。这是因为,RR 特征数据率越大,能包含参考图像的信息就越多,得到的预测就会越精确,但传送这些参数也会给系统造成很大负担;相反,数据量越小越易于传送,但最终的预测也会越差。

目前一些典型的部分参考视频质量客观评价算法主要有以下几种:第一,基于降质特征提取的方法,该方法认为图像的失真是由传输差错或者压缩机制造成的,通过综合考虑图像的各种失真,提取其降质特征来评价失真图像的质量。但是这种方法需要事先知道图像的降质途径。第二,基于谐波强度的方法,该方法将图像的块效应和模糊失真联合考虑,通过在频域中进行谐波强度分析,利用块效应和模糊失真的相关性进行失真图像质量的评价。

这种方法在评价具有块效应和模糊失真的降质图像时最为有效,甚至可以用作无参考的图像质量评价。第三,基于 wavelet 域统计模型的方法,该方法通过统计原始图像和失真图像小波系数的边缘分布,利用二者的 KL 距离来评价失真图像的质量。这种方法不仅具有很好的通用性,广泛地适用于多种失真类型,而且用于表示部分特征的码率低、计算效率高且实现容易。另外,由于是基于小波系数的边缘分布,该方法对类似平移、旋转和按比例缩放等几何失真并不敏感。第四,基于嵌入式图像信息失真的方法,该方法在对原始图像进行特征提取后,利用信息隐藏技术将所提取的特征作为隐藏信息嵌入到原始图像中,与其一起传输。然后在接收端解码出隐藏的特征信息,通过将其与失真图像中提取的特征信息比较来评价图像质量。利用数字水印的失真来表征图像降质情况的方法就属于此类。第五,基于多尺度几何分析(Multiscale Geometry Analysis,MGA)的方法,该方法利用 MGA 提取原始与失真图像的特征信息,利用二者大于视觉感知阈值的相关性来度量图像质量。

部分参考视频质量客观评价方法最大的优点是在减小所需传输信息量的基础上,保证质量评价方法具备较好的准确性,但与全参考视频质量客观评价方法类似,仍需要传输原始图像的部分信息。在大多数实际应用中,原始图像的信息根本无法获得,或者获取的成本很高,而且由于人类进行图像的主观质量评价时,即使不知道参考图像也能很轻松地判断一幅图像质量的优劣,因此,无参考型质量评价方法才是真正意义上理想的图像质量评价方法。

3. 无参考(NR)视频质量客观评价

无参考视频质量客观评价方法是一种不需要原始图像的任何先验信息,直接对失真图像进行质量评价的方法。比较典型的例子是 Rohde & Schwarz 公司的 SSCQE 图像质量测量。相对于全参考和部分参考图像质量评价方法,设计和实现无参考视频质量客观评价算法是更加困难的,这主要是由于人们目前对人类视觉系统和相应的大脑认知过程的理解有限。目前无参考图像质量评价的难点在于:

(1)图像理解水平仍然比较低,利用图像的统计信息获取相应的模型和知识表示是关键,做到这一点是很困难的。

(2)由于许多非量化因素,如审美观、认知联系、知识、视觉上下文等在人类对图像质量评价中所起的重要作用会导致基于个人主观印象的人类观察者的一些感知变化,而同时这些变化又无法利用可参考信号对比,使得无参考质量评价的问题变得更加复杂。

一般可以认为,除非在图像的获取、处理或者重建中引入了失真,否则所有的图像都可视为无失真的。因此,无参考图像质量评估的任务就简化为在图像的获取、处理或者重建过程中可能引入的失真的盲估计。不考虑审美观、认知等心理因素,为某类失真或应用建立模型,能有效分解图像质量中非量化因素的影响,使无参考图像的质量评价真正可行。而且对于某些失真类型来说,盲评估是很适用的,比如块效应,甚至在某些场合只能采用盲估计,比如成像系统。

无参考图像质量客观评价方法最大的优点就是无需任何原始图像的先验信息,无需辅助信道传输数据,相对于全参考和部分参考图像质量客观评价方法而言具有先天的优势。这就使其可以嵌入到接收端直接进行图像质量的评价,从而适用于许多实际的工作环境,大大提高图像质量客观评价算法的实用价值。随着图像质量客观评价领域的发展以及对人类认知过程的进一步研究,无参考图像质量客观评价算法的难题终究会得到满意的解答。

说到图像质量的客观评价,就不能不说到 ITU-R BT.1683,它是整个 ITU 及 MPEG 组织进行图像质量客观评价的基础。它的名字是《全参考条件下标准清晰度数字电视广播客观可感知视频质量测量技术》(Objective Perceptual Video Quality Measurement Techniques for Standard Definition Digital Broadcast Television in the Presence of a Full Reference)。在 BT.1683 中共规定了 4 种模型,其中模型 2 相对简单,易于实现;而模型 4 是应用较广的客观评价体系,是描述整体图像质量的综合指标。本文中将对这两种模型进行简要介绍。

10.2 数字电视图像主观评价质量的客观测量方法

10.2.1 峰值信噪比(PSNR)测量方法

正如前面指出的,某种图像差值方法可以提供与主观测量有很强相关性的客观图像质量测量。最简单的图像差值方法是不经过滤波和处理直接将两幅图像相减,如果差值是零,图像是一致的,当图像存在差异时,可以逐个像素地计算均方误差(MSE)。大的均方误差表明参考图像与劣化图像之间存在大的差值。另一种表示这种直接图像差值的是 PSNR 图像峰值与均方误差的比值的对数,它与模拟系统的信噪比(SNR)的概念有些类似。均方误差和峰值信噪比是互补的图像差值测量手段。通过比较原始图像和处理后的图像得到两幅图像之间相应像素的差值,然后计算出某种形式的图像均值来量化图像的差异。主要计算出两幅图像的绝对差值,经过加权平均,然后进行归一化处理,并得出度量结果。PSNR 公式如10-1所示。

$$PSNR = 10\log_{10}\frac{(2^{bits}-1)^2}{MSE} \quad \text{(公式 10-1)}$$

$bits$ 表示量化比特数。其中 MSE 为均方误差,其计算公式如公式 10-2 所示。

$$MSE = \frac{\sum_{0\leqslant i<M}\sum_{0\leqslant j<N}(f_{ij}-f'_{ij})^2}{M\times N} \quad \text{(公式 10-2)}$$

其中,f_{ij}、f'_{ij} 分别表示原始视频图像和受损视频图像,M、N 分别表示图像的高与宽。

对于一个系统来说,只改变比特率,MSE 会随着图像质量的下降而上升,通过观察图像的像素差值,产品设计人员可以检查设计问题。由于算法很简单,可以快速地计算出结果,并且至少可以提供一些粗略的图像差值幅度,这种方法在实际中有一定的用途。可以确定两幅图像是否相同,并能提供某些平均意义的差值,但无法提供差值的可视性信息,因而有时会出现某些明显的错误。例如,两种完全不同的图像处理会产生相同的 MSE 差值,一幅图像有轻微的不可察觉的色度偏差,另一幅是在屏幕的角上叠加一个台标,两幅图像的平均 MSE 值是相同的,但主观视觉效果却完全不同。

可见,MSE 有时可能会给出完全错误的指示。比如考虑比较两种类型的图像劣化,一种是图像上叠加有少量大小为 5 个量化级的随机噪声,另一种是图像上叠加有大小为 2 个量化级的块状误码,后者的 MSE 值要小得多,但是观察者会认为噪声图像的劣化比块误码图像的劣化要大得多。这种测量的例子参见图 10-2-1,图 a 显示一幅 MSE 值为 21.26 的输出图像,但有明显的块状误码,图 b 是原始参考图像,而图 c 显示的是带有少量附加噪声的图像,MSE 值为 27.10。可见,MSE 不是一种适合于客观图像质量测量的图像差值法。

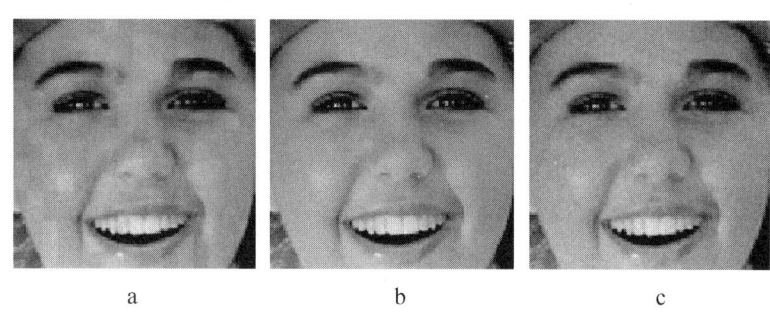

图 10-2-1 两种不同劣化类型的图像效果对比

10.2.2 基于人类视觉系统模型的客观图像质量测量方法

基于特征提取参数计算的图像差值方法的测试结果依赖于应用或压缩技术。许多研究人员经过研究后指出,要想取得不依赖于压缩技术、并能提供与主观测量有很好相关性的测试方法,需要使测试仪器用人类的观察方式去感知和测试视频缺陷。换句话来说,用于图像差值法的滤波器参数应符合人类视觉系统模型(HVS)。这一模型的应用将提供一个独立于视频素材、缺陷类型和压缩技术的视频质量度量。

萨诺夫(Sarnoff)实验室的研究人员投入了大量精力和时间研究人类视觉系统,并将在这一领域获得的知识应用到电视显示和图像质量评价中,并在此基础上开发了刚刚可察觉图像差值矩阵,用于自动和精确地评价测试图像序列和参考图像序列之间的可感知差值。图 10-2-2 显示了萨诺夫(Sarnoff)刚刚可察觉差值(Just Noticed Difference,JND)视觉模型的输入和输出图像,模型从一个图像或视频序列中获取相对应的参考图像和劣化图像作为输入,处理后输出一个用刚刚可察觉差值单位或 JNDs 度量的 JND 映射图。图 10-2-2(a)为参考图像,图 10-2-2(b)为劣化图像,图 10-2-2(c)为 JND 映射图,树叶的失真在 JND 映射图像中用高亮度电平显示出来。

图 10-2-2　JND 映射图显示两幅输入图像的差异(见彩图 27)

正如图 10-2-2 所示,因为 JND 映射图不仅显示两幅输入图像的幅度差异,而且还显示了这两幅输入图像之间的刚刚察觉差异的具体位置。所以,在 JND 映射图的对应着树叶的高亮度区域指示了图像(b)相对于图像(a)在这些区域的可察觉高频失真。这些信息可以用来指示编码器分配更多的比特数给这个区域。另外,还可以输出一个可选的色度 JND 映射图,这样可以提供更多可观察到的失真特征信息。

萨诺夫(Sarnoff)视觉质量评价技术运用人类视觉系统多年基础研究获得的人类视觉感知模型如图 10-2-3 所示,该模型经过主观研究获取的基本生理心理数据校准。萨诺夫(Sarnoff)视觉质量评价模型仿真人类视觉系统的光学过程,把输入的图像数据转换到生理心理学定义的彩色空间,对图像进行滤波并分解成一系列不同空间频率和定向的子图像数据,然后,根据视觉系统的非线性响应测量图像间的差异。

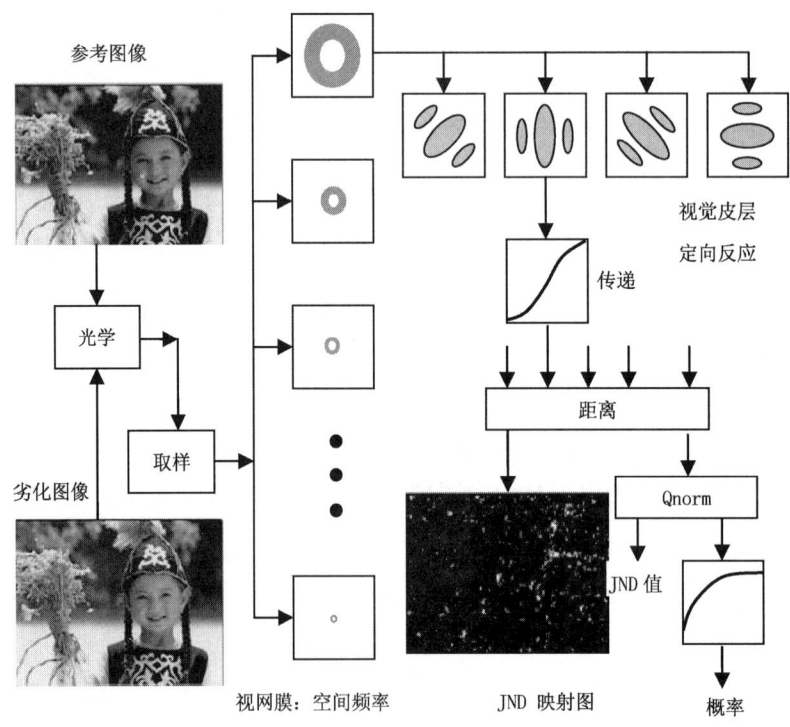

图 10-2-3　萨诺夫(Sarnoff)人类视觉感知模型

最初的图像分解包括产生基于视网膜处理过程的一系列呈金字塔形排列的空间频率，以及基于大脑视觉皮层处理过程的一系列定向反应通道。对每个空间频率和通道分别进行差值计算，然后进行混合和累加产生几个层次的 JND 值：单个像素、全部图像、时间上连续的一系列图像，以及整个视频序列。如果需要进行深入分析，可以产生包括亮度和色度、空间频率和定向通道等因素在内的像素值的 JND 映射图。

计算总的 JND 值不是进行简单的加权平均，这种方法可以在进行平均的一帧图像的一部分形成有意义的可察觉差值。

图像质量等级的计算类似于求最大值的运算，但是也有一些平均值的影响。一帧图像中部分像素之间的明显的可察觉差值会使人认为整幅图像有明显的不同。同样的，序列中一些很不相同的图像会使人觉得整个序列有很大的差异。

图 10-2-4 显示了 JND 模型结构框图。输入两个任意长度的视频序列，分别经过处理

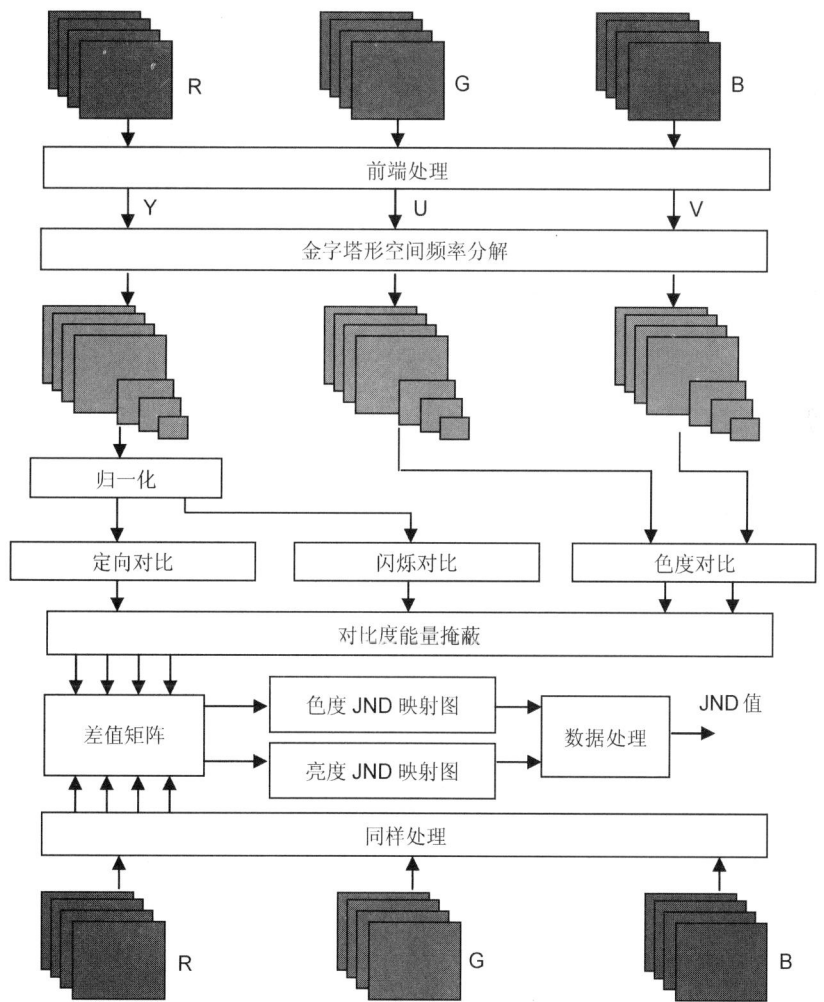

图 10-2-4　JND 图像质量矩阵模型结构框图

(滤波)后送到结构框图下部的差值矩阵部分,在这里处理过的序列间的差值用来产生 JND 映射图和 JND 数字值。

对于 JND 图像质量矩阵计算,序列的每一场用三基色 RGB 来表示,在标着前端处理的第一阶段,电压单位被转换成亮度输出单位,得到亮度,然后在生理心理学上定义的 CIE Luv 统一色度空间中得到色度通道模型的另外两个值 u 和 v。接下来,在金字塔分解阶段使用一个高斯 Pyramid 算子对每个序列进行滤波和下取样,为下一步滤波运算形成一系列不同空间分解力的图像数据。然后是归一化阶段,用一个平均亮度设置整个增益使其符合人类视觉系统对亮度的相对灵敏度,模拟从高亮度场景进入低亮度场景时,人类视觉灵敏度的下降效应。

归一化处理之后,进行三个独立的对比测量:定向、闪烁和彩色。在每个部分,对比度是图像的区域像素值除以区域像素数,度量成 Pyramid 电平的函数,因此当图像对比度在人类视觉门限时,结果为 1。这样建立了 1JND 的定义,这个 JND 被送到模型的下一个处理阶段。JND(刚刚可察觉差异)是两幅单刺激图像可感知幅度差异的基本单位。JND 值定义了差异的可视性,但并不测定图像质量的绝对好坏。可以根据实际应用使用 JND 值,比如,在监测压缩处理或传输通道时,可以用它设置可接受的图像质量门限。

用科学术语来说,JND 度量单位是这样定义的:1JND 相当于一位观察者多次观察两幅图像能够发现差别的概率为 75%。大于 1 的 JND 值是递增定义的。例如,当比较两幅不同对比度调整电平的图像时,如果图像 Y 比图像 X 高 1JND,而图像 Z 比图像 Y 高 1JND,那么图像 Z 比图像 X 高两个 JND。

从概率角度来看,2JND 差值相当于发现两幅图像差别的概率 P 为:

$$P = [0.75 + 0.75 \times (1 - 0.75)]\% = 93.75\% \qquad \text{(公式 10-3)}$$

3JND 差值相当于概率 P 为:

$$P = [0.75 + 0.75 \times (1 - 0.75) + 0.75 \times (1 - 0.75) \times (1 - 0.75)]\% = 98.44\%$$

(公式 10-4)

JND 值的度量指示差异是否能被不同的观看者察觉。例如,能否被经过专门训练的观察者、细心的观察者,或匆匆一瞥者看到。

1JND:即使是经过专门训练的观察者,也刚刚能够看出差异。指示看出两幅图像的差异的概率是 75%。这是一个非常临界的差异,因为猜测一枚硬币的正反面落地的概率是 50%。即使事先知道确切的差异特性和位置,人眼也无法区分低于 1JND 值的两个图像序列。

3JND:仔细的观察者可以发现差异。两幅低于 3JNDs 的图像序列没有明显的差异,但是当观察者确切知道差异的位置时可以看到差异。

5JND:图像的差异明显可察觉。太大的 JND 值表明图像存在明显的差异,对这样的图像进行图像质量等级评定没有太大的意义。

接下来是对比度能量掩蔽阶段,每个对比度图像受制于一个非线性点,增益受其他通道响应和分解力的控制,这种增益设置模拟人类视觉掩蔽效应,比如在杂乱的图像区域中人类视觉对失真的灵敏度下降。

在差值矩阵阶段,来自测试序列和参考序列的输出通过简单的差值运算进行混合,然后根据 Pyramid 电平和通道得出亮度和色度 JND 值。独立的亮度和色度 JND 映射图合成为一个映射图,并取得总的统计结果。这些统计结果可以是平均 JND、最大 JND 和图像质量因子。

经过校准,JND 模型可以精确地预测大量人类视觉系统在检测、分辨以及估计主观图像质量等级方面的性能数据,这种性能数据通常用图像质量等级(Picture Quality Rate)值来表示,简称 PQR 值。

JND 图像质量矩阵为所有要测试的设备提供了良好的客观图像质量测量方法。它包括评价动态、复杂的运动序列的三个必要方面:空间分析、时间分析和全彩色分析。通过在图像差值处理过程中使用人类视觉模型,测试结果独立于压缩处理算法和相关的缺陷类型。这一点在测试由几种不同压缩方法组成的混合电视系统中显得尤为重要。而依赖压缩编解码模型或图像缺陷类型的算法在这类混合电视系统中的应用极为有限。

10.2.3 基于结构相似性的图像质量客观测量方法

自然物景一般都有一定的形状和结构。当人眼作用于自然物景时,这些自然物景的图像信号具有高度的结构化:图像中的像素点在空间和时间上都表现出了强烈的相关性,这些相关性携带了自然物景的结构化信息,同时也为视频压缩技术提供了可能性。

上述介绍的基于误差敏感的图像质量评价方法(MSE 和 PSNR),它们仅仅考虑到图像像素点间的不同,并未考虑到图像像素间的这种空间和时间上的相关性,也没考虑到人眼的心理学特性(对比灵敏度、视觉掩盖效应、敏感区特性和结构化特性等)。所以在实践中,越来越被一些更优秀的方法所取代。基于结构相似性的图像质量评价方法,重点考虑了人眼作用于图像时所表现出的结构化特性,因此该方法从理论上是优于 MSE 和 PSNR 的。

该方法的系统框图如图 10-2-5 所示。

基于结构失真的图像质量评价方法是从高层次上模拟 HVS 的整体功能。其基本思想是:人类视觉系统的主要功能是从视觉区域提取图像的结构性信息。设原始图像为 X,劣化图像为 Y。首先,分别提取原始图像和劣化图像的亮度变化信息,然后提取图像的对比度变化信息,在此基础上再提取图像的结构变化信息,并对以上提取的三种变化进行相似性比较,最后对其比较结果进行综合,从而得到一种相似性度量指标,并以此指标作为图像质量好坏的评价尺度,具体做法如下:

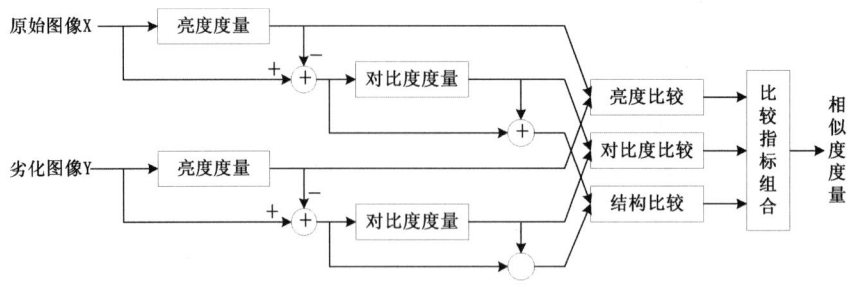

图 10-2-5 结构相似性度量系统框图

(1)分别计算原始图像和劣化图像的亮度值,并构造出这两幅图像的亮度比较函数。对于离散信号,以其平均强度对亮度进行估计:

$$\mu_x = \frac{1}{N}\sum_{i=1}^{N} x_i \qquad \text{(公式 10-5)}$$

$$\mu_y = \frac{1}{N}\sum_{i=1}^{N} y_i \qquad \text{(公式 10-6)}$$

亮度比较函数 $l(X,Y)$ 以 μ_x 和 μ_y 作为参数,其函数表达式见公式 10-11。

(2)分别计算原始图像和劣化图像偏离均值的方差。对于离散信号,所得信号 $X-\mu_x$,该信号可认为是矢量 X 在超平面上的投影。

$$\sum_{i=1}^{N} x_i = 0 \qquad \text{(公式 10-7)}$$

采用标准偏差(注意此处是除以 N−1,才可以保证该偏差估计量为无偏估计量),波动幅值的均方根作为信号对比度的一个估计。无偏估计的数学表达形式如下:

$$\sigma_x = \sqrt{\frac{1}{N-1}\sum_{i=1}^{N}(x_i-\mu_x)^2} \qquad \text{(公式 10-8)}$$

$$\sigma_y = \sqrt{\frac{1}{N-1}\sum_{i=1}^{N}(y_i-\mu_y)^2} \qquad \text{(公式 10-9)}$$

对比度比较函数 $c(X,Y)$ 以 σ_x 和 σ_y 作为参数,其函数表达式见公式 10-8 和 10-9。各自的标准偏差对信号进行归一化处理,结构相似性比较函数 $s(X,Y)$ 将综合已归一化后的信号 $(X-\sigma_x)/\sigma_x$ 和 $(Y-\sigma_y)/\sigma_y$。

(3)综合考虑到两幅图像的亮度比较信息、对比度比较信息和结构比较信息,将上述三个式子组合到一起,生成一个总的相似性度量:

$$S(X,Y) = f[l(X,Y),c(X,Y),s(X,Y)] \qquad \text{(公式 10-10)}$$

为了完成对公式 10-10 中相似性度量的定义,需要进一步定义 $l(X,Y)$、$c(X,Y)$ 和 $s(X,Y)$ 三个函数,以及组合函数 $f(g)$。相似性度量应该满足以下几个条件:

① 对称性：$s(X,Y)=s(Y,X)$；

② 有界性：$s(X,Y)\leqslant 1$；

③ 最大值唯一性：$s(X,Y)=1$ 当且仅当 $X=Y$（对于离散信号，对所有 $i=1,2,\cdots,N$ 有 $x_i=y_i$）。

对于亮度比较函数，定义：

$$l(X,Y)=\frac{2\mu_x\mu_y+C_1}{\mu_x^2+\mu_y^2+C_1} \quad （公式 10\text{-}11）$$

其中常数 C_1，是避免当 $\mu_x^2+\mu_y^2$ 十分接近零（两幅图像中，各像素点的亮度值基本一样）时，式子会产生奇异性和不稳定性。为此，再定义：

$$C_1=(K_1L)^2$$

其中 L 是像素值（8 比特的灰度图像，其值为 255）的动态范围，K_1 是一个远小于 1 的常数。关于 L、K_1 和 C_1 的取值，要根据实际的应用调整。类似的情况和处理的方法在对比度比较和结构比较中都会用到。经检验，公式 10-11 完全符合相似性度量应该满足的三个条件。

对比度比较函数的构造形式为：

$$c(X,Y)=\frac{2\sigma_x\sigma_y+C_2}{\sigma_x^2+\sigma_y^2+C_2} \quad （公式 10\text{-}12）$$

其中 $C_2=(K_2L)^2$，且 $K_2\ll 1$。经检验，公式 10-12 也完全符合相似性度量应该满足的三个条件，该对比度比较信息体现着人类视觉系统（HVS）的视觉掩盖效应。

结构比较函数为：

$$s(X,Y)=\frac{\sigma_{xy}+C_3}{\sigma_x\sigma_y+C_3} \quad （公式 10\text{-}13）$$

同构造亮度比较函数和对比度比较函数的情况一样，也在分子和分母引入一个较小的常数 C_3。对于离散信号，σ_{xy} 可由下式计算而得：

$$\sigma_{xy}=\frac{1}{N-1}\sum_{i=1}^{N}(x_i-\mu_x)(y_i-\mu_y) \quad （公式 10\text{-}14）$$

最后，将亮度比较函数、对比度比较函数和结构比较函数综合起来，并给每个函数取上相应的幂次，给出一个总的相似性度量函数，即 $SSIM(X,Y)$。

$$SSIM(X,Y)=[l(X,Y)]^{\alpha}[c(X,Y)]^{\beta}[s(X,Y)]^{\gamma} \quad （公式 10\text{-}15）$$

其中 $\alpha>0$、$\beta>0$ 和 $\gamma>0$ 是用于调整这三个分量的相对重要性，很容易验证该定义是符合上文提出的三个条件的。使用中，在简单和对精度要求不是非常高的场合，我们常常令 $\alpha=\beta=\gamma=1$ 且 $C_3=C_2/2$，从而得到 $SSIM(X,Y)$ 的一个特殊形式：

$$SSIM(X,Y)=\frac{(2\mu_x\mu_y+C_1)(2\sigma_{xy}+C_2)}{(\mu_x^2+\mu_y^2+C_1)(\sigma_x^2+\sigma_y^2+C_2)} \quad （公式 10\text{-}16）$$

在评价图像质量时,用 8×8 的窗口沿图像(原始图像、劣化图像)逐像素地从左上角到右下角移动,每次计算窗口对应子图像的 SSIM 值。所有子图像的 SSIM 值可组成一个待测图像的质量图(SSIMMap),SSIMMap 可以作为局部区域质量的直观反映。对所有子图像的 SSIM 值求平均,可得到整幅图像的质量值:

$$MSSIM(x,y) = \frac{1}{M}\sum_{j=1}^{M} SSIM(x_j, y_j) \qquad \text{(公式 10-17)}$$

其中,M 为子图像块数。$MSSIM$ 的值越高,表示图像 X 与 Y 相似度越高。

基于结构失真的质量评价方法利用人类视觉系统的功能特性提取图像中的特征信息,进而建立相应的评价模型,而不是具体到利用某一个处理过程进行模拟,有效地避免了从低层次上模拟 HVS 的整体功能的缺陷,且计算简单,易于系统实现。

10.2.4　ITU-R BT.1683 模型 2——基于边缘退化的视频质量客观评价算法

虽然 PSNR 已广泛用作客观视频质量测量的方法,但亦有报告称它并不能很好地反映感知视频质量。在分析人类如何感知视频质量时,观察到人类的视觉系统对边缘退化敏感。换言之,如视频的边缘像素模糊,即使 PSNR 比较高,评估者也往往会打出较低的分数。而视频压缩倾向于利用边缘附近的数据来计算出边缘部分,而不是直接使用原始图像的数据,这样就带来了边缘的失真。研究人员根据以上研究发现,制定了主要测量边缘退步降级的减少参考模型,也就是 EPSNR(边缘峰值信噪比)。系统框图如图 10-2-6 所示。在此模型中,首先将边缘检测算法应用于原始图像,以确定边缘像素。而后通过计算均方差来测量这些边缘像素的退化。边缘 PSNR(EPSNR)是通过这一均方差来计算的。

在此模型中,可使用任何边缘检测算法,但结果可能有细微差异。在许多边缘检测算法中,首先使用梯度算子计算水平梯度图像 $g_{horizontal}(m,n)$ 和垂直梯度图像的 $g_{vertical}(m,n)$。而后梯度幅度图像 $g(m,n)$ 可通过公式 10-18 计算。

$$g(m,n) = |g_{horizontal}(m,n)| + |g_{vertical}(m,n)| \qquad \text{(公式 10-18)}$$

最后,对梯度幅度图像 $g(m,n)$ 应用阈值运算得到边缘像素。换言之,梯度幅度超过一定门限值的像素被认为是边缘像素。

接下来,计算差值的均方误差。第 l 帧的边缘区域的均方误差为:

$$se_e^l = \sum_{i=1}^{M}\sum_{j=1}^{N} \{S^l(i,j) - P^l(i,j)\}^2 \quad if\ |Q^l(i,j)| \geq t_e \qquad \text{(公式 10-19)}$$

其中,$S^l(i,j)$ 为原始图像第 l 帧的第 i 行第 j 列像素亮度值。$P^l(i,j)$ 为劣化图像第 l 帧的第 i 行第 j 列像素亮度值,$Q^l(i,j)$ 为获取的边缘图像,M 为行数,N 为列数,t_e 为阈值。

再将上式的值代入到下式计算均方误差 mse_e。

$$mse_e = \frac{1}{K}\sum_{l=1}^{L} se_e^l \qquad \text{(公式 10-20)}$$

第10章 压缩数字电视图像主观评价质量的客观化测试 279

```
┌─────────────────────────────────┐
│ 对垂直梯度图像应用水平梯度算    │
│ 子,获得连续梯度图像              │
└─────────────────────────────────┘
              ↓
┌─────────────────────────────────┐
│ 对连续梯度图像应用阈值处理      │
└─────────────────────────────────┘
              ↓
┌─────────────────────────────────────────┐
│ 计算 EPSNR,公式如下:                    │
│   $EPSNR = 10\log_{10}\frac{(2^n-1)^2}{MSE}$ │
│ 其中                                     │
│   $MSE = \frac{1}{K}\sum_{l=1}^{L} se_e^l$   │
│   $se_e^l = \sum_{i=1}^{M}\sum_{j=1}^{N}\{S^l(i,j)-P^l(i,j)\}^2$  if $|Q^l(i,j)| \geq t_e$ │
└─────────────────────────────────────────┘
              ↓
┌─────────────────────────────────────────┐
│ 分析计算结果,对算法做相应改进          │
│ $EPSNR = \begin{cases} EPSNR & if\ 0 \leq EPSNR \leq t_1 \\ EPSNR \times \alpha & if\ t_1 < EPSNR \leq t_2 \\ EPSNR \times \beta & if\ EPSNR > t_2 \end{cases}$ │
└─────────────────────────────────────────┘
              ↓
┌─────────────────────────────────────────┐
│ 对 EPSNR 进行调整                         │
│ $MEPSNR = \begin{cases} EPSNR-60\times\left[0.1225-\left(\frac{EP_{common}}{EP_{src}}\right)^2\right] & if\ EPSNR<25\ and\ \left(\frac{EP_{common}}{EP_{src}}\right)^2<0.35\ and\ \frac{EP_{hrc}}{EP_{src}}<0.13 \\ EPSNR & elsewhere \end{cases}$ │
└─────────────────────────────────────────┘
              ↓
┌─────────────────────────────────┐
│ 缩放比例                         │
│ VQM=1-MPSNR*0.02                │
└─────────────────────────────────┘
```

图 10-2-6 基于边缘退化的视频质量客观评价算法框图

其中,L 为视频的总帧数,K 为边缘区域的总像素数。

最终,EPSNR 计算如下:

$$EPSNR = 10\log_{10}\left(\frac{P^2}{mse_e}\right) \qquad (公式 10\text{-}21)$$

其中,P 为图像峰值。

需要注意的是,当 EPSNR 超过一定值时,感知质量趋于饱和。在这种情况下,可设置 EPSNR 的上限。此外,EPSNR 和 DMOS(平均意见得分差值)最好为线性关系,人们可使用分段线性函数,如公式 10-22 表示。

$$EPSNR = \begin{cases} EPSNR & if \quad 0 \leqslant EPSNR \leqslant 35 \\ EPSNR \times 0.9 & if \quad 35 \leqslant EPSNR \leqslant 40 \\ EPSNR \times 0.8 & if \quad EPSNR > 40 \end{cases} \quad \text{(公式 10-22)}$$

分析表明,对于低质量视频边缘的严重模糊现象,评估者倾向于给出更低的主观分数。换句话说,如果劣化视频序列的边缘区域比原始视频序列的边缘区域小很多时,评估者会给出更低的分数。为了解决此问题,计算了原始视频和劣化视频序列的边缘区域,并将 EPSNR 修正如式 10-23 所示。

$$MEPSNR = \begin{cases} EPSNR - 60 \times \left[0.1225 - \left(\dfrac{EP_{common}}{EP_{src}}\right)^2\right] & if\ EPSNR < 25\ and\ \left(\dfrac{EP_{common}}{EP_{src}}\right)^2 < 0.35\ and\ \dfrac{EP_{hrc}}{EP_{src}} < 0.13 \\ EPSNR & elsewhere \end{cases}$$

(公式 10-23)

其中,$MEPSNR$ 表示修正的 $EPSNR$。EP_{common} 表示在 SRC 和 HRC 视频序列中所有普通边缘像素的数量。EP_{src} 表示在 SRC(即源)视频序列中所有边缘像素的数量。

对于某些视频序列,EP_{src} 可能非常小。如果 EP_{src} 小于 10000 像素(对于 8s 525 视频大约每帧 41.7 个像素,而对于 8s 625 视频序列大约每帧 50 像素),使用者可以减小阈值 t_e 直到 EP_{src} 高于 10000 像素。

最后,对得到的 $MEPSNR$ 值进行比例缩放,使其取值范围在 0 到 1 之间。

$$VQM = 1 - MEPSNR \times 0.02$$

VQM 即为此模型的客观评价分数。

10.2.5 ITU-R BT.1683 模型 4——VQM 模型

缩减参考模型是目前研究条件和进展下一种最合适的客观测量模型。对于缩减参考模型而言,最重要的在于特征参数的提取。只有准确地提取出原始视频图像和压缩后劣化视频图像的特征参数,才可以通过对特征参数值的加权来计算压缩受损视频图像各种类型损伤的损伤程度,然后得到最终的视频图像质量的客观评价结果。

数字视频的特征参数要从空间信息特征、时间信息特征和颜色信息特征三方面进行提取,从不同角度反映图像的质量。为了使得最终的评价结果与主观结果达成高度的相关性,因此在特征参数的提取过程中充分地考虑了人眼的视觉特性。图 10-2-7 为具体特征参数提取的流程图。

1. 视频图像边缘增强

视频图像在转换、线路传送过程中都会产生噪声污染等问题,因此图像质量会不可避免地降低,表现为图像不干净,难以看清细节或者图像模糊不清,连概貌也看不出来。因此,在对图像进行分析之前,为了更好地提取图像的特征参数,一般情况下要先进行图像增强。图

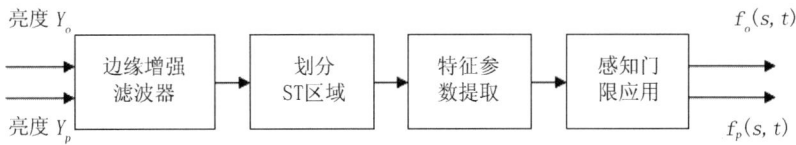

图 10-2-7　特征参数提取的流程图

像增强指利用各种数学方法和变换手段提高图像中的对象与非对象的对比度与图像清晰度。对象指所需要研究的目标,非对象指对象以外的背景,通过图像增强突出人或其他接收系统所感兴趣的部分。例如强化图像的高频分量,则可使图像中目标轮廓清晰、细节明显。图像增强是多种技术的综合效果,它试图改变(或改善)图像的视觉效果,或把图像转换成某种适合于人工或机器分析的图像形式。它不考虑图像质量下降的原因,只将图像中接收系统感兴趣的特征有选择地突出,而衰减不需要的特征,它的目的主要是提高图像的可懂度。图像增强的方法分为空域法和频域法两类,空域法主要是指对图像中的各个像素点进行操作,如 Sobel 边缘增强算子、Roberts 边缘增强算子、Prewitt 边缘增强算子、Laplace-Gauss 边缘增强算子等等;而频域法是在图像的某个变换域内,对图像进行操作,修改变换后的系数,例如傅立叶变换、DCT 变换等的系数,然后再进行反变换得到处理后的图像。

为了减少噪声的影响,采用空域的 13×13 边缘增强滤波方法,对视频图像分别在垂直方向和水平方向上进行边缘增强,如图 10-2-8 所示,分别为水平 $H(i,j)$(左)和垂直 $V(i,j)$(右)边缘增强滤波器,两个滤波器互为转置。

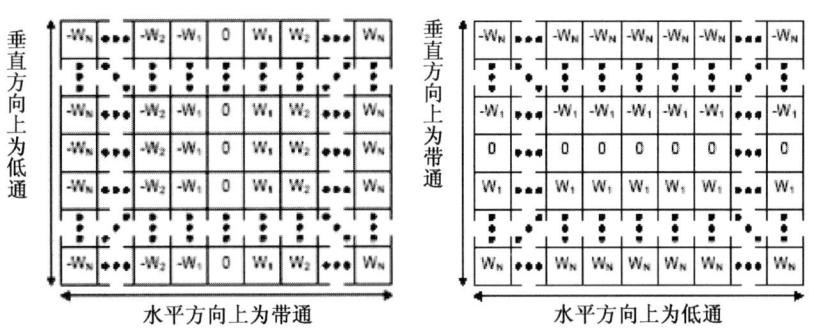

图 10-2-8　边缘增强滤波器

利用像素点上下、左右邻点的灰度加权算法,邻域的像素对当前像素产生的影响不是等价的,所以距离不同的像素具有不同的权值,对算子结果产生的影响也不同。一般来说,距离越远,产生的影响越小。加权值如下式 10-24 所示。

$$w_x = k \cdot \left(\frac{x}{c}\right) \cdot \exp\left[-\left(\frac{1}{2}\right)\left(\frac{x}{c}\right)^2\right] \qquad \text{(公式 10-24)}$$

其中：x 的取值从 $0\sim N$，对于此设计中用的滤波器来说取值从 $0\sim 6$；c 是常量，为通带宽度，对于6倍图像高度的观看距离来说，c 的最佳值为 2；k 为增益，与 Sobel 滤波器的增益相同。计算所得权重系数 w_i 如下：

$$w_1 = 0.0696751, w_2 = 0.0957739, w_3 = 0.0768961$$
$$w_4 = 0.0427401, w_5 = 0.0173446, w_6 = 0.0052652$$

因此，对于视频图像的任意一点 (x,y)，它的边缘增强滤波器的计算公式如公式 10-25 所示。设定 $f_x(x,y)$ 和 $f_y(x,y)$ 分别为水平和垂直边缘增强后图像在 (x,y) 点的像素值。

$$f_x(x,y) = H \times f = \sum_{j=-6}^{6}\sum_{i=-6}^{6}[H(i,j) \times f(x+i,y+i)]$$
$$f_y(x,y) = V \times f = \sum_{j=-6}^{6}\sum_{i=-6}^{6}[V(i,j) \times f(x+i,y+i)]$$
（公式 10-25）

图像中每个像素点的边缘信息不仅包括大小（幅度或能量）信息还包括方向（幅角）信息，因此，我们可以按照极坐标计算每个像素点的边缘信息，如公式 10-26 所示：

$$R(i,j,t) = \sqrt{H(i,j,t)^2 + V(i,j,t)^2}$$
$$\theta(i,j,t) = \text{arctg}\left[\frac{V(i,j,t)}{H(i,j,t)}\right]$$
（公式 10-26）

其中：$i,j,t \in \{S-T\text{ 子区域}\}$，$R(i,j,t)$ 表示每个像素点的边缘信息的幅度信息，$\theta(i,j,t)$ 表示每个像素点的边缘信息的方向信息。

2. ST 子区域的划分

通常情况下，特征参数值的提取是通过计算视频图像 ST 子区域的统计特性和其他的一些数学函数得到的。ST 区域由若干像素组成，如图 10-2-9 所示，可以看出包括以下三个方面：

(1) 空间水平方向的像素数；
(2) 空间垂直方向的像素数；
(3) 时间方向的图像帧数。

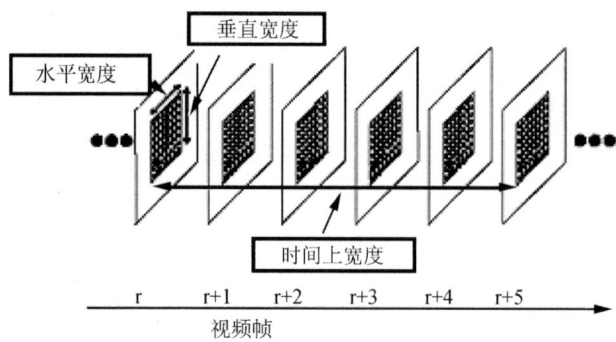

图 10-2-9　ST 子区域示意图

在 MPEG-2 等多种压缩编解码方式中图像以像素数据阵列为基准划分为 8×8 的像素块。

NIST NTIA 的 VQM 模型是一个标清视频序列的客观评估系统,它以均等大小划分 ST 区域,采用的是空间上水平方向 8 像素数×空间上垂直方向 8 像素数×时间方向上图像 6 帧的划分方法。

目前视频存在的帧率主要有 10fps、15fps、25fps 和 30fps。为了方便帧率之间的转换,S-T 区域在帧方向上取值为 1/5 秒。因此,在 NIST NTIA 的 VQM 525/60 标清测试系统中,帧方向取值为 30fps×1/5s＝6 帧。

3. 特征参数的提取

(1) f_{SI13} 梯度幅度的均方差

空间信息特征代表的是图像边缘或空间梯度的活动性,用于考察在同一帧图像内图像可能出现的各种问题,如图像本身的振铃、块效应、模糊等等。图像中每个像素点的边缘信息幅度(或能量)信息的变化反映了图像的整体空间特征,基于图像像素灰度的梯度幅值变化可以表征边缘信息,重建后质量好的图像具有清晰的边缘信息,因此,重建视频的质量与图像的梯度幅值的累加和相关。设 $i,j,t\in\{S-T 子区域\}$,$R(i,j,t)$ 表示每个像素点的边缘信息的幅度信息,f_{SI13} 表示每个 ST 区域的亮度幅度的均方差值,则可用公式 10-27 表示:

$$f_{SI13} = \{std[R(i,j,t)]\}|_P \quad \text{(公式 10-27)}$$

其中,P 为门限。超过 P 则设为 0,推荐使用 P=12。该参数对整个 S-T 区域的空间活动性的改变比较敏感。亮度幅度的均方差是衡量和周围平均幅度的差异值,表征整个视频序列的清晰程度。

(2) f_{HV13} 方向性信息参数

为了更准确地客观评价视频序列的质量,与主观结果达到更高的一致性,首先对图像进行了图像边缘增强。边缘增强后的图像由水平方向和垂直方向两部分组成,由公式 10-26 我们可以看出,图像中所有像素的梯度向量都可表示为幅度和幅角两部分,幅度表征着整个图像的亮度情况,角度则表征着图像中每个像素点的方向性。不同的方向对人眼主观评价图像具有不同的影响,引起不同种类的图像损伤,因此在图像的客观评价中起着不同的作用。总体上说我们把图像的方向性分为水平和垂直方向,如图 10-2-10 所示,(左)阴影部分为非水平方向,(右)阴影部分为非垂直方向。

设水平和垂直方向为 $HV(i,j,t)$,非水平和非垂直方向为 $\overline{HV}(i,j,t)$,由图 10-2-10 可以看出,$HV(i,j,t)$ 和 $\overline{HV}(i,j,t)$ 可由公式 10-28 得到。

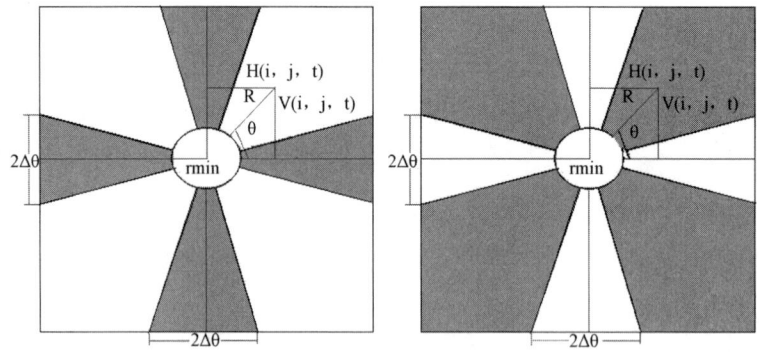

图 10-2-10 像素点的方向性

$$HV(i,j,t) = \begin{cases} R(i,j,t) & R(i,j,t) \geqslant r_{min} \text{ 且 } m\frac{\pi}{2} - \Delta\theta < \theta(i,j,t) < m\frac{\pi}{2} + \Delta\theta \\ 0 & \text{其他} \end{cases}$$

$$\overline{HV}(i,j,t) = \begin{cases} R(i,j,t) & R(i,j,t) \geqslant r_{min} \text{ 且 } m\frac{\pi}{2} + \Delta\theta \leqslant \theta(i,j,t) \leqslant (m+1)\frac{\pi}{2} - \Delta\theta \\ 0 & \text{其他} \end{cases}$$

(公式 10-28)

其中，$m=0,1,2,3$，$i,j,t \in \{S-T \text{ 子区域}\}$，根据人眼视觉特性 r_{min} 取值 20，$\Delta\theta$ 取值 0.225。

我们可以将 ST 区域内接近水平或垂直的像素点的幅度相加求均值，将 ST 区域内其余方向的像素点幅度相加求均值，二者之比作为一个系数 f_{HV13}，如公式 10-29 所示。

$$f_{HV13} = \{mean[HV(i,j,t)]\}|_P / 2\{mean[\overline{HV}(i,j,t)]\}|_P \quad \text{(公式 10-29)}$$

该参数对于空间活动性、方向以及角度的分布敏感。

(3) f_{COLOR_COHER} 色度信息

在传统的注重几何特征的计算机视觉研究中，颜色未得到充分的重视，人们普遍认为颜色不是刻画一个物体的关键特征。然而，相对于几何特征而言，颜色具有一定的稳定性，其对大小、方向都不敏感，表现出相当强的鲁棒性。在许多情况下，颜色特征是图像最直观、最明显的特征。颜色具有与生俱来的旋转不变性和尺度不变性，颜色直方图是最常见的颜色特征表达方法。颜色直方图是一个一维向量，向量的值为图像中颜色属于这个区段的像素点的个数。图像之间的距离归结为其颜色直方图的相似度。由于颜色直方图只描述了图像的全局分布，不考虑空间位置的信息，一般用于图像集合较小或结合其他特征一起使用。许多的研究结果表明颜色布局(颜色特征和空间关系)是图像色度特征中的一个较好的解决方法。一个自然的方法是把整个图像划分成为子块，并从每个子块中提取颜色特征。

因此，在本算法中视频内序列经过 ST 区域划分之后，以各个分割块的色彩平均值和分割块在图像中的位置作为图像的像素坐标空间特征,即提取每块的颜色信息作为特征矢量。由于在图像分割时,已经将空间信息嵌入到每一块中,又用图像的特征矢量表示图像块的颜色信息,所以形成的特征矢量既包含颜色信息又包含空间信息。每一个块的特征包含了颜色的局部分布信息,所有块的空间分布代表了图像内容的模式结构。如公式 10-30 所示。

$$f_{COLOR\_COHER} = \{mean[C_B(i,j,t)], W_R \times mean[C_R(i,j,t)]\} \quad \text{(公式 10-30)}$$

其中:$i,j,t \in \{S-T \text{区域}\}$,$C_B(i,j,t)$ 表示 ST 区域中每个像素点的蓝色差信号值,$C_R(i,j,t)$ 表示 ST 区域中每个像素点的红色差信号值,W_R 取 1.5,$mean$ 表示求均值。

颜色信息特征代表了视频图像颜色信息的变化情况。

(4)$f_{CONTRAST}$ 对比度信息

通常,对比度是衡量周围平均亮度差异的一个值,它对于图像的降质如模糊、加性噪声等非常敏感,因此,在本算法中视频内序列经过 S-T 区域划分之后,以各个分割块的亮度均方差值作为图像的像素坐标的对比度信息,计算公式如 10-31 所示。

$$f_{CONTRAST} = \{std[Y(i,j,t)]\} | P:i,j,t \in \{S-TRegion\}, P \in (4,6) \quad \text{(公式 10-31)}$$

其中:$i,j,t \in \{S-T \text{区域}\}$,$Y(i,j,t)$ 表示 S-T 区域中每个像素点的亮度信号值,std 表示求均方值。该参数对于图像的降质如模糊、加性噪声很敏感。

(5)f_{ATI} 绝对时间信息

时间信息特征代表的是相继视频帧之间的差别变化或时间梯度的活动性,用于考察相邻两帧视频图像之间出现的损伤,因此时间信息特征值对数字视频信号中的诸如跳跃、量化噪声、错误块、重复帧等损伤进行检测和定量描述。

时间特征信息反映了图像序列的运动情况,值越大,表明图像运动越剧烈;值越小,则表示图像的前后帧差别不大。因此可以根据原始图像的时间特征信息和重建图像的时间特征信息来计算视频序列的重复帧及受噪声影响的定值,即当原始图像的值较大而重建图像的值很小时,可以看作是重复帧,从图像的损伤角度来看,引起了图像跳跃;当原始图像的值较小而重建图像的值很大时,则反映图像受到了加性噪声的影响,差值的大小表示了影响的程度。公式如 10-32 所示。

$$f_{ATI} = \{std | Y(i,j,t) - Y(i,j,t-1) |\} | P:i,j,t \in \{S-TRegion\}, P \in (1,3)$$

(公式 10-32)

其中:$i,j,t \in \{S-T \text{区域}\}$,$Y(i,j,t)$ 表示当前帧 S-T 区域中每个像素点的亮度信号值,$Y(i,j,t-1)$ 表示前一帧与当前帧对应位置的 S-T 区域中每个像素点的亮度信号值,std 表示求均方值。该参数对于丢帧、重复帧以及加性噪声很敏感。

(6)$f_{CONTRAST\_ATI}$ 对比度和绝对时间的交叉信息

在实际中,时间特征信息和空间特征信息是相互影响的,因此,特征参数的提取也要同时考虑这两个方面。其中,对比度特征是衡量与周围平均亮度差异的一个值,它是对图像空间特征的描述;时间信息特征代表的是相继视频帧之间的差别变化或时间梯度的活动性,利用时间信息特征值可对数字视频信号中的损伤进行检测和定量描述。在本算法中利用对比度特征信息 $f_{CONTRAST}$ 和绝对时间信息 f_{ATI} 的交叉函数作为其中一个图像的特征参数。常用的有两种交叉方式,如公式 10-33 和 10-34 所示。

$$f_{CONTRAST\_ATI} = f_{CONTRAST} \times f_{ATI} \qquad (公式 10\text{-}33)$$

$$f_{CONTRAST\_ATI} = \log_{10} f_{CONTRAST} \times \log_{10} f_{ATI} \qquad (公式 10\text{-}34)$$

从上式可以看出,交叉特征信息可以用来测量图像在模糊度、块效应、噪声和图像跳跃等方面的损伤。

4. 感知门限

人眼的视觉系统是世界上最好的图像处理系统,但它远远达不到完美。人眼的视觉系统对图像的认知是非均匀的和非线性的,并不是对图像中的任何变化都能感知。例如图像系数的量化误差引起的图像变化在一定范围内是不能为人眼所觉察的。正因为人眼的这种特性,在图像的质量特征参数提取时加上了感知门限 P。设 $f_{FEATURE}$ 为特征参数值,f_{RESULT} 为通过人眼感知滤波器后的特征值,则如式 10-35 所示:

$$f_{RESULT} = \begin{cases} f_{FEATURE} & f_{FEATURE} \geqslant P \\ P & else \end{cases} \qquad (公式 10\text{-}35)$$

10.2.6 基于 MPEG 比特流参数的图像质量测量方法

基于 MPEG 比特流参数的图像质量测量理论,其基本前提是估计的图像缺陷是由于 MPEG-2 编码处理中的 DCT 量化系数引起的,即在 DCT 系数域测量噪声。

根据 Parseval 原理,具有正交变换关系的两个变换域的噪声功率是成比例关系的。这样对于 MPEG-2 之类的基于正交变换的压缩方法,在像素域估计噪声功率相当于在变换系数域估计噪声。

量化噪声功率是由于均匀分布信号中的非线性量化器的量化间隔 q 引起的,其表达式由公式 10-36 表示。

$$\frac{1}{q} \int_{-\frac{q}{2}}^{\frac{q}{2}} x^2 dx = \frac{q^2}{12} \qquad (公式 10\text{-}36)$$

在 MPEG-2 编码过程中,组成 DCT 系数的信号具有极其不均匀的分布概率。上面这种简单的量化噪声功率的表达式可以用下式 10-37,即对每个系数求和的总的表达式来代替。

$$\sum_{i=1}^{M} \frac{1}{d_{i+1} - d_i} \int_{d_i}^{d_{i+1}} p(x)(x - r_i)^2 dx \qquad (公式 10\text{-}37)$$

公式 10-37 中的 $d_i, i=1,2\cdots M$ 是量化器判决电平,r_i 是相应的重建电平($d_i \leqslant r_i \leqslant d_{i+1}$),$p(x)$ 是输入信号的概率密度函数,这里假定是一个连续的函数。

如果量化器有 2N+1 空间重建电平集中在零系数（比如 MPEG-2 帧内 DCT 系数），且有一个判决门限偏置参数 λ（$\lambda = 0$ 相当于截取，$\lambda = 1$ 相当于凑整）。那么，量化噪声功率的表达式可以演变成下式：

$$2\left[\int_0^{(1-\frac{\lambda}{2})q} p(x)xdx + \sum_{i=1}^N \frac{1}{q}\int_{(i-\frac{\lambda}{2})q}^{(i+1-\frac{\lambda}{2})q} p(x)(x-iq)^2 dx\right] \quad \text{(公式 10-38)}$$

这个量化噪声功率的表达式取决于三个变量：

(1) 量化器量化电平间隔 q，可以从接收的 MPEG 比特流中获取的量化尺度码和量化尺度类型参数求出。

(2) 判决门限参数 λ，这是个未知量，但是有相当的理由假设，帧内编码时 λ 取折中值 0.75。

(3) 输入信号的概率分布函数 $p(x)$。

可见，如果能够找到输入信号的概率密度函数，就可以估计量化噪声功率。这个概率密度函数不能直接得到，但是从原理上来讲，可以从反向量化器输出的重建信号中估算出来。因此，这种方法有着自身的缺点：计算方法非常复杂。如果量化器的精度不够精确，测量精度也相应降低，很难得到与原始分布相近的概率分布函数。

下面是改进后的简单方法，在图像处理理论中通常使用具有一个或两个变量的函数来建立诸如 DCT 系数的概率分布模型。比如经常使用的拉普拉斯或双边指数分布函数。

$$P(x) = \frac{q}{2}e^{-a|x|} \quad \text{(公式 10-39)}$$

分布的形态取决于单一的参数 a，如果能够在解码的 DCT 系数中估算出这一参数，就可以精确地算出量化噪声功率。实际计算量化噪声功率的公式如式 10-40 所示。

$$\frac{2}{a^2} - \frac{qe^{aq(\frac{\lambda}{2}-1)}}{a(1-e^{-aq})}[qa(1-\lambda)+2] \quad \text{(公式 10-40)}$$

参数 a 取决于正交图像的变化特性，或者取决于代表某一 DCT 系数的空间频率上的预测误差信号。理论上来讲，源素材可能显示不同频率不同级别的变化特性。实际上，频谱上的变化特性存在一定程度的相互依赖性。出现这一情形并不奇怪，如果我们观察引起变化的特征如图像中的跳变沿，其频谱具有很宽的频率分布。因此，在全部 DCT 系数的概率分布曲线上大的变化特征可以用描述源素材变化特性的单个变量来表示。这样，DCT 域的量化噪声功率可以根据信号的"变化特性"参数 a 和量化器的量化尺度参数 q 估算出来。

在实际的 PSNR 测量中，如果单个变量足以说明量化噪声功率对源数据的概率分布的依赖程度，则可以不需要采用专门的分布，如拉普拉斯分布使数据符合数学模型。相反，可以利用一组具有代表性的源数据，直接观察量化噪声功率对 q 和图像变化特性度量因子 a 的依赖程度。图像等级评价（PAR）测量方法就是使用一组涵盖体育、戏剧、特技效果、电影等具有一定代表性的源素材数据序列，每个序列用具有不同量化尺度因子的参考编码器进行编码。PAR 中使用的概率分布函数通过下列步骤得到：

(1)在直接测量的 PSNR 和量化尺度算法之间建立起一个由图像内容决定的线性关系。

(2)在超过 PSNR 函数的斜度和图像变化特性测量之间建立起进一步的线性关系。

(3)取得一个二次函数从系数比特数和量化尺度值中估计图像的变化特性。

这样，基本的 PAR、PSNR 估计只依赖于两个参量：量化尺度值和系数比特数量。每个宏块的量化尺度是不同的，因此，以宏块为基础进行计算，PAR 的估计会更精确。

实际的 PAR 算法在某种程度上要更加复杂一些，还要考虑两个方面的影响：实际的 PAR 算法要考虑比特流中的量化加权矩阵，量化加权矩阵通常会影响在 DCT 系数域计算的 PSNR 和实际的基于像素的 PSNR 之间的关系；P 帧和 B 帧的 PSNR 值用校正过的 I 帧的 PSNR 估值来表示，因为对预测编码帧用量化因子和量化比特数进行直接的图像质量估算得到的结果不是十分准确。

在 PAR 测量的实际应用方面，Snell & Wilcox 公司提供的实时 PAR 测量设备 MAV-200，可以对 MPEG 比特流进行实时分析，这种测量设备的 PAR 功能可以提供系统功能的曲线图，可以在系统的 PAR 值低于设定的门限时，给出警告。PAR 的功能可以应用于系统性能优化、编码模型测试、降噪性能评估以及统计复用功能监测。

PAR 测量使用 MPEG 视频码流解码的最初阶段获取的信息，比如量化尺度、量化加权矩阵和比特数。不需要获取源图像，也不需要解码后的图像，因此，PAR 比较适合于多通道监测应用。但是 PAR 测量也存在不足之处，测量算法依赖于某一类型的压缩算法，不能适应各类压缩算法的系统。

10.3 数字电视图像主观质量客观评价化测量系统及应用

PQA600 基于人类视觉模型和图像质量等级(PQR)，可以提供快速、可重复的客观图像质量测量。这种图像质量评估方法可以用在数字电视设备开发、压缩算法优化设计、系统设备验收和评估、系统监测以及复用、编码器带宽分配等应用领域。PQA600 是最新一代的图像质量分析仪，是一种可用于测量由于压缩和解压缩过程引起的图像质量损伤的一种客观图像质量测量仪器，可以提供快速、准确和可重复的图像质量测量。

PQA600 是泰克公司在荣获艾美奖的 PQA200/300 的基础上研发的新产品。PQA600 基于人类视觉系统的概念，提供了一整套可重复的、并与主观人眼视觉评估十分接近的客观图像质量测量。PQA600 的客观图像质量测量为工程技术人员优化视频压缩和图像重现提供了宝贵的信息，使工程技术人员能够为用户和观看者提供高质量的数字电视节目。PQA600 的外形如图 10-3-1 所示。

PQA600 采用两个视频文件作为它的输入：一个文件是原始的参考视频序列，另一个文件是该参考视频序列经过压缩、损伤后或经处理后的序列版本。首先，PQA600 对这两个视

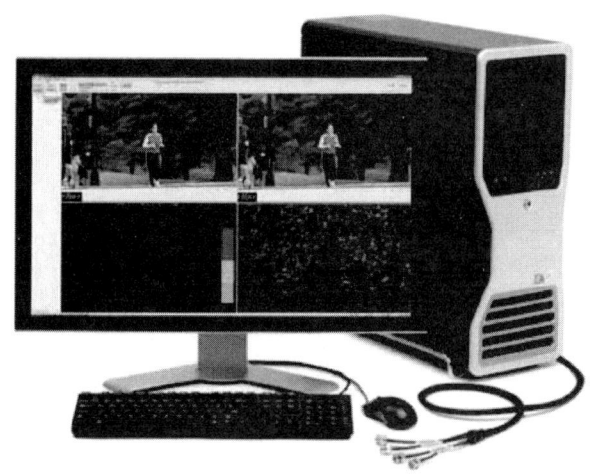

图 10-3-1　PQA600 的外形

频序列在空间域和时间域中进行校准,在这一过程中无需使用嵌入在视频序列中的校正数据。而后仪器对基于人类视觉系统和提示模型(Attention Models)的测试视频的质量进行分析,输出与主观评测高度相关的质量测量结果。这个测量结果包括总的图像质量累计度量值、逐帧的测量度量值以及每帧的损伤映射图示。PQA600 也可以提供传统的图像质量测量结果,例如 PSNR(峰值信杂比),以此作为测量典型视频损伤和失真检测的基准损伤诊断工具。

每一个参考视频序列和测试片断可以有不同的分辨率和不同的帧频,PQA600 可以提供 HD 与 SD 之间、SD 与 CIF 之间或其他组合之间的图像质量测量结果。有了这一功能,就可以为诸如格式转换之类的各种视频再应用(Repurposing Applications)的评测提供支持。例如 DVD 创作、IP 广播和半导体器件设计等。PQA600 也能为较长时间长度的视频序列片断测试提供支持,此外还可以通过各种转换处理的方式,对视频片段的图像质量作出定量分析。

图 10-3-2 为 PQA600 图像质量分析系统框图。PQA600 测量系统的开发基于人类视觉系统模型,并且增加了新的算法规则,从而对 PQA200/300 的使用模型作进一步的改进。利用这种新的扩展技术,就能够在预测各种视频格式(HD、SD、CIF 等)的主观视频质量等级时进行传统的 PQR 测量。在测量时计入了用于观看视频的不同显示类型(例如隔行扫描或逐行扫描、CRT 显示器或 LCD 显示器)以及不同的观看条件(例如不同房间的亮度和观看距离)。

为了预测在以下各种变化参数的亮度刺激下的响应,已开发了一种人类视觉系统模型:

(1)包括超阈值的(supra-threshold)的对比度;

(2)平均亮度;

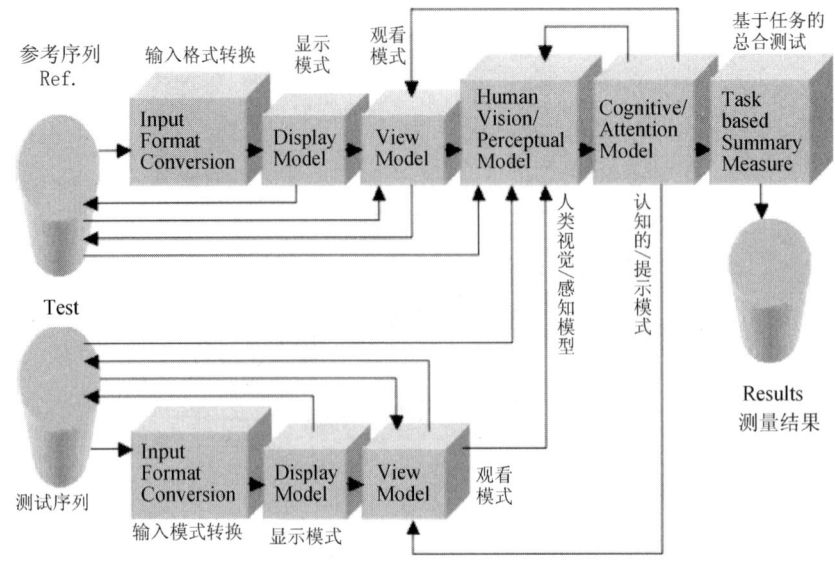

图 10-3-2　PQA600 图像质量分析系统框图

(3) 空间频率；

(4) 时域频率；

(5) 角度范围；

(6) 时域范围；

(7) 环绕；

(8) 偏心率 (Eccentricity)；

(9) 方向；

(10) 自适应效应 (Adaptation effects)。

利用视觉科研成果中的参考刺激响应数据，在上述参数的适当组合范围内已对 PQA600 采用的人类视觉模型进行校正。经过这样的校正后，该模型就能提供高度准确的预测。

在 PQA600 中，融合了一种新的提示模式，为预测人眼关注点 (focus of attention) 提供支持。该模式包括：

(1) 目标的运动；

(2) 人的肤色检测识别；

(3) 位置；

(4) 对比度；

(5) 形状；

(6) 目标的大小；

(7)明显的失真导致观察者注意力的分散。

用户可以定制这些提示参数,以强化或忽略某项功能。每项测量均可使用提示模式,可由用户配置。在评估一些特定应用时,提示模式是特别有用的。例如,如果被评测内容是运动节目,要求观察者高度关注该场景的一些局部区域。人眼敏感的区域即为提示模式图示中的加亮区域。

该仪器还有失真检测(Artifact Detection)功能。在失真检测报告中给出图像边缘处多种不同的变化:

(1)边缘损失或边缘模糊;

(2)边缘附加有振铃或杂波;

(3)相对垂直或水平方向的旋转或边缘块效应;

(4)图像块中的边缘损失或 DC 块效应。

失真检测能以任意组合方式如同主观和客观测量的加权参数那样工作。利用这些不同的测量组合,有助于进行深入的研究以改善系统的图像质量。如果边缘块加权的 DMOS 大于模糊加权的 DMOS,那么边缘块则是主要的失真,这时也许应当考虑较多地使用去块效应滤波。在某些应用中,当边缘增多时,例如出现振铃和杂波,它们比其他失真更令人讨厌。针对这样的应用,用户可以定制加权并进行配置,以反映观察者的感受,从而改善 DMOS 的预测。同样,也可以使用这些失真加权测量 PSNR,以确定每一失真对 PSNR 测量有多大的影响。上述的提示模式和失真检测均可以与感知测量或主观测量结合使用。

PQA600 的图像分析过程如图 10-3-3 所示。

其中,图(A)为一含有运动场景的参考序列的单帧画面。

图(B)为通过压缩系统后的测试图像,其图像质量有所降低。与参考图像(A)相比较,测试图像(B)中跑步者周围的背景有些模糊。

图(C)为 PQA600 从这个参考序列的原始帧中计算得出的感知对比度映像。由感知对比度映像可以看出,观察者是如何感知这个参考序列的。感知对比度映像的模糊背景是因为摄像机摇镜头时的时域掩蔽所引起的,而跑步者周围的黑色则显示出他与背景之间的高对比度所产生的掩蔽效应。PQA600 能够创建参考序列和测试序列的感知映像,而后由这两个感知映像创建感知对比度的差值映像图,从而可用于基于感知的全参考图像质量测量。

图(D)为对参考视频与测试视频之间的差异进行测量后产生的 PSNR(峰值信杂比)图。图中白色加亮区域给出原始图像与劣化图像之间的最大差异。

图(E)为使用预测 DMOS 算法生成的 DMOS 感知差值映像图。图中白色区域表示的是参考图像和被测图像之间的较大差异区域。PQA600 在创建的感知对比度差值映像中,结合使用人类视觉模型,能够确定观察者在观看视频时实际感知的图像质量。在预测的DMOS 测量方式中,是利用感知对比度差值映像来测定图像质量的。由图(E)可见,慢跑者的劣化程度较其背景中的树的劣化程度要轻,因此,这种 DMOS 测量能够正确地分辨出两图像之间的差异,其结果与观察者的感受是一致的。然而,PSNR 测量使用的是差值映像图(D),由图(D)可见,它不能正确地分辨参考图像和被测图像之间的较大差异区域,与观察者的实际感受不一致。

图(F)为提示模式图。人眼敏感的区域即为提示模式图示中的加亮区域,在图(F)中跑步者被加亮。

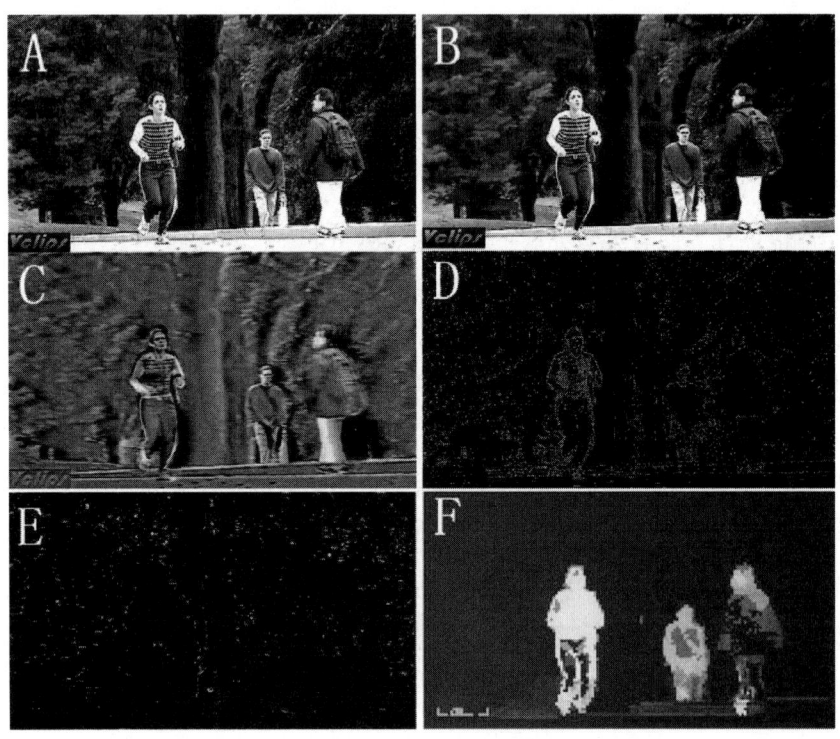

图 10-3-3　PQA600 的图像分析过程

为了比较测试序列和参考序列之间的亮度,PQA600 提供了全参考(Full-Reference,FR)图像测量。同时也提供了无参考(No-Reference,NR)测量,它仅限于测量被测视频的亮度信号。另外,还可以进行部分参考(Reduced Reference,RR)测量,它是人工提取无参考测量中的差值。这组测量包括:

(1) Critical Viewing(临界观察,基于人类视觉系统模型,全参考)图像质量;

(2) Casual Viewing(随机观察,提示加权,全参考或无参考)图像质量;

(3) 峰值信杂比(PSNR,全参考);

(4) Focus of Attention(关注点,用于全参考和无参考测量);

(5) 失真检测(全参考,但不包括 DC 块效应);

(6) DC 块效应（全参考和无参考）。

除了按照默认的 ITU BT-500 条件进行测量之外，用户还可以通过预置和用户定义的组合方式，例如显示类型、观看条件、人类视觉响应（统计上的）、关注点（Focus of Attention）和失真检测等，使 PQA600 能够支持上述测量。利用用户可配置的条件特性，有助于优化 CODEC 参数，使之适合于特定的应用，通过几种不同的测量条件下的测量结果，进一步研究什么样的条件会影响图像质量测量结果。也可以修改预配置的测量组来设置用户定义的测量条件，然后在配置测量对话菜单中作为一种附加的测量组保存并调用。

PQA600 具有两种模式：测量模式和观看模式。测量模式是用来执行配置对话框中选中的测量。在测量执行期间，屏幕上显示出累计的数据和差值映像图（Difference Map）结果并保存在系统硬盘中。观看模式是用来察看先前保存的累计结果和由测量模式或执行 XML 脚本创建的映像图。在观看模式中，用户可以选择多种结果，还可以利用平铺模式（Tile Mode）的同时显示以并排比较每项测量结果。通过对不同的 CODEC 参数和（或）不同的测量配置的测量结果映射图的比较，可以十分方便地对任意差异的根源作进一步的研究。

PQA600 支持多种结果显示，包括综合图形显示、6 平铺显示或者叠加显示。在综合图形显示、6 平铺显示或者叠加显示中，合成的映像图可以与参考视频和测试视频同步显示。

在综合图形显示中，用户可以观察到视频重放期间的多个测量图形，包括条形曲线图、参考视频、测试视频以及差值映像图。可以提供每一视频帧和整个视频序列的标准参数和感知累计度量的总合测量结果。

在 6 平铺显示中，可以为用户提供两个测量项的并列显示，其中每一测量项由参考视频、测试视频和差值映像图所组成，这样便于相互之间进行比较。

在重叠显示中，为用户提供了参考视频和差值映像图的混合叠加显示，用户可以使用渐变条（Fader Bar）以调整它们之间的混合比例，以分别对应于各个映射图、参考视频和测试视频中的损伤。

PQA600 的出错日志记录和告警可用来帮助用户有效地跟踪引起视频质量故障的原因。

所有的测量结果、数据和图形均可以在需要查验时再次调出显示。

本章重点小结

本章对视频图像质量的主观、客观评价方法作了综述。客观评价方法按照对参考信息的需求程度分为全参考、部分参考和无参考三大类。

传统的客观评价方法 MSE、PSNR 等属于全参考的范畴，由于它们不能很好地反映人的主观感受，很多学者试图通过各种方式将 HVS 的特性融入到评价算法中，使算法的评价结果与人的主观评价更一致。本文介绍了 JND 模型、SSIM 模型以及 ITU-R BT.1683 的模型 2——基于边缘退化的视频质量客观评价算法。

部分参考方法在全参考方法对参考信息的需求程度和无参考方法的实现难度间做了良好的折中，是客观评价方法未来发展的一个重要方向。本文介绍了 ITU-R BT.1683 的模型 4——VQM 模型。

本文简要介绍了无参考方法。真正意义上的无参考方法研究目前没有太大进展，现有的无参考方法大都是关于特定失真类型或环境的。

习题与思考

1. 什么叫特征提取法？优点是什么？
2. 什么叫图像差值法？
3. 根据测量时对无失真视频的依赖程度，可以将视频质量客观测量方法分为哪几种？简述每种方法的原理及其优缺点。

参考文献

1. 陈善杉主编:《数字视频测量应用技术》,人民邮电出版社 2008 年版。
2. 章文辉、王世平:《数字视频测量技术》,北京广播学院出版社 2003 年版。
3. 陈善杉:《视频测量技术》,中国广播电视出版社 1997 年版。
4. 姜秀华主编:《现代电视原理》,高等教育出版社 2008 年版。
5. GB/T 3659—1983《电视视频通道测试方法》。
6. GB/T 17953—2000《4∶2∶2 数字分量图像信号的接口》。
7. GB/T 14857—1993《演播室数字电视编码参数规范》。
8. GY/T 165—2000《电视中心播控系统数字播出通路技术指标和测量方法》。
9. GY/T 243—2010《标准清晰度串行数字视频通道技术要求和测量方法》。
10. GY/T 253—2011《数字切换矩阵技术要求和测量方法》。
11. GY/T 249—2011《标准清晰度电视测试图》。
12. GY/T 254—2011《高清晰度电视测试图》。
13. GY/T 160—2000《数字分量演播室接口中的附属数据信号格式》。
14. GY/T 161—2000《数字电视附属数据空间内数字音频和辅助数据的传输规范》。
15. GY/T 163—2000《数字电视附属数据空间内时间码和控制码的传输格式》。
16. GB/T 22150—2008《电视广播声音和图像相对定时》。
17. GY/T 155—2000《高清晰度电视节目制作及交换用视频参数值》。
18. GY/T 157—2000《演播室高清晰度电视数字视频信号接口》。
19. GY/T 162—2000《高清晰度电视串行接口中作为附属数据信号的 24 比特数字音频格式》。
20. SMPTE 372M Proposed Smpte Standard for Television-Dual Link 292M Interface for 1920×1080 Picture Raster。
21. SMPTE 424M—2006 Smpte Standard for Television-3 Gb/s Signal/Data Serial Interface。
22. SMPTE 425—2008 Smpte Standard for Television 3 GB/s Signal Data Serial Interface-Source Image Format Mapping。
23. GY/T 156—2000《演播室数字音频参数》。
24. GY/T 158—2000《演播室数字音频信号接口》。

25. ATSC Digital Television Standard: Part 4-MPEG-2 Video System Characteristics, Document A/53 Part 4:2009, 7 August 2009.
26. Digital Video Broadcasting (DVB); Implementation Guidelines for the Use of Video and Audio Coding in Broadcasting Applications Based on the MPEG-2 Transport Stream, ETSI TS 101 154 V1. 7. 1 (2005-06).
27. SMPTE 2016－1 Format for Active Format Description and Bar Data .
28. SMPTE 2016－2 Format for Pan-Scan Information.
29. SMPTE 2016－3 Vertical Ancillary Data Mapping of Active Format Description and Bar Data.
30. SMPTE 2016－4 Vertical Ancillary Data Mapping of Pan-Scan Information.
31. SMPTE 2016－5 KLV Data Coding for Active Format Description, Bar Data, and Pan-Scan Information.
32. GY/T 249—2011《标准清晰度电视测试图》。
33. GY/T 254—2011《高清晰度电视测试图》。
34. ISO/IEC 13818－1:2000 Information Technology-Generic Coding of Moving Pictures and Associated Audio Information: Systems。
35. GB/T17975.1—2000 信息技术"运动图像及其伴音信息的通用编码"第 1 部分。
36. GY/T 134—1998《数字电视图像质量主观评价方法》。
37. GY/T 228—2007《标准清晰度数字电视主观评价用测试图像》。
38. ITU-R BT. 1683 "Objective Perceptual Video Quality Measurement Techniques for Standard Definition Digital Broadcast Television in the Presence of a Full Reference".
39. 陈善栎:《数字视频测量应用技术》,人民邮电出版社 2008 年版。
40. Working Group on Multimedia Communications Coding and Performance "Objective Perceptual Video Quality Measurement Using a JND-Based Full Reference Technique" T1A1. 1/2001-023 revA.
41. S. Wolf and M. Pinson, "Video Quality Measurement Techniques", National Telecommunications and Information Administration (NTIA) Report 02-392, June, 2002.
42. WANG Z, BOVIK A C, SHEIKH H R: Image Quality Assessment: From Error Visibility to Structural Similarity[J]. IEEE Transactions on Image Processing, 2004, 13(4): 600－612.
43. Johan Berts and Anders Persson: Objective and Subjective Quality Assessment of Compressed Digital Video Sequences, Department of Signals and Systems Chalmers University of Technology, Sweden, 1998.
44. WANG Z, BOVIK A C, SIMONCELLI EP. Structural Approached to Image Quality Assessment[M]. In Handbook of Image and Video Processing 2nd Edition, A I Bovik, ed, Academic Press 2005:1－33
45. Wang Zhou, Bovik Alan C. Mean Squared Error: Love It or Leave it?: A New Look at Signal Fidelity Measures. IEEE Signal Processing Magazine, 2009, 98－117.
46. Kusuma T M, Zepernick H J. A Reduced-Reference Perceptual Quality Metric for In-Service Image Quality Assessment. In: Proc. Joint First Workshop on Mobile Future and IEEE Symposium on Trends in Communications, 2003, 71－74.

图书在版编目(CIP)数据

数字视频测量技术/章文辉,许江波编著.—北京:中国传媒大学出版社,2016.6
(2020.9重印)
(广播电视工程专业"十二五"规划教材)
ISBN 978-7-5657-1293-7

Ⅰ.①数… Ⅱ.①章…②许… Ⅲ.①视频信号—数字技术—测量
Ⅳ.①TN941.3

中国版本图书馆CIP数据核字(2015)第035387号

(广播电视工程专业"十二五"规划教材)

数字视频测量技术

SHUZI SHIPIN CELIANG JISHU

编　　　著	章文辉　许江波
责 任 编 辑	蒋　倩
装帧设计指导	吴学夫　杨　蕾　郭开鹤　吴　颖
设 计 总 监	杨　蕾
装 帧 设 计	刘　鑫　杨瑜静
责 任 印 制	李志鹏
出版发行	中国传媒大学出版社
社　　　址	北京市朝阳区定福庄东街1号　邮编:100024
电　　　话	86-10-65450532 或 65450528　传真:010-65779405
网　　　址	http://cucp.cuc.edu.cn
经　　　销	全国新华书店
印　　　刷	北京玺诚印务有限公司
开　　　本	787mm×1092 mm　1/16
印　　　张	黑白 19　彩插 0.5
字　　　数	370千字
版　　　次	2016年6月第1版
印　　　次	2020年9月第2次印刷
书　　　号	ISBN 978-7-5657-1293-7/TN·1293　定　价　56.00元

版权所有　　翻印必究　　印装错误　　负责调换

致力专业核心教材建设　提升学科与学校影响力

中国传媒大学出版社陆续推出

我校 15 个专业"十二五"规划教材约 160 种

播音与主持艺术专业（10 种）

广播电视编导专业（电视编辑方向）（11 种）

广播电视编导专业（文艺编导方向）（10 种）

广播电视新闻专业（11 种）

广播电视工程专业（3 种）

广告学专业（12 种）

摄影专业（11 种）

录音艺术专业（12 种）

动画专业（10 种）

数字媒体艺术专业（12 种）

数字游戏设计专业（10 种）

网络与新媒体专业（12 种）

网络工程专业（11 种）

信息安全专业（10 种）

文化产业管理专业（10 种）

本书更多相关资源可从中国传媒大学出版社网站下载

网址：http://cucp.cuc.edu.cn

责任编辑：蒋　倩　　意见反馈及投稿邮箱：jiangqiancucp@163.com

联系电话：010-65779406